昭和戦前期の政治と国家像
―「挙国一致」を目指して―

菅谷幸浩著

木鐸社

【凡例】

一、史料引用に際しては、原則として旧漢字は常用漢字に改め、適宜、句読点・濁点を補った。人名の表記における旧漢字はそのままにした。
二、史料引用における改行は原文に従ったものではない。
三、引用文中の註記は［　］が筆者（菅谷）によるものであり、（　）は掲載資料にあるものである。なお、後者については、本稿での引用に際して煩雑になることを避けるため、最低限の範囲で省略したものがある。
四、史料の判読不明箇所は□とした。
五、史料中、今日の観点からすれば不適切な表現も含まれているが、歴史研究に現代的価値観を投射すべきではないという判断から、一切そのままとした。
六、年号は西暦による表記を基本とした。節の中では初出の箇所にのみ、和暦を注記した。
七、註は各章ごとに用意した。

昭和戦前期の政治と国家像

―「挙国一致」を目指して―

序章　本書の目的と研究史の整理、分析視角と構成

一　「二〇世紀史」としての大正・昭和

本書の目的は昭和戦前期の日本で政治的統合がどのような形で模索され、挫折を見たのか、一九二九（昭和四）年の浜口民政党内閣成立から一九四五（昭和二〇）年の大東亜戦争敗戦に至るまでの期間を主たる分析対象とし、諸政治勢力間の対抗・提携・競合関係を検討することにある。そのことで政党内閣に代わって権力の安定性を期待された挙国一致内閣の下でも強力な政治指導が実現できなかった背景はどこにあったのか。特に当時の衆議院二大政党である立憲政友会と立憲民政党の動きが主要な局面に及ぼした影響や役割、限界も含めて分析することで、昭和期日本で模索された「挙国一致」とはどのようなものであったかを明らかにできると考える。

まず、ここでは政治学における日本政治外交史研究の立場から「二〇世紀史」としての大正・昭和という時代をどう捉えるのか、という点から簡単な整理を試みたい。周知のように、近代と呼ばれる時代のモデルをヨーロッパに求めるならば、経済や社会の面で基本的な形が作られるのは一七世紀以降である。市民革命によってブルジョア

民主主義が成立し、十八世紀の英国に始まる産業革命によって産業資本主義が成立する。この時期の理想的国家像は議会を主体として、レッセ・フェール（自由放任経済）を追求する夜警国家論であった。しかし、十九世紀に入ると、ヨーロッパ各国では資本主義の発展に並行して労使対立や社会問題が噴出し、労働者階級の参政権要求が高まっていく。特に一九一七（大正六）年のロシア革命は社会主義への危機感を資本主義諸国に印象付け、その結果、第一次世界大戦後から各国では普通選挙制の導入を政治日程化していく。日本における政党内閣の成立と普通選挙制の導入は一九二〇年代であり、大衆民主主義への移行はおおむね世界の動向に対応するものであった。

では、戦間期日本の政治外交はどのような国際環境と国内環境の下で出発したのだろうか。この点を大正期とそれに続く昭和戦前期への影響も含めて概観しておく。一九一八（大正七）年十一月、四年三カ月にわたる第一次世界大戦が終結すると、戦間期の国際政治は国際連盟の創設、パリ講和会議とヴェルサイユ条約、ワシントン会議に代表される多国間協調外交に比重が置かれる。日本も国際連盟に常任理事国として参加し、かつ、ワシントン会議を通じて戦間期国際秩序の形成に参画していく。だが、近年の研究によれば、戦間期のアジア太平洋地域をめぐる国際関係は「ワシントン体制」という概念で整理できるほど、確固たるシステムやコンセンサスを伴うものではなく、むしろ列国間のパワーバランスを色濃く残した「旧外交」の側面が指摘されている(1)。

また、この時期の日本社会では格差拡大に並んで資本主義への批判が高まり始めていく。大戦半ばの一九一六（大正五）年、京都帝国大学教授・河上肇は、「貧富の懸隔はますますはなはだしきを加え、従うて天下の生産力が奢侈ぜいたく品の産出に吸収されるの弊」への批判を綴り、「多数貧民の需要に供すべき生活の必需品」の生産圧迫こそ、「今日文明諸国において多数の人々の貧乏に苦しみつつある経済組織上の主要原因である」と述べている(2)。ここで河上が問題視しているのは、当時「大正の天佑」と称された大戦景気の到来によって金融資本が飛躍的成長を遂げる一方、格差が是正されない現実に対してであった。やがて日本経済は大戦終結による反動から対外輸出が縮小し、大戦期における生産過剰と相俟って戦後恐慌をもたらすことになる。

第一次世界大戦終結後、国際金融市場の中心は世界最大の債権国となったアメリカに移行し、アメリカ経済の世界化が進展する。近年、三谷太一郎氏が評するように、「冷戦後のグローバリゼーションに相当する歴史的役割を果たしたのが、第一次世界大戦後のアメリカニゼーションであった」[3]とするならば、大正期の日本はすでに「グローバル化」の中に突入していたのである。また、日本を含む主要先進諸国はこの戦間期に普通選挙制を導入することで大衆民主主義に移行する。しかしながら、多様な有権者層の政治参加は利害対立の拡大と議会における調整の困難、政治課題の量的・質的増加をもたらし、やがて世界的現象として議会政治の危機を生じさせるものとなる。

そして、一九二九（昭和四）年十月、ニューヨーク株式市場での株価大暴落をきっかけにして世界恐慌が発生すると、各国は国際金本位制と自由放任経済に代わり、管理通貨制度とブロック経済体制への転換を図るなど、戦間期国際政治の構造的変動が進んでいく[4]。また、この時期になると、資本主義国と社会主義国の双方では自由放任主義とそれに基づく資本主義経済システムが批判の対象となり、各国では国家統制に基づく経済秩序の再編成など、計画行政の導入が合わせて要求されていく[5]。その結果、修正資本主義の理論と結びつく形で主要先進諸国では行政国家化現象が加速していくことになる。

世界恐慌の影響は一九三〇（昭和五）年に昭和恐慌として日本にも波及し、ロンドン海軍軍縮条約批准問題から派生した「統帥権干犯」問題とともに、ときの浜口民政党内閣を大きく動揺させる。これに続いて、一九三一（昭和六）年の満洲事変によって第二次若槻民政党内閣と陸軍の関係は緊張化し、一九三二（昭和七）年の五・一五事件の結果、二大政党による政権交代を基調としていた戦前政党内閣時代は終焉を迎えることになる。日本史学では軍部、特に陸軍の抬頭に主眼を置いて当該期における政党政治の崩壊過程を説明することが一般的であるが、比較政治の観点から見た場合、軍が議会制を破壊するという現象は特異な事例に属する。したがって、この時期の日本で軍部が抬頭してくる背景については、戦間期における国際環境の変化や議会制の危機といった問題、加えて大日本帝国憲法（以下、明治憲法）下における政党内閣の在り方も踏まえながら、連関的に把握することが必要であると言える。

二　昭和戦前期研究の軌跡

日本近現代史、特に昭和戦前期の政治構造をどのように規定するか、という問題は政治学と歴史学の双方で戦後の早い時期から議論や研究が重ねられてきた。その際、第二次世界大戦当事国の分類のために採用されたのが自由民主主義体制と全体主義体制という概念である。前者は英米の政治体制をモデルとし、一般的には言論の自由と普通選挙制、社会権の保障などが特徴として挙げられる。後者は、ナチス政権時代にアメリカへ亡命したドイツ出身の政治学者フリードリッヒの研究が古典的定義として有名であり、それまで対照的に捉えられてきたナチスとソ連の共通性に注目する立場から、①社会全体を覆う公認化されたイデオロギー、②一人の指導者の下、階層的かつ寡頭的形式に組織された単一の大衆政党、③党とその幹部団による武力闘争手段の独占と統制、④マス・コミュニケーションの独占と統制、⑤暴力主義的な警察支配のシステムを特徴に挙げている。(6) その後、⑥官僚政治的作用を通じた経済全体に及ぶ中央の統制と指導、という点を付け加えることで、(7) 全体主義体制の概念規定を完成させている。

戦後、わが国の学界や論壇では全体主義体制の同義語であるファシズムという概念を援用し、「上からのファシズム」という留保を設けることで、一九三〇年代以降の日本政治の性格を規定してきた。しかし、一九六〇年代になると、政治学と歴史学の双方で批判的見解が提示されることになる。それが中村菊男氏と伊藤隆氏の研究である。

中村氏の研究は昭和期の日本では国家権力を独占するほどの超憲法的支配や一国一党制は存在せず、実際は国務と統帥の乖離、外務省と軍部の対立による二元外交など、権力の分散化傾向が顕著であったことを指摘する。その上で、ファシズムは一部の政治運動にとどまり、政治体制としては軍人が政治の推進力になった「軍国主義」という評価が適当であると主張する(8)。また、伊藤氏は第一次世界大戦に前後して、日本国内の社会的格差を是正するため、政治や社会の改革を主張した勢力が大正中期に一つの潮流を形成し、この「革新」派が昭和期になって近衛新体制運動の推進主体になったことを主張する(9)。

中村、伊藤両氏による研究はそれまでの日本近現代史研究の在り方が理念先行的であった点を正面から批判したものであり、諸勢力間の政治的対抗関係に注目し、権力の多元化という視角から政治史を捉えた点に特徴がある。特に伊藤氏の研究はそれまでの政治史研究の対象が権力エリートに偏りがちであったのに対して、大正期と昭和期の日本社会を「革新」という同時代的用語で連続的に把握しようとするなど、新しい分析枠組みを提示したことは大きな論争を巻き起こした(10)。

この「革新」派論の意義として、のちに黒澤文貴氏は、①「天皇制ファシズム論」が疎かにしてきた国内政治過程の細部にわたる解明、②史料の発掘による実証性の飛躍的向上、③対米戦争への道を満洲事変ではなく、第一次世界大戦以降の長いスパンから考察したことの三点を挙げている(11)。このように「革新」派論は日本ファシズム論への批判という点では戦後日本の史学史の上で重要な位置を占めるものとなる。ただし、「革新」という用語が有する多義性を考えた場合、大正期と昭和期を連続した関係として捉えてよいのか、それぞれの時期における政治勢力の布置状況の変化をどう理解するかなど、いくつかの課題を残したのも事実である(12)。

では、この「革新」派論以降、昭和戦前期研究はどのような展開を遂げてきたのか。言うまでもなく、昭和戦前期は大正期からの国際協調と政治的民主化の流れが定着を見せながらも、世界恐慌による国際秩序の変動により、内政と外交の両面にわたる危機を現出した時代であった。一九三二（昭和七）年の政党内閣崩壊以降、国内には様々な政治的潮流が生じるなか、昭和という時代に何を見出すのか、という問題関心により、一九四一（昭和十六）年の大東亜戦争勃発へと向かう時代状況の捉え方は大きく異なってくる。ここでは先行研究の流れを大きく三つに分けて整理する。

第一は比較政治学における権威主義体制の概念を援用して近代日本の政治構造を捉える手法であり、日本政治外交史における酒井哲哉氏と村井良太氏の研究[13]、日本政治思想史における廣岡守穂氏の研究がこれに該当する[14]。権威主義体制は民主主義的、全体主義的のいずれにも分類できない政治体制を規定するため、スペイン出身の政治学者リンスが一九六〇年代以降に提唱した理念型モデルであり、①国家統治上における洗練されたイデオロギーの欠如と予測可能な範囲内における権力行使、②政治諸制度における多元主義的要素、③全体主義体制に見られる権力奪取型の単一政党の不在、④広範かつ徹底的な政治動員の欠如によるアパシー（政治的無関心）の存在を特徴とする[15]。

酒井氏の研究は満洲事変から敗戦までを一括して把握する「十五年戦争」史観に代わり、「昭和戦前期における『平和と民主主義』の可能性」を問う観点から、政党内閣制と国際協調外交を柱とする「大正デモクラシー体制」の崩壊過程を再検討したものである。そこでは政党内閣崩壊期から二・二六事件発生に至るまでの期間、政治体制外部からの圧力である満洲事変の衝撃をどのように克服しようとしていたのか、多元的な諸政治勢力の競合する中、対外政策の展開が国内政治に及ぼした影響を分析したものである。村井氏の研究は首相選定の基準と手続きに注目し、昭和戦前期における元老・西園寺公望の役割と政党を取り巻く環境を分析した。戦前の政党内閣がこれまで考えられてきた以上に強固な基盤を有し、軍部の側も政党内閣期から挙国一致内閣期にかけて、一貫して政党の存在を重視していたことを指摘する。最終的に、一九三六（昭和十一）年の二・二六事件により軍部の抑制や政党内閣への復帰が困難になったと評価する点で酒井氏と共通する。

廣岡氏の研究は明治憲法と教育勅語に基づく近代日本の権威主義体制が自由民主主義体制に発展する可能性を秘めながらも、挫折を余儀なくされた要因を日本政治思想史と比較政治学の方法を組み合わせて捉えたものである。

廣岡氏はのちにリンスによって提示された民主主義の定着条件をもとにして、[16]近代日本政治の特徴を、①自発的な社会集団や多様な社会運動の弱さ、②政党内閣に対する制度的保障の欠如、③社会主義への危機感に伴う強権的な治安体制、④反政党勢力としての軍部の存在、という四点に集約し、経済発展と比較した場合の政治発展の限界を指摘している。[17]廣岡氏は立憲制導入後の日本が自立的な市民社会を形成できずに政党内閣崩壊を迎えた点に一貫した関心を置いており、多元主義を支える自発的結社（中間的団体）が近代日本で十分に成長しなかった点を問題視している。こうしたことから、同氏の理解では大正期の社会運動に見られる「革新」と、近衛新体制として帰結する昭和期の「革新」は自覚的に峻別されているように思われる。

なお、酒井氏も「革新」派論の限界として、「社会史＝思想史的領域や比較政治史的領域を充分に対象化し方法論として体系化することとなしに、同時代の日本政治史研究に支配的であった政治過程論的手法を換骨奪胎した実証主義と多元的方法を以って対象に接した」点を指摘している。[18]酒井、廣岡両氏の議論は研究視角の面で違いはあるが、近代日本が自由民主主義体制に発展する可能性を秘めながら、挫折を遂げた要因を析出しようとする点や、民主制の崩壊過程で軍部の果たした影響を重視する点で共通していると言える。

第二は政党内閣崩壊以降も議会・政党の影響力を重視する研究、すなわち、戦時議会再評価論と称されるものである。元来、政党内閣崩壊後の政治史については、議会・政党の形骸化と戦時体制への従属が指摘されてきたが、[19]ゴードン・M・バーガー氏、古川隆久氏の研究はこれに修正を迫ることで、旧来の日本ファシズム論に対置するものとなっている。[20]両者の研究は諸政治勢力の対抗と競合という視角から政治構造の多元性を捉える点で「革新」派論と共通する。しかし、伊藤氏が「革新」派の主体として新党運動派を重視していたのに対して、両氏の研究は既成政党勢力の存在を重視する点で相違がある。

第三は社会的平準化という視点から、昭和戦前期における社会民主主義路線の可能性と展開を解明しようとするものである。坂野潤治氏と井上寿一氏の研究は昭和恐慌期から顕在化する資本主義の問題点を踏まえ、日中戦争期の日本社会が求めたのは格差社会の是正による平等の実現であったとして、この観点から社会大衆党の存在を重視する(21)。もともと、戦後との連続性を視野に入れて近代日本の社会的平準化思想を捉える作業は一九八〇年代から一九九〇年代にかけて筒井清忠氏や三谷太一郎氏が手がけたものであり(22)、一九九〇年代に発展を遂げる「総力戦体制論」に問題意識の面で通底する部分がある(23)。

社会大衆党は一九三二（昭和七）年に全国労農大衆党と社会民主党が合同して結党された合法無産政党であり、挙国一致内閣期になると、中央執行委員長・安部磯雄、書記長・麻生久の指導下で既成政党への対抗姿勢を明確化していく。そして、一九四〇（昭和十五）年には近衛新体制運動に合流するために解党し、八年の党史に幕を下ろしている。これまで社会大衆党については、親軍化への過程とそれに伴う対外情勢認識、特に日中戦争に代表される国際情勢の変化や党運営の在り方など、伝統的な政治史分析の手法で多くの研究が重ねられてきた(24)。その背景には、かつて升味準之輔氏が述べたように、「議会政治史のなかの社会主義政党とか社会民主主義と共産主義とかはこの時期の日本では現実的問題ではなかった(25)」（傍点は原文のまま。以下同じ）という理解が研究者の間で固定観念化してきたことがあるだろう。その点を踏まえると、社会民主主義の可能性と社会大衆党の存在に焦点を当てることで、昭和戦前期を捉え直そうとした坂野、井上両氏の研究は一つの意味を持つと言えるのではないか。

以上、ここに紹介した三つの研究視角はいずれも一九三〇年代以降の日本が大きな変動と転換期に直面し、国内で様々な政治構想が交錯する中、どのような政策や路線が有力なものになっていくのか、これらを旧来の日本ファシズム論や「十五年戦争」史論と異なる視角から明らかにしようとしたものである。次に、これらの研究の相互関係について、筆者自身の所見も含めて述べていくことにしたい。

まず、権威主義体制論を援用した研究は欧米諸国と比較した場合の、特に二・二六事件以前における民主化の態様を明らかにした面で意義がある。その上で、二・二六事件と日中戦争開戦を経て、政党内閣復帰や軍部抑制が不可能な段階に入っていくという結論になっている。酒井、村井、廣岡の三氏はいずれも日中戦争期以降、軍の影響力が決定的になることで政党内閣期との間に大きな断絶が生じたという認識を示している。しかし、すでに先行研究でも指摘されているように、対米開戦後の翼賛政治体制が「軍部独裁」と称されるほどの一元的構造ではなく、「政治的多元化の進行」に過ぎなかったと考える場合、[26]上記のような見方には再検討が必要である。今日の軍部史研究では一九三〇年代の政軍関係が統帥権の独立や軍部大臣現役武官制だけで説明できないことが加藤陽子氏、筒井清忠氏、大前信也氏、手嶋泰伸氏の研究で明らかにされている。[27]これらの研究成果により、二・二六事件以降の軍部による政治的影響力の拡大はあくまでも合法的かつ漸進的な範囲内で確立されたものであることが分かっている。だとすれば、政党内閣崩壊後の政治史、特に二・二六事件以降の分析として、軍部が他の諸政治勢力との関係をどのように認識し、構築しようとしていたのかという点に注目する必要があるだろう。

次に、戦時議会再評価論、特に古川氏の研究は挙国一致内閣期の国内環境が政党内閣期に比して大きく変容していなかったという立場をとる。酒井氏の研究は軍部が政党内閣を崩壊させていく過程を重視するのに対して、古川氏は政党と軍部の対立関係を強調する点で対照的である。しかし、古川氏とバーガー氏の研究は既成政党勢力の支持基盤や総選挙結果、予算過程への分析が十分ではないまま、日中戦争期における議会や政党の影響力を論じている印象がある。通常、政治学では政党の果たす機能を、①政策の形成機能（利益表出と利益集約）、②政治的リクルートメント機能、③政権担当機能、④政治的コミュニケーション機能（政治的社会化の機能）という四点に求める。近年、戦時議会再評価論から派生した研究動向として、戦時を含む挙国一致内閣期における議会・政党の法案審議過程における影響力を重視する見方がある。これらの研究により、当時の既成政党勢力が法案審議を通じて国民生活や業界団体との関係で重要な役割を果たすなど、社会内の多様な利益を政治過程に反映させる機能を維持し続けていたことが明らかにされている。[28] こうしたことから、現在、戦時期における議会・政党研究は、利益集約を通じた政策の形成機能が戦時下でも維持されていた点に関心が向けられていると言える。

では、既成政党勢力と対抗関係にあった社会大衆党の存在はどう見るべきであろうか。元来、近代政党は十九世紀の英国において名望家政党（議員政党）の形で出発し、普通選挙制の導入に伴って大衆政党（組織政党）へ移行する。その後、新たに労働者階級を取り込むことが必要になると、議会政治の基盤を全階層に求め、資本主義の改革を志向する「労働者的大衆政党」が生まれる。[29] 坂野・井上両氏の研究は一九三〇年代後半期の社会動向との関連で社会大衆党を日本における事実上の「労働者的大衆政党」と位置付けるものであり、社会的格差の是正という側面から昭和期を捉えようとする視角は「革新」派論と通底する。しかし、社会的平準化を強調するあまり、現実の革新政策が当初の内容に比して緩和・修正されていく過程が分析されないまま、既成政党勢力との比較から社会大衆党の影響力を過大に評価している面が否めないように思われる。[30] 日中戦争期の政治史、特に政党についての研究は限られているだけに、本書としても重要視すべき問題である。

三　昭和戦前期の政治構造――「憲政の常道」と「挙国一致」

周知のように、明治憲法は十九世紀の憲法典に見られるように厳格な改正手続きを規定した硬性憲法であり、一九四五（昭和二〇）年の大東亜戦争敗戦に至るまで一度も改正されることはなかった。しかし、制定時とは異なる時代状況の下、明治憲法の解釈や運用をめぐって、近代日本の政治指導層は様々な局面で新しい対応を求められることになる。政党内閣期と挙国一致内閣期の日本政治をそれぞれ特徴付けた概念とは何か、そこにこそ、昭和期日本の政治的統合がどのようなものだったか、という点を理解するための糸口が含まれているはずである。

近代日本政治史を研究する際、明治憲法とそれに基づく統治機構をどう把握するか、という問題は第一義に取り組まなければならない作業である。一般に明治憲法については、現行の日本国憲法と比較する場合も含め、主権の所在が導入部分で論じられることが多い。明治憲法の条文に主権という表現は存在しないが、憲法学などでは日本国憲法の国民主権原理と対比する形で、天皇主権原理と説明されることがある。主権という概念は十六世紀フランスの官僚であるJ・ボーダンが『国家論』（一五七六年）で提示した最高・絶対・不可分の永続的権力を指すものであり、のちに絶対主義国家（絶対王政）を支える理論の一つとなったものである。明治憲法がプロイセン憲法に範を求め、君主権の明確化や行政権の優位を重視していたことは事実であるが、実際の明治立憲制がプロイセン憲法のような絶対君主制でなかったことは、今日に至るまでの多くの実証研究で証明されている。

最近、三谷太一郎氏が指摘しているように、伊藤博文ら政治指導層は幕府的存在を排除した王政復古の理念を実現するため、権力分立制の導入こそ、覇府排斥論の観点から最もふさわしい体制と考えていた。その結果、明治憲法の規定する権力分立制の下、立法府と行政府を連携させる政党内閣の出現を排除することが当初から志向されていたのである。[31]そして、この明治憲法下の分権的権力構造にあって、首相選定や国務と統帥の調和などの役割を担ったのがのちに元老と呼ばれることになる有力政治家たちであった。

伊藤之雄氏によれば、近代日本のような開発途上国では国家目標を自覚した有力政治家による調停が必要不可欠であったことや、元老の存在が立憲政治の安定や外交指導、政党内閣の成立など、様々な局面で重要な役割を果したことが明らかにされている。[32]現在の歴史学習では立憲制の導入過程におけるプロイセン憲法の影響が強調されがちだが、こうした権力分立制や元老に期待された理念についても再評価されるべきであろう。

これまで述べてきた内容を踏まえ、第一次世界大戦後の国際秩序への対応、日本の政治と社会への影響という二点から考えたとき、昭和期日本には大きく分けて二つの国家像があったと整理できる。

第一は近代日本最後の元老である西園寺公望の立憲政治論である。これは英米と協調することで日本の発展を志向するものであり、国内的には英国型二大政党制を理想とするものである。かつて西園寺は一九一九（大正八）年のヴェルサイユ会議で日本政府首席全権を務め、大正後期からは唯一の元老として天皇に対する後継首班奏薦の任にあたっている。浜口雄幸に代表される強力な政党代表者が内閣を組織し、安定的な内政と外交を営むことを理想とし、挙国一致内閣期に入っても、これが大枠的に修正されることはなかった(33)。斎藤・岡田内閣で蔵相を務めた高橋是清もこの路線に沿うものであった。

西園寺については、一九二六（大正十五）年から私設秘書として政治情報の収集と伝達に当たった原田熊雄により、『西園寺公と政局』と題する膨大な口述筆記録が残されている。その対象時期は一九二八年六月から一九四〇年十一月までの十二年五カ月間に及び、国際連盟の創設や政党内閣の発展を肯定的に捉えながらも、昭和の動乱に翻弄され、近代日本の立憲政治瓦壊に向き合わざるを得なかった姿が行間から伝わってくる(34)。

第二は近衛文麿に代表される新体制論である。近衛は五摂家筆頭の家柄に生まれ、昭和期に入ると、革新系貴族の代表として各方面からの期待を集めるようになる。西園寺の秘書としてヴェルサイユ会議に随行した際に物した論文「英米本位の平和主義を排す」（『日本及日本人』一九一八年十二月十五日）では大戦後の国際秩序が「現状維持を便利とする国」の論理に基づくことや、「経済的帝国主義」の到来を逸早く予見していた。また、国内政治にあっては、旧来の夜警国家観を脱却し、既成政党や金融資本が生み出す矛盾の解消を志向していた。近衛のブレーン集団であった昭和研究会が一九四〇（昭和十五）年に発表する『政治機構改新大綱』には、「対立と分化、牽制と均衡、分割と闘争、合議体の重視」を基本とする「自由主義的立憲国家」に代わり、「強力な集中、統合、協力、一元化」を基本とする「現代国家」こそ、「国民大衆の基礎にたつ集中的執行形態」として位置付けている(35)。このように合議体としての議会に代わり、強力な行政権力を求める発想こそ、近衛新体制運動という形で、既存の憲法秩序や諸政治勢力との間に激しい摩擦を生じさせることになる。

周知のように、明治憲法は現行の日本国憲法と異なり、内閣制度に関する明文規定を欠いていた。国務大臣単独輔弼責任制の下、各省が対立する行政セクショナリズムが生じた結果、日中戦争期にあっても国家意思を統合して政戦両略一致を実現することはできなかった(36)。そのことが近衛にとって、国民的政治組織の確立を求める背景となるのである。

四　本書の分析視角と構成

これまで述べてきた内容を踏まえ、本書全体にかかわる分析視角を二つ挙げておく。

第一は昭和戦前期、衆議院で二大政党の地位を占めた立憲政友会と立憲民政党が模索した政民連携運動への注目である。戦前、政民連携運動は既成政党勢力による指導力強化を目的とした動きと捉えられてきたが、時期によって運動主体や目的は異なっていた。政党内閣崩壊後、既成政党勢力が挙国一致内閣との関係をどのように捉え、内政や外交に関与しようとしていたのか。特に日中戦争開始以降の時期を検討する際に重要な意味があると考える。そのため、本書では政民連携運動の源流たる性格を持つ満洲事変期の協力内閣運動にまで遡り、戦前政党政治の問題点をたどることにする。

第二は「挙国一致」という同時代的用語が示す意味への注目である。一九三二年、五・一五事件によって犬養政友会内閣が総辞職した後、わが国では斎藤実内閣から鈴木貫太郎内閣に至るまで、非政党出身者を首班とする挙国一致内閣が十三代にわたって続いている。ただし、それぞれの内閣の性格は一様ではなく、斎藤内閣や岡田内閣のように既成政党勢力との協調を模索したものもあれば、成立時の林内閣や阿部内閣のように既成政党勢力を排除し、陸軍や新党運動派との関係を優先するものもあった。

これに対して、一九三〇年代の英国では世界恐慌への対応をめぐって一九三一（昭和六）年八月に第二次マクドナルド内閣が総辞職した直度、ラムゼイ・マクドナルドはそれまで野党であった保守党、自由党からも閣僚を確保した第三次マクドナルド内閣を組織し、英国下院に多数議席を確保する。労働党は党首であったマクドナルドを含め、新政権に入閣した党員を除名処分にするが、ヨーロッパ政治史ではこの大連立政権を指して挙国一致内閣と呼称している。したがって、近代日本政治史における挙国一致内閣とは意味が異なることに注意しなければならない。

そもそも、日本近代史における「挙国一致」の概念は国内全体が対立関係を克服し、一致して外憂に対処することを主眼に置かれていた。戦前、徳富蘇峰が物した歴史書によれば、「維新開国の歴史の要点は、挙国一致を以て世界に当たるが、その大目的」であり、幕末日本の政治指導は幕府（老中・阿部正弘）、朝廷（孝明天皇）、外様大名（薩摩藩主・島津斉彬）の三者による「公武合体挙国一致の大方針」であったと述べられている。(37) そして、現在の幕末維新史研究でも、「挙国一致」の志向は幕末の政治過程に求められている。(38)

かつて季武嘉也氏は第一次大戦終結後、「世界経済戦争」に対応する新しい体制の創出が国家的課題となる中、政党を中心として諸政治集団が提携する「介在型挙国一致」と、政党と官僚を排撃して強力な組織を求める「直結型挙国一致」という二つの路線が競合しつつ、後者が護憲三派内閣崩壊に至るまで大正政治史に大きな影響力を果たしたことを明らかにした。(39) この季武氏の研究は日本政治史における「挙国一致」の用例を類型化し、大正期の政治的潮流を描いた重要業績である。

ただし、政治上で「挙国一致」という用語が重要かつ特殊な意味を帯びてくるのは大正期よりも昭和期のほうである。一九三〇年代以降、「挙国一致」は「非常時」という用語と並んで政府・政党の各種声明や新聞報道、帝国議会の議事録などの行間に広く見られるが、統一的な定義のないまま、時期や勢力に応じて異なる意味で使用されていたことに気付く。そして、こうした問題は日本近代史における他の用語に関しても先行研究で指摘されていることである。たとえば、渡辺昭夫氏は「天皇親政」について、「明治以後の日本の国家そのものがつねにかかげていたスローガンであって一見自明のようであるが、その実、その意味内容はきわめて漠然としており、その時々により、或いは、それを主張するグループの立場によって、このことばの意味は必ずしも一様ではない[40]」と指摘している。また、明治憲法公布の翌日、首相・黒田清隆が地方長官を前にした演説から生まれた概念に「超然主義」がある。これについても、御厨貴氏の研究によれば、山県有朋内閣のような狭義の超然内閣、黒田清隆内閣のような広義の挙国一致的超然内閣もあれば、一部政党と提携した伊藤博文内閣もあるなど、明治政治史においては藩閥と政党の相互関係の中で様々な政権のパターンがあったことが明らかにされている[41]。したがって、こうした用語の多義性に注目することは、一面的な歴史理解に縛られることなく、近代日本政治の多元性を明らかにすることにつながるはずである。

本書では昭和戦前期の諸政治勢力の間で「挙国一致」という用語がどのように認識されていたのか、特に既成政党勢力とそれに反発する勢力の間で「挙国一致」が異なる意味で認識されていた点を踏まえながら、政党内閣中絶後の国内政治過程をたどっていく。また、全体として政治学における政策決定論的アプローチに従い、国内環境と国際環境の双方に注目し、そこから政策選択の在り方を規定した要因を分析していくことにしたい。

最後に、本書の構成を示しておく。個別の問題についての研究史の整理は各章で行うものとし、ここでは概略のみ記すものとする。

第一章では昭和初期二大政党時代のうち、一九二九年の浜口民政党内閣成立から一九三一年の第二次若槻内閣総辞職までの期間を扱う。第二次若槻内閣総辞職の原因となった協力内閣運動に注目し、満洲事変期の政府・与党間関係や、与党である民政党内の対立が如何なる背景により形作られていったのか、民政党が与党となる浜口内閣期にまで遡って検討する。その上で、政党内閣による満洲事変処理を挫折させた要因はどこにあったのか、政党内部の問題点に引き付けて明らかにする。

第二章と第三章では挙国一致内閣期のうち、内政と外交の両面で「現状維持」を模索した斎藤・岡田内閣期の政治を取り上げる。この二つの中間内閣が政党との関係や議会運営をどのように捉えていたのか、この時期の政治的競合関係を宮中や政党との関係に比重を置いて分析する。そして、斎藤・岡田内閣の倒閣を目指す政治力学がどのように形作られていったのか、こうした勢力の側が意図していたことも含めて、多角的に検討することで、この二つの内閣が昭和戦前期の政治史に果たした重要性を明らかにできると考えている。

第二章では最後の政党内閣となる犬養内閣期について、主として先行研究に依拠する形で概観したのち、一九三四（昭和九）年の帝人事件をめぐって斎藤内閣が総辞職に至る過程を検討する。この時期の「非常時」沈静化傾向や、斎藤内閣主導で始まる政民連携運動の展開を通じて、政党内閣復帰の可能性がどのような形で具体化していったのか、当時の陸軍内諸勢力の認識も含めて検討する。そして、最終的には政友会内部の路線対立を背景にして斎藤内閣総辞職の流れが形作られていくまでを裁判資料の活用も含めて分析する。

第三章では斎藤内閣に続く昭和第二の中間内閣である岡田内閣が政党との関係をどのように捉えていたのか、一九三五（昭和十）年の天皇機関説事件がもたらした影響も含めて検討する。機関説排撃運動を構成した勢力が何を意図していたのか、この時期における政党内閣復帰の可能性も含めて検討することで、昭和戦前期における一つの分岐点として一九三五年という年が持つ意味をたどることにしたい。

第四章では一九三六（昭和十一）年の広田内閣成立から一九三九（昭和十四年）の第一次近衛内閣総辞職に至るまでの内政と外交を扱う。挙国一致内閣期の政治過程と既成政党勢力後退の実態を総選挙、予算編成、外交政策・戦争指導の面から検討し、二・二六事件以降の政治過程における既成政党勢力の後退がどのような形で進行していったのかを明らかにする。その上で、日中戦争開始期における戦争指導の在り方を国内政治の変容に合わせて検討し、近衛文麿ら当時の政治指導層がどのような形で「挙国一致」の流れを作り出そうとしていたのか、政党を含む国内主要勢力との関係を通じて明らかにする。特に政治学的観点からすれば、この時期、近衛の下で短期間に挙国一致路線が形成されていく過程は興味深い論点の一つである。本書では日中戦争の展開に並行した政治的な力関係の中で、既成政党勢力が現実政治への影響力を後退させていく過程を再検討する。

第五章では日中戦争の展開が国内政治と戦争指導の両面で限界を迎える平沼・阿部内閣期以降を対象にして、一九三〇年代後半期の政治状況はどのようなものであったか、米内内閣期における近衛新体制運動の背景を整理する。さらに、早くから近衛新体制・大政翼賛会への批判を表明した川崎克（立憲民政党出身）と安藤正純（立憲政友会出身）を取り上げ、両者の翼賛政治体制批判の論理と活動はどのようなものであったか、政治史と憲法史双方の視角から検討する。具体的には彼らが立法府と行政府の関係をどのように捉えることで帝国議会の存在意義を論証しようとしていたのか、「統制」、「翼賛」、「挙国一致」などの用語にどのような概念を込めて翼賛政治体制に対峙したのか、同交会や翼賛政治会など、大東亜戦争期の活動も含めて検討する。

本書は全体として政治学における政策決定論的アプローチに従い、国内環境と国際環境の双方に注目し、そこから政策選択の在り方を規定した要因を分析していく。五・一五事件後、「政党更生」を求める世論の中で既成政党勢力の側は政党内閣復帰に向けてどのような活動を試みていたのか。また、近衛新体制運動の過程で政党政治家の側が「挙国一致」という概念をどう理解していたのか、といった論点はそのまま昭和期における「挙国一致」がレジームとシンボルのいずれであったかを明らかにする上で重要な意味があるはずである。そのことで、昭和期の政治が多様な理念を掲げる勢力が交錯することで展開されたものであることも明らかにできるのではないか。

序章註

（1）渡邉公太「ワシントン条約体制と幣原外交」（筒井清忠編『昭和史講義—最新研究で見る戦争への道—』筑摩書房、二〇一五年）十四～十五頁。

（2）河上肇『貧乏物語』（岩波書店、一九六八年）八四頁。初出は『大阪朝日新聞』一九一六年十月二〇日。

（3）三谷太一郎『日本の近代とは何であったか—問題史的考察—』（岩波書店、二〇一七年）二五九頁。

（4）松浦正孝『「大東亜戦争」はなぜ起きたのか—汎アジア主義の政治経済史—』（名古屋大学出版会、二〇一〇年）は世界恐慌がもたらした国際的変動に注目し、一九三〇年代以降の日本の対外行動を「汎アジア主義イデオロギー」という概念から検討している。

（5）下條芳明「内閣制度の改革をめぐる諸問題—とくに『行政国家』化の観点から—」（『法政論叢』第三八巻第一号、二〇〇一年）一六〇～一六一頁。

（6）Friedrich, Carl J. "*The Unique Character of Totalitarian Society*", in Totalitarianism, edited with an introduced by Carl J.Friedrich, Harvard University Press, Cambridge Masachusetts, 1954, pp. 52-53.

（7）Friedrich, Carl J. and Brzenzinski, Zbigniew K. "*Totalitarian Dictatorship and Autocracy*", Harvard University Press, Cambridge Massachusetts, 1965, p. 22.

（8）中村菊男『満州事変』（日本教文社、一九六五年）、同『天皇制ファシズム論』（原書房、一九六七年）。

（9）伊藤隆『昭和初期政治史研究—ロンドン海軍軍縮問題をめぐる諸政治集団の対抗と提携—』（東京大学出版会、一九六九年）、同『昭和期の政治』（山川出版社、一九八三年）、同『近衛新体制—大政翼賛会への道—』（中央公論社、一九八三年）。

（10）伊藤隆『歴史と私—史料と歩んだ歴史家の回想—』（中央公論新社、二〇一五年）。

（11）黒澤文貴「戦後日本の近代史認識」（慶應義塾大学『法学研究』第七三巻第一号、二〇〇〇年）五二〇頁。

（12）宮崎隆次氏は「革新」派論について、「政治家は思想家ではないから、しばしば置かれた立場がその政治行動を規定する。そのいわば存在被拘束性の重みを議論の中に十分組み込めないのではないか、という問題」を挙げている（宮崎隆次「日本政治史におけるいくつかの概念—一九二〇年代と三〇年代とを統一的に理解するための覚書—」、『千葉大学法学論集』第五巻第一号、一九九〇年、一二三頁)。また、近年の研究では米山忠寛氏も「短期・長期の視点の中で、誰が革新派なのか、どの集団が革新派なのか、という問題が常に残る」、「時期に応じた状況規定の変化の中では各個人・集団も改革志向(革新性)を変化させる」と述べ、革新派という規定では個々の局面や政策をめぐって個人や集団が示す対応の多様性を説明できないと指摘している(米山忠寛「戦時体制再考—戦後システムの前史として—」(『年報・日本現代史』第二〇号、二〇一五年、十二頁)。

(13)　酒井哲哉『大正デモクラシー体制の崩壊—内政と外交—』(東京大学出版会、一九九二年)。村井良太『政党内閣制の展開と崩壊—一九二七～三六年—』(有斐閣、二〇一四年)。

(14)　廣岡守穂『近代日本の心象風景』(木鐸社、一九九五年)、同『政治と自己実現』(中央大学出版部、二〇一二年)、同『市民社会と自己実現』(有信堂、二〇一三年)、同『ジェンダーと自己実現』(有信堂、二〇一五年)。

(15)　J・リンス(高橋進監訳)『全体主義体制と権威主義体制』(法律文化社、一九九五年、第四章。原著はLinz, Juan, j."Totalitarian and Authoritarian Regimes," In Fred .Greenstein and Nelson Polsby(eds.) *Handbook of Political Science:Macropolitical Theory*, Vol. 3. Addison-Wesley, 1975)。

(16)　J・リンス、A・ステパン(荒井祐介ほか訳)『民主化の理論—民主主義への移行と定着の課題—』(一藝社、二〇〇五年)。

(17)　前掲『政治と自己実現』一九九頁。なお、近代日本の政治体制を権威主義体制として捉えた比較政治学的な先行研究として、竹中治堅『戦前日本における民主化の挫折—民主化途上体制崩壊の分析—』(木鐸社、二〇〇二年)がある。竹中氏は一九一八年から一九三二年を民主化途上体制、一九三二年以降を軍部主導の権威主義体制と規定するが、戦前日本における国家と個人を媒介する中間団体の弱さ、政党内閣に対する軍部の制度的影響力を重視する点で廣岡氏と基本的な視座を共有している。

(18)　酒井哲哉「一九三〇年代の日本政治—方法論的考察—」(近代日本研究会編〈年報・近代日本研究一〇〉『近代日本研究の検討と課題』山川出版社、一九八八年)二四〇頁。

(19)　代表的なものとして、三沢潤生・二宮三郎「帝国議会と政党」(細谷千博・斎藤真・今井清一・蝋山道雄編『日米関係史』第三巻、東京大学出版会、一九七一年)、粟屋憲太郎〈昭和の歴史6〉『昭和の政党』(小学館、一九八三年)。

(20) ゴードン・M・バーガー(坂野潤治訳)『大政翼賛会—国民動員をめぐる相剋—』(山川出版社、二〇〇〇年)、古川隆久『戦時議会』(吉川弘文館、二〇〇一年)、同『昭和戦中期の議会と行政』(吉川弘文館、二〇〇五年)、同「戦時議会と戦後議会」(倉沢愛子・杉原達・成田龍一、テッサ・モーリス・スズキ、油井大三郎・吉田裕編〈岩波講座アジア・太平洋戦争2〉『戦争の政治学』岩波書店、二〇〇五年)。なお、政治学の中にはフリードリッヒ的な全体主義体制の概念よりも広くファシズムを捉え、近代日本に適合させようという議論もある。山口定『ファシズム』(有斐閣、一九七九年)はこの問題を比較政治学的な見地から議論したものであり、中村菊男氏や伊藤隆氏の「日本ファシズム否定論」には懐疑的な立場を示している。山口氏の研究も含め、戦後日本における日本ファシズム論の展開と伊藤隆氏の「革新」派論の研究史的な位置付けについては、古川隆久「『日本ファシズム』論」(鳥海靖・松尾正人・小風秀雅編『日本近現代史研究事典』東京堂出版、一九九九年)を参照。この中で古川氏は、「『日本ファシズム』論に学説としての有効性がないことは明白であるので、『日本ファシズム』論自体をさらに深化させるという方向は無意味」(二七〇頁)と述べている。また、これとは別に古川氏は前掲『昭和戦中期の議会と行政』二六二頁で、当該期日本を権威主義体制として表現している。本稿では歴史学に属する古川氏の研究をバーガー氏の研究と合わせて戦時議会再評価論とし、酒井哲哉氏ら政治学の諸研究と分けて整理する。

(21) 坂野潤治『日本政治「失敗」の研究—中途半端好みの国民の行方—』(光芒社、二〇〇一年)、同『近代日本政治史』(岩波書店、二〇〇六年)、同「反ファッショか、格差是正か—馬場恒吾と蝋山政道—」(坂野潤治編『自由と平等の昭和史—一九三〇年代の日本政治—』講談社、二〇〇九年)、同『日本近代史』(筑摩書房、二〇一二年)、井上寿一『日中戦争下の日本』(講談社、二〇〇七年)、同『昭和史の逆説』(新潮社、二〇〇八年)、同『戦前昭和の国家構想』(講談社、二〇一二年)、同『政友会と民政党—戦前二大政党制に何を学ぶか—』(中央公論新社、二〇一二年)。

(22) 筒井清忠「日本における大衆社会と平準化—一九二〇年代以降の思想集団の変遷から—」(『思想』第六四一号、一九八一年。のち同『昭和期日本の構造—その歴史社会学的考察—』有斐閣、一九八四年)、三谷太一郎『近代日本の戦争と政治』(岩波書店、一九九七年)。

(23) 雨宮昭一『戦時戦後体制論』(岩波書店、一九九七年)、同『近代日本の戦争指導』(吉川弘文館、一九九七年)は翼賛体制を構成した勢力のうち、陸軍・革新官僚など「天皇制国防国家派」は「天皇制社会民主主義派」と同じく社会の平準化を求めて総力戦体制に参画したと位置付けている。

(24) 社会大衆党についての研究史は、拙稿「社会大衆党における革新派路線の展開と挫折―翼賛政治体制形成期を中心に―」(学習院大学『政治学論集』第二二号、二〇〇九年)を参照。

(25) 升味準之輔『日本政党史論』第五巻(東京大学出版会、一九七九年)三八七頁。

(26) 矢野信幸「翼賛政治体制下の議会勢力と新党運動」(伊藤隆編『日本近代史の再構築』山川出版社、一九九三年)三七六頁。

(27) 加藤陽子『模索する一九三〇年代―日米関係と陸軍中堅層―』(山川出版社、一九九三年)、筒井清忠『昭和十年代の陸軍と政治―軍部大臣現役武官制の虚像と実像―』(岩波書店、二〇〇七年)、大前信也『昭和戦前期の予算編成と政治』(木鐸社、二〇〇六年)、同「戦費調達の政治過程―事変拡大の政治力学―」(北岡伸一編〈歴史のなかの日本政治２〉『国際環境の変容と政軍関係』中央公論新社、二〇一三年)、同『政治勢力としての陸軍―予算編成と二・二六事件―』(中央公論新社、二〇一五年)。以上の研究については、第四章で再論する。なお、手嶋泰伸『日本海軍と政治』(講談社、二〇一五年)は陸海軍の関係によって軍部の政治介入や政治関与の在り方は変化し、一様に平準化できないことを指摘している。

(28) 米山忠寛『昭和立憲制の再建―一九三二～一九四五年―』(千倉書房、二〇一五年)、矢野信幸「戦時議会と事前審査制の形成」(奥健太郎・河野康子編『自民党政治の源流―事前審査制の史的検証―』吉田書店、二〇一五年)、官田光史『戦時期日本の翼賛政治』(吉川弘文館、二〇一六年)。

(29) 山本佐門『現代国家と民主政治―現代政治への基本視点―』改訂版(北樹出版、二〇一〇年)八九～九〇頁。

(30) 拙稿「書評：井上寿一著『日中戦争下の日本』」(『戦略研究』第七号、二〇〇九年)、同「新刊書評：井上寿一著『戦前昭和の国家構想』」(『藝林』第六一巻第二号、二〇一二年)。なお、有馬学「一九三〇年代における『運動』と『統合』(二)―日中戦争と社会大衆党―」(『史淵』第一二九号、一九九二年)は、日中戦争開戦を契機とする社会大衆党の準与党化を描いているが、同党の革新政策案と実際の戦時立法との比較が十分ではない。その結果、第一次近衛内閣と社会大衆党の関係を過大に評価している印象がある。

(31) 前掲『日本の近代とは何であったか』六七～七〇頁。

（32）伊藤之雄『元老―近代日本の真の指導者たち―』（中央公論新社、二〇一六年）。
（33）西園寺公望については、伊藤之雄『西園寺公望―古希からの挑戦―』（文藝春秋、二〇〇七年）、同『昭和天皇伝』（文藝春秋、二〇一一年）、前掲『元老』を参照。
（34）拙稿「西園寺公と政局（原田熊雄）」（土田宏成編『日記に読む近代日本４・昭和前期』吉川弘文館、二〇一一年）。
（35）今井清一・伊藤隆編『現代史資料44・国家総動員２』（みすず書房、一九七四年）一六二頁。
（36）昭和期の日本で一元的な戦争指導体制が確立されなかったことは以前から指摘されてきたが、関口哲哉『昭和期の内閣と戦争指導体制』（吉川弘文館、二〇一六年）は内閣側の取り組みにも不十分さがあったことを指摘している。また、佐々木雄一「明治憲法体制における首相と内閣の再検討―『割拠』論をめぐって―」（日本政治学会編『年報政治学二〇一九―Ⅰ　主権はいま』）は一八八九（明治二二）年の内閣官制以降も制度上、閣内における首相の優越的地位や、内閣としての一体性は否定されていなかったとし、権力割拠性を強調してきた見方に修正を迫っている。いずれも一九三〇年代以降の政治構造を捉える上で示唆的な視点である。
（37）徳富猪一郎『維新回天の偉業に於ける水戸の業績』（民友社、一九二八年）五四～五五頁。
（38）三谷博『明治維新とナショナリズム―幕末の外交と政治変動―』（山川出版社、一九九七年）二四四～二五〇頁。
（39）前掲『大正期の政治構造』。
（40）渡辺昭夫「侍補制度と『天皇親政』運動」（『歴史学研究』第二五二号、一九六一年）二頁。
（41）御厨貴『明治国家形成と地方経営』（東京大学出版会、一九八〇年）二五八頁。

第一章　二大政党時代の動揺と崩壊

はじめに

序章で述べたように、二〇世紀の歴史において第一次世界大戦はアメリカの抬頭に象徴される国際秩序の変容、社会主義革命の危機、労働争議に代表される社会運動の高まり、普通選挙制の導入と大衆民主主義の確立など、日本を含む主要先進諸国に大きな変化をもたらした。かつて三谷太一郎氏は日露戦後における元老の影響力後退、政党の抬頭といった「権力の主体の多元化」が進む中、一九一四（大正三）年に第三代総裁となる原敬の下で立憲政友会が党勢拡張を図っていく過程を明らかにした。その上で、対米協調や、対中国政策の転換に象徴される原内閣の外交は国内における「大正デモクラシー」状況化を前提としたものであり、かつ、「ワシントン体制」下における日本外交の枠組みを形作るものであったという評価を与えた(1)。内政と外交の連関性に注目して原の政治指導を捉える視点や、戦間期日本外交への評価など、この三谷氏の研究は政治学における日本政治外交史研究の到達点を示すものとして重要である。一九二一（大正一〇）年に原が凶刃に斃れたのち、政友会は総裁派（党人派）と非総裁派（官僚派）に分裂したまま、政権から遠ざかっていく。

しかるに一九二四（大正十三）年、清浦奎吾を首班とする超然内閣が成立すると、憲政会、政友会、革新倶楽部は第二次護憲運動を展開し、憲政会総裁・加藤高明を首班とする護憲三派内閣が成立する。そして、一九三二（昭和七）年の五・一五事件により犬養内閣が総辞職するまでの間、「憲政の常道」として政党内閣時代が続くことになる。東京帝国大学教授を務めた憲法学者・美濃部達吉によれば、憲法制定当初、国務大臣が議会の信任を在職条件とする考えは制憲目的に反するとして排斥され、「官僚内閣主義」が長く実践されてきたが、「議院内閣主義の実現は我が憲法の下に於いても法律上可能にして、而して実際に於ける憲政発達の結果は、近時に於いては議院内閣制度は政治慣習として略確定の習俗律を為すに至り、当初旧独逸諸国の例を遂はんと欲したる立案者の予想は裏切られて、寧ろ英国流の立憲政治に近付く」ことになったのである(2)。ただし、問題は美濃部が評するように、近代日本の政党政治は「政治慣習」であって、明治憲法の改正により実現したものではなかった点にある。総選挙の結果が政権交代の在り方を規定するわけではなく、そのことが政治の上で特異な現象をもたらすことになる。

戦間期の政党政治については近年研究の進展が著しいテーマであり、そこでは様々な見地から内在的問題点が指摘されている。宮崎隆次「戦前日本の政治発展と連合政治」は明治憲法下における選出勢力と非選出勢力の競合と提携を「連合政治」という概念から検討し、近代日本における政治的統合の限界を指摘した重要研究である。宮崎氏は諸政治勢力間で妥協を含む連合政治が繰り返されたことを重視し、政党内閣期の政党間対立が非選出勢力を利用した反対党内閣の打倒や、自党に近い非政党内閣成立を望む動きが隠然と出現していた点を指摘している。また、現内閣が政策的に行き詰った場合、反対党の党首に政権を委ねるという首相選定基準も結果的に政党の自主性を損ね、党首決定を含む党内対立を複雑化させたとする(3)。この点については、最近、小関素明氏も二大政党時代が安定するためには「できるかぎり二大党派の議席数が均等に近い状態で区分されていること」が理想的であったものの、野党である第二党が議席数の少ない状態で政権を譲渡された結果、「きわめて劣弱な実行力に甘んじなければならない」状況に陥ったと指摘している。(4) かかる点に鑑みても、戦前日本の政党内閣時代が日本国憲法下の議院内閣制とは異なるルールで運営されていた点は注意しなければならない。

かつて季武嘉也氏は清浦奎吾内閣打倒を目指した勢力の思惑がそれぞれに異なっており、第二次護憲運動はその出発点と到達点には大きな隔たりがあったことを明らかにした。(5) また、伊藤之雄氏は大正期と異なり、政党内閣期の既成政党勢力が非選出勢力への対抗姿勢や貴族院改革に関心を払わず、与野党対立に終始したことを問題視している。その上で、昭和初期に民政党が農村対策に力点を置かず、政友会が軍部と結ぶ対中国強硬外交路線に傾斜するなど、政党側の対応にも責任を求めている。(6)

その後の研究として、筒井清忠氏は歴史社会学の見地から戦前政党政治の劇場政治的側面を指摘し、(7) 井上寿一氏は政友会と民政党の間で有効な政策論議が成立せず、党利党略に基づく相互批判に終始し、二大政党制が自壊していく過程を批判的に捉えている。(8) これに加え、小山俊樹氏は政権交代についての共通認識が欠落したまま第二次護憲運動が進行し、「政党内閣の継続」のみを正統性（legitimacy）として政党政治が成立したことを政党政治そのものの崩壊要因に求めている。(9) 戦前政党政治の形成過程に内在した問題点については、第三勢力に注目した季武氏の研究でも指摘されているが、小山氏の研究は二大政党それぞれの性格や政策を比較した点に特徴がある。これに対して、村井良太氏は戦前政党政治が男子普通選挙制と二大政党制によって発展可能性を示し、強力な政治基盤を形成した点にこそ、逆説的な形で政党内閣制の動揺と崩壊をもたらす背景になったと捉えている。(10) いずれの研究も現代政治分析への応用可能性も視野に含みながら、戦前政党政治の自壊過程を検討した点で重要なものである。

こうした研究状況にあって、本章では満洲事変期の国内政治と対外政策の在り方を規定した重要な要因として既成政党勢力の存在を取り上げ、昭和戦前期における対外危機の拡大と政党内閣制崩壊の相関関係を解明する。

一九三一（昭和六）年九月十八日午後十時二〇分過ぎ、関東軍は奉天郊外の柳条湖で南満洲鉄道線路を爆破し、ここに張学良麾下の中国東北軍への「自衛」措置を口実とした軍事行動を開始する。この満洲事変の展開過程において、当時の政党内閣が幣原外交の下で事態解決を目指したものの、最終的に政党間の足並みが揃わず、それが挫折を余儀なくされたことはよく知られている。昭和政治史の中で衆議院に基礎を置く立憲政友会と立憲民政党が相互に提携を図る政民連携運動は一九四〇（昭和十五）年十月の大政翼賛会成立に至るまで様々な局面で散見するが、第二次若槻内閣総辞職の原因となった協力内閣運動はその先駆けに相当する。

これまで満洲事変期日本外交を規定した国内的要因としては、すでに陸軍、宮中、マスメディア、国家主義団体を主対象にした研究について、それぞれ十分な成果が公表されてきた。しかるに当該期中央政界の動向、特に事変発生時に政権を担当していた第二次若槻内閣期の政府・与党間関係が政策形成過程に及ぼした影響については、なお解明すべき余地があると思われる。この前年に生じた浜口内閣期の統帥権干犯問題の背景として、海軍や国家主義団体と結び付いた野党政友会の組織的な倒閣運動があったことを踏まえた場合、当該期政治史における政党の動向、特に政民連携運動の源流を分析することは、政党内閣制崩壊期の政治プロセスを明らかにする上でも意義があるはずである。

そもそも旧来の理解では、昭和戦前期に二大政党時代を構成した政友会と民政党は双方が与野党間対立に終始した結果、中国大陸情勢をめぐって必要な外交政策を展開できず、最終的には「満蒙の危機」を呼号する陸軍の世論誘導を前に後退を余儀無くされ、政党内閣制と国際協調外交路線は同時並行的に破綻を迎えたとされてきた(11)。こうした理解に立つ場合、一九三七（昭和十二）年の日中戦争開戦に至るまでの歴史は直線的、かつ、不可避的なものであったということになる。これに対して、ここ二〇年ほどの間に有力となってきた研究潮流として、軍人政治家の宇垣一成をキーパーソンと位置付け、満洲事変期の協力内閣運動を宇垣擁立運動にオーバーラップさせて論じる傾向がある。(12)すなわち、政民両党も含めて中央政界に影響力を有し、陸軍の急進勢力を抑制できる指導力を持った宇垣を首班とする協力内閣が一九三一年の時点で成立していたならば、満洲事変は政党内閣制と国際協調外交路線の枠内で収拾できたのではないかというものである。この議論は従来までの研究で親軍的政治運動や閣内叛乱という形でしか評価されてこなかった協力内閣運動に焦点を当てることにより、幣原外交に代わる対外政策構想の可能性や宇垣の政治指導力への注目など、満洲事変期における政策選択の多様性を新しい視角から強調した点に研究史上の意義が認められる。大正期の軍縮政策によりリベラルな穏健派のイメージが定着していた宇垣への待望論は昭和期に広く散見するものであり、「政界の惑星」という異称が示すように、彼が戦後に至るまで言論界を中心に多くの支持を博したことは事実である。

しかしながら、そこで疑問となるのは宇垣自身が政治権力を掌握せず、既成政党内部にも有力な支持基盤が確立されていなかった一九三一年の段階で宇垣擁立の可能性を問うことの妥当性である。浜口内閣期の三月事件以降、宇垣の陸軍への影響力は後退しており、国内政治の面でも有力な支持基盤に恵まれていたわけではなかった。一九三〇年代前半、中間内閣である斎藤・岡田内閣期には民政党の一部でも政民提携運動の一環として宇垣擁立勢力が登場するものの、情勢に左右されやすい点で一定のものではなかった。

また、満洲事変期に政友会側で協力内閣運動に参入する最有力者の久原房之助に至っては、のちに陸軍皇道派や平沼系勢力との提携により宮中の穏健派路線に対抗し、政党内閣復帰を妨害する役割を果たすことになる事実をどのように説明するのかという点である。(13)第二次若槻内閣期、久原が協力内閣運動に関連して積極的に宇垣への接近を図ろうとした事実がなかったことは、のちに久原自身が認めている。(14)したがって、宇垣擁立運動の性格だけを過大に強調することで協力内閣運動を政治史の中に位置付けることは諸政治勢力の動きをかえって捉えにくくしてしまうのである。

本章では対外政策に対する国内政治の規定性、国内政治に対する対外的要因の規定性それぞれに注目し、与党民政党と野党政友会の党内対立、特に前者のそれが第二次若槻内閣の事変処理に及ぼした影響を分析する。そして、各勢力が如何なる対外政策構想の下に国内政治の動きを方向付けていったのかを検討する。

この時期における既成政党勢力の動向のうち、野党第一党の政友会については、犬養毅に関する時任英人氏の研究[15]や、党内派閥対立に焦点を当てた玉井清氏と奥健太郎氏の研究など[16]、体系的な研究成果が公表されている。これに加えて、満洲事変期における陸軍統制の挫折と政党内閣制の崩壊過程を検討した小林道彦氏の研究も政党側の問題点を理解する上で重要な視座を提供している[17]。これらの研究により、当時、内政と外交の両面で少なからぬ影響力を行使し得た野党の側でも陸軍や政府・与党との関係をめぐって、党内で様々な乖離と対立を抱えていたことが明らかにされている。一方、民政党については、かつて伊藤隆氏がロンドン海軍軍縮条約批准問題と国内諸勢力の動向を取り上げた際、党内では浜口内閣成立時に官僚派と党人派が連携関係にありながら、のちに「第二次若槻内閣を爆破する起動力になった」ことを指摘している[18]。その後、近年では金解禁政策をめぐる政治過程に焦点を当てた加藤祐介氏の研究[19]、満洲事変前後の党内事情を取り上げた原田伸一氏の研究[20]、結党から解党に至る民政党の全体史を再構成した井上敬介氏の研究により[21]、この時期の党内事情の解明は飛躍的に進んだ。このうち、原田氏と井上氏の研究は官僚派と党人派の対立関係を強調する旧来の構図を修正した点に意義が認められる。ただし、一部政治家の存在を強調して協力内閣運動に議会政治擁護の性格を求めている点は論拠の不十分さを感じる。本書では民政党が与党となる浜口内閣期にまで遡ることにより、満洲事変期の政府・与党間関係や与党内対立が如何なる背景により形作られたのか、そして、それがどのような形で政策形成過程に影響を及ぼしていったのかを解明する。

一　浜口民政党内閣成立と第十七回総選挙

序章で述べたように、戦前日本では一九二七（昭和二）年から一九三二（昭和七）年までの期間、衆議院に基礎を置く政友会と民政党が交互に政権を担当する二大政党時代が始まる。ここでは第二次若槻内閣成立時の内政と外交、それに満洲事変発生時の与党であった民政党の党内状況を整理するため、民政党が政権を担当する浜口内閣成立時にまで遡る。これは第二次若槻内閣期の政府・与党間関係の基礎が浜口内閣期にほぼ形作られるからである。

一九二九（昭和四）年七月二日、田中内閣が前年の張作霖爆殺事件処理をめぐって昭和天皇の信任を失い総辞職すると、その後継として大命を拝すのが民政党総裁・浜口雄幸であった。民政党は一九二七年に憲政会と政友本党の合同により成立したばかりの新党であったが、その党内には系譜を異にする二つの勢力があった。それが法制官僚出身の鉄相・江木翼を事実上の総帥とする官僚派と、立憲同志会時代以来の党人政治家である内相・安達謙蔵を事実上の総帥とする党人派であった。当時、党人派は少数会派を中心に党内で広い支持基盤を有し、対する官僚派は貴族院、枢密院や元老方面の支持を得て党内での劣勢を補っていた(22)。元来、浜口は加藤高明に連なる大蔵官僚出身者であったが、官僚派の多くが貴族院議員であったのと対照的に、衆議院に基礎を置く政党政治家としての姿勢を憲政会時代から貫いていた。これにより党内では党人派も含めて広い支持勢力を有していた(23)。そして、自ら内閣を組織する立場になった時、両派に依拠した党内指導を原則とすることで政権基盤の安定化を図ろうとしたのである。

浜口内閣の構成は憲政会時代の閣僚経験者が積極的に起用されただけでなく、非党員や貴族院議員など官僚派系の人々が多く入閣した点に特徴があった。中でも元日本銀行総裁である井上準之助の入閣は、当時安達の秘書であった伊豆富人の証言によれば、組閣前に安達が浜口に対して前首相・若槻礼次郎が再入閣することの反対を申し入れたことが発端であったという。そして、浜口もこれに同意し、安達の次期総裁就任を内約することで実現されたものであったという[24]。このように閣僚の人選は両派の均衡に配慮して実施されたものであったものの、実際には入閣予定枠から漏れた党人派の一部が党執行部への不満を募らせるなど、組閣過程で多少の混乱が見られたのも事実であった[25]。民政党内の派閥分布は時期により微妙に異なるが、浜口内閣成立時を見ると、両派ともに政府・与党内で枢要な地位を占めていたことが分かる（表1）。

そして、組閣から一週間後の七月九日、浜口内閣はその政策目標を「十大政綱」として公表する。①政治の公明、②国民精神の作興、③綱紀粛正、④対華外交の刷新、⑤軍縮の促進、⑥財政の整理・緊縮、⑦非募債・減税、⑧金解禁の断行、⑨社会政策の確立、⑩教育の更新が列挙されており、特に国際協調外交と緊縮財政、金解禁の三点を主眼としていた。この十大政綱は英国型二大政党制を理想とする浜口の主導で作成されたものであり、その意図は次回総選挙の争点を財政再建に置き、政友会との政策的相違点を明確にすることで内閣の政治路線を有権者に示すことにあった。その意味でも、この十大政綱は近代日本政党史上、最初のマニフェストと言うべきものであった[26]。

川田稔氏によれば、浜口の政治構想は金解禁と産業合理化政策によって経済安定化と国際経済力の強化を図り、合わせて非軍事的な形で対中国輸出市場の拡大を図ろうとするものであった。そのためにも対外関係上、東アジアにおける国際環境の安定化を前提条件としていたという[27]。したがって、さきの十大政綱に盛り込まれた内容こそ、濱口が自らの内閣で実現しようとしていた政治構想を具現化したものであったのである。そして、この方針に基づき翌一九三〇（昭和五）年一月一一日、金解禁実施に関する大蔵省令が発表される。これは第一次世界大戦後、すでに米英が相次いで金本位制に復帰していたことに倣い、国際競争力の強化という観点から銀行や業界団体の支持を背景に実施されたものであった。そして、この金解禁こそ浜口内閣期のみならず、続く第二次若槻内閣期の政治にも影響を及ぼすことになる。

表1　浜口内閣成立時における民政党の党内派閥

(1)官僚派系

氏名	生年	地位(民政党・浜口内閣)	略歴
若槻礼次郎	1866	最高顧問	大蔵官僚。1911年，勅選貴族院議員。第三次桂内閣・第二次大隈内閣蔵相，憲政会総務，同顧問，第一次・第二次加藤内閣内相，憲政会総裁，首相。
江木　翼	1873	相談役・鉄道大臣	法制官僚。1916年，勅選貴族院議員。第二次大隈内閣書記官長，憲政会顧問，同総務，第一次加藤内閣書記官長，第二次加藤内閣・第一次若槻内閣法相。
幣原喜重郎	1872	外務大臣	外交官。非党員閣僚として第一次・第二次加藤内閣外相。1926年，勅選貴族院議員。第一次若槻内閣外相。
伊沢多喜男	1869		内務官僚。1929年，勅選貴族院議員。台湾総督，東京市長。非党員の資格で民政党結党，濱口内閣成立に協力。
仙石　貢	1857	南満州鉄道総裁	逓信官僚。1908年，衆議院議員初当選。第二次大隈内閣鉄道院総裁，憲政会顧問，第一次・第二次加藤内閣及び第一次若槻内閣鉄相，1926年，勅選貴族院議員。
山本達雄	1856	最高顧問	日本銀行総裁。1903年，勅選貴族院議員。第二次西園寺内閣蔵相，第一次山本内閣・原内閣・高橋内閣農相。
松田源治	1875	拓務大臣	弁護士。1908年，衆議院議員初当選。政友会幹事，衆議院副議長，政友本党総務，民政党総務。
櫻内幸雄	1880		新聞記者，電力会社社長。1921年，衆議院議員初当選。政友本党政務調査会長，民政党幹事長。

(2)党人派系

氏名	生年	地位(民政党・浜口内閣)	略歴
安達謙蔵	1864	内務大臣	新聞社社長。1902年，衆議院議員初当選。第二次大隈内閣外務参政官，憲政会総務，第一次・第二次加藤内閣及び第一次若槻内閣逓相。
小泉又次郎	1865	逓信大臣	神奈川県議。1908年，衆議院議員初当選。憲政会幹事長，同総務，衆議院副議長，民政党幹事長。
降旗元太郎	1864		長野県議，新聞社社長，民友社社長。1898年，衆議院議員初当選。憲政会総務，第二次加藤内閣陸軍政務次官，同鉄道政務次官，第一次若槻内閣海軍政務次官，民政党総務。
田中隆三	1864	総務	農商務官僚。1912年，衆議院議員初当選。
小橋一太	1870	顧問・文部大臣	内務官僚。1920年，衆議院議員初当選。政友会政務調査会長，同院内総務，清浦内閣書記官長，政友本党総務，同幹事長，民政党総務。
片岡直温	1859		内務官僚。1898年，衆議院議員初当選。第一次加藤内閣内務政務次官，第二次加藤内閣商相，第一次若槻内閣蔵相。
横山金太郎	1868		広島県議会副議長，広島市議会議長。1904年，衆議院議員初当選。憲政会幹事長，同総務。
永井柳太郎	1881	総務・外務政務次官	早稲田大学教授。1920年，衆院議員初当選。第一次・第二次加藤内閣及び第一次若槻内閣外務参政官。
中野正剛	1886	遊説部長・逓信政務次官	新聞記者。1920年，衆議院議員初当選。
山道襄一	1882	情報部長・鉄道政務次官	新聞記者。1912年，衆議院議員初当選。憲政会幹事長，同総務，第一次・第二次加藤内閣及び第一次若槻内閣文部参与官。
鈴木富士弥	1882	政務調査会長・内閣書記官長	会社役員，弁護士。1917年，衆議院議員初当選。憲政会幹事，第一次・第二次加藤内閣及び第一次若槻内閣内務参与官。

表１　浜口内閣成立時における民政党の党内派閥（つづき）

氏名	生年	地位（民政党・浜口内閣）	略歴
頼母木桂吉	1867	総務	新聞社社長。1915年，衆議院議員初当選。憲政会政務調査会長，同幹事長，同総務，第二次加藤内閣・第一次若槻内閣逓信政務次官，民政党相談役。
富田幸次郎	1872	総務	新聞社社長。1908年，衆議院議員初当選。憲政会幹事長，同総務。
斎藤隆夫	1870	内務政務次官	弁護士。1912年，衆議院議員初当選。憲政会総務，民政党総務。
川崎　克	1880	総務・司法政務次官	新聞記者。1915年，衆議院議員初当選。第一次加藤内閣陸軍参与官，第二次加藤内閣逓信参与官。
野村嘉六	1873	文部政務次官	判事，弁護士。1912年，衆議院議員初当選。憲政会総務，第一次・第二次加藤内閣及び第一次若槻内閣商工参与官。
横山勝太郎	1877	商工政務次官	判事，弁護士，東京市議。1917年，衆議院議員初当選。憲政会政務調査会長，同幹事，同総務。
山田道兄	1880	農林参与官	新聞記者，民友社社長。1924年，衆議院議員初当選。
福田五郎	1877	逓信参与官	判事，検事。1914年，衆議院議員初当選。
山本厚三	1881	鉄道参与官	小樽市議，会社役員。1920年，衆議院議員初当選。

出典：伊藤隆『昭和初期政治史研究－ロンドン海軍軍縮問題をめぐる諸政治集団の対抗と提携－』（東京大学出版会，1969年）29～30頁，櫻田会編『総史立憲民政党－理論編－』（櫻田会，1989年）182～183頁をもとに作成。詳細情報は，衆議院・参議院編『議会制度百年史－貴族院・参議院名鑑－』（大蔵省印刷局，1990年），秦郁彦編『日本近現代人物履歴事典』（東京大学出版会，2002年），日外アソシエーツ編『新訂政治家事典　明治～昭和』（日外アソシエーツ，2003年）などで補った。

註：政友会出身の山本・松田・櫻内は厳密な意味での派閥分類に迷うが，当時の党内では官僚派と提携関係にあった（『総史立憲民政党』182頁）とのことにより，本表では官僚派系に区分した。

浜口内閣は七月二九日、当初の予算規模を五％圧縮した九一〇〇万円の緊縮実行予算を発表し、八月二八日には浜口自ら国民に緊縮政策を放送するなど、早くから緊縮財政方針のアピールに努めていた。そして、十一月十九日、一般会計十六億八〇〇万円余りから成る昭和五年度予算を閣議決定するが、これは一九〇七（明治四〇）年以来、一般会計で初めて公債発行を伴わないものであった。このように浜口内閣が財政緊縮と非募債の方針にこだわるのは、同じく十大政綱に掲げた金解禁に備えるためであった。

日本は日清戦争後の一八九七（明治三〇）年、世界的な金本位制導入の流れに従い、第二次松方内閣期に金本位制を導入していた。これは第一次世界大戦の発生により一九一七（大正六）年に中断されるが、大戦終結後の一九一九（大正八）年、米国が金本位制に復帰すると、日本国内でも翌一九二〇（大正九）年秋頃から金解禁を求める声が出始めていた。そして、主要各国が相次いで金本位制に復帰し始めると、一九二四（大正十三）年以降、財界の一部で金解禁を待望する声が高まり、中央政界でも時期や程度の違いはあれ、政友会、憲政会、政友本党の各党でもこれに同調する動きが現れていた。[28]

当時、日本経済は一九二〇年代から輸入超過が続き、金輸出禁止の中で外国為替相場も恒常的に変動を繰り返していた。ゆえに浜口内閣にとって、金の輸出自由化は外国為替相場の安定と輸出促進を図り、日本の国際競争力強化と景気回復につなげることが目的であった。そして、それまで民政党に党籍を有せず、「財界世話役」[29]の異名をとっていた井上準之助を蔵相に迎えたのも、この金解禁実施のためであった。

かつて井上は一九一九年の日本銀行総裁就任時、第一次世界大戦後の戦後恐慌に対処するため、自らのイニシアティブで緊縮方針を断行したことがあった。そして、金融機関への救済融資によって日本経済の崩壊を食い止め、日銀の影響力を高めた実績があった。[30]その後、井上は政友会と近い位置を保ち、田中内閣期までは金輸出禁止論に立っていた。しかし、浜口内閣の対中国政策ならば、東アジア情勢の安定を維持し、金解禁実施に必要な国際環境を整えられると判断した結果、浜口内閣入閣と同時に金解禁論に転換する。その意味でも民政党内閣期、井上財政は第二次幣原外交と相互補完的な関係の下に出発することになったのである。[31]この金解禁については元老・西園寺公望も一九二九年九月、「金の解禁、早い方がよくはないか、日貨排斥や財界の攪乱を野党がせぬ内に」[32]と述べており、日中関係や議会対策が困難となる前に実施の手筈をつけることを望んでいた。

こうして一九三〇年一月十一日、日本政府は金輸出を正式に解禁し、十二年ぶりに金本位制復帰を果たす。そして、十日後の一月二一日、浜口内閣は国民の信を問うため、第五七回帝国議会を解散し、第十七回衆議院議員総選挙の二月二〇日実施を決定する。この総選挙で浜口内閣と与党民政党が争点に打ち出したのが金解禁政策の是非であり、金解禁実施による経済的効果とこれに反対する政友会の守旧性を掲げることで国民の支持を集める選挙戦略をとる。浜口はこれに基づいて金解禁と消費節約の必要性を訴え、井上も日本銀行総裁・土方久徴と連携して各地を遊説し、将来的に金解禁が景気回復につながることを訴えていた。そして、こうした民政党の選挙戦略にマスメディアが従うことで世論の大勢は民政党支持に向かっていくことになる。(33)

また、党内指導では浜口自ら選挙資金準備の中心となり、官僚派に属する南満洲鉄道株式会社総裁・仙石貢と前台湾総督・伊澤多喜男がこれに協力していた。(34)仙石は三菱財閥との関係を活かして憲政会時代から政治資金調達に力を発揮し、民政党結党後は再び同郷である浜口を補佐することになる。(35)当時、党人派系の富田幸次郎が幹事長、元第一次若槻内閣商相・藤澤幾之輔が選挙委員長を務めていたが、候補者調整にあたっては党人派総師である安達内相の下で候補者の乱立を抑えていた。そして、候補者間の得票を調整するなど、党内一致の選挙戦を展開し、それが最終的に民政党の当選者数を増加させる要因となる。(36)このように浜口以下の民政党は官僚派・党人派の連携により、結党以来最初の総選挙を戦っていたのである。

一方、野党政友会では前年九月二九日に田中義一が急逝したことを受け、新たに元革新倶楽部総裁・犬養毅を総裁に擁立することで選挙戦に臨んでいた。しかしながら、各派閥で候補者が乱立するなど、党内一致の欠如から効率的な選挙戦を展開できずにいた。当時、政友会内では床次竹二郎と鈴木喜三郎の各派閥が対峙していたが、犬養擁立が床次に比して勢力の劣る鈴木の手でなされたものであったため、犬養の党内指導は当初から脆弱なものにならざるを得なかった。(37)こうして犬養総裁下の政友会は極めて不安定な党内状況の下、総選挙に突入することになったのである。

この第十七回総選挙で浜口以下の民政党は前回比五七議席増の二七三議席を確保する大躍進を遂げ、政友会の一七四議席確保に大差をつける（表2）。これは経済格差の解消を望む国民の声を民政党が巧みに取り込んだ結果であった。結党以来、民政党の党是と政策は無産政党も含めて広い範囲から好感を得ていたが、このように政権与党が国民の支持により衆議院に安定多数議席を獲得したのは日本選挙史上初の快挙であった。それだけに浜口内閣は戦前日本で最も政党内閣としての実質を備えていたのである。(38)

一九三〇年一月二一日、浜口はロンドン海軍軍縮会議に元首相の若槻を全権とする代表団を派遣しており、総選挙終了後の四月二一日、日米英の三カ国間では補助艦比率の妥協案が成立する。ところが、四月二一日召集の第五八回帝国議会では野党政友会が海軍軍令部や右翼とともに「統帥権干犯」を主張し、政治問題となっていく。これに対して浜口はこの年八月から九月にかけて開催される枢密院審査委員会では軍縮に伴う減税が国民負担の軽減につながることを一貫して主張し、枢密院側の条約批准反対論に真っ向から対抗する。かつて第二次大隈内閣大蔵次官、加藤内閣蔵相を務めた経験のある浜口は軍縮を昭和六年度予算案編成問題という内政上の問題と結びつけて捉えていた。その上で、この軍縮条約批准によって次年度予算案に減税方針を盛り込み、財界の不安を解消できれば、内閣に対する支持率の調達と減税による景気刺激という政治経済上の効果が同時に得られると考え、予算成立前の条約批准を急いでいたのである。(39)

政友会は九月十六日の臨時党大会で政府の条約批准に向けた取り組みを激しく糾弾するが、政府提出の条約諮詢案は翌日の枢密院審査委員会で可決され、十月一日の枢密院本会議で最終可決される。こうして十月二日、ロンドン海軍軍縮条約は批准され、同月十一日にはそれぞれ総額十四億四八〇〇万円、三億九四〇〇万円にまで圧縮することに成功し

表2　1930年2月20日　第17回衆議院議員総選挙結果

	立候補者数	当選者数	得票数	得票率(%)
立憲民政党	343	273	5,468,114	52.35
立憲政友会	306	174	3,944,493	37.76
国民同志会	12	6	128,505	1.23
革新党	6	3	55,487	0.53
無産政党	97	5	516,538	4.94
諸派・無所属	76	5	333,058	3.19
	840	466	10,446,195	100.00

有権者数：12,651,785名
投票者数：10,544,128名
無効票：98,099票
投票率：83.34%

出典：古屋哲夫編「衆議院・参議院選挙一覧」(日本近現代史辞典編集委員会編『日本近現代史辞典』東洋経済新報社，1978年)をもとに作成。

た昭和六年度予算案と海軍補充計画が閣議決定される。この閣議決定前日、元老・西園寺公望は秘書・原田熊雄に対して次のように述べている。

非常に思ひ切つた緊縮だつたけれども、まあ金解禁も出来たし、ロンドン条約も出来、予算も減税も補充計画もこれで無事に済んで、非常によかつた。西園寺はまことに国家のために喜んでゐる。総理大臣も非常な御苦労であつたろう。どうか宜しく言つてくれ。なお江木鉄道大臣にもまた特に井上大蔵大臣にも、非常な御尽力で西園寺は国家のために頗る欣快に堪へぬと言つてゐた、と言づけてくれ。(40)

このように西園寺にとって、経済危機を克服するための浜口内閣による緊縮財政や軍縮、金解禁といった一連の諸政策はまさに満腔の喜びを表すべきものであった。その上で、浜口の政治指導力ならば目下の課題である財政再建のみならず、二大政党制も有効に機能することは間違いないと確信し、浜口内閣の継続を望んでいたのである。

しかしながら、ロンドン海軍軍縮条約調印に際して、浜口が昭和天皇の意思に過度に依存し、かつ、侍従長・鈴木貫太郎が二度にわたって軍令部長・加藤寛治の上奏を阻止したことは天皇の公平的性格を損ねるものとなる。(41)また、浜口内閣が総選挙後の議会で、「統帥権干犯」を指摘する政友会との憲法論争を拒否する態度に徹したことは、民政党の党是である議会中心政治の理念に反するものであった。(42)そもそも政党内閣が憲法に根拠を有さない非制度的慣行であり、国家機構における内閣の優越が保障されていない以上、他の責任機関との間で十分な合意を得ていない形での政治主導はかえって摩擦を生みだす恐れがある。組閣以来、浜口を支持してきた西園寺にとって、浜口内閣による政治的実績は政権の安定を期待させるものであったが、その後の事態は政党内閣による権力掌握の限界を露呈させることになる。十一月十四日、浜口が東京駅で右翼の凶弾に倒れる事件が起きると、ここから戦前日本の二大政党時代は動揺と崩壊に向かって進んでいくのである。

二　十大政綱路線の動揺

一九三〇（昭和五）年、浜口内閣の下で実施された金解禁とロンドン海軍軍縮条約批准はいずれも内閣成立時の十大政綱に基づくものであり、当該期政府・与党内の結束と国民の支持があって実現されたものである。本書では浜口内閣が十大政綱に掲げた内容を「十大政綱路線」と定義し、特に財政政策に関連する問題が総選挙後、どのような形で展開されていったのかを分析する。その上で民政党における浜口総裁時代から若槻総裁時代への移行が政府・与党間関係に及ぼした影響について整理することにしたい。

前述のように浜口内閣は一九三〇年一月に金解禁実施に踏み切るが、これは旧平価、すなわち、金輸出前の一八九七（明治三〇）年制定の貨幣法に基づく一〇〇円＝四九・八五ドルでの解禁であった。しかし、当時の平均為替相場の実勢は円安であり、旧平価での解禁は必然的に円切り上げを意味し、短期的には対外輸出や通貨量の縮小、金の流出、物価下落などのデフレ状態を引き起こす危険性があった。

この時、浜口内閣が第二次松方内閣期のような新平価解禁ではなく、旧平価解禁を採用したのは、金融界の大部分が旧平価解禁論であったことに加え、新平価解禁が貨幣法改正を必要とするため、これを避けたかったという議会対策上の動機もあったと言われる。(43)また、井上蔵相の認識として、浜口内閣が緊縮財政により国民に消費節約を促していたことから、日本はドイツ、フランス、イタリア、ベルギーのような新平価解禁ではなく、旧平価解禁に耐えられると判断していた。その根拠はヨーロッパ諸国に比して日本では歳入・歳出の均衡が維持され、新規公債発行の必要もなかった上、日本銀行の正貨保有高などを考慮しても、多少の為替下落ならば対処可能と見込んでいたためである。(44)ゆえに総選挙終了後も井上は消費節約を前提とする旧平価での金解禁であっても、国民の支持はつなぎとめられると確信していたのであろう。

だが、中央政界にはこうした政府方針の行方を早くから危ぶむ向きもあった。総選挙終了直後の一九三〇年三月七日、前司法政務次官・濱田國松は同じく政友会所属の元加藤内閣逓信政務次官・古島一雄に宛てた書翰で次のように述べている。

今回之総選挙ハ予想通リ政友会ノ惨敗ニ帰シ候ヲ木堂ニハ御気毒ニ存候事、サも水脹《みずぶくれ》ノ既成政党ガ漸々健康体ニ復シタル、底《なんぞ》ノ事ニ候、事別段不思議モ無之、政友会更生ノ為メトカニハ良薬ナラント被存候。濱口、安達、井上等ハ余リ《ママ》利口ナル連中ニハ無之、国民ノ生活ヲ離レ机上ノ空論ヲ以テ政権ヲ維持セン等、驚入タル量《ママ》見違ニ候事、不遠《とおからず》内閣ハ経済政策ノ破綻ヲ以テ瓦解ノ運命ニ逢着スル筈ナラント愚考候事、貴見果シテ如何。[45]

この書翰を物した濱田は古島と同じく革新倶楽部の出身であり、政友会合流前から犬養と政治活動を共にしてきた。その彼から見ても、すでに総選挙における政友会の大敗は予測の範疇であった。だが、同時に彼らは浜口内閣・民政党が金解禁のもたらす経済的影響を正確に予測せず、むしろ楽観的な当事者意識を有していることに関心を寄せていたのである。[46]世界経済はこの前年、ニューヨーク株式市場における株価暴落を発端にして世界恐慌に襲われ、国際的な金融取引は世界規模で縮小傾向に入り始めていた。昭和初期、日本の対外輸出に占める対米輸出比率は四割を超えており、世界恐慌の影響は一九三〇年になると、日本経済にも波及することになる。

浜口内閣期における緊縮財政は一般公共事業の縮小を伴うものであったため、民政党の地方組織に混乱をもたらしていた。一九三〇年になり、党内で最も緊縮財政の見直しと失業対策の強化を主張したのが安達謙蔵であり、昭和六年度予算案編成の過程では井上蔵相の反対を押し切り、失業対策事業費を大幅に増額させる。そして、一九三一年秋の府県会議員選挙で民政党は救護法の施行と失業対策事業への取り組みを実績に掲げて政友会と戦うが、その背景には党勢の維持・拡大に腐心する安達の意向が大きく作用していたことが加藤祐介氏の研究で明らかにされている(47)。

そして、この時期の政府・与党間で昭和恐慌対策と並んで深刻に認識されていたのが浜口遭難事件に伴う政権の動揺をいかに克服するかという問題であった。事件直後、政府・与党内では首相代理候補として江木法相ら官僚派の推す幣原喜重郎外相案、前逓信政務次官・中野正剛ら党人派の推す宇垣一成陸相案があった。最終的に党最高顧問である若槻や山本達雄、それに濱口の意向により幣原が首相代理に選ばれる。また、十二月九日の閣議では江木の発案で安達を総裁代理とする案が内定していたが、党総務会で同意が得られず退けられることになる(48)。十一月十五日の閣僚協議会で幣原を首相代理にすることが決定された直後、安達に近い少壮派は幣原を支持する江木との党内対立に発展していた。この事態を受けて、安達と江木は提携関係を結ぶことで党内の安定回復を選択し、安達が総裁事務代理になることで、浜口復帰までの間、政府・与党間の連絡役を担うことになる(49)。民政党代議士・斎藤隆夫は十二月十三日の日記に、「此夜民政党少壮派二十余名会し間接に安達擁護の宣言決議を為す。党内に反感昂まる。予は安達氏に対し注意する所あり(50)」と記している。本来、斎藤は党人派の系譜にあったが、この記述を見ると、安達擁立運動のような次期総裁選を意識した動きには慎重であったことが分かる。

このように浜口遭難事件後の民政党は浜口不在により生じた党内統制の動揺を克服するため、主要幹部間での調整を重ねていたが、事態の長期化は徐々に党内に軋みをもたらすものとなる。一九三一（昭和六）年二月、朝鮮総督府政務総監・児玉秀雄は朝鮮総督・斎藤実海軍大将宛の書翰で、同月十一日の民政党衆議院議員・牧山耕蔵との対談で得た情報を次のように記している。すなわち、「政界ノ空気ハ頗ブル嫌悪ニシテ濱口首相ハ到底議会開会中ニ出席至難」であり、「後継首相ニ付、安達派アリ宇垣派アリ山本達雄説アリ。其ノ暗闘ノ激シキハ対政友会関係ヨリ一層甚ダシキモノ有之由ニ御座候。如此内部ノ秩序紛乱シ来リタルニ乗ジ政友会ノ攻撃ハ愈々急デ更ニ貴族院ノ空気ハ日々悪化スルノ傾向」にあり、「政界ノ一大変動ハ早晩免レ難キ状勢」である。(51) このように浜口遭難事件後、民政党では派閥間の均衡が崩れ、党内対立が激化の一途をたどっていくのである。

翌三月、浜口が政友会の要求から病躯を押して登院すると、その病状を見越した上で政界再編の動きが一挙に加速していく。児玉は再び斎藤への書翰で、「濱口首相ノ両院出席ハ政界ニ安全礎ヲ築クベシト期待シ居候処、其結果ハ全然之ヲ裏切リ今哉世人ニハ政変避クベカラズトノ暗示ヲ与ヘタ」として、「政友会ハ立憲常道論ヲ唱フルモ与党ニ於テハ首相ノ病気ヲ理由トシ首相ノ更迭ニヨリ政局ノ安定ヲ期スベク計画シ、議会開会中ニ之ヲ断行スルヲ有利トス、ト考ヘ居ルモノノ如ク」、「何レニセヨ今後数日ノ間ハ各種政界低気圧紛雑ヲ極ムル」との見込みを示している。(52) このように浜口の党内指導力が低下する中、民政党内の動向は政情不安に拍車をかけるものとなっていた。

三月二〇日、政友会は井上財政批判を骨子とする内閣不信任案を第五八回帝国議会に上程するが、もはや浜口内閣が終焉に近いことは誰の目にも明らかであった。民政党では四月十三日の内閣総辞職に先立ち、浜口の発意で党長老会議を開催し、若槻の後継総裁擁立を決定する。だが、安達擁立を目論む党人派の一部がこの決定に異議を唱え、再び党内に重大な混乱を来たしていた。(53) したがって、四月十四日に成立を見る第二次若槻内閣は当初から政権基盤の脆弱性を拭うことができなかったのである。

若槻の組閣は拓相に原修次郎、商相に櫻内幸雄、陸相に南次郎大将が就任した以外、主要閣僚がほぼそのまま留任した点で内外からは事実上、浜口内閣の延長と目される。だが、新内閣成立三日後に公表される政務官人事が党内に大きな波紋を投げかけることになる。これは前陸相の宇垣がその日記に、「党人政務官の全部の更迭は人物点より改造と云ふよりも改悪、若槻式を発揮したり」(54) と記しているように、党内の勢力均衡に直接影響を及ぼすものであったからである。そして、こうした若槻内閣成立に至るまでの党内対立こそ、やがて満洲事変期における中央政界の混乱につながるのである。

以上のように、ここでは浜口内閣成立時には保たれていた民政党内の勢力均衡が浜口遭難事件により崩れ、官僚派に連なる若槻の下で党内対立が深刻化していく過程を明らかにした。次に当該期対中国政策の推移に触れながら、満洲事変発生とそれに伴う政民両党の動きを検討することにしたい。

近年の日本外交史研究によれば、一九二八（昭和三）年の張作霖爆殺事件の影響で悪化した日中関係は中国駐在全権公使・重光葵と国民政府財政部長・宋子文の交渉により浜口内閣期には好転を迎えていたことが明らかにされている。そして、一九三〇年三月の日中関税協定仮調印以降、日中両国が懸案事項解決のため妥協の可能性を摸索していた矢先、関東軍の謀略で満洲事変が決行されたことの重要性が指摘されている(55)。

実際、満洲事変直前の一九三一年六月二七日に発生した中村大尉殺害事件については張学良が幣原外交に期待する立場から宥和的姿勢を表明し、日中関係改善に意欲を示していた。これに加えて、当該期中国メディアの一部にも日中関係安定化の主体として若槻や幣原を好意的に扱う傾向が表れ始めていたばかりであった(56)。このように当該期日中関係をめぐっては双方の外交当局が懸命に関係改善策を摸索していたのであり、その成果は日本陸軍中央でも広く認識されていたようである。

この一九三一年春、陸軍省・参謀本部の合意で作成された「満洲問題解決方策の大綱」では今後の対中国政策の在り方として、外務当局と連携の上で張学良政権の排日方針を緩和させ、合わせて関東軍の行動を慎重ならしめることを盛り込んでいた。そして、今後一年間は内外の理解を得るため隠忍自重し、仮に日中間で紛争が生じても局地的に処理することを定めていた(57)。このように一九三一年当時の日中関係は軍事衝突を必然とするような緊迫状態ではなかったのである。だからこそ、陸軍中央にとっても満洲事変発生は全く予想外の出来事であったのである。

では、のちに満洲事変処理の弊害となる日本国内の排外熱はどこから生じたものだったのか。それを解明するポイントは野党政友会による政府批判の中にあった。この年六月二〇日、政友会は外交問題に関する国論喚起のため、東京市芝区の三緑亭で「露支外交に関する特別委員会」と臨時幹部会連合会を同時開催している。その冒頭で特別委員会委員長・山本悌次郎が幣原外交批判の演説後、顧問・水野錬太郎の中国視察報告を経て、政友会声明書の発表を決議していた。その内容は民政党の対中国政策を「明治以来我が国是とする東亜全局保全の如き、全く威望を失墜せるの感あり」と痛論した上で、治外法権撤廃問題や外国共同租界・日本専管地の撤廃譲渡問題では日本側権益の擁護に徹すべきことを前面に打ち出していた(58)。

このように浜口内閣期から第二次若槻内閣期、日中関係改善の気運が確実に高まっていた中、幣原外交を脅かしていたのは野党政友会による外交問題の政治争点化であった。その意味でも「自衛行動」を名目とする関東軍の独断専行は、陸軍や政党を含む国内主要政治勢力を対中国強硬論に引き込むため、用意周到に準備されたものであった。

満洲事変発生直後、重光公使が幣原外相に対して「今次軍部ノ行動ハ所謂統帥権ノ観念ニ基キ政府ヲ無視セルモノノ如ク、折角築キ上ゲ来レル対外的努力モ一朝ニシテ破壊セラルルノ感アリ(59)」と述べているように、これは前年の統帥権干犯問題と同様、統帥権の範囲を拡大解釈することで政党内閣の介入を排除しようとする動きであった。関東軍は民政党内閣の対中国政策に既成事実の積み重ねという手段で対抗しようとしたのであり、その意味でも満洲事変は政党内閣制・国際協調外交路線に対する〈外からのクーデター〉に他ならなかったのである。

三　満洲事変の拡大と協力内閣運動の登場

一九三一(昭和六)年九月十八日、関東軍は作戦主任参謀・石原莞爾中佐、高級参謀・板垣征四郎大佐の主導下、全満洲武力占領に向けた軍事行動を開始し、翌十九日より奉天・安東・鳳凰城・営口・長春など、満鉄沿線の主要都市占領に着手する。十九日午前十時、若槻内閣は臨時閣議を召集して対応策を協議し、直ちに事変不拡大方針を閣議決定する。そして、ここから「積極的ニ軍ノ提唱スル満蒙問題解決ノ為ニハ政府ト軍部ト正面衝突シ遂ニ内閣瓦壊ニ導クモ敢ヘテ辞セザル」(60)関東軍との間で激しい対抗関係が展開されていくことになる。

同月二一日、朝鮮軍が関東軍に呼応して独断越境を開始したことは政府・陸軍中央に衝撃を与え、翌二二日には若槻がその経費支出を上奏する。しかし、この直後から若槻は南陸相、参謀総長・金谷範三大将を不拡大方針に従わせるための巻き返しを図っていく。まず、北満最大の商業都市ハルビンでは居留民保護を名目とした出兵の口実を作り出すため、奉天特務機関が市内で騒擾工作を行っていた。また、満鮮国境に近い吉林省東部の間島でも朝鮮軍が居留民保護を名目に一個旅団派兵を計画していた。これに対して若槻は陸軍に先手を打つため、二二日の参内では出兵ではなく居留民引き揚げで対処する旨を上奏する。このため、南ら陸軍中央も宮中や政府・与党、海軍との関係に鑑み、ハルビン出兵を断念する。また、間島出兵も朝鮮軍独断越境の政治問題化を受け、やはり立ち消えとなる。こうして二四日までにハルビン・間島への派兵計画は中止に追い込まれるのである。(61)

そして、同月二四日、ついに若槻内閣は第一次政府声明を発表し、今回の関東軍出動は居留民保護が目的であり、「帝国政府ガ満洲ニ於テ何等ノ領土的欲望ヲ有セザルハ茲ニ反復縷説スルノ要ナシ」、「今次ノ不祥事ヲシテ国交ノ破壊ニ至ラシメズ進ンデ禍根ヲ将来ニ断ツベキ建設的方策ヲ講ゼンガ為、誠意中国政府ト協力スルノ覚悟ヲ有ス」ことを表明する。(62)すでに国際連盟理事会は二二日、日中両国に対して事態悪化の防止を要請する決議を行っていたが、日本は中国との直接交渉で事変処理を図る方針を固め、連盟や英国からの調査団派遣提案を拒否する。こうして日本は関東軍ハルビン進攻の阻止や第一次政府声明の内容を根拠にして連盟での立場を維持していくことになる。(63)

連盟理事会は三〇日になって日中両国に事変不拡大と平和的解決を要求する決議を行うが、そこでは日本軍撤退期限が明記されない上に、二四日の日本政府声明を評価する旨が盛り込まれる。(64)このように満洲事変初期、若槻内閣は陸軍中央を不拡大方針に従わせることで事態に対処し、連盟や関係各国も若槻や幣原の外交手腕を信頼して積極的介入を避けることになる。また、若槻や幣原としても事変処理の長期化を避けるため、連盟の介入する事態は絶対に避けなければならなかった。事変発生当初、関東軍側が本国の現状として、「内閣ノ基礎愈固リ宮中府中ニ勢威ヲ張ル幣原外相ノ軟論廟議ヲ制シアルノ報道ハ或ハ又宮中ノ空気ハ頓ニ軍部ニ良好ナラズ(65)」と判断するのは、このためであった。

しかしながら、十月に入ると若槻内閣を取り巻く政治状況は一変していく。当時、事変処理方針をめぐって幣原は日本軍撤兵後の交渉開始を主張していたのに対して、南は懸案事項解決まで撤兵の不可を主張していた。一方、安達は満鉄附属地外からは撤兵しつつも、軍主力を長春・奉天に集結させたまま交渉に入るべきと主張するなど、交渉と撤兵のタイミングをめぐって閣内でも意見対立が目立ち始めていた(66)。南や安達としては日中関係を九月十八日以前の状態にまで戻すことが不可能である以上、現地軍を政府中央の外交方針と一致させるためにも陸軍が容認する範囲内で対中国政策を再調整しなければならないとの意識があった。特に安達は前内閣の首相代理決定過程の経緯から幣原が事変処理のイニシアティブを握ることは好ましいものではなく、一定の軍事的影響力を維持したまま交渉に入るべきと考えていたのである。

こうした中で十月八日、石原の指揮する関東軍飛行隊が張学良政権の拠点・錦州を空爆したことは国内外に大きな衝撃を与える。これは前月の政府声明にあった自衛行動の範囲を超えるものであり、十三日再開の連盟理事会に米国がオブザーバーとして招聘される原因となるからである。当初、満洲事変を局地紛争と位置付け、中国との直接交渉で事態解決を目指していた若槻内閣の基本方針はここから大きく揺らいでいくことになる。二四日、連盟緊急理事会に来月十六日を期限とする日本軍撤兵勧告決議案が上程されるのはその表れであった。

この間、日本国内では同月十七日に陸軍参謀本部の一部将校や民間右翼を中心とするクーデター計画が東京憲兵隊に摘発され、満洲事変は一挙に内政・外交両面の重層的危機として表面化する。この十月事件は仮に実行されていれば、のちの二・二六事件を遥かに上回る規模であったものであり、政府・陸軍中央が現地軍統制に強い態度を示せば国内に不測の事態を引き起こしかねないというジレンマを生じさせることになる。計画発覚前後、首謀者である参謀本部ロシア班長・橋本欣五郎大佐ら桜会メンバーは参謀本部内で関東軍独立論を盛んに放言していたが、これは元関東軍高級参謀・河本大作大佐との謀議に基づき行われたものであった。(67)

しかも若槻にとって痛手だったのは、こうした陸軍部内の混乱に加えて、今後の党運営に必要な人々を事変発生前後に相次いで失ったことであった。八月二六日に前総裁の浜口が、十月三〇日には党長老の一人であり、政治資金調達の面で貢献していた仙石が急逝していた。その上、官僚派総帥の江木鉄相も九月十日に病気辞職（一九三二年九月十八日死去）したことで党内調整に支障を来たす事態に陥っていた。江木は前内閣で幣原と並んで軍縮条約批准に貢献した重要閣僚であり、その彼が脱落したことは党内諸勢力間の合従連衡に弾みをつけるものとなる。

そして、同年十月末に登場することになるのが協力内閣運動である。のちに若槻が述べるところでは、その経緯は次の通りである。すなわち、「満洲軍が政府の命令を無視するのは、今の政府は、一党一派の民政党内閣であり、国民の一部の意見を代表しているに過ぎない」ため、「各政党の連合内閣を作れば、政府の命令は国民全体の意志を代表することとなり、政府の命令が徹底する」と考えた結果、十月二八日、若槻は各党の事情に詳しい安達に対して与野党合同による「連合内閣」の可能性を探るように指示する。(68)この時、安達も民政党内閣で今議会を乗り切るのは困難であり、英国の第三次マクドナルド内閣に倣い、犬養政友会総裁を首班とする連立内閣構想を提示したため、若槻は、「それは非常に結構だから、ぜひ一つ実現するやうに努力してみないか」との考えを述べたという。(69)

この時期、国内政治では政民両党間の対立が前年の統帥権干犯問題以降、すでに先鋭化の一途をたどっていた。特に第二次若槻内閣期に入って行財政改革の目玉である官吏減俸方針が政府・与党内の反対から挫折し、(70)国際金融市場の中心である英国が九月二一日に金本位制からの離脱を表明したことは財界の混乱に拍車をかけるものであった。この英国の金本位制離脱は六カ月という期限付きだったが、日本国内では在外資金を米国に集中させるため、さらには円為替の低落と金輸出再禁止の実施を見越した財界の思惑も絡み、ドル資金調達の動きが進んでいた。その結果、日本経済は九月末には正貨の巨額流出によって危機的状態を迎えていたのである。この事態は浜口内閣期に実施された金解禁政策の正当性を揺るがし、同時に翌年に予定された次回総選挙の帰趨にも直接影響するものであった。

のちに安達が自叙伝に記すところによると、英国が金本位制停止を発表した翌日、安達は首相官邸で若槻に対して、「英国再び此の挙に出づる以上、我が国独り解禁を継続するの力なきは明瞭にして、此のままに推移せんか正貨はドシドシ流出して底止する所なかるべし」として、金輸出再禁止の実施を進言する。これに対して若槻からは、「是れは秘中の秘だが君の意見の通りと思う。併し此の事は当分極秘にしておいて貰いたい」[71]との返答があったという。このように若槻にとっても英国の金本位制離脱が日本に及ぼす影響は明らかであり、従来の財政政策を転換する必要性を認識させるものであった。

そして、前述のように政友会が日中関係上の懸案事項をめぐって幣原外交批判を展開したことは、外交問題の政治争点化につながるものであった。政友会筆頭総務・森恪はこの年九月下旬に実施された府県会議員選挙でも幣原外交排撃・満蒙問題実力解決の主張を選挙戦の前面に打ち出しており[72]、陸軍も九月十八日から二四日にかけて、全国各地で開催の国防思想普及講演会で対中国強硬論を煽動していた。ただ、この時点では前年総選挙でも示された民政党の優位は変わらず、こうした陸軍の活動が府県会議員選挙の結果に直接影響を及ぼすまでには至らなかった[73]。

しかし、国内では事変発生以降、昭和恐慌の反動から主要メディアが対中国強硬論調を組んで関東軍支持の報道や放送を繰り返しており[74]、そのことは次回総選挙を前に民政党の得票率を直接左右しかねないものになっていた。

ゆえにこの十月末の時点で若槻・安達の間で確認された内容は、事変処理のみならず、外交・財政問題に絡んで次回総選挙を如何に乗り切るかという議会運営上の動機から出発したものであった。

この若槻・安達の協議後、民政党内では常務顧問・富田幸次郎、筆頭総務・頼母木桂吉、幹事長・山道襄一、総務の中野正剛、永井柳太郎ら党人派系が協力内閣運動に参入していくことになる(75)。中でも安達、富田、中野の狙いは政友会内閣の下で解散総選挙が実施されることの回避にあったとされる(76)。元来、官僚派は三菱系の仙谷貢をはじめ、資金力に恵まれた政治家が多かったのに対して、党人派代議士の多くは選挙資金を地方銀行に依存していた。このため、一九二七（昭和二）年の金融恐慌に伴う地方銀行の破綻は大きな痛手であった。その結果、党人派の中には選挙資金調達のため、官僚派へ歩み寄る代議士が続出するなど、派閥としての結束に亀裂が生じていた(77)。したがって、彼ら党人派にすれば、世界恐慌や金解禁の影響から脱却し、財政破綻を回避するためには政友会との連立による金輸出再禁止は必要不可欠であった。同時に、列国間協調の枠内で対中国不干渉政策に徹してきた幣原外交では中国大陸情勢の変化や米英の地域ブロック体制に対応できないという危機感もあった。そのためにも浜口総裁時代以来の外交・財政政策を一挙に転換する必要があったのである。こうして第二次若槻内閣期、本来は金融政策上の問題であった金解禁論争は満洲事変の発生と相俟って政治対立の争点となり、第二次若槻内閣の政権基盤を揺るがすものとなるのである。

本来、連立内閣ないしは挙国一致内閣と呼ばれる政治形態は、体制にとって乗り越えなければならない課題が多岐に及んだとき、体制内部の相互不信を払拭して政治指導力の統合と強化を図る目的で用意されるものである。この点で連立内閣の事例は近代ヨーロッパ政治史では各国に事例が存在する(78)。ところが、満洲事変期における協力内閣運動の根底にあったのは浜口総裁時代から続く民政党の党内対立であり、その中で党人派には次回総選挙までに党内で主導権を確立しなければならないという焦りがあったのである。そして、こうした民政党内の混乱に政友会内の派閥抗争が合流したとき、協力内閣運動だけではなく第二次若槻内閣をも崩壊させる結果となるのである。

四　政民提携路線の交錯と党内政治

若槻と安達の協議により協力内閣運動が開始された約一週間後、宮中側近の一部では事変処理に向けた新たな動きが模索されていた。一九三一（昭和六）年十一月七日、内大臣府秘書官長・木戸幸一、貴族院副議長・近衛文麿、元老秘書・原田熊雄、公正会貴族院議員・伊藤文吉の四者は時局について意見交換する。そこでは、「現下の政情を見るに、現内閣、殊に総理は全く無気力にて、到底此難局を負て来議会に臨むの見込みなく、何等かの機会を作り政局転回を策するの要あり」として、「時局転回策」の内容が協議される。これは「十七日の国際連盟の理事会を転機として挙国一致内閣を作るべく計画を進む」というものであり、具体的には安達と犬養の提携による連立政権の樹立に備え、「政友会に対し誰が下相談に当るか」を視野に入れたものであった(79)。

当初、宮中では昭和天皇や元老・西園寺公望に代表されるように、事変不拡大方針を支持する立場から若槻内閣の下での事態収拾を期待する向きが強かった。しかしながら、この段階になると宮中側近の一部では連盟対策との関係から政権交代の必要性を認識するようになる。木戸は近衛との関係を背景にして前年五月に商工省から宮中に転じた華族官僚であり、西園寺没後は昭和期の宮中をリードする人物である。その政治感覚は現状維持的な西園寺に比して革新的な部分が多かったと言われる。満洲事変期、木戸や近衛が早い段階で内閣更迭による政治指導力の強化を想定していたことは、当時の政治情勢が如何に逼迫していたのかを表すものである。このように対外関係の緊迫化が進む中、彼らの間では政民連携を軸とする政界再編を如何に御膳立てするかに関心が寄せられるようになる。以下、当該期政民両党の動きを派閥集団や政治家個々人に即して分析していくことにしたい。

まず、宮中側近がその去就を思慮していた政友会では十一月十日の議員総会で金輸出再禁止と並んで、「満洲事変は在満同胞の保護と既得権益の擁護とを基調とする自衛権の発動に外ならず」、「国際連盟にしても苟も正当の認識を欠き、干渉圧迫に非違を反省することなくんば、我が帝国は連盟の脱退をも辞せず」との声明を満場一致で決議する。[80]だが、事変発生から議員総会までの約二ヶ月間、党内では幹事長・久原房之助や筆頭総務・森恪ら親軍派勢力に対して政務調査会長・山本条太郎を中心とする穏健派勢力が対立し、親軍派勢力の側も党内事情に鑑みて陸軍を支持する公式声明決議を先送りするなど、明確なタイム・ラグのあったことが玉井清氏の研究で明らかにされている。この期間、総裁の犬養は関東軍の暴走とこれを支持する国内の強硬論に批判的態度を表明し、こうした慎重論は党内における軍部追従の動きに制約を課すものとなっていた。[81]

周知のように、犬養はのちに戦前日本で最後の政党内閣を率いることになったとき、国際協調の維持と議会政治の擁護に取り組む姿勢を積極的に示すなど、陸軍とは一線を画す政治姿勢があった。特に対外政策面でワシントン体制や国際連盟との関係を重視し、現地軍による独立国家樹立に最後まで反対した点では幣原と共通していた。また、山本は事変発生直後の十月七日、自ら参謀本部第一部長・建川美次少将を訪ね、「交渉相手トシテ学良ヲ選ブベシ」[82]との申し入れを行っていた。彼はかつて三井物産上海支店で二〇年以上の勤務を経験した政友会屈指の中国通であり、満鉄社長時代には張作霖との間に独自のコネクションを築き上げたことで知られる。

実際、当時の陸軍中央でも交渉対象を独立新政権ではなく張政権や国民政府にするほうが現実的であるとの意見は少なくなく、[83]九月下旬の時点でも連盟理事会で英国代表のガドガンと仏国代表のマッシグリが日中直接交渉による事態解決策を支持していた。そして、米のスチムソン国務長官も幣原外交に期待する立場から直接交渉の可能性に期待を託していた。[84]実際、日本側にとっても中国本部の主権が及ばない新政権が満洲に成立すれば、国家承認の段階で九カ国条約違反の疑いが生じ、これまでの政府声明との間に齟齬が生じるのは明らかであった。このため、政府だけでなく陸軍中央としても関東軍による新国家建設運動を阻止する必要があったのである。その点を踏まえると、山本ら穏健派勢力の存在は政府・陸軍との関係で貴重な意味を持つことになる。

山本自身はこの年五月十四日、元明政会衆議院議員・鶴見祐輔との会談では、日ソ不可侵協定の下に満洲を中立的経済開放区とし、治外法権を撤廃の上で日米英の三ヶ国が協調し、その開発に当るべきと主張していた。(85)こうした治外法権撤廃問題での譲歩を含む漸進的な日中経済提携構想は、重光ら多くの現地外交官とも共通する考えであった。のちに犬養内閣期、犬養は関東軍に同調的であった内田康哉に代わり、自らと同じ「産業立国」論に立つ山本を満鉄総裁に就任させようとしていた。(86)また、萱野長知を介した対中国和平交渉を進める際、山本は日本側正式代表として満洲に渡ることが予定されていた。(87)これらはいずれも実現を見ることなく終わるが、山本には内政と一線を画して日中関係の在り方を捉える姿勢があったのである。

だが、満洲事変期において、こうした意味での政民連携路線の実現可能性は前述の議員総会で民政党との政策距離が決定的となった時点でほぼ失われたと言ってもよいであろう。当時、有力な党内基盤を持たなかった犬養と山本の力では党内の大勢を変更することはできなかったのである。議員総会の翌日、犬養は元老秘書の原田に対して、外交問題で民政党を支持することは可能であるが、他の政策で不一致であるため連立は困難であるとして解散総選挙の必要を指摘することになる。(88)こうして十一月中旬以降になると犬養、さらには若槻までもが協力内閣構想に見切りを付けることになる。

次に与党民政党について、閣内状況や党人派勢力の情勢判断との関連から見ていくことにする。十一月一日、安達は駿河台の本邸に西園寺を訪ね、「かの加藤内閣の時より一層時局が緊迫しておりますから挙国一致は為し易い」ので「十分永続性があると信じます」と力説する。その上で、安達は若槻にこの西園寺との会談内容を語り、自らが陸軍特別大演習天覧のため九州に向う天皇の供奉を終えて帰京後には犬養との間で協力内閣樹立に向けた交渉を開始すべきことを訴える。(89)

このように安達としては十月事件の影響から政局が緊迫化している今ならば、後継内閣構想への同意を西園寺や若槻から取り付けやすいと考えていたのである。当時、安達はこの若槻との一連の協議から協力内閣運動への諒解が得られたものと判断していたが、実際には政府・与党内いずれの大勢も従わせることはできずにいた。

まず、政民連携に主要閣僚の同意が必要と考えた若槻は幣原と井上に協力内閣構想を説明するが、両者からは政友会との政策距離を理由に反対意見が示されたため、若槻も安達に運動中止を求める(90)。そして、安達が大演習のため八日に離京すると、閣内では井上に加えて逓相・小泉又次郎、農相・町田忠治、文相・田中隆三、商相・櫻内幸雄、拓相・原脩次郎ら六閣僚が結束し、「若槻首相を説いて、飽くまで民政党内閣を持続して行くこと」を申し合わせる(91)。このうち、町田・小泉・櫻内の三者は次章で述べるように、一九三三（昭和八）年後半には斎藤内閣主導の政民連携運動に参加することになるが、民政党単独内閣の下で満洲事変収拾が模索されていた状況では政友会との提携は考慮していなかったのである。当時、町田は安達の動きに「怪しからん、怪しからん」と不満を漏らしており(92)、のちに小泉も、「其時の運動には根底に私心があるやうに見えた」と述べている(93)。これは当時の協力内閣運動が情勢に左右されやすいものであった以上、彼らが自党単独内閣継続を支持していたのは当然だったのである。

しかしながら、すでに党人派主導の協力内閣運動は彼らの予想を超えて進展していたようである。十一月三日には民政党総務・永井柳太郎が侍従次長・河井弥八を訪ね、「内閣の倒壊、両党提携内閣組織の必要」やその実現時期について私見を述べている(94)。かつて永井は高橋内閣期の一九二二（大正十一）年、普選導入に消極的な政友会を指して「全く思想上から見ると現代から取残された時代錯誤の人々の集団(95)」と批判し、民政党結党後は反田中外交の立場から幣原外交を支え続けてきた。そして、浜口内閣期には外務政務次官として軍縮会議対策や日中関係改善に努め、この当時は党対支外交特別委員会の一員でもあった。しかるに、今や従来の政治姿勢を大きく転換し、政友会への接近を策する挙国一致内閣路線を標榜するようになるのである。安達は離京の直前、政民両党主流派を協力内閣運動に合流させるための働きかけを党幹部らに指示しており、(96)永井の動きはその一環であったと考えられる。

しかも十一月九日、九州に向う列車内での談話として安達が、「我党及び現内閣は一昨年盛んに行政財政及び税制の根本的整理條約を実行することを国民に約束したが、今日までの状態では声明に副ふことは六ケ敷《むずかし》い」、「満洲事件の前途、国際連盟の将来等につき考へて見れば、我党単独内閣で国民の信を繋ぎ国難打開を遂行することは困難である、故に此の機会に処しては挙国一致内閣を組織し、今迄の行き掛りを一切打ち棄て丶政策の建て直しをやらなければならぬ」と発言したことが報道されると、(97)民政党内はたちまち大混乱に陥る。安達の声明は民政党単独内閣で現下の行財政・外交問題に対処することが不可能と明言した点で党内の結束を乱すものであったからである。

こうして協力内閣運動は党人派による党執行部批判という形で事変処理に直接影響を及ぼしていくことになる。同月十三日、木戸は内大臣・牧野伸顕に宛てた書翰で、新聞記者の間には政情の推移をめぐって様々な憶測が錯綜し、「昨今超然内閣(挙国一致)又は連立内閣の運動が相当盛に行はれ居る模様」であり、「甚だ痛心に堪へざるは首相の辞意ある事、若くは甚しく無気力にして熱意なきこと等が漸次彼等の間に知悉せられ屡《しばしば》彼等が之を口にするを聞くことに有之」と書き綴っている。(98)このように安達の協力内閣声明は、民政党内閣や若槻に事変を処理するに足る指導力がないとの印象を各方面に与え、政情不安に一層の拍車をかけるものとなるのである。

では、この間に安達自身はどのような情勢判断に基づき協力内閣運動を進めようとしていたのか。十三日、安達は牧野を訪ね、若槻が神経衰弱により辞意を漏らしている、とした上で次のように述べている。長文にわたるが、重要な内容であるから引用する。

民政党は衆議院及び県議会におゐても多数は占め居るも、経済、思想、満蒙、軍事等極めて重大問題の重なりたる時、単独之に当る事は力及ばざる感あり、満蒙にしても軍人問題にしても畢竟内閣の信用不足の為め世の安心を期待する事態はず、（中略）党派外の人を以て時局を収拾せしむる流説も行はる、如きも、今日は其人を得る事覚束なく、結局は両党歩み寄り共同事に当るを最も適当なりと思考す、最も此案に付ては民政党内にも必ず反対あり、政友会内にも不同意者のあるは歴然なるも、民政の方は結局折合ふに至るべく、政友の方も久原、森等は強固に反抗すべきも、犬養其他長老連を始め大勢は落附くに至らん、直接に交渉を遂げたる分けにはあらざるも信ずべき筋合よりの状報なり、然して此れは自分より率直に申出づるは穏やかならざるも有りのまゝを御参考まで披瀝せば、台《ママ》命降下の場合両党総裁を御召しにて宜しく協力して政局に当る可きを御下命あらば、種々の議論も消散して、必ず円満に進行するならんと確信す。[99]（傍線、筆者）

まず、ここでは九日の新聞談話と同様、結党時から民政党の採用してきた政策が現状の変化に対応できず、若槻が政権を担当し続けることは事変処理だけではなく、政情不安解消のためにも逆効果であることを明言している。すでに安達は若槻と民政党単独内閣による事変収拾は不可能であるとして見限り、政友会との提携を急ぐことで対中国政策や陸軍統制を建て直そうとしていたのである。次に安達は非政党出身者を首班とする内閣を不可としているが、これは同年六月に予備役に編入されて朝鮮総督に転じた宇垣を念頭に置いた発言と思われる。安達はあくまでも政民両党による連立政権樹立を希望していたのであり、若槻が事変処理に苦心している今こそ、党内の取りまとめは比較的容易と見込んでいた。そして、政友会についても犬養以下の党「長老連」を抱き込むことさえ出来れば、与野党合同に道筋を付けられると考えていたのである。

だが、安達の目論見にはこの時点で大きな誤算が生じていた。当時、政友会では犬養や森に加えて党内主流派の鈴木喜三郎や鳩山一郎などが単独内閣論に立ち、協力内閣論は少数意見にとどまっていた。[100] 近年刊行された森の評伝的研究によれば、筆頭総務である森はこの時期、若槻内閣倒壊が近いと判断し、十一月初めから鳩山や山本悌二郎と共に陸軍への接触を始めていた。そして、久原、鈴木、鳩山に対しても協力内閣不可を働きかけた結果、十一月七日には金解禁即時中止を求める久原幹事長声明を発表させるに至っていたのである。[101]

しかも安達にとって大きな誤算だったのは、安達が森と並んで運動反対論者と思い込んでいた久原こそ、実は政友会側で協力内閣運動に参入する最有力人物であったからである。奥健太郎氏の研究によれば、政友会では田中義一死去に伴って犬養が新総裁に就任すると、党内は執行部ポストを独占する鈴木派に対して、床次派・旧政友系・久原派といった反主流派に二分される状態となっていた。犬養と鈴木は一九三一年十一月末の時点でそれぞれ協力内閣否定の談話を発表するが、これは反主流派の多くが協力内閣運動に共鳴する動きを示していたことへの牽制であった。当時、党内で反主流派に位置していた久原にとって、協力内閣運動の最終目標は犬養排斥にあったのである。[102]

このように政友会内では主流派と反主流派が党内対立に連動して協力内閣問題に対極的姿勢を示していた中、安達はこうした政友会側の動きを正確に把握できていなかった。久原は一九二八（昭和三）年の第十六回衆議院総選挙で初当選した財界出身代議士であり、田中内閣逓相を経て、当時は幹事長として党内の一角を牛耳っていた。田中総裁時代には豊富な資金力で田中を支え、政界では「政友会の大番頭」との異名を取っていたが、その権謀術数に富む政治戦略には常人の理解を許さないものがあった。

かつて田中内閣期の一九二八年九月、民政党では幣原外交に反発する田中善立ら一部党人派中堅幹部が党内人事への不満から新会派「憲政一新会」を結成し、党を除名処分になる騒ぎがあった。その彼らを僅か二ヶ月後、自らの傘下に組み入れた人物こそ、同じく対中国政策で強硬論を唱えていた逓相の久原であった。[103] 久原は日産コンツェルン総帥の鮎川義介を義兄とし、田中総裁時代から大陸進出策に積極的姿勢を示すなど、早くから満洲の経済市場・資源地帯としての価値に目を付けていた。[104]

特に欧米列強の影響力を排除し、時として現地権益擁護のためには軍事的手段をも厭わないとする対外観は民政党側の安達や中野とも重複するものである。その意味でも満洲事変の発生は外交政策の刷新、さらには政界再編の可能性に大きな期待を抱かせるものであったはずである。こうした経緯からも明らかなように、久原にとって協力内閣運動は党内での地位挽回に加えて、民政党への揺さぶりを通じた倒閣運動に他ならなかった。かつて憲政会時代、他党との提携交渉を幾度も経験した安達がこうした政友会側の裏事情を見抜けなかったのは大きなミスであったと言えよう。

しかも牧野との会談から一夜明けた十一月十四日、若槻は党出身閣僚及び党所属代議士との懇親会で、「この重大なる時局に善処するため一大決心を以て現内閣単独で直往邁進する」との決意を表明しており[105]、若槻自身は決して政権運営への意欲を放棄していなかった。この点でも安達の協力内閣構想を根拠付けるために必要な政権内部のコンセンサスは得られていなかったのである。

上京中の宇垣朝鮮総督は同月十九日から二十日にかけて若槻、犬養の両者と相次いで会談している。若槻からは安達の協力内閣声明以来、党内の紛擾に悩まされていることを聞き、かつ、犬養からは連立内閣不可の意向を確認している[106]。つまり、この時期の政民両党首脳には連立という選択肢など存在しなかったのである。このように本来、体制統合要因としての役割を期待されて開始されたはずの協力内閣運動は当初の若槻の意図から逸脱し、政民両党の党内事情を反映して体制攪乱要因に転じていく。

五　第二次若槻内閣の崩壊過程

前述のように国内政局が協力内閣運動により混迷の度合いを深める中、満洲事変処理も一九三一（昭和六）年十一月段階で大きな岐路を迎えていた。当時、日本国内では日米関係打開に向けた計画が元老西園寺の期待も得て進行していた。これは鶴見祐輔を特使として米に派遣しようとするものであり、十一月半ばには近衛から満鉄総裁

内田康哉に対して渡航費用の捻出が要請されるなど、その準備が本格化していた。(107)
鶴見は後藤新平の娘婿であり、一九二〇年代には太平洋会議への参加を通じて民間外交の推進役を果たしたことで知られる。また、国際連盟や不戦条約を重視し、ロンドン海軍軍縮会議批准を支持するなど、その対外認識は民政党に近かったと言われる。(108)それだけに西園寺がこの対米特使派遣構想に期待した背景には、自ら乗り出して若槻や幣原の事変処理を後援しなければならないとの判断があったのかもしれない。

九月以降、若槻内閣は事態解決の方法として日中直接交渉に期待し、十月九日の閣議決定には撤兵実現の前提として日中間での大綱協定成立の必要を盛り込んでいた。こうした方針は同月二六日の第二次政府声明にかけて具体化するが、十一月二日には国民政府側が日本軍完全撤退を先決とする方針を決定したことで挫折していた。(109)この間、十月十五日には黒龍江省の省都チチハル付近に展開する馬占山軍が関東軍の北満進攻を防ぐため嫩江鉄橋を爆破し、十一月には同省北部の大興にまで戦闘が拡大していた。

同月十六日、南陸相が閣議でチチハル占領を提議すると、幣原は連盟理事会に派遣中の日本代表を総辞職させると述べ、党出身閣僚も相次いで辞意を表明する。これに押された南は翌十七日、若槻に対して馬占山軍掃討後は直ちにチチハルから撤退すると約束し、ようやく作戦実施の同意を得る。そして、参謀本部も関東軍に対してチチハルを継続占領することなく、作戦終了後は鄭家屯以東にまで後退することを命令する。(110)このチチハルは事変発生地点の奉天からは直線距離にして八百キロ離れており、そこに関東軍が進出すれば錦州爆撃と同様、連盟や関係各国から全満洲占領を企図するものとして対日非難が寄せられることは目に見えていた。

しかも地理上チチハルは中ソ国境に近い要衝であり、そこに大規模な兵力が集中すれば、陸軍中央が最も恐れるソ連の軍事介入に発展することが予想されていた。十九日、関東軍は馬占山軍を排除してチチハルへ入城するが、参謀本部の度重なる命令で直ちに撤退を開始する。このように若槻内閣・陸軍中央が連盟理事会の許容する範囲内で事態収拾を図るべく焦慮していたが、若槻や幣原に残された時間は少なくなりつつあった。

すでに日中直接交渉の可能性が閉ざされていた中、ついに幣原は連盟に対する現地調査団派遣の要請を決断することになる。十一月二一日、連盟理事会では日本代表・芳澤謙吉から対中国共同調査委員会の派遣案が提議され、十二月十日には全会一致でその承認を得る。これは満洲問題の実情を日本側から積極的に訴えることで連盟での立場を挽回しようという意図からなされたものであった。

そして、最終的に派遣案採択の段階では日本軍撤退期限を明示せず、共同調査委員会は日中両国の交渉内容にまで関与しないことが規定される。さらに決議案同意に際して、芳澤からは匪賊討伐権の留保が宣言され、これに併行する形で日本軍撤兵を求める中国側の要求が退けられる。これに加えて、米も派遣案支持を通じて日本への援助に回り、連盟も調査団による報告書提出までは満洲問題の討議を中止することを決定するなど、これらの諸条件は日本の満洲事変処理に時間的余裕を持たせることになる(111)。

この当時、若槻や幣原は英中心の大国から組織された調査団が満洲の実情を調査すれば、同じく中国大陸に権益を持つ日本にとって決して不利な報告書を提出することはないだろう、との期待を抱いていた。そして、その間に事変不拡大方針を建て直せれば、連盟脱退という事態は避けられると考えていた。すでに関東軍の錦州進攻が時間の問題となる中、彼らには連盟の枠内で満洲事変を解決する力が問われることになる。しかし、現実には国内政治の動きがそれを許さなかったのである。

九州から帰京した安達は十一月二一日、麻布の自宅で記者会見し、「若し政党の協力を基礎とする国民内閣を必要とする場合が生じたならば何時でも之に応じるに決して躊躇するものではない(112)」と声明するが、これは東京で政変の機会をうかがっていた党人派領袖の中野が強引に発表させたものであった(113)。中野は事変発生当初から安達が幣原とは異なり、比較的陸軍に近い態度をとっていたことに注目し、陸軍中央と外務省の施策を一致させる名目で南陸相や教育総監部本部長・荒木貞夫中将、参謀次長・二宮治重中将、陸軍次官・杉山元中将への接触を試みていた。そして、政党内閣への不満と並んで閣内での安達の指導力に期待が寄せられているとの感触を得ていたのである(114)。

中野は世界恐慌対策として浜口内閣期から統制経済の導入やアジア経済ブロックの建設を主張し、一九三一年に入ると中国ナショナリズムに対抗する「極東モンロー主義」を提唱して幣原外交批判を強めていた。そして十月事件以降はクーデターの再発防止、さらには金融・財政政策、外交・国防政策の抜本的修正とその一元的指導のため、軍を抱き込んだ政民連携による強力政府の樹立を目指していたのである(115)。彼自身としては、陸軍の同意さえ取り付ければ政府・与党内の障害を排除して協力内閣を実現できるとの思いが最後まであったのかもしれない。

十一月二二日、民政党緊急幹部会は山道幹事長が中心となって安達声明問題について意見交換し、「挙党一致結束して現内閣を鞭撻し、以て現下の国難に善処せんことを期す」ことを決議する。そして、二四日には内閣書記官長・川崎卓吉の発起で閣僚懇談会が開催され、現内閣が一致結束して事態に臨むことを再確認するとともに(116)、この席で安達も若槻の意向に従うことを申し合わせる(117)。ここに安達自身も一旦は協力内閣運動の敗北を認めるのである。

この日、天皇は牧野に対して安達声明により生じた政界の動揺や人心の不安が各方面に悪影響を及ぼしていることに憂慮の念を示し、「西園寺若しくは内大臣より何とか落附く様に注意する手段なきや」と御下問していた(118)。満洲事変により国内対立が深刻化し、政変が生じる可能性を天皇は予測していたのである。そして、その後の政局は天皇の予測に沿うように、諸政治構想が錯綜する中で若槻内閣退陣に道を開くことになる。

二七日、宇垣は久原と会見して政友会の動きに言及し、「大命降下の場合に背負投げの手を打てば美事に政権が取れるではないか、何を苦んで単独単独と堅くなりて居るのか、余り芸がなさそうに見える」という挑発的な問いを投げかける。これに対して久原は、「如何にも左様である、乍レ併夫れを遣るには内の結束が堅くないと真意を知らずに外見を捉へて騒ぎ立てるから、左様巧には行かぬ」と答える(119)。この問答にあるように、久原にとって協力内閣運動は政権獲得の方法であり、それ自体が目的ではかった。宇垣の言うように組閣過程で「背負投げの手」を用いれば政権運営の主導権は確保出来るからである。むしろ十一月十日の議員総会以降、自らの政権構想とは異なり、党内主流派を中心に単独内閣論が支配的になっていく現状こそ重要であったはずである。

犬養の三男であり、当時、政友会衆議院議員であった犬養健によれば、久原は事変発生以来、安達や富田を対象にした対与党工作に着手する一方、西園寺には総裁の犬養も協力内閣運動に同意していると伝え、その諒解を得ようと画策していた。だが、元老秘書の原田は親友である犬養健との連日の電話連絡で犬養毅が単独内閣論であることを以前から聞かされていた。このため、久原の手の内は犬養や西園寺には完全に見抜かれていたという(120)。したがって、協力内閣樹立の可能性はこの時期、政友会の側でも失われていたのである。また、二・二六事件以前における後継首班奏薦は元老である西園寺の意思にかかっていた。その西園寺から見て協力内閣構想が信頼に値しないものであると認識されていた以上、協力内閣実現の可能性が皆無に等しかった。

この事態を前にして安達、富田、中野らは政府・与党内で孤立する事態となり、やがて第二次若槻内閣総辞職に道を開くことになる。だが、この時期の民政党内で最も衝撃をもたらすのが昭和七年度予算案編成をめぐる井上の姿勢であった。

そもそも満洲事変前に着手された昭和七年度予算案編成の際、井上は閣議で大綱を決定し、各省提出の概算要求を大蔵省が折衝するという通常の手順を踏まず、大蔵省作成の概算を押し付ける強硬手段に出ていた。その結果、井上・大蔵省と安達・内務省・民政党の関係が悪化するという事態を招いていた(121)。井上にとっては、増税や公債によらず、均衡予算を実現するためのやむを得ない手段であったが、満洲事変の発生など予想外の事態が重なったことで、井上財政の前提は崩れつつあった。

十一月三〇日、井上は歳入欠陥補填策として四〇〇〇万円に及ぶ増税案を閣議で提示する。十二月一日の民政党幹部会では中野正剛、添田敬一郎、川崎克、加藤政之助、小川郷太郎、原夫次郎から、「増税は出来得る限り避けたい、増税するとしても関税政策を織込めば我党が産業政策に努力してゐることを立証するもので、然らざれば我党は不景気招来の事のみを行ふことになる」との反対意見が示される。(122) しかしながら、十二月八日には井上の意向に基づく増税案要綱と税制整理案が閣議決定される。第二次若槻内閣末期、井上が増税案提示に踏み切らざるを得なかった事実は政治史的にも重要であり、党内に強い衝撃をもたらしたことは想像に難くない。

一方、政友会側では十二月四日、山本悌二郎ら党幹部が満蒙問題に関する意見交換の名目で参謀本部を訪問する。山本は参謀本部第二課長・今村均大佐に対して、「若槻内閣ハ目下全ク行詰リアルモ之ガ倒閣ヲナシ得ルモノハ陸軍ノミ」と述べ、暗に倒閣運動への協力を要請する。これに対して今村からは「国内的ニ軍隊ガ使用セラル、コトハ全クノ非常時ナリ。況ンヤ倒閣ノ為陸軍ガ政党ト相関係スルガ如キハ断ジテ無シ」との回答が示されるが、山本は「民政党内閣ニテハ満蒙問題ノ解決ハ不可能ナリ」と執拗に食い下がる。このため、今村からは「満蒙問題解決ト倒閣トハ全然別問題ナリ」と反駁される始末であった。(123)

山本ら政友会主流派の一部としては、同じく幣原外交に反発する陸軍の協力で民政党内閣を倒閣に追い込めば、政権獲得後には対中国政策で陸軍の協力を取り付けることができるという魂胆があったのであろう。この出来事は閣内不一致の兆しに目をつけた政友会主流派が非選出勢力である陸軍との提携を通じて自党単独内閣の樹立を目指すという、明らかに政党政治の趣旨に反する動きであった。このように野党政友会主流派が新たな動きを見せる中、与党民政党内でも今後の政権運営をめぐって、予断を許さない状態に直面していた。

十二月九日、井上は民政党政務調査会で歳入予算問題の説明に立ち、自らの誤算を次のように述べている。すなわち、この年六月の昭和六年度実行予算編成時には当年度の歳入不足を約六〇〇〇万円と想定し、約四〇〇〇万円の節約を試みていた。しかし、七月にドイツで恐慌が起き、九月に英国が金再禁止を決定し、それが米国の不況を刺激し、かつ、満洲事変の勃発と中国における排日運動の激化により、予定されていた節約は不可能となった。昭和七年度予算案で捻出できた節約額は六七〇〇万円であり、今後三年間で三〇八六万円の増税を実施することにしたが、「どうしても歳入が増加せぬ場合は或いは財政の立て直しもやらねばならぬかも知れぬ」というのである。[124]

このように井上は内外の情勢に鑑みて、十大政綱にあった緊縮財政、非募債、減税などの措置が不可能であることを認めざるを得なかった。ロンドン海軍軍縮条約に期待されたのは減税による景気刺激策であったことを想起すると、第二次若槻内閣末期、井上が増税容認姿勢に転換していたことは政治的に見過ごせない事実である。ここで井上は財政政策の根本的見直しもあり得ることを示唆しており、今後の情勢が予測不可能であることへの焦りが滲み出ている。そして、奇しくもこの日、富田と久原の間では政民両党首のいずれに大命が降下されても閣僚選出は両党の協議に委ねる旨の覚書が手交される。これは党内主流派への挽回を目論んでいた久原の主導したものであった。

翌日、富田はこの覚書を若槻に提示して解散総選挙の実施を要求するが、若槻は即座に拒否したのち、臨時閣議を開催する。これは党人派総帥である安達への説得により党内の協力内閣論を抑え、国内の政情不安拡大に歯止めをかけるのが目的であった。すでに同月二日、宇垣は若槻に対して、「此際は強固なる政府決意の存する処を事実に示すことが政局を安定せしむるに極めて必要である、中野氏一派を槍玉に挙げることは聊か気毒の感じもあるが党の結束、政局の安定の為には止むを得ざる犠牲として断乎同氏一派を除名して決意の存する処」を明らかにするように求めていた。しかし、若槻が「夫も中々六ヶ敷事である」と繰り返したため、宇垣は「其内紛擾が又々繰返されそうな予感」を抱いていたばかりであった。[125]

このように若槻の下で党内統制が確立され、事変処理が進められることが期待されていた以上、肝心の若槻自身にとっても党内の混乱を早期に収拾することは必須の課題であった。当時、ようやく連盟理事会での形勢を保ち直しつつあった中、政府・与党間関係の安定化は民政党内閣の下で満洲事変を収拾する上で不可欠であったためである。この閣議で若槻は党出身閣僚から協力内閣運動反対の意向を確認の上、安達本人に対して、その翻意を求める。当時、党人派の間からも安達に辞任を促す声が出るものの、最終的には安達がこれを拒否したため、十二月十一日、第二次若槻内閣は閣内不一致で総辞職に至る。[126]これは連盟理事会での現地調査団派遣決定から僅か一日後の出来事であった。そして、関東軍がこの政変を「満蒙問題解決上一転機ヲ画スルニ至ルベシ」[127]と評したように、以後、満洲事変は関東軍の政治的プログラムに従って進行していくことになる。一九三二（昭和七）年一月三日、関東軍は匪賊掃討を名目に錦州を陥落させ、三月一日には満洲国の建国を宣言する。皮肉にも、この錦州進攻を可能にした要因は第三次連盟理事会で日本が留保に成功した匪賊討伐権であり、さらに犬養政友会内閣成立とそれに伴う陸軍首脳部の交代であった。[128]この犬養を首班とする戦前最後の政党内閣が崩壊を迎えるのは満洲国成立から僅か二カ月後のことである。

小括

本章では浜口内閣期から第二次若槻内閣期における政府・与党間関係の変容が満洲事変期の対外政策に及ぼした影響を検討した。そもそも民政党がその与党時代、結党以来の党是である国際協調主義や緊縮財政主義を実際の政策として選択できた背景には、浜口雄幸という政治的求心力に富む指導者により党内諸会派の均衡が維持されてきたという事実に依る部分が大きかった。ゆえに浜口に比して党内指導力に劣り、金解禁の影響で民政党への支持率が低下し始めていた中で新総裁となった若槻礼次郎には、これら党内諸会派を取りまとめることで外交・財政問題に関する政府・与党内の意見を一本化することは容易ではなかった。このように浜口内閣の延長として第二次若槻内閣が成立しながらも、党内調整を十分に図れずにいたとき、関東軍による〈外からのクーデター〉として満洲事変が勃発してしまったのである。

そして、永井柳太郎や富田幸次郎に代表されるように、それまで政府・与党内で第二次幣原外交を支えてきた政治家たちは、満洲事変期になると協力内閣運動を通じて政治史の表舞台に現れることになる。その背景には浜口総裁時代から若槻総裁時代への移行に伴う党内の主導権争い、さらには次回総選挙までに井上財政に代わる財政再建策を準備しなければならないという、自らの政治生命にかかわる問題があった。ここに彼らが従来までの政治姿勢を転換し、外交・財政面での与野党合同を図る協力内閣運動へ参入していく最大の動機があったのである。そこでは官僚派の系譜に位置し、ワシントン体制の枠内で利益追求を図る幣原外交や井上財政では一九三〇年代の危機を乗り切ることができないという意識があったのである。

こうして協力内閣運動は次回総選挙を意識する党人派の一部が主導する形で一九三一（昭和六）年十一月上旬にかけて大きな進展を迎える。しかし、政友会側では同月十日の議員総会での金輸出再禁止決議を契機として総裁派勢力が単独内閣樹立に向けた攻勢を強め、与野党合同の可能性はほぼ失われる。ここに党人派は政府・与党内で孤立する事態となり、やがて党執行部への批判を露見することで第二次若槻内閣の政権基盤を崩壊させる結果になる。内閣総辞職直後の十二月十五日、宇垣一成がその日記に「協力内閣説意外に早く再び台頭して民政一人角力で土俵を割り、政友は拾ひ物して組閣せり。安達、富田が久原に釣られお出お出に乗ぜられて背負投を喰はされたるの観あり」[129]と記しているように、政民連携の可能性を頓挫させたのは党内主導権をめぐる内部対立であった。しかも満洲事変期、政友会主流派が示した軍部への接近という選択肢はその後の挙国一致内閣期も含め、党内派閥対立を規定するものになるのである。

このように対外政策の推移が国内政治の動態を規定していく過程こそ、一九三〇年代の日本の政治外交の基本的な枠組みとなっていく。そして、満洲事変期の協力内閣運動に見られたような既成政党勢力内部の対立と乖離こそ、大政翼賛会成立に伴う全政党の解散に至るまで、昭和政治史を大きく左右する要因となるのである。

第一章註

（1） 三谷太一郎『日本政党政治の形成―原敬の政治指導の展開―』（東京大学出版会、一九六七年）。
（2） 美濃部達吉『憲法撮要』改訂第五版（有斐閣、一九三二年）一二四頁。
（3） 宮崎隆次「戦前日本の政治発展と連合政治」（篠原一編『連合政治Ⅰ―デモクラシーの安定をもとめて―』（岩波書店、一九八四年）。
（4） 小関素明「『護憲』の超克と民主主義の制度設計―国民主権の実効化の探求―」（林尚之・住友陽文編『立憲主義の「危機」とは何か』すずさわ書店、二〇一五年）一一六頁。
（5） 季武嘉也『大正期の政治構造』（吉川弘文館、一九九八年）三九二頁。
（6） 伊藤之雄『大正デモクラシーと政党政治』（山川出版社、一九八七年）。
（7） 筒井清忠『昭和戦前期の政党政治―二大政党制はなぜ挫折したのか―』（筑摩書房、二〇〇一二年）。
（8） 井上寿一『政友会と民政党―戦前の二大政党制に何を学ぶか―』（中央公論新社、二〇一二年）。
（9） 小山俊樹『憲政常道と政党政治―近代日本二大政党制の構想と挫折―』（思文閣出版、二〇一二年）。
（10） 村井良太『政党内閣制の展開と崩壊―一九二七～三六年―』（有斐閣、二〇一四年）。
（11） 芳井研一「『満州』侵略と軍部・政党」（歴史学研究会・日本史研究会編『講座日本歴史１０・近代４』東京大学出版会、一九八五年）。
（12） 坂野潤治「『憲政常道』と『協力内閣』」（近代日本研究会編〈年報近代日本研究６〉『政党内閣の成立と崩壊』山川出版社、一九八五年）、同「政党政治の崩壊」（坂野潤治・宮地正人編『日本近代史における転換期の研究』山川出版社、一九八五年）、酒井哲哉『大正デモクラシー体制の崩壊―内政と外交―』（東京大学出版会、一九九二年）、井上寿一『危機のなかの協調外交―日中戦争に至る対外政策の形成と展開―』（山川出版社、一九九四年）、小山俊樹「『協力内閣』構想と元老西園寺公望―犬養内閣の成立をめぐって―」（『史林』第八四巻第六号、二〇〇一年）、同「満州事変期の宇垣一成―元老西園寺との関係を中心に―」（京都大学『社会システム研究』第六号、二〇〇二年）、前掲『憲政常道と政党政治』、高杉洋平『宇垣一成と戦間期の日本政治―デモクラシーと戦争の時代―』（吉田書店、二〇一五年）。
（13）以上については、拙稿「二・二六事件と中間内閣期の政治構造」（学習院大学『政治学論集』第十九号、二〇〇六年）を参照。
（14）久原房之助述「田中義一内閣（昭和二年四月―昭和四年六月）と政友会」（早稲田大学『社会科学討究』第四一巻第二号、一九九五年）二三二頁。
（15）時任英人「犬養毅と満州事変」（『政治経済史学』第二〇九号、一九八三年）。
（16）玉井清「政友会の対外強硬論」（中村勝範編『満州事変の衝撃』勁草書房、一九九六年）、奥健太郎『昭和戦前期立憲政友会の研究―党内派閥の分析を中心に―』（慶応義塾大学出版会、二〇〇四年）。
（17）小林道彦『政党内閣の崩壊と満州事変―一九一八―一九三二―』（ミネルヴァ書房、二〇一〇年）。
（18）伊藤隆『昭和初期政治史研究―ロンドン海軍軍縮問題をめぐる諸政治集団の対抗と提携―』（東京大学出版会、一九六九年）二五頁。
（19）加藤祐介「立憲民政党と金解禁政策」（『史学雑誌』第一二一編第一一号）。
（20）原田伸一「協力内閣運動と安達謙蔵の政治指導―〝多数派主義〟と『デモクラシー』の相克―」（国士舘大学『政経論叢』第一六三号、二〇一三年）、同「第二次若槻内閣期における議会政治の擁護」（国士舘大学『政経論叢』第一六七号、二〇一四年）、同「二大政党制下における、ガバナンス構築の失敗―民政党内閣を例に―」（国士舘大学『政経論叢』第一七一号、二〇一五年）。
（21）井上敬介『立憲民政党と政党改良―戦前二大政党制の崩壊―』（北海道大学出版会、二〇一三年）。
（22）兼近輝雄「安達謙蔵―党人派の実力者―」（安藤実・菅原彬洲・兼近輝雄・安部博純・刈田徹『日本政治の実力者たち―リーダーの条件―』第二巻、有斐閣、一九八〇年）一〇八～一〇九頁。
（23）黒沢文貴「解題」（池井優・波多野勝・黒沢文貴編『浜口雄幸日記・随感録』みすず書房、一九九一年）五九六頁、波多野勝『浜口雄幸―政党政治の試験時代―』（中央公論社、一九九三年）二六～二七頁。

(24) 前掲『昭和初期政治史研究』一八頁。
(25) これについては、前掲、伊藤『昭和初期政治史研究』一一八～一一九頁、櫻田会編『総史立憲民政党―理論編―』（櫻田会、一九八九年）一八二頁を参照。なお、元老秘書・原田熊雄の懐中日記には田中内閣期の一九二八（昭和三）年、党人派代議士・降旗元太郎の発言として、「民政党内には官僚係（系）と党人出身との間が悪し」とある（原田熊雄述『西園寺公と政局』別巻、岩波書店、一九五六年、五六頁）。浜口内閣成立以前、民政党では必ずしも党内の一致が保たれていたわけではなかった。
(26) 原田伸一「『十大政綱』と二大政党対立の起源」（国士舘大学『政経論集』第七号、二〇〇四年）四八～五三頁。
(27) 川田稔『浜口雄幸―たとえ身命を失うとも―』（ミネルヴァ書房、二〇〇七年）一九二～一九三頁。
(28) 深井英五『回顧七十年』（岩波書店、一九四一年）二三五～二三六頁。
(29) 同前、二一〇頁。
(30) 松浦正孝『財界の政治経済史―井上準之助・郷誠之助・池田成彬の時代―』（東京大学出版会、二〇〇二年）六〇～六一頁。
(31) 前掲『政党内閣の崩壊と満州事変』一三三頁。
(32) 前掲『西園寺公と政局』別巻、八四頁。
(33) 松元崇『大恐慌を駆け抜けた男　高橋是清』（中央公論新社、二〇〇九年）二二四～二二五頁。
(34) 伊澤多喜男傳記編纂委員会編『伊澤多喜男』（羽田書店、一九五一年）一九一頁。
(35) 奈良岡聰智「立憲民政党の創立―戦前期二大政党制の始動―」（京都大学『法学論叢』第一六〇巻第五・六号、二〇〇七年）三六〇～三六一頁。
(36) 川人貞史『日本の政党政治一八九〇－一九三七年―議会分析と選挙の数量分析―』（東京大学出版会、一九九二年）二七〇頁。
(37) 前掲『昭和戦前期立憲政友会の研究』六七頁。
(38) 粟屋憲太郎〈昭和の歴史6〉『昭和の政党』（小学館、一九八三年）九一頁。
(39) 大前信也『昭和戦前期の予算編成と政治』（木鐸社、二〇〇六年）七九～八〇頁。

(40) 原田熊雄述『西園寺公と政局』第一巻(岩波書店、一九五〇年)二一七頁。
(41) これについては、伊藤之雄『昭和天皇と立憲君主制の崩壊─睦仁・嘉仁から裕仁へ─』(名古屋大学出版会、二〇〇五年)第四章、同『昭和天皇伝』(文藝春秋、二〇一一年)第七章、前掲『昭和戦前期の政党政治』第四章を参照。
(42) 前掲『政友会と民政党』九四〜九五頁。
(43) 中村隆英『昭和恐慌と経済政策』(講談社、一九九四年)九五頁。なお、浜口内閣期と異なり、第二次松方内閣期の金解禁は新平価によるものであった。これについては、前掲『大恐慌を駆け抜けた男　高橋是清』八八〜九三頁を参照。
(44) 井上準之助「旧平価解禁論(昭和四年八月稿)」(井上準之助論叢編纂会編『井上準之助論叢』第四巻、井上準之助編纂会、一九三五年)二五六〜二六〇頁。
(45) 一九三〇年三月七日付・古島一雄宛濱田國松書翰(国立国会図書館憲政資料室所蔵「古島一雄関係文書」R2125-12)。
(46) 政友会では田中総裁時代、鈴木派が党内で勢力を拡大していたものの、第十五回総選挙が政民両党伯仲の結果に終わったことで旧政友系勢力と鈴木派の関係悪化をもたらし、田中の党内基盤を動揺させるものとなっていた(前掲『政党内閣の崩壊と満州事変』八四頁)。濱田の書翰にある「政友会更生」は、総選挙敗北の責任を鈴木派に負わせることで党内再編につなげようとの思惑を示したものと解釈することができる。
(47) 前掲「立憲民政党と金解禁政策」六九〜七二頁、七八〜七九頁。
(48) 前掲(波多野)『浜口雄幸』二〇三〜二〇四頁。なお、白木正之『日本政党史・昭和編』(中央公論社、一九四九年)六七頁によれば、当時の民政党内では党重鎮である満鉄総裁・仙石貢、元第一次若槻内閣大蔵参与官・三木武吉、党員閣僚である井上蔵相が江木擁立の動きを示していたという。
(49) 前掲「二大政党制下における、ガバナンス構築の失敗」八七〜八九頁。
(50) 伊藤隆編『斎藤隆夫日記』上巻(中央公論新社、二〇〇九年)六九二頁。
(51) 一九三一年二月十二日付・斎藤実宛児玉秀雄書翰(国立国会図書館憲政資料室所蔵「斎藤実関係文書(書翰の部)」R28-754-13)。

(52) 一九三一年三月十三日付・斎藤実宛児玉秀雄書翰(「斎藤実関係文書(書翰の部)」R28-754-23)。
(53) 前掲『伊澤多喜男』二〇一頁。
(54) 角田順校訂『宇垣一成日記』第一巻(みすず書房、一九六八年)七九一頁。
(55) 第二次幣原外交と対中国政策に関する研究として、酒井哲哉「『英米協調』と『日中関係』」(近代日本研究会編〈年報近代日本研究11〉『協調政策の限界』山川出版社、一九八九年)、服部龍二『東アジア国際環境の変動と日本外交一九一八-一九三一』(有斐閣、二〇〇一年)、小池聖一『満州事変と対中国政策』(吉川弘文館、二〇〇三年)、劉傑「日中提携の摸索と満蒙問題―重光葵と王正廷―」(鳥海靖・三谷博・矢野信幸編『日本立憲政治の形成と変質』吉川弘文館、二〇〇五年)がある。このうち、酒井、服部、小池の三氏は幣原ら外務省本省と重光ら現地外交官の路線対立を強調するのに対して、劉氏は本省と現地外交官の一体性を指摘することで当該期対中国政策の推移を捉えている。
(56) 兪辛焞『満州事変期の中日外交史研究』(東方書店、一九八六年)一一一~一一四頁。なお、幣原外交に対する張学良政権・国民政府側の評価については、熊沛彪(劉紅訳)「九一八事変とワシントン体制の動揺―日本の東アジアにおける政戦略の変化を中心として―」(軍事史学会編『再考・満州事変』錦正社、二〇〇一年)を参照。
(57) 小林龍夫・島田俊彦解説『現代史資料7・満州事変』(みすず書房、一九六一年)一六四頁。なお、陸軍省軍事課長・永田鉄山大佐はこの年八月八日付張学良政権顧問矢崎勘十宛書翰で、「問題の解決は陸軍丈けでは何としても出来ず又上意なくして憲法の範囲外に出ることを許さず」と述べており(永田鉄山刊行会編『秘録永田鉄山』芙蓉書房、一九七二年、四〇二頁)、陸軍省軍務局長・小磯国昭中将も同月、上京中の奉天特務機関長花谷正少佐に対して、現地軍が独断で騒擾事件に介入すれば「弾圧を加へても従はせる」用意があると説明している(小磯国昭『葛山鴻爪』小磯国昭自序伝刊行会、一九六三年、五二一~五二二頁)。このように現地軍単独での武力行使を不可とする考えは陸軍中央でも広い範囲で共有されていたと言えよう。
(58) 「朝野両党の対支声明戦」(国立国会図書館憲政資料室所蔵「幣原平和文庫」R18)。
(59) 一九三一年九月二三日発電・幣原外務大臣宛在上海重光公使電報(外務省編纂『日本外交文書 満州事変』第一巻第二冊、外務省、一九七七年)三一四頁。
(60) 関東軍参謀部総務課『満洲事変機密政略日誌』其一(防衛省防衛研究所戦史研究センター所蔵、中央・戦争指導・

重要国策文書272)一九三一年九月二〇日条。
(61)　島田俊彦「満州事変の展開(一九三一年~一九三二年)」(日本国際政治学会太平洋戦争原因研究部編『太平洋戦争への道・新装版』第二巻、朝日新聞社、一九八七年)三四~四九頁。
(62)　前掲『日本外交文書　満州事変』第一巻第二冊、六八~六九頁。
(63)　緒方貞子『満州事変と政策の形成過程』(原書房、一九六六年)一一四~一一五頁。
(64)　斉藤孝「米・英・国際連盟の動向(一九三一~一九三三年)」(前掲『太平洋戦争への道・新装版』第二巻)三五九~三五一頁。
(65)　前掲『満洲事変機密政略日誌』其一、一九三一年十月三日条。
(66)　前掲「満州事変機密作戦日誌」(日本国際政治学会太平洋戦争原因研究部編『太平洋戦争への道・新装版』別巻、朝日新聞社、一九八八年)一三三頁。
(67)　刈田徹『昭和初期政治外交史研究―十月事件と政局―』増補改訂版(人間の科学社、一九八九年)二五九頁。
(68)　若槻礼次郎『古風庵回顧録―明治・大正・昭和政界秘史―』(読売新聞社、一九五〇年)三八三~三八四頁。
(69)　原田熊雄述『西園寺公と政局』第二巻(岩波書店、一九五〇年)一三九~一四一頁。
(70)　これについては、前掲『政党内閣の崩壊と満州事変』一三九~一四〇頁を参照。
(71)　安達謙蔵『安達謙蔵自叙伝』(新樹社、一九六五年)二六二頁。
(72)　玉井清「政友会の対外強硬論」(中村勝範編『満州事変の衝撃』勁草書房、一九九六年)三九頁。
(73)　小南浩一「満州事変前後の政党とその支持動向―兵庫三区(東播磨地域)を事例として―」(日本法政学会創立五十周年記念論文集編集委員会編『現代政治学の課題　日本法政学会五十周年記念』成文堂、二〇〇六年)三七八頁。
(74)　これについては、池井優「一九三〇年代のマスメディア―満州事変への対応を中心として―」(三輪公忠編『再考太平洋戦争前夜―日本の一九三〇年代として―』創世記、一九八一年)を参照。なお、昭和初期の日本外交が国内世論に規定されていく過程を重視する最近の研究として、筒井清忠『満州事変はなぜ起きたのか』(中央公論新社、二〇一五年)がある。同書は国内における大衆社会状況の進展、日中両国間における懸案事項の発生と対中国強硬論の相関関係を重視している。

（75）前掲「党人派の実力者」一一九頁。ただし、後述のように山道と永井は党内での立場から第二次若槻内閣末期には協力内閣運動から撤退の動きを示すことになる。
（76）山浦貫一『森恪―東亜新体制の先駆―』（森恪傳記編纂会、一九四〇年）七五〇頁。
（77）松尾尊兊「政友会と民政党」（『岩波講座日本歴史19・近代6』岩波書店、一九七六年）一二七頁。
（78）戦間期ヨーロッパにおける連合政治の展開については、篠原一「連合政治の理論的諸問題」（篠原一編『連合政治I―デモクラシーの安定をもとめて―』岩波書店、一九八四年）、同『ヨーロッパの政治―歴史政治学試論―』（東京大学出版会、一九八六年）を参照。
（79）木戸日記研究会校訂『木戸幸一日記』上巻（東京大学出版会、一九六六年）一一一頁。
（80）菊池悟郎『立憲政友会史』第七巻（立憲政友会史編纂部、一九三三年）六八二頁。
（81）前掲「政友会の対外強硬論」四〇～四二頁。
（82）前掲「満州事変機密作戦日誌」一三七頁。
（83）同前、一三〇～一三一頁。
（84）これについては、臼井勝美『満州事変―戦争と外交と―』（中央公論社、一九七四年）六八～七二頁を参照。
（85）「会見メモ　一九三〇年四月～五月」（国立国会図書館憲政資料室所蔵「鶴見祐輔関係文書」Ｒ４５－５００）。
（86）前掲『政党内閣の崩壊と満州事変』二六〇頁、前掲『憲政常道と政党政治』三一一頁。
（87）犬養健「山本條太郎と犬養毅・森恪」（『新文明』第十巻第七号、一九六〇年）二九頁。
（88）前掲『西園寺公と政局』第二巻、一二八頁。
（89）前掲『安達謙蔵自叙伝』二六五頁。
（90）前掲『古風庵回顧録』三八四～三八五頁。なお、若槻は戦後の戦争調査会によるヒアリングに対して、協力内閣運動に反対した閣僚は井上と江木の二人だと証言している（「若槻男爵の談話」、広瀬順皓監修・解題『戦争調査会事務局書類』第八巻、ゆまに書房、二〇一五年、二〇九頁）。ただし、江木は満洲事変前に鉄相を辞任している。また、同史料では高橋是清を政友会総裁、犬養毅の所属政党を立憲国民党と述べるなど、事実誤認部分が多数見られる。
（91）前掲『日本政党史・昭和編』九二頁。

(92)　前掲『伊澤多喜男』二〇三～二〇四頁。
(93)　馬場恒吾『議会政治論』(中央公論社、一九三三年)一四四頁。
(94)　高橋紘・粟屋憲太郎・小田部雄次編『昭和初期の天皇と宮中―侍従次長河井弥八日記―』第五巻(岩波書店、一九九四年)一九〇頁。
(95)　永井柳太郎編纂会編『永井柳太郎』(永井柳太郎編纂会、一九五九年)二一三頁。
(96)　伊豆富人『安達さんの心境を語る』(千倉書房、一九三一年)二六～二七頁。
(97)　加藤政之助監修『立憲民政党史』下巻(原書房、一九七三年)八九四～八九五頁。
(98)　一九三一年十一月十三日付・牧野伸顕宛木戸幸一書翰(国立国会図書館憲政資料室所蔵「牧野伸顕関係文書」第12冊―192―2)。
(99)　伊藤隆・広瀬順皓編『牧野伸顕日記』(中央公論社、一九九〇年)四八一～四八二頁。
(100)　前掲「犬養毅と満州事変」四九頁。
(101)　小山俊樹『評伝森恪―日中対立の焦点―』(ウェッジ、二〇一七年)二九九～三〇一頁。
(102)　前掲『昭和戦前期立憲政友会の研究』六八～六九頁。なお、久原は三月事件と十月事件のいずれにも資金提供者として関与している(前島省三『新版昭和軍閥の時代―日本ファシズムの形成過程―』ミネルヴァ書房、一九七四年、一一一～一一二頁)。
(103)　前掲『浜口雄幸』一〇五～一〇六頁。
(104)　井口治夫『鮎川義介と経済的国際主義―満洲問題から戦後日米関係へ―』(名古屋大学出版会、二〇一二年)は、満洲国における重化学工業発展を目的とした鮎川義介の米国資本導入構想や、鮎川とハーバート・フーバーとの関係を明らかにした最新研究である。井口氏によれば、久原は「朝鮮半島、満洲、シベリアを領域とする中立的緩衝国家を建設する構想」の持ち主であり、一九三〇年代以降、久原と鮎川は距離を置くようになったという(十三頁)。
(105)　前掲『立憲政友会史』第七巻、六八九頁。
(106)　角田順校訂『宇垣一成日記』第二巻(みすず書房、一九七〇年)八一八頁。
(107)　高橋勝浩「外交再建策としての対米特使派遣構想―満州事変期を中心に―」(『國學院大学日本文化研究所紀要』

第九一輯、二〇〇三年）一八一～一八二頁。
(108) のちに鶴見自身が記すところによれば、鶴見は一九二四（大正十三）年、当時憲政会幹部であった江木翼の薦めにより憲政会公認で第十五回衆議院議員総選挙に出馬しようとしたことがあった。その後、民政党では井上準之助と親しく、江木や永井柳太郎、中野正剛から入党の勧誘があったという。このように鶴見は名実ともに民政党に近く、のちに一九三二（昭和七）年の第十八回衆議院議員総選挙に際しても民政党から出馬の意向を示していた（一九三二年一月一八日付・清水徳太郎宛鶴見祐輔書翰、国立国会図書館憲政資料室所蔵「鶴見祐輔関係文書」R32‐1074‐14）。なお、鶴見と明政会については、前掲『政党内閣制の展開と崩壊』四〇～四一頁を参照。
(109) 日中直接交渉をめぐる両国政府の動向については、鹿錫俊『中国国民政府の対日政策　一九三一―一九三三』（東京大学出版会、二〇〇一年）四〇～四九頁を参照。
(110) 前掲『満州事変』一一三～一一四頁。
(111) 前掲『満州事変と政策の形成過程』一九六～一九八頁、内田正熊「満州事変と国際連盟脱退」（『国際政治』第四一号、一九七〇年）一六二～一六三頁、前掲『満州事変』一二六～一三三頁。なお、当時日本連盟事務局長だった伊藤述史は戦後、この匪賊討伐権の留保は外務省情報部長白鳥敏夫が幣原に諮らず、独自の判断で連盟日本代表団に訓令したものだったことを証言している（幣原平和財団編『幣原喜重郎』幣原平和財団、一九五五年、四八三頁）。
(112) 『読売新聞』一九三一年十一月二一日。
(113) 猪俣敬太郎『中野正剛の生涯』（黎明書房、一九六一年）三二一頁。
(114) 中野正剛「政局の眞相と吾徒の動向」（東京講演会『講演』第一七〇輯、一九三二年。国立国会図書館憲政資料室所蔵「斎藤実関係文書（書類の部）」R217‐1171‐8）十七～十八頁。
(115) 永井和「東方会の成立」（『史林』第六一巻第四号、一九七八年）一一一～一一五頁、住友陽文「大正デモクラシー期『議会主義』の隘路―中野正剛の国家構想に即して―」（『日本史研究』第四二四号、一九九七年）二二～二四頁。
(116) 前掲『立憲民政党史』下巻、九〇一頁。
(117) 前掲『立憲政友会史』第七巻、六九〇頁。
(118) 前掲『牧野伸顕日記』四八六頁。

(119) 前掲『宇垣一成日記』第二巻、八一八〜八一九頁。
(120) 前掲「山本條太郎と犬養毅・森恪」二四頁。
(121) 前掲「立憲民政党と金解禁政策」七六頁。
(122) 『横浜貿易新報』一九三一年十二月二日。
(123) 前掲「満州事変機密作戦日誌」一六二〜一六三頁。
(124) 『横浜貿易新報』一九三一年十二月十日。
(125) 前掲『宇垣一成日記』第二巻、八二〇頁。
(126) 十二月十日夜、内相官邸では安達を囲んで富田幸次郎、松田源治、中野正剛、風見章、永井柳太郎が今後の対策を協議し、永井からは安達のみが辞職して党内で協力内閣運動再開の機会を待つべきとの意見が出されるが、安達の同意は得られなかったという(川崎卓吉伝記編纂会編『川崎卓吉』川崎卓吉伝記編纂会、一九六一年、四三三〜四三四頁)。
(127) 関東軍参謀部総務課『満洲事変機密政略日誌』其三(防衛省防衛研究所戦史研究センター所蔵、中央・戦争指導・重要国策文書274)一九三一年十二月十一日条。
(128) 日本近代史料研究会編『片倉衷氏談話速記録』上巻(日本近代史料研究会、一九八二年)一九二頁。
(129) 角田順校訂『宇垣一成日記』第二巻(みすず書房、一九七〇年)八二一頁。

第二章　帝人事件と斎藤内閣期の政治

はじめに

前章で述べたように、一九三一（昭和六）年の満洲事変は浜口内閣から続く第二次幣原外交に対する関東軍の挑戦であり、最終的に第二次若槻内閣は事態収拾に失敗して総辞職する。そして、一九三二（昭和七）年には海軍青年士官の一団が首相・犬養毅を暗殺し、ここに日本では政党代表者が内閣を組織する政党内閣時代は大東亜戦争終結後まで復活の道を絶たれることになる。しかし、この間にも政党内閣復帰の可能性は存在し、そのための試みがなされていた。挙国一致内閣時代のうち、一九三二年の五・一五事件後から一九三六（昭和十一）年の二・二六事件までの期間に政権を担った斎藤内閣と岡田内閣については、同時代的に政党内閣復帰を想定した「中間内閣」[1]として認識されていた。

本章では戦前日本の政治史において政党内閣から中間内閣への移行が持つ意味について、これを一九三四（昭和九）年の帝人事件を通じて明らかにする。この事件は昭和最初の挙国一致内閣である斎藤内閣が総辞職する原因となった昭和最大の政財界疑獄事件であり、その概要は以下の通りである。

一九二七（昭和二）年、国内有力総合商社である鈴木商店は金融恐慌の煽りを受けて倒産するが、その系列企業である帝国人造絹糸株式会社（帝人）の株式二二万株は担保として最大債権者の台湾銀行へ渡っていた。この帝人株式は一九三三（昭和八）年になると人絹好況により値上がり傾向を見せ、各方面で買い付けの動きが起こる。このうち、日本経済連盟会会長・郷誠之助を中心とする財界人グループ、通称「番町会」に大手保険会社役員を加えた買受団は斎藤内閣文相・鳩山一郎などの現職閣僚や大蔵省幹部、台湾銀行経営陣などへの働きかけにより、同年五月、買受団代表である帝人監査役・河合良成と台湾銀行頭取・島田茂との間で帝人株式十万株の売却契約成立に漕ぎつける。

この売却直後、帝人は大規模増資の実施により株価が上昇し、買受団側も利潤を得ることになるが、河合・島田間で成立した契約内容は翌一九三四（昭和九）年一月には時事新報社相談役・武藤山治が『時事新報』誌上で番町会攻撃という形でこれをスクープし、世論を沸騰させる。検察当局は同年四月五日の台湾銀行及び帝人関連先への一斉捜索を契機として関係者の拘引に踏み切り、五月十九日からは大蔵次官・黒田英雄を筆頭として大蔵省幹部の拘引にまで発展する。この事件に関連して同年三月に文相・鳩山一郎が辞任を余儀なくされた上、四月から五月にかけて商相・中島久万吉、鉄相・三土忠造を含めた政財官界の要人十六名が相次いで逮捕・起訴される。

この事件は最終的には二六五回にわたる公判が続けられるが、その過程では革手錠の使用に代表される検事らによる人権蹂躙や、経済問題に関する専門知識の不備が露呈されるなど、社会に大きな衝撃を与えた。そして、第一次近衛内閣期の一九三七（昭和十二）年十二月十六日の判決では検察側の主張を「恰も水中に月影を掬せんとする の類」として退けるとともに、「証拠不充分にあらず、犯罪の事実なきなり」として被告人十六名全員に無罪が言い渡される。続いて、検察当局も法相・塩野季彦の判断により同月二三日には控訴抛棄を決定し、全員の無罪が確定するが、まさに「空中の楼閣」と称される事件であった(2)。

日本経済史の観点から帝人事件研究を開拓した市原良平氏、五・一五事件後から日中戦争発生に至るまでの日本政治史を検討した須崎愼一氏の研究では、帝人事件を契機とする斎藤内閣総辞職に至るまでの過程が軍部とそれに付随した議会内親軍派勢力による「軍部ファシズム」の形成過程として位置付けられている(3)。

その一方、斎藤内閣期の政治過程を危機の沈静化、「大正デモクラシー体制」の均衡回復過程として捉える坂野潤治氏と酒井哲哉氏の研究は斎藤内閣による内政・外交の安定化を通じた政党内閣制復帰の可能性と限界を検討した点に意義があるものの(4)、当該期政民連携運動の目的が宇垣擁立にあったと一括しているため、かえって構成主体の細部への分析を閉ざしている感がある。

これに対して、本書では政党内閣制復帰をめぐる選出勢力内部の対立を分析の中心に置くことで帝人事件を軸とした斎藤内閣期の政治史を再検討し、その役割を昭和戦前期研究の一環として明らかにする。のちに被告側弁護人の一人が「本件ハ源ヲ政争ニ発シ陰険邪劣ナル手段ヲ以テ虚妄ノ事実ヲ捏造シ、以テ政変ヲ起シ政党ヲ傷［つ］ケントシタルモノ(5)」と述べているように、これが単なる汚職事件ではなく、当時斎藤内閣の後援により進められていた政民連携運動に対する妨害工作であったと筆者は捉える。そして、そこに枢密院副議長・平沼騏一郎の影響下にあった検察団が合流することで、斎藤内閣倒閣を目論む運動を構成したのではないかと考える。

近年、手嶋泰伸氏は満洲事変期において薩派、海軍艦隊派、陸軍皇道派を連結する形で平沼内閣構想が浮上し、軍部統制を実現し得る有力な政治指導者として平沼への期待が高まっていたことを明らかにしている。そして、斎藤内閣期に入ってからも、平沼が海軍と薩派を仲介する形で政権担当能力を誇示していたことや、薩派の側も平沼内閣運動に呼応していた可能性が指摘されている(6)。ただし、斎藤内閣後半期の分析については平沼内閣運動の後退過程に関心が置かれており、この時期、斎藤内閣総辞職に至る動きがどのように形成されていったのか、という点は取り上げられていない。

元来、帝人事件と政民連携運動の関連性は前島省三氏が早くに着目しているものの[7]、そこでは軍部に対抗して議会政治擁護を目指す政民連携勢力の反政府姿勢がことさらに強調されている向きがある。このため、中間内閣としての斎藤内閣が政党に提供したアリーナが如何なるものであったのか、政民連携運動への主導的関与が明らかではないのである。近年、この点をめぐっては松浦正孝氏により、帝人事件で攻撃されたのは蔵相・高橋是清を中心とする斎藤内閣の政治路線とそれに連動した政府主導の政民連携運動であったことが指摘されている[8]。

しかしながら、この松浦氏の研究では問題関心が中央政界ではなく財界とその周辺部に傾注されているため、政民連携運動と帝人事件の関連性について深い言及はなされていない。本章では帝人事件を契機とする斎藤内閣総辞職に至るまでの過程を政治史の中で正確に位置付け、この時期の政民連携運動の中で政党内閣制復帰の可能性がどのような形で浮上し、挫折を余儀無くされていったのかを検討する。

一　五・一五事件から「非常時」沈静化の摸索まで

一九三二（昭和七）年五月十五日、首相である犬養毅が五・一五事件により暗殺されると、日本政治史は諸政治勢力間の微妙な権力バランスに左右される挙国一致内閣時代に入っていく。ここでは前章の続きとして、最後の政党内閣である犬養内閣期について概観したのち、斎藤内閣期の内政と外交、それに政党の動きを検討することにしたい。

一九三一年十二月一二日、宮中では元老・西園寺公望、内大臣・牧野伸顕、侍従長・鈴木貫太郎、宮相・一木喜徳郎らが協議した結果、「憲政の常道」に基づき、政友会総裁・犬養毅を後継首班とすることが決定する。十二月一三日に成立した犬養内閣は前年の政友会議員総会での決議に基づき、組閣当日に金輸出再禁止に踏み切る。そして、一九三二（昭和七）年一月二一日、第六〇回帝国議会を解散し、第十八回衆議院議員総選挙の二月二〇日施行を決定する。当時、政友会は一七一議席に対して、野党に転じた民政党は前議会召集時よりも十七議席減の二五〇議席となっていた。これは犬養への大命降下に伴って安達謙蔵、富田幸次郎、中野正剛が離党し、のちに風見章ら党人派の一部もこれに続いたためである。この第十八回総選挙で政民両党は金解禁問題など、財政政策上の問題を主要な争点として争うが、前年の協力内閣問題以来、党内統制力が低下していた民政党では候補者調整をめぐって全国各地で混乱を露呈する(9)。これに加えて、選挙委員長である前蔵相・井上準之助が二月九日に暗殺されたこともまた、民政党の選挙戦に大きな影響を及ぼすことになる。最終的に政友会は前回比一二七議席増の三〇一議席確保という大躍進を遂げる一方、民政党は前回比一二七議席減の一四六議席にまで凋落する(10)（表3）。

　しかし、犬養内閣がこのように総選挙で多数議席を獲得しながらも、国内の政情不安が解消されたわけではなかった。当初、犬養内閣では犬養自身が外相を兼任していたが、一九三二年一月、娘婿である前駐仏大使・芳沢健吉を外相に迎える。この直後に現地軍の謀略で上海事変が発生し、三月には清朝最後の皇帝・溥儀を宣統帝とする満洲国の建国が宣言されるなど、中国大陸情勢は風雲急を告げていた。当時、犬養が九カ国条約の枠内で満洲事変収拾を目指し、側近の萱野長知を中国に派遣するなど、日中関係改善に水面下で取り組んでいたことは最近の諸研究で取り上げられているので(11)、ここでは詳しく触れない。ただし、そうした犬養の努

表3　1932年2月20日　第18回衆議院議員総選挙結果

	立候補者数	当選者数	得票数	得票率（%）
立憲政友会	346	301	5,682,647	58.44
立憲民政党	280	146	3,393,935	34.91
革新党	3	2	36,839	0.38
無産政党	29	5	260,122	2.68
諸派・無所属	48	12	349,573	3.60
	706	466	9,723,116	100.00

有権者数：12,014,963名
投票者数：9,813,542名
無効票：90,552票
投票率：83.09%

出典：古屋哲夫編「衆議院・参議院選挙一覧」（日本近現代史辞典編集委員会編『日本近現代史辞典』東洋経済新報社, 1978年）をもとに作成。

力をもってしても、政情不安が覆い隠すことのできない段階に入っていたのは誰の目にも明らかであった。内大臣府秘書官長・木戸幸一の四月三日の日記に、「今日の時局は三百余名を有する政友会を以てしても安定せしむること能はず、昨今、尚、不安の空気充満せる有様なれば、万一何等かの機会にて政変を惹起せる場合の準備を為し置かざるべからず」(12)と記しているように、政友会の多数議席だけで内外の動揺を克服することは困難であった。この木戸の記述は翌月の五・一五事件を予感させるものであり、当時の宮中を覆っていた難しい雰囲気を反映したものであると言えるだろう。

五・一五事件により犬養が暗殺された直後、政友会内部では後継総裁として蔵相・高橋是清、内相・鈴木喜三郎、鉄相・床次竹二郎を擁立する動きがそれぞれあった。高橋が総裁選出馬を固辞した結果、鈴木擁立論と床次擁立論の二つに絞られるが、床次側は党内の支持が弱く、形勢は次第に鈴木に有利となっていた。そこで党顧問の岡崎邦輔と望月圭介が床次と鈴木の間を仲介した結果、五月十六日夜、鈴木を後継総裁とすることでまとまる(13)。こうして同月二〇日、政友会は臨時党大会で鈴木の総裁就任を満場一致で承認する。

前述のように、政友会は第十八回総選挙の結果、民政党に代わって衆議院第一党の座を有していた。したがって、その総裁に大命が降下することは「憲政の常道」に鑑みて当然のことと考えられていたのである。ところが、陸軍が政党内閣成立阻止に向けて政友会・宮中に大攻勢をかける中、元老・西園寺公望には政党代表者を後継首班に奏薦できる自信はなかった。陸軍がその総意として政党内閣排撃の方針を掲げていることを無視して政党内閣を樹立すれば、議会政治そのものを崩壊させてしまう恐れがあったからである。

この当時、内閣書記官長・森恪は民政党に影響力を有していた同成会貴族院議員・伊沢多喜男に対して政民提携を前提に枢密院副議長・平沼騏一郎を首班とする強力内閣樹立への協力を求めていた。だが、これに危機感を覚えた伊沢は宮相・一木喜徳郎、会計検査院長・湯浅倉平を通じて内大臣・牧野伸顕にその旨を通報し、西園寺には海軍薩摩閥の長老・山本権兵衛の直系である前朝鮮総督・斎藤実海軍大将の擁立を要請していた。西園寺としても穏健派に連なる斎藤の首相在任中に軍部抑制と対米英協調外交路線維持を図り、然る後に政党内閣に復帰することを考慮していたのである。(14)これまで森による平沼擁立の動きは政党内閣制を否定するものであり、「立憲君主制にもとづく国家意思決定過程のあり方を変更しうるような、強力な政権をつくり出したいという願望」の表れとして評価されてきた。(15)しかし、近年の小山俊樹氏の研究により、当時の森は軍部と対立して政党政治継続を目指すことが非現実的であると認識した結果、鈴木内閣を断念し、平沼の下で軍を包摂する政民連携路線を目指していたことが明らかにされている。(16)この時、宮中が平沼擁立という選択肢を排除して斎藤擁立を判断したのは、平沼に軍部統制、国際関係維持、財政再建といった現下の急務に対処出来る政治指導力がなく、むしろ排外主義に基づく国際対立の発生が懸念されたためであった。

伊藤之雄氏によれば、宮中では昭和天皇即位以降、後継首班奏薦方式や天皇の政治関与の在り方をめぐって西園寺と牧野の間に見解の不一致が度々見られたが、五月二六日の斎藤奏薦では両者の一致を見ることになる。これは血盟団事件で標的に含まれていた牧野らに較べて比較的右翼方面から信頼を得ていた西園寺の政治判断が重みを増した結果であったが、同時に統帥権干犯問題以来高まっていた西園寺の政治姿勢への批判を増幅させることにもなる。(17)したがって、陸軍や右翼を中心とする勢力からすれば、たとえ政党代表者の奏薦を選択しなかったとはいえ、西園寺が軍の望む革新派ではない斎藤を奏薦したことは宮中を現状維持派の拠点として再認識させるには十分であった。

この斎藤内閣に期待されたのは、「非常時」という言葉に象徴される国内の革新熱を一時的に沈静化させ、政治的安定性を回復することにあった。当時の宮中、特に西園寺にとって斎藤内閣とこれに続く岡田内閣は政党内閣制復帰の条件が整うまでの「ピンチ・ヒッター」内閣であるとともに、平沼を首班とする親軍派内閣もしくは陸軍を主体とする内閣の成立を阻止するためのバッファー（緩衝材）としての役割を期待してのものであったのである。[18]

したがって、宮中にとって斎藤内閣が反ファッショ政権である以上、その下で内政・外交の安定化が達成できれば将来における政党内閣制復帰につながる中間内閣であることを意味していた。実際、国内の主要政治勢力やマス・メディアも斎藤内閣成立によって政治システムとしての政党内閣制が完全に終焉したとは捉えておらず、むしろ将来の政党内閣復帰を想定した「変態内閣」と捉えていた。

斎藤内閣に課せられた使命は満洲問題の国際的解決、議会政治の修正と補強、財界の動揺防止と国民生活の安定であり、加えて既成政党勢力との協調関係確立は今後の政権運用・議会対策の面で絶対に失敗が許されないものであった。このため、政民両党から閣僚を得ることで連合政権の体裁を採用することになり、政友会からは前蔵相である高橋が留任し、新たに鳩山一郎が文相、三土忠三が鉄相として入閣する。また、民政党からは山本達雄が内相、永井柳太郎が拓相として入閣することになる。このように昭和最初の挙国一致内閣は明治・大正期の超然内閣とは異なり、全体の統合と安定を確保するため、主要政党である政民両党に対して均等的政治参加を要請することで成立を見るのである。[19]

だが、前内閣と同様、斎藤内閣にとっても満洲事変収拾と軍部統制に取り組む上で陸軍との関係はその存立に関わる重要問題であった。五・一五事件直後、西園寺は貴族院副議長・近衛文麿に対して、「中間内閣最大の使命」は、「結局軍に引張られるが、他面軍に対し極力ブレーキを掛け、ブレーキを掛けてもなほ四囲の情勢からやむを得ない場合に譲歩する」が、「その結果が実際に現れることを出来るだけ先に延ばすやうにする。更に譲歩することによつて生ずべき種々の危険も亦最小限度に止める」ことに求めていた。[20]のちに斎藤内閣が急激な現状変更に消極的であることから「スローモーション内閣」と俗称されることになるのは、こうした西園寺の意向があったためである。

このように斎藤内閣は満洲事変により政治的発言力を強化しつつあった軍部に対抗するため、国内主要政治勢力に依拠することで政党内閣以上の安定性を確保しようとしていた。しかるに、既成政党勢力の動きは必ずしもそれに合致してはいなかったようである。前内閣書記官長・森恪は斎藤内閣成立当初、西園寺に対して、「今度一つ俺がこの内閣をひつくり返して、膏薬貼りでない内閣を作つてみせる。要するに、いま静かに治まつてゐると思ふと大間違で、暴風雨の前の静けさだ[21]」と述べ、内相に就任した山本に対しては、「あなたはえらい時に出てこられた。此の内閣は七月迄しか続かぬ。必ず亦五・一五事件の如きがあります[22]」と述べていた。これは内政・外交の両面で急激な変動が生じた場合、政党と軍部が接近することで権力基盤に動揺を生じかねない危険性を示すものであった。

組閣から一週間後の六月三日、斎藤は貴族院本会議での施政方針演説で現下の時局が「非常時」と形容されていることに言及し、経済恐慌と社会不安の解消を内閣における喫緊の課題と位置付けている。だが、この「非常時」という言葉こそ、のちに陸軍や右翼を中心とした革新勢力、さらには既成政党勢力の一部によって、宮中とそれに支持された斎藤・岡田内閣による内政・外交両面での安定化努力を突破する意味で盛んに使用されることになるのである。

この施政方針演説で斎藤は軍の反対を押し切り、政党だけではなく軍に対しても自重を呼びかけ、議会政治尊重の姿勢を表明していた[23]。中間内閣に要求された政治技術の成否はこの「非常時」を如何にして解消することが出来るかという点にかかっていたのである。そして、これこそ政党内閣制復帰をどの時点で政治日程にのぼらせるかという問題に直結するものであった。

斎藤内閣はその成立直後の六月一日に開会する第六二回帝国議会では農村救済対策に関連した通貨流通の円滑化計画をめぐり、平価切り下げを求める政友会がこれに反対を表明したため、同党との対立が表面化する。最終的に政友会は鈴木の裁断で反対姿勢を撤回し、斎藤内閣側も衆議院での時局匡救決議当日である六月十三日、政友会側の憂慮する通貨膨張政策を実施しないことを閣議で申し合わせ、ようやく対立は解消される。しかし、このことは衆議院第一党でありながらも与党の地位にない政友会を包含していたことにより、斎藤内閣の議会対策の前途が決して明るいものではないことを示すものであった(24)。

こうして第六二回帝国議会は翌十四日に閉会を迎えるが、八月二三日開会の第六三回帝国議会では米穀応急施設法案を始めとする政府提出の重要法案審議が政友会の反発により難航し、最大議席数を誇る政友会の協力なしには政権運営の出来ないことを改めて印象付けるものとなる。これは斎藤内閣退陣後の政権獲得を目指す政友会にとっては、「政権の予約」取り付けのための意思表示に相当するものであった(25)。

この第六三回帝国議会で民政党は安達派の脱党により党勢が低迷したことから政府寄りの姿勢を示すものの、政友会は独自の法案を多数用意して政府の救農政策に対抗するなど、政府批判を強化していく。その結果、政府提出の負債整理組合法案は廃案に追い込まれ、米穀法中改正法律案も政友会の妥協によって、ようやく成立を見る。このように、この時期には寄り合い所帯としての斎藤内閣の弱点が対政党関係の面で明らかとなるのである(26)。

この年十月二八日、政友会総務・松野鶴平は内大臣の牧野に対して、党内は鈴木以下で一致しているものの、斎藤内閣と政友会の関係が良好ではなく、政友会出身閣僚との意思疎通が十分ではないと語っているが(27)、これは宮中に対する一種の牽制であった。政友会としても政権の「円満授受」を目指す点では斎藤内閣が長期政権となることを望まなかったのである。

最近、小山俊樹氏により物された森恪の評伝によれば、森は第六二回帝国議会で米価問題を紛糾させることで斎藤内閣に対して政友会の存在を見せつけ、政友会内閣への交代を実現しようと考えていた。そして、鈴木や鳩山も関与する形で海相・岡田啓介大将と水面下で接触し、政権を鈴木に「円満授受」させることを画策していたという。しかし、斎藤内閣に入閣していた高橋蔵相、山本内相は鈴木派による党内支配に反感を抱いていたため、政友会への政権の「円満授受」は見送られる。こうして十一月八日には岡田からは鳩山に対して交渉打ち切りが通告され、年明けには政友会との交渉の当事者であった岡田が定年を理由にして海相を辞任するに至る(28)。

このように政友会と斎藤内閣の関係が険悪となっていく中、高橋蔵相はこの年十二月に鈴木と会見し、五・一五事件裁判の結審後、「非常時」解消を理由に辞職することを約束する。これを受けた鈴木は高橋辞任の時こそ斎藤内閣総辞職により政友会に政権が到来するものと判断し、斎藤内閣への協力姿勢に転換することになる。本来、斎藤内閣は政民両党間における対立を解消し、議会内状況の安定を図るために宮中が希望したものであった。そのため、政友会側としても斎藤内閣と敵対関係をとることで宮中から不信を買うことを恐れていたのである。この当時、現実政治に対する西園寺の影響力は維持されており、露骨に倒閣工作を展開することで、再び斎藤に大命が降下することは望んではいなかったからである。

ちなみに、この時期の対外情勢に目を向けると、一九三二年十月二日、リットン報告書の内容が公表され、日本国内では国際連盟脱退の是非をめぐる論議が過熱化するようになる。政友会では外交官出身の代議士・芦田均が第六四回帝国議会衆議院本会議において、外相・内田康哉の連盟脱退も辞せずとする姿勢を批判する質問演説を行うが、政友会執行部によって芦田の演説内容は全面撤回を余儀なくされる。当時の政友会にとっては政権の「円満授受」を実現する上でも斎藤内閣との関係を良好に保とうとしていたためであった(29)。

最終的に、斎藤内閣は一九三三（昭和八）年二月二十日、連盟脱退を閣議決定するが、これは多国間協調外交に代わり、米英中ソなど、関係各国との直接交渉で満洲事変処理を目指すためであった。連盟脱退から約二ヶ月後の五月三一日、塘沽停戦協定が成立することで、日中間に一応の安定状態が確保されたことは一つの成果と言えるものであった(30)。

ここに斎藤内閣は河北省東部に非武装地帯を設定することで中国正規軍の駐留を排除し、関東軍とは別に満洲国の安全保障を確立することに成功する。一九三〇年代前半期、関東軍統制の実現は対外政策上の問題にそのまま直結する課題であり、一九三七（昭和十二）年七月の盧溝橋事件発生に至るまでの期間、小規模な紛争を除いて日中間には大規模な武力衝突は発生しなかった。

そして、こうした対外危機の暫定的な解消こそ、国内政治の上では既成政党勢力による軍部批判と政党内閣復帰の可能性をもたらすものとなる。一九三三年五月以降、日本国内では「非常時」が空洞化することで既成政党勢力と軍部との対立が表面化していくが、これは国際連盟脱退と塘沽停戦協定成立により中国大陸情勢をめぐる日米間対立に緊張緩和の兆しが見え始めたことや、高橋財政の成果により同年半ばから景気回復傾向が生じていたことに関連していた。そして、これらの諸要因こそ政党が「憲政の常道」復帰を実現する上で有利に作用し、陸海軍の軍事費要求を抑制して農村中間層の信頼を取り戻すことが第一課題になっていくのである[31]。

すでに国内では経済界を中心に「非常時」の長期化が海外との市場取引に及ぼす影響への不安が広まっていた中、満洲事変後の陸軍中央を支配していた皇道派勢力には次第に焦りが生まれてくることになる。一九三三年一月六日、参謀次長・真崎甚三郎中将は参謀本部総務部長・梅津美治郎少将に対して、「国民一般ニ今ヤ平静ニ馴レ、人心弛緩シ、稍モスレバ軍ヲ離反セントシツツ、アリ。特ニ政界、財界ニ於テ然リ」、「従テ何事ガ起ルトモ、先ヅ［陸軍を］疑惑ノ目ヲ以テ見ル傾キアリ」との苦衷を述べているが[32]、これは「非常時」の緩和が軍部批判につながることを恐れる率直な心境であった。真崎は犬養内閣期の荒木人事により一九三二年一月に台湾軍司令官から陸軍中央に栄転し、荒木と並ぶ皇道派の領袖の一人であった。彼は参謀次長就任後、参謀総長である閑院宮戴仁元帥を差し置いて参謀本部の主導権を握り、満洲事変の衝撃を背景とすることで荒木とともに軍中央の支配を推し進めていた。それだけに一九三三年以降の「非常時」空洞化に対しては大きな警戒感を寄せざるを得なかったのである。

斎藤内閣は昭和九年度予算案編成に関連した政策調整のため、一九三三年十月三日から二一日にかけて首相・蔵相・外相・陸相・海相から成る五相会議を全五回開催し、外交・国防問題を討議するが、そこでは陸海両相に対して文官閣僚が確実に優位になりつつあったことを証明するものとなる。この五相会議では軍拡計画を提起する陸相・荒木貞夫大将、海相・大角岑生大将に対して高橋蔵相、それに同年九月に病気辞任した内田康哉の後任として外相に就任した広田弘毅が外交・国防・財政の一本化を主張して激しく対立する。

そして、最終的には高橋、広田の主張が全面的に受け入れられた了解事項が決定されることで閉会を見る。特に荒木が提出した革新政策案はその矯激な内容のため高橋の猛反発を受けて、十月五日には廃案に追い込まれる。これを不満とした軍部側の要請に基づき、斎藤内閣は新たに十一月七日から内政会議を開催するが、農村窮乏化と軍の士気低下を結び付ける荒木の農村救済案は多忙を理由とする高橋の欠席により事実上無視され、軍部の掲げる「非常時」がもはや説得力を失い始めていたことを明白に示すものとなる。(33) こうして斎藤内閣は政党内閣に代わる「変態内閣」でありながらも、議会政治を無視することなく政権運用を行うことで国内の政情不安を解消し、五・一五事件後の「非常時」を巧みに切り抜けていくのである。

二　政民連携運動の展開と斎藤内閣

ここでは前述の五相会議開催と同時期に当たる一九三三（昭和八）年十月から顕著となる政界再編の気運について見ていくことにしたい。中央政界ではこの時期、斎藤内閣退陣と政党内閣復帰を求める声が出始め、政民連合の動きが甦ることになる。そして、この政民連携運動こそ、選挙法改正問題や官吏身分保障制確立を通じて「政界浄化」「政党更生」に取り組んできた斎藤内閣にとっても、政党内閣復帰に向けた作業の総仕上げに相当するものであった。

実際、この運動そのものは斎藤の間接的支援による部分が大きく、商相・中嶋久万吉による両党間の斡旋も斎藤が事前了承していたものであることから、その御膳立てをしたのは斎藤内閣の側であった。すでに高橋留任問題に前後する鈴木との交渉経過に鑑みると、今後も政友会執行部から長期的支持を取り付けていくことは難しくなってきた。ゆえに斎藤内閣としては政友会内の非総裁派勢力と民政党を接近させることにより、衆議院に新しい支持基盤を創出する必要があったのである(34)。特に高橋が西園寺の意向に基づく斎藤の説得により一九三三年五月、「非常時」未解消を理由に留任を表明したことは斎藤内閣と政友会の関係を難しくさせるものであった。

高橋は留任表明直後、鈴木に対して無任所大臣として入閣することで内閣への支援を求めるが、あえなく拒否される。こうして政友会内部では内閣との絶縁を求める強硬論が噴出し、翌六月まで混乱が続くことになるのである。そして、八月に再び無任所大臣問題が浮上したため、文相である鳩山が斎藤と鈴木の間を斡旋した結果、同月二九日には両者の会見が実現する。この会見で鈴木は外交方針の確立と国防の整備充実、満州問題、経済産業問題、行政改革、財政問題にわたる五大国策を提示し、合わせて国民の思想不安への善処を要望する。斎藤がこれを異論なく了承することで国策協定の締結された結果、無任所大臣問題はここに消滅し、ようやく政友会との協調関係が回復する(35)。しかしながら、この高橋留任から国策協定成立に至るまでの混乱は政友会の複雑な党内事情を反映したものであり、斎藤としても政友会との関係を鈴木にのみ依存し続けるわけにはいかなくなっていたのである。

また、この時期には政友会の側でも満州事変期の協力内閣運動を契機として鈴木派（以下、総裁派）と離反していた前幹事長・久原房之助が党執行部への批判を鮮明化させるなど、党内事情に変化の兆しが表れていた。久原派は第十八回総選挙で躍進したことで派閥としての影響力を強め、斎藤内閣期の政友会執行部にとっても久原派の去就は軽視できないものがあった。久原は高橋留任により鈴木が目論んだ「円満授受」戦略の失敗が明らかになった直後の五月二四日には一国一党論を宣言して総裁派に対峙するとともに、六月上旬には久原派が党執行部の方針とは全く反する内容の「檄文」を公表する。これは「非常時」未解消を理由にして政党内閣不可を主張し、より強力なる政党と軍部の連携した挙国一致内閣の実現を要求するなど、まさに鈴木による党指導の行き詰まりに付け込んだ総裁派攻撃を意味するものであった(36)。このように鈴木ら政友会執行部が党内における優位性を危うくしていた中、斎藤内閣としても従来までの議会対策では現状を乗り切ることができないという判断があったのである。

政友会内部ではこの年二月頃から斎藤内閣との関係をめぐり自重論派と急進論派の対立が深刻化し、執行部では総裁派に属する筆頭総務・島田俊雄や幹事長・山口義一が鈴木に対して党出身閣僚の引き揚げを強硬に主張していた。しかし、自重論を説く床次竹二郎、望月圭介、岡崎邦輔ら穏健派長老の説得を受けた鈴木の裁断により、どうにか党内は表面上の小康状態を維持していた(37)。

だが、すでに高橋蔵相や三土鉄相といった自党出身の主要閣僚が斎藤内閣側に立っていた中、政友会としても宮中、民政党、軍部、貴族院、国内世論が政友会単独内閣成立を許す状態にないことは明らかであった。そのため、仮に鈴木が自党出身閣僚の引き揚げを表明したとしても、以後の情勢が予測できない状態にあったのである。まして や自党出身閣僚が自主的判断により留任した場合、政友会としては斎藤内閣への影響力を損失し、下手をすれば党内切り崩し工作に利用される恐れも十分にあった。したがって、これ以降の斎藤内閣主導による政民連携運動の開始は政友会内部の動向に大きな影響を及ぼすことになる。

一九三三年十二月二五日、芝にある紅葉館では中嶋商相の仲介により政民両党幹部懇談会が開催され、ここに両党の幹部が一同に会する。政友会からは顧問・床次竹二郎を代表として幹事長・山口義一、政務調査会長・前田米蔵、それに久原房之助、濱田國松、島田俊雄、山崎達之輔、松野鶴平、内田信也、望月圭介、山本条太郎、秋田清、川村竹治ら十三名が出席する。そして、民政党からは顧問・町田忠治を代表として、幹事長・松田源治、それに俵孫一、小山松壽、頼母木桂吉、櫻内幸雄、富田幸次郎、小泉又次郎、小橋一太ら九名が参加し、憲政の基本が政党政治にあることを確認する(38)。

中嶋の戦後の回顧録によれば、この年晩秋、彼は元老秘書・原田熊雄の呼びかけに応じて出席した会合「朝飯会」の席上、軍部抑制のためには政党の浄化と強化が必要であり、その手段として政民両党の接近が急務であることを申し合わせていた。これに基づき中嶋は政友会の島田、民政党の町田を新橋の料亭で会談させ、政民両党間の交渉方式を協議していた。そして斎藤の了承を経て、この政民両党幹部懇談会が開催される運びとなったのである。(39)

この斎藤内閣期における政民連携運動は政党内閣制復帰をめぐる問題に直結するものであり、続く岡田内閣期の政治を検討する上でも重要な位置を占めるものである。富田を中心に民政党内部で胎動していた連携運動を宇垣一成との関連で取り上げた坂野潤治氏はこれを「反陸軍的な民党連合的性格と宇垣擁立運動的な性格を兼ね備えた」ものと位置付け、(40)この坂野氏の見解に依拠する酒井哲哉氏も、「選出勢力の復権という点でも、対軍部統制機能の回復という点でも、政民提携構想は、この時期考えられた内閣構想として最も優れたものであった」と評価する。(41)

だが、ここで注意しなければならないのは当該期中央政界における政民連携運動を構成していた勢力は必ずしも一つの潮流として完結していたわけではないことである。升味準之輔氏の『日本政党史論』によると、当該期政民連携運動の潮流は三つであり、その第一は久原と富田を中心として、満州事変期の協力内閣運動を継承するものである。そして、第二は政友会長老である衆議院議長・秋田清と民政党元幹事長・小泉又次郎を中心とするものであり、第三は鳩山文相ら政友会幹部によるものである。(42)懇談会出席者を見ると、民政党側では党内主流派のみが参加しているのに対して、政友会側では総裁派に加えて非総裁派に属する旧政友系、久原系、床次系など複数の勢力が参加していたことが分かる。その内訳は総裁派が山口、島田、松野、川村の計四名、旧政友系が前田、浜田、山崎、望月、山本（条）、秋田の計六名、久原派が久原、島田の計二名、床次系は床次、内田の計二名である。(43)

このように一九三三年後半期における政民連携運動は複数の勢力が参加して構成されていたのであり、決して一つの目的を有した単一勢力により担われていたのではなかったのである。実際、帝人事件の火付け役となる武藤が『時事新報』の紙上で支持していたのは久原を中心とする親軍的「大同団結」運動であり、政民両党主流派による政策協定中心の政民連携運動には批判的な論調をとっていた。(44)そして、当該期政民連携運動の中で最も活発であったのは鳩山を中心勢力とする運動であった。

この年九月二六日、鳩山は原田に対して、「十二月には、どうしてもこの内閣に、円満辞職といふ形で辞めてもらはなければ、どうもなかなか政友会の内が収まるまい」、「この上は、荒木さへ諒解すれば、要するに軍部がなんのかんの言つて来なくなるんだから、十二月に斎藤さんから政友会に政権が譲り渡されてもいいぢやないか」と述べている(45)。これは現職閣僚の一人である鳩山にとっても「非常時」解消の成果が目に見えて明らかになってきた以上、もはや陸軍の動静に配慮した「政党更生」のための時間は必要ないと判断していたのである。こうして鳩山は第六五議会開会前には中嶋との間で議会政治擁護の必要を確認し、政民提携の斡旋を準備することになる。彼は党内では総裁派に属しており、そこには政民連携運動の主導権を握ることにより党内外に対する勢力挽回を図ろうとしていた鈴木の意向が反映されていたのである(46)。

この政民連携運動は同年十二月二六日から開会する第六五回帝国議会で大きな節目を迎え、そこでは政民両党が軍部牽制の観点から軍事費と農村救済費の不均衡を一斉に追及する。この前年十二月九日、陸海軍当局は新聞紙上に「軍民離間に関する声明」なるものを発表し、国内における軍部批判の動きを牽制していたが、これは明らかに政民提携運動への恫喝を意味するものであった(47)。犬養内閣期の金輸出再禁止とその後の積極財政により生産部門は一定の回復傾向に入っていたものの、この当時の農村経済は依然として低迷状態にあり、依然として膨張する軍事費との均衡は維持されていなかった。

満洲事変以降、ひたすら膨張の一途をたどる軍事費と公債発行額に歯止めをかけ、財政健全化を実現することは、のちの岡田内閣期も含め、中間内閣期の現状維持勢力が渇望していた財政方針であった。そして、それこそ政党内閣制復帰の前提条件として「非常時」からの脱却を決定付ける最終的なファクターであった。すでに議会内では「非常時」長期化を企図する軍部への不満が噴出し始めていた中、この軍民離間声明に対する政民連携勢力の批判こそ、それまで軍部に対して劣勢を強いられてきた政党による反攻の表れであったのである。

一九三四（昭和九）年一月二〇日、荒木陸相は斎藤に対して病気を理由に辞任することの許しを乞う書翰を発している。そこでは「時局を顧れば内外寸刻を偸安を許さず、殊に今回の議会は軍事予算を中心とし、軍部諸問題極めて重要性を帯ぶるもの」としつつも、同時に、「国際問題に就ては軍部に対し世上一部に於て危惧の誤解之有」ことを認めている(48)。すでに荒木自身も陸軍の創出した「非常時」の稀薄化が確実に進行していたことを認めざるを得ない中での勇退であったのである。

すでに閣内では前年秋の五相会議・内政会議を通じて閣内における荒木の発言力には限界が見え始め、これに代わって政策決定過程の主導権は高橋蔵相、広田外相ら文官閣僚に移行しつつあった。同月二三日、荒木は正式に陸相の座を去り、後任には前教育総監・林銑十郎大将が就任する。この荒木辞任の際、皇道派勢力は新陸相として真崎の擁立を企図していたが、かねてより皇道派の専横に不満を抱いていた参謀総長・閑院宮戴仁元帥の反対により挫折する。真崎は林の陸相就任と同時に教育総監に横滑りするが、これは彼の陸相就任が見送られたことに対する代替措置であった(49)。

この年一月二日、警視総監・藤沼庄平はその日記に荒木について、「観念論者也。内容空疎。だめ。総理とでもなれば国の不幸也。部下を統制し得ず不可(50)」と記し、荒木軍政が軍内外に及ぼす弊害に不満を募らせていた。五・一五事件後、帝都の治安維持に努めていた藤沼にとって、いたずらに「非常時」を喧伝し続ける荒木の姿勢には疑問を感じていたのである。林は荒木の犬養内閣入閣後、一旦は皇道派に同調していたが、五・一五事件により引責辞任するはずの荒木が斎藤内閣に留任したことで陸相就任の道を閉ざされて以降、彼らと距離を置いて中立の立場を維持していた。こうして林の入閣は陸軍による政治介入の抑止、部内統制回復などの観点から他閣僚、ジャーナリズム、議会、経済界から大いに歓迎され、それは次章で述べるように、岡田内閣期における宮中の陸軍観にも大きく投影されることになる。

そして、この林陸相誕生こそ、荒木自身が予想し得なかった反皇道派勢力結集の契機となる。林はこの年三月には真崎の反対を押し切り陸軍定期異動で前歩兵第一旅団長・永田鉄山少将を軍務局長に起用し、ここに永田以下の反皇道派系陸軍中堅層が林陸相の下に連なることになる。(51) そして、その人的体制が岡田内閣期にまで引き継がれていくことになるのである。ゆえに荒木から林への陸相交代は皇道派凋落の始まりであるとともに、現状維持勢力における陸軍統制の主体として林・永田ラインが形成されていく契機であったのである。

以上のように、ここでは一九三三年後半期に始まる斎藤内閣主導の政界再編と政党内部の動向について言及し、一九三三年十二月末から始まる第六五回帝国議会では政党内閣復帰を視野に入れた政党・軍部間対立が発生したことを述べた。だが、こうした斎藤内閣主導の政民連携運動は、後述するように、同年二月、中嶋と鳩山の失脚により挫折することになる。次節では斎藤内閣総辞職の直接原因となった帝人事件について、その背景を政民連携運動との関連から検討していくことにしたい。

三　帝人事件と政民連携運動の破綻

本書の冒頭で触れたように、帝人事件の発端は一九三四（昭和九）年一月、武藤山治が『時事新報』の紙上で帝人監査役・河合良成と台湾銀行頭取・島田茂との間で成立していた台湾銀行所有帝人株式の売却契約について、これを「番町会」攻撃として報道したことによる。この財界人グループ「番町会」は一九三三（昭和八）年十二月から政民連携の必要性や議会政治擁護を掲げ、それは公知の事実になっていた。これに加えて財界出身である中嶋も番町会の一員であり、その入閣は同じく番町会に所属していた読売新聞社社長・正力松太郎の斡旋によるものであった。(52)

このように当該期政民連携運動は財界の支援する中、政党が軍部の政治力増大に対抗し、議会政治の再建を実現することが目的であった。そして、これにより政党内閣期に政財界を侵食した腐敗関係を自助努力により清算し、政党に対する国民の信頼を回復することに意味があったのである(53)。したがって、逆説的に言うならば、政財界にまたがる大規模な汚職事件が発生するようなことがあれば、この政民連携運動は大打撃を被り、政党の信頼回復のみならず斎藤内閣の存立をも揺るがすのは必至であったのである。

だが、この帝人事件には全く前触れがなかったわけではない。帝人事件で失脚した閣僚のうち、中嶋と鳩山に対しては四月上旬の検察当局による捜査開始以前から第六五回帝国議会で攻撃が始まっていた。一九三四年二月二日、貴族院本会議では同和会・関直彦が前年に台銀所有の帝人株式が政府高官の仲介により安値で不当売却されたことを取り上げて、綱紀問題による政府追及の口火を切っていた。当時、関は斎藤内閣に敵対してファッショ路線を歩んでいた国民同盟に関係しており、この日の演説内容は一月中旬に時事新報社で武藤から提供された資料に基づくものであった(54)。

さらに同月七日には同じく貴族院本会議で公正会所属の予備役陸軍中将・菊池武夫が中嶋の雑誌論文「足利尊氏」(『現代』一九三四年二月号)に言及し、その所信を執拗に追及していた。これは中嶋がかつて「中嶋華水」の筆名で発表した「雞肋集(其三)」(『倦鳥』一九二五年三月号)が本人の許可無く転載されたものであったが、その内容に逆賊賛美との批判を浴びせるのである。その上で菊池は軍民離間問題に関する内閣全体の責任に言及し、合わせて三土鉄相に鉄道工事をめぐる不正疑惑があることを糾す。そして、これに呼応して研究会所属の予備役海軍大佐・三室戸敬光が緊急質問として登壇し、尊氏問題に関する中嶋の所見を重ねて追及する。こうして中嶋は斎藤の勧告により、二日後には辞任を余儀なくされる。

また、同月八日には衆議院本会議で政友会の岡本一巳が一九三一(昭和六)年の樺太工業株式会社の汚職事件に絡んで鳩山の収賄疑惑を暴露する「五月雨演説」を行い、二日後には党を除名処分となっている。この「五月雨演説」については同月十七日、島田俊雄を委員長とする事実調査委員会が衆議院に設置され、三月三日には岡本発言は根拠なしとする報告書が秋田衆議院議長に提出されるものの、鳩山自身も同日には辞任のやむなきに至る。須崎愼一氏はこうした中嶋・鳩山に対する攻撃が「軍部の逆襲である可能性が極めて強い」(55)と推測し、中嶋自身も戦後の回想で尊氏問題は「軍部並に其の手先の私に対する犬の糞の仇討的反撃」(56)であったと述べている。

だが、鳩山に対する攻撃は紛れもない造反であった以上、筆者としては軍部がこれに関与していた可能性は極めて低く、中嶋の回想にも同時代的視点からの再検討が必要であると考える。後述するように、この時期の陸軍首脳部は宇垣内閣の登場に反対する観点から表面上は斎藤内閣支持を表明しており、政友会の党内抗争にも距離を置いていた。また、政友会総裁の鈴木は五・一五事件後、陸軍側との了解により首相に就任するはずであったが、その約束が反故にされたため真崎ら皇道派に対しては根深い怨みを有していた。それだけに非総裁派を中心とした政民連携運動とは別に、義弟の鳩山らが進めていた政策協定中心の運動には期待を抱いていた。

この岡本による議会演説は斎藤内閣に代わって政権の「円満授受」を目論んでいた鈴木ら執行部には全く予想外の出来事であり、内閣との間で辛うじて維持されてきた政策協力を根幹から揺るがすものであった。前述のように、この前年には鈴木・斎藤の間で国策協定が成立し、政府主導の政民連携運動には総裁派も参加していた以上、この「五月雨演説」は明らかに鈴木の意図に反するものであった。須崎氏は既成政党勢力と軍部の対立という図式から斎藤・岡田内閣期の政治を把握することに主眼を置いているが、政民連携運動そのものが単一勢力によって展開されていたものではないことを踏まえた場合、党内対立の検討という複眼的視角も必要と考える。

特に久原は一九三三年八月頃から鈴木に対する巻き返し工作の一環として鳩山に接近していたが、松野ら党執行部が介入したことにより、その目論見は同年十月には挫折を余儀なくされていた(57)。したがって、高橋留任による「円満授受」戦略の失敗後、総裁派批判を通じて党内基盤の再編を目論んでいた久原にとっては大きな焦りがあったはずである。帝人事件捜査が本格化していた四月二六日、政民両党間では首脳会議が開催され、提携に必要な政策調査項目と並んで双方の政策協定委員の決定が行われるが、そこに久原派は参加していない。その理由について佐々木隆氏は、当時、党内第三位の勢力であった久原派にとって政民連携運動が他勢力により推進されていたことは好ましいものではなく、久原派がこの運動から撤退して反斎藤内閣路線へ転換したのは自然の成り行きであったと推測している。(58)

この指摘を踏まえるならば、久原が政民連携運動の仲介者である中嶋や鳩山を失脚させなければならなかった政治的背景が浮かび上がってくる。久原にとって政民連携運動は党内における優勢を確保するための活動にすぎず、自派以外の勢力によって連合政権が樹立されることは望んでいなかったのである。当時、東京朝日新聞社政治部記者であった有竹修二によれば、岡本による「五月雨演説」は一九三二（昭和七）年十二月の森恪の死後、その直系である岡本の面倒を鳩山が見なかったことへの腹いせとして久原がやらせたものであったという。(59)

検察当局による帝人事件捜査は東京地方裁判所検事局・宮城長五郎検事正宛に提出された三つの告発状をもとにして開始されたものであり、その告発人の一人は内妻が武藤山治の妻と懇意であった中井松太郎という人物である。(60)のちに中井は一九三七（昭和十二）年五月四日の公判で帝人取締役・永野護の弁護人・清水郁に対して、自らは法律知識が全くなく、弁護士・大沼末吉に相談の上で告発状を作成したことを認めているが、この大沼弁護士こそ津雲国利と非常に懇意な関係にあった人物である。(61)しかも帝人事件に前後して行われた鈴木喜三郎や望月圭介への告発、それ以前の小泉策太郎に対する鉄道横領疑惑の告発などは全て大沼の手でなされたものであった。(62)

津雲は政友会久原派に属して活動していた代議士であり、岡本の「五月雨演説」により政友会の内部対立が表面化したため、一九三四年二月十六日には党規紊乱を理由に除名処分を受けている。大沼が告発した鈴木や小泉は総裁派、望月は旧政友系に位置して久原派と対立関係にあった人々ばかりである。それを考えるならば、これらの告発に加え、中井を介した帝人事件告発にも津雲の意向が働いていたことは疑うべくもない。こうしたことから帝人事件の伏線には久原による政民連携運動への妨害工作が介在していた可能性が高いのである。

中嶋は商相辞任直後の二月十二日、宮相・湯浅倉平と原田熊雄の聴取に対して、「昨年末から政民両党の間を斡旋したる」ことにより「自己の政治的立場の漸次困難となりし」ことを告白している。[63]これを踏まえた場合、中島失脚劇の背後には政民連携運動をめぐる政治抗争が伏在していたと考えるのが妥当であろう。この二月以降、鈴木ら政友会総裁派は民政党との間で政策協定中心の提携交渉に着手するが、これは運動目的を政策協定に限定することにより、反総裁派勢力である久原派・床次派を抑え込むためのものであった。政民両党間では五月十一日に政策協定委員会の第一回会合が開催されるが、すでに床次派・久原派は運動から排除され、その主導権は総裁派の側に移行していた。[64]こうして斎藤内閣期の政民連携運動は政友会の内部対立を巻き込むことにより、当初期待された目的から大きく逸脱していくことになるのである。

なお、斎藤内閣総辞職に至る政治過程については、政友会久原派に加え、当時枢密院副議長であった平沼騏一郎の動向にも触れておく必要がある。これまでも帝人事件をめぐっては平沼擁立を企図する勢力の関与が指摘されてきたが、近年になって、萩原淳氏が枢密院議長・倉富勇三郎の日記（国立国会図書館憲政資料室所蔵）を包括的に使用することで、昭和戦前期における平沼の実像を明らかにした。萩原氏の研究によれば、平沼は斎藤内閣期、満洲国承認・国際連盟脱退問題では政府案を支持し、文官任用令開戦問題でも政府側に協力姿勢を示していた。さらに、後継首班の座を目指していた平沼は軍部、政友会、内大臣・牧野伸顕、貴族院副議長・近衛文麿、国民同盟など、多様な政治勢力と接触し、自らの政権基盤の構築につなげようとしていたという。[65]その一方、斎藤内閣法相・小山松吉に対しては、五・一五事件捜査の在り方などをめぐって早くから不満を募らせていた。当時、帝人事件の捜査情報は平沼にも詳細な形で伝えられており、以上の点から萩原氏は、「平沼は斎藤内閣の総辞職を狙い、若手検事を内々に督励した可能性は否定できない」と推測している。[66]

平沼内閣運動そのものは同年五月三日、枢密院議長・倉富勇三郎の病気辞任を受け、後任には西園寺の意向により前宮相・一木喜徳郎が就任したことで挫折を見るが、帝人事件そのものは平沼内閣運動が最高潮に達していた一九三四年前半期に作為的な形で引き起こされたものであったことは事実である。当時の警視総監・藤沼庄平は戦後の回想で、帝人事件は平沼擁立を目指す司法省行刑局長・塩野季彦が「明糖事件に関する弱点を握つて居る黒田［越郎］検事を使嗾してやらせた」ものであると述べており、[67]二月十五日の衆議院本会議で鳩山と三土の売職疑惑を暴露する緊急動議を提出した政友会所属の予備役陸軍少将・江藤源九郎も平沼の配下であった。[68]それゆえに、筆者は枢相交代が尊氏問題と「五月雨演説」の後であることから、政友会の内部対立激化に平沼周辺が合流することにより斎藤内閣倒閣の流れが構成されたと考える。

そもそも帝人事件については内務省の十分に預かり知らぬまま、司法省の一部により捜査活動が進められたため、その真相については不明な部分が多いことは否めない。警視総監の藤沼がこの年六月十九日の日記に、「事件の審理は頓と判らず」と記しているように、検事たちによる談話の断片、彼らが新聞に聞こえよがしに放送している内容、半年位は結審しないであろうという司法省首脳部の談話を総合しても事件全体には明快さを欠く、というのが率直な感想であったからである。特に「彼等［検察当局］のいふが如く黒田［英雄・大蔵次官］君以下が明白に事実を語りたりとせば何故に其本筋を直進せざるか。ちょいちょいと頼み来りて吾が部下のなせる捜査等に関して七日、十日を過ぎての後にさえ新事実あったるが如く新聞にもらす」などの行為に加え、捜査過程で「事件の輪かくのみ」が拡大されていることには強い不信感を寄せざるを得なかったのである。しかも「一般は新聞に乗ぜられて政変必至と見てる。人心をつなぐが政治ならば何とか転換の期をつくらねばならぬ。司法省の検事達がたとひ何と世間でいはれても適法に事をはこぶは当然也。只彼等が事実を行動の前にもらすは不都合也。中間報告はせぬ。出来ぬ、など大言しつゝ、時にもらすは如何。不公明にして役人として陋劣也」というのが実情であった(69)。

このように一連の捜査過程を見れば、帝人事件は政変を引き起こすため検察当局が作為的に作り出したものではいか、という認識は当時から広い範囲で共有されていたのである。そして、その疑いは各被告人取調の過程における訊問内容を見ると一層強くなる。帝人事件主任検事・黒田越郎は島田台湾銀行頭取に対する取調の中で次のように述べている。

僕等ハ現在ノ政党政治ハ国家非常時ノ此際甚ダ不都合ト思ツテ居ル、殊ニ皆ナガ皆ンナト云フ訳デハナイガ政党巨頭連中ノ内ニハ兎角問題ニナル奴ガ居ル、之等ノ奴等ハ国家非常時ノ此際何ウシテモ葬ラナケレバナラヌ、君等モ現在ノ政党政治ガ悪イト云フコトハ知ツテ居ルダラウ、人生五十年トセバ御互ニ既ニヤル丈ケノコトハ大体ヤツテ来タデハナイカ、今後ノ餘生ヲ邦家ニ御奉公スルト思ツテ僕等ノ行動ニ共鳴シテ貰ヒタイ(70)。

ここで黒田は政党内閣排撃の必要を力説した上で検察当局に有利な自白を強要しようとしている。これは明らかに誘導訊問であり、その主張は一介の検事が語るべきものではない。この中で黒田は「国家非常時」を強調しつつも、既成政党勢力の活動がこれに沿うものではないことに憤りを見せており、その内容は久原派が前年六月に公表した檄文と酷似していることが分かる。こうした点から見ても検察側は事件捜査の過程で当時の中央政界の動きを非常に意識していたことは間違いないのである。

では、この当時「非常時」解消の気運を批判視していた軍部は帝人事件と国内政治の動きをどのように認識していたのであろうか。従来までの研究では須崎氏を始めとして軍部の関与を示唆するものが多いが、首相である斎藤も帝人事件の背後には軍部を中心とした勢力による倒閣工作があったと認識していたようである。

六月二五日、斎藤は藤沼に対して事件捜査の進捗状況を尋ねた際、陸軍次官・柳川平助中将、陸軍憲兵司令官・秦真次大将らが平沼と一つになって策動しているらしく、「平沼は自分ならば陸軍を抑へ得る。外には誰もない」と宣言していること、海軍軍事参議官・加藤寛治大将を次期総理にしようとする動きがあることを挙げ、「彼等も策動してるのではないか」と述べている(71)。そして、翌二六日の閣議後にも藤沼に対して、重ねて平沼や加藤が政変に向けて策動していることに言及し、「荒木、真さき、秦等が策動するとの話なるも警視庁は是等に迷はされずにやつてくれ」との注意を与えていた(72)。

このように斎藤が平沼や海軍艦隊派と並んで陸軍皇道派の存在に神経を尖らせていた背景には、この年一月の陸相交代を契機とする陸軍部内の動きに対して過度の警戒感があったためと考えられる。特に同年四月、東京市疑獄事件に絡んで実弟である元同市高級助役・白上佑吉が有罪判決を受けたことを理由に辞意を示していた林陸相が優諚により留任したことは、宮中を中心とした現状維持勢力に対する皇道派の反発を招くものとなっていた。そして、そのことが斎藤にとっては陸海軍の一部が参加して斎藤内閣倒閣運動を進めているのではないか、という疑いを抱かせるものになったのであろう。

しかしながら、この当時の陸軍内部の動きに鑑みた場合、筆者としてはこうした判断を妥当とすることはできないのである。まず、ここでは斎藤が倒閣運動の主力と見なしていた皇道派について検討したい。一九三四年一月十七日の時点で真崎は鈴木と平沼の提携可能性がすでに時機を逸しており、平沼内閣の成立も困難であると考えていた。さらに「政党側ニテハ吾人ガ唱フル不安ノ世相ヲ特ニ宣伝ノ如ク解シアリ」、「現状ノ侭ニテ推シ移ルトキハ予等モ亦其ノ職ニ在ル能ハザルニ至ル」との認識を抱いていた(73)。この時期の真崎としては平沼内閣運動に距離を置くとともに、むしろ既成政党勢力の反軍的姿勢が陸軍に及ぼす影響を警戒していたのである。

そして、同月十九日、取り巻きの一人である民政党赤坂区議会議員・石井三三馬から中嶋・鳩山の不正疑惑に関する報告を受けるが、これに対して真崎は「注意シテ聴カザリシ(74)」という態度を示している。このように真崎は中央政界における中嶋・鳩山失脚劇には全く関心を示していなかったのである。それどころか二月二三日、元首相・清浦奎吾の秘書・森伝から久原による清浦擁立の動きがあることを知らされると、「此際伯［清浦］ガ斯ル者ト結託スルハ危険ナル旨」を述べ、清浦が組閣する場合の人選についても真摯に取り合おうとはしなかった(75)。これは既成政党勢力の内部対立に巻き込まれることを忌避する立場から久原の動向に不信感を抱いていたことの証左であろう。真崎周辺で政変を予感させる動きがあったことは事実であるが、真崎ら皇道派首脳部がそれに積極的に関与した事実を見出すことは出来ないのである。

では、この時期に皇道派との対立を次第に深めつつあった林・永田ラインはどうであろうか。二月十九日の時点で内閣書記官長・堀切善次郎に対して陸軍側からは、「斎藤首相を中心に高橋山本を両翼とする現内閣を支持す。他を欲せず。鳩山を早く出す工夫はなきや(76)」との打診がなされていた。これは斎藤内閣の後継として宇垣内閣が成立すれば、政党のイデオロギーや利害関係が政策決定過程に反映されるのを陸軍側が恐れていたことを示すものである。ゆえに汚職疑惑が持たれている鳩山の更迭を急がせることにより、陸軍では消極的な動機であるにせよ、斎藤内閣の継続を望んでいたのである。

そして、帝人事件捜査が大詰めを迎えて、斎藤内閣総辞職の可能性が濃厚になり始めた五月下旬、参謀本部内で作成された極秘研究文書「現政局ニ対スル観察(77)」を見ると、当該期陸軍中央による興味深い政界観測を知ることができる。

まず、本史料では帝人事件をめぐり斎藤内閣が総辞職しても大命再降下の公算が高く、それが不可の場合には宇垣擁立による「政党連合」内閣が組織され、軍への抑圧が開始される恐れがあるとする。その上で現在の新聞論調には宇垣内閣構想や林への好意的評価が見られることに注意する必要を指摘している。しかも近年の政治情勢として、様々な「政治的難関」を突破してきた斎藤内閣を通じて「財閥政党重臣等一連ノ自由主義者」が政党内閣制復帰・軍部抑制努力を試みていることや、「言論機関ニ在リテモ満洲ノ平定並連盟離脱ニ伴ヒ国際関係急迫セザル等ノ目前ノ小康ニ漸ク倫《ママ》安シ自由主義的立場ニ復帰シアリテ蔵相ヲ支持スルコト極メテ深キモノアリ」という現実を苦々しく説明している。

かつて満蒙特殊権益の擁護を叫んで陸軍に同調したマス・メディアがこの時期には陸軍に対立して健全財政を要求する高橋への支持に回っていたことは陸軍中堅層からすれば受け入れ難い現実であったろう。荒木の陸相辞任により陸軍中央では皇道派の後退が始まっていたが、反皇道派勢力の拠点である参謀本部としても斎藤内閣が「非常時」沈静化に果たした役割を認めざるを得なかったのである。黒田の訊問内容にも見られるように、現実として「非常時」解消の気運が政党内閣復帰の可能性を促していたことは否めなかったのである。

結論として本史料は今後採用すべき根本対策案の一つとして、現内閣存続の正否を「過《ママ》早に正式に軍部大臣の意志を表明するときは結局内閣倒壊に対する表面上の責任を負担し軍自体却つて窮地に陥るに至るべく寧ろ賢明にあらず」として、この後の対策要綱では宇垣内閣成立への反対方針や斎藤への大命再降下の場合に陸相入閣条件として準備すべき研究内容を併記している。

この史料から判断出来る内容は当時の軍部が帝人事件に関与した形跡を全く確認することが出来ない点にある。倒閣運動には後継内閣構想が不可欠であるが、ここでは政民提携勢力から支持を集めていた宇垣への反発が記されている以外、後継内閣への具体的言及は見られない。しかも、この中に示された政情予測は全て史実に反するものであり、むしろ公式見解を発表することのリスクを適確に想定していることのほうが興味深いと言える。

本史料が作成されたのと同時期に当たる五月八日、この年三月まで陸軍省新聞班長を務めていた陸軍大学校研究部主事・鈴木貞一大佐は参謀次長・植田謙吉中将に対して、国内は「軍対軍以外予勢力関係ハ軍抑圧時代ニ入」り、「此作用ノ中心ハ財界、政党方面ニシテ［東京］朝日新聞社之ガ先頭タルコト」、「軍ハ之ガ為メ今ヤ大ニ攪乱セラレツヽアルコト」を訴えていた[78]。これは林の陸相就任による皇道派勢力の後退に加え、政民連携運動の影響や帝人事件による政変発生の可能性が陸軍にとっても無視出来ないものになっていたことを表すものである。

ゆえに本史料で参謀本部が公式見解発表に消極的であった背景には、かつての軍民離間声明が第六四回帝国議会でもたらした混乱を意識していたためと考えられる。惜しむべきは、斎藤内閣が対外政策・軍部統制の面で十分な成果を上げつつあった中、政民連携運動の展開をめぐって政党内部から倒閣運動が生まれた点にある。斎藤内閣後半期の政局を方向付けたのは軍部ではなく政党であったのである。そして、本史料が示した予測の中で最も史実に近かったものは大蔵行政最高責任者である高橋の去就が政変発生につながるという点であった。

七月三日、閣議では小山法相による事件捜査の中間報告が行われ、この中で高橋の子息・高橋是賢にも捜査が及ぶ可能性が明らかにされる[79]。これを受けて斎藤は政民両党から入閣していた高橋蔵相、山本内相との間で進退を協議し、内閣総辞職を決定する。これは中心閣僚である高橋周辺にまで捜査が及ぶことになれば他閣僚にまで疑惑が広がることは必至であり、政情不安に歯止めをかけるためにも内閣総辞職は避けられないものとなっていたのである。

すでに鳩山文相が三月に引責辞職し、四月には大蔵官僚出身者として高橋の後輩格にあたる三土鉄相、政民連携運動の音頭取りである中嶋商相にまで捜査が及び、五月には大蔵次官・黒田英雄が収賄罪で起訴収容されたことは内閣が政綱に掲げた「綱紀粛正」の精神を裏切るものであり、もはや斎藤の敗退は明らかであった。

五月十七日、小山法相から事件捜査の見通しとして「二、三日中にケガ人が出る。此度は民政党はない。政友会は傷［つ］く」ことなどが報告された際、斎藤は、「最悪の場合を考へると鳩山は行つてるし、三土中島に及ばむ。果たして然らば罪にならずといふも其の侭にしては居れぬ。それこそ大変である。而し何時其の責をとるかは慎重に考へねばならぬ」との言葉を漏らしていた。[80] このように斎藤自身の口から内閣の責任がはっきりと言明されることにより、五月には内閣総辞職が選択肢として考慮されていたのである。

そして、この翌々日の黒田大蔵次官召喚により大蔵省首脳部にも動揺が走り、高橋にも引責辞任の必要が囁かれ始めることになる。五月二二日、藤沼は久原を訪ねて政局の推移を懇談するが、この席で久原は、「要は挙国一党にするの意気と抱負とを持つた者でなければ此非常時はのり切れぬ。両党をきそ［基礎］とする挙国一致内閣といふが如きは陳腐。人気をひかず。誰でもだめだ。自分独り也」、「自分の気に入らなければ何度でも打ちこわすだけ」と述べる。[81] このように久原は内政・外交の「非常時」解消は認めておらず、政民両党に依拠した斎藤内閣の手で政党内閣制復帰が進められつつあることにも同意していなかった。むしろ一国一党制の実現を想定した上で自らの指導力により時局を乗り切る構えを固めていたのである。

番町会攻撃を展開した武藤は一九三四年三月九日、『時事新報』の原稿料支払いをめぐるトラブルにより殺害され、主任検事として捜査を指揮した黒田も一九三四年七月二三日には激務が原因で死亡しており、事件の真相には未解明な部分が残されている。帝人事件の全容は今日でも推測の域を出ないが、久原が斎藤内閣を倒すことで政民連携運動そのものを壊滅させようとしたと考えるべきであろう。これは当該期の政民連携運動が斎藤内閣による議会内基盤建設を目標として展開されていた以上、久原にとって斎藤内閣打倒は避けて通れない課題であったからである。ここに既成政党勢力の存在を尊重することで成立した斎藤内閣は既成政党間対立に基づき総辞職を余儀なくされ、危機沈静化のための中間内閣として政権を担当した約二年一ヶ月の使命を終えることになるのである。

小括

本章では帝人事件に伴う斎藤内閣の崩壊過程について、政民連携運動をめぐる既成政党勢力の動向に焦点を当てることで検討した。本来、昭和戦前期における中間内閣は政党内閣に代わる権力の安定性を期待されて成立したものであり、既成政党勢力の存在は決して無視できないものであった。斎藤内閣そのものの存立を脅かす要因は一九三三（昭和八）年の段階でかなり解消されており、政府主導の政民連携運動を軌道に乗せることを残すのみであった。この運動は「非常時」打開のため、衆議院に基礎を置く政友会・民政党が力を合わせ、政党の責任で基本政策を樹立することに意味があった。

そして、それを後援した斎藤内閣の側からすれば、これら穏健派勢力の立場を政党内部に保障することで議会対策を容易にし、政党内閣に復帰後の内政と外交を長期的に安定化させようとする狙いがあった。しかしながら、実際には政党の動きがそれに合致せず、そこでは「非常時」という言葉が当事者の間で多義的に使用されることで政党内閣制復帰の動きを妨げることになる。こうして最終的には政民連携運動の破綻と斎藤内閣総辞職をもたらす結果となるのである。政友会久原派が総裁派との対立により政民連携運動を仲介する閣僚らへの失脚工作をしかけ、そこに平沼内閣運動が加わることにより、斎藤内閣倒閣の力学としての帝人事件は形作られていったのである。

この帝人事件に関連して検察当局に召喚された閣僚のうち、中嶋久万吉は一九三四（昭和九）年七月二一日に売職罪で、三土忠造も同年九月十三日に偽証罪で起訴・収容される。この検察当局による強引な違法捜査や人権蹂躙疑惑は岡田内閣期の第六六回帝国議会と第六七回帝国議会でも盛んに取り上げられるが、中でも一九三五（昭和十）年一月二三日、第六七回帝国議会貴族院本会議における美濃部達吉の法相・小原直への質問演説は帝人事件の社会的関心度も重なって多方面の注目を集めるものとなる。

しかしながら、帝人事件が政党腐敗の副産物と考えられていた当時、無所属の勅選議員といえども、かつて一九三〇（昭和五）年の浜口民政党内閣によるロンドン海軍軍縮条約批准に合憲論を提示したことから民政党のブレーンと目されていた美濃部が正面から検察批判演説を行ったことの波紋は大きかった。それは斎藤内閣に次ぐ昭和第二の中間内閣として宮中が創出した岡田内閣の下で内政・外交の安定化が試みられ、再び政党内閣制復帰が模索されていることに反発していた諸政治勢力に対して、倒閣運動に向けた格好の口実を与えるものになるからである。こうして同年二月、貴族院本会議での菊池武夫の国務大臣質問を契機として、政党内閣制の理論的提供者である美濃部への批判を通じて岡田内閣倒閣・重臣ブロック排撃を目的とした天皇機関説事件の幕が切って下ろされることになるのである。

第二章註

（1）通常、日本政治史における「中間内閣」とは大正期の加藤友三郎・第二次山本権兵衛・清浦奎吾内閣の三つを指すものであり、特に加藤内閣は政党員閣僚が皆無でありながらも既成政党との協調関係確立に成功し、かつ、「当時の人々の眼にも、それが次の本格的政党内閣成立までの過渡的な内閣形式であることが、あまりにも明らかであった」ことから、従来までの「超然内閣」とは異なり「中間内閣」と呼称されているという指摘がある（坂野潤治『日本政治史―明治・大正・戦前昭和―』放送大学出版会、一九九三年、一三四～一三九頁）。これに対して、本書では昭和期の斎藤・岡田内閣がメディア全般から将来の政党内閣復帰を想定した暫定政権という意味で「中間内閣」、「選挙内閣」、「変態内閣」などと位置付けられていたことに鑑み、「中間内閣」という用語を使用するものである。

（2）この帝人事件をめぐっては、のちに一九三五（昭和十）年一月、美濃部達吉が貴族院本会議で検察批判質疑を行っており、家永三郎『美濃部達吉の思想史的研究』（岩波書店、一九六四年）、宮沢俊義『天皇機関説事件―史料が語る―』下巻（有斐閣、一九七〇年）はこうした美濃部の人権擁護の姿勢が右翼勢力の反発を買い、天皇機関説事件の背景になったと指摘する。これに対して、駄馬裕司「帝人事件から天皇機関説事件へ―美濃部達吉と『検察ファッショ』―」（『政治経済史学』第三八九号、一九九九年）は美濃部憲法学を「愚民観的エリート主義」と位置付け、機関説排撃運動に大衆運動としての性格を求めるなど、研究史上、異色と評せられる論点を提示している。だが、この駄馬氏の見解は史料選択の時点で恣意的なものがある上、なぜ機関説問題が岡田内閣倒閣や「重臣ブロック」排撃に発展したのか説明できなくなるなど、疑問点が多い。帝人事件と天皇機関説事件の関連性は本書第三章で触れることにする。

（3）市原亮平「日本リベラリストの社会的『背骨』Ⅲ―武藤山治の『時事新報』時代と『帝人事件』―」（関西大学『経済論集』第三巻第四号、一九五四年）、同「政党連合運動の基盤―『財閥の転向』を焦点として―」（京都大学『経済論叢』第七三巻第二号、一九五四年）、同「政党連合運動の破産―帝人事件を焦点として―」（京都大学『経済論叢』第七三巻第三号、一九五四年）、須崎愼一『日本ファシズムとその時代―天皇制・軍部・戦争・民衆―』（大月書店、一九九八年）。

（4）坂野潤治「政党政治の崩壊」（坂野潤治・宮地正人編『日本近代史における転換期の研究』山川出版社、一九八五年）、酒井哲哉『大正デモクラシー体制の崩壊―内政と外交―』（東京大学出版会、一九九二年）。

（5）一九三四年十二月、東京地方裁判所予審判事・両角誠英宛三土忠造弁護人提出「事実説明及証拠調申請書」（国立国会図書館憲政資料室所蔵「斎藤実関係文書（書類の部）」Ｒ195―156―11）。

（6）手嶋泰伸「平沼騏一郎内閣運動と海軍―一九三〇年代における政治的統合の模索と統帥権の強化―」（『史学雑誌』第一二二編第九号、二〇一三年）。

（7）前島省三『新版・昭和軍閥の時代―日本ファシズムの形成過程―』（ミネルヴァ書房、一九七四年）。

（8）松浦正孝『財界の政治経済史―井上準之助・郷誠之助・池田成彬の時代―』（東京大学出版会、二〇〇二年）。

（9）小南浩一「満州事変前後の政党とその支持動向―兵庫三区（東播磨地区）を事例として―」（日本法政学会創立五十周年記念論文集編集委員会編『現代政治学の課題　日本法政学会五十周年記念』成文堂、二〇〇六年）三八一～三八三頁。

（10）二大政党時代に行われた第十七回総選挙と第十八回総選挙については、拙稿「戦前二大政党時代における立憲民政党の支持基盤とその地方的展開―神奈川一区を事例として―」（学習院大学『政治学論集』第二四号、二〇一一年）を参照。この中では中央政局と異なる地方政治構造の在り方として、憲政会時代から民政党の有力選挙区であった神奈川一区（横浜市）では政友会内閣期も含め、民政党優位の構造が維持されていたことを明らかにした。なお、昭和戦前期における地方政治構造については、いずれ別稿で論じる予定である。

（11）小林道彦『政党内閣の崩壊と満州事変―一九一八―一九三二―』（ミネルヴァ書房、二〇一〇年）第四章、小山俊

樹『憲政常道と政党政治─近代日本二大政党制の構想と挫折─』(思文閣出版、二〇一二年)第七章第一節、北野剛「犬養毅内閣期の満洲事変和平工作と日中関係─萱野長知関係史料を中心に─」(『国史学』第二一五号、二〇一五年)。
(12) 木戸日記研究会編『木戸幸一日記』上巻(東京大学出版会、一九六六年)一五三頁。
(13) 白木正之『日本政党史・昭和編』(中央公論社、一九四九年)一一六頁。
(14) 伊藤勲『明治憲政論』(成文堂、一九八五年)八三～八六頁。なお、小山俊樹氏は、この時の「伊沢の構想は民政党内閣復活の次善策として、民政系官僚が主導権を掌握して政友会(鈴木派)を抑え込む挙国一致内閣を押し立てることにあった」と指摘している(前掲『憲政常道と政党政治』三三三頁)。
(15) 増田知子『天皇制と国家─近代日本の立憲君主制─』(青木書店、一九九九年)二二四頁。
(16) 前掲『憲政常道と政党政治』三一七～三二〇頁、三二七～三二八頁、小山俊樹『評伝森恪─日中対立の焦点─』(ウェッジ、二〇一七年)三五七～三六二頁。
(17) 伊藤之雄〈日本の歴史22〉『政党政治と天皇』(講談社、二〇〇二年)二五八～二五九頁。
(18) 永井和『近代日本の軍部と政治』(思文閣出版、一九九三年)四四～四五頁、一三七頁。なお、同書で永井氏は斎藤・岡田内閣に加えて、大正期の第二次山本権兵衛内閣、昭和期の鈴木貫太郎内閣の四つを「海軍長老内閣」と分類し、その特徴として老練な軍人政治家を首班とする保守的性格、急激な変革をもたらす能力と意思のないことが宮中から評価された点を挙げている(四三頁)。
(19) 佐々木隆「挙国一致内閣期の政党─立憲政友会と斎藤内閣─」(『史学雑誌』第八六編第九号、一九七七年)四五～四六頁。
(20) 近衛文麿『失われし政治─近衛文麿公の手記─』(朝日新聞社、一九四六年)三頁。
(21) 原田熊雄述『西園寺公と政局』第二巻(岩波書店、一九五〇年)三一一頁。
(22) 「藤沼庄平日記」(国立国会図書館憲政資料室所蔵「藤沼庄平関係文書」)一九三四年八月一日条。なお、本史料については日付が省略されている部分があるため、以下、本稿への引用に際しては筆者の手で日付を推定した部分がある。
(23) 田中時彦「第三〇代　斎藤内閣─『非常時』の鎮静化を担って─」(林茂・辻清明編『日本内閣史録』第三巻、第一法規出版、一九八一年)三〇四頁。

(24)斎藤子爵記念会編纂『子爵斎藤実伝』第三巻(斎藤子爵記念会、一九四一年)一四九～一五〇頁。
(25)升味準之輔『日本政党史論』第六巻(東京大学出版会、一九八〇年)一七六頁。
(26)前掲「第三〇代　斎藤内閣」三〇七～三〇八頁。
(27)伊藤隆・広瀬順晧編『牧野伸顕日記』(中央公論社、一九九〇年)五二九頁。
(28)前掲『評伝森恪』三九二～三九五頁。
(29)矢嶋光「芦田均と政民連携運動―一九三〇年代の外交と政党政治の関係をめぐって―」(『日本歴史』第七九三号、二〇一四年)六一頁。
(30)加藤陽子『戦争の日本近現代史―征韓論から太平洋戦争まで―』(講談社、二〇〇二年)二七四頁。
(31)これらについては、前掲『日本ファシズムとその時代』一七四～一七六頁、前掲『大正デモクラシー体制の崩壊』八八～八九頁を参照。なお、この一九三三(昭和九)年初頭に斎藤が執筆したと推定される覚書「現内閣ノ成績」(国立国会図書館憲政資料室所蔵「斎藤実関係文書(書類の部)」R165-140-16)にも「満洲問題」、「社会不安ノ問題」、「経済不安ノ問題」、「政界浄化ノ問題」、「軍紀問題」の全てが円満に進行中であることが記されている。
(32)伊藤隆・佐々木隆・季武嘉也・照沼康孝編『真崎甚三郎日記―昭和七・八・九年一月～昭和十年二月―』(山川出版社、一九八一年)八八頁。
(33)前掲『日本政党史・昭和編』一六六～一六九頁、坂入長太郎『日本財政史概説―財政の政治過程―』(パリエ社、一九八八年)三九九～四〇〇頁。
(34)前掲「挙国一致内閣期の政党」六九頁。
(35)前掲『子爵斎藤実伝』第三巻、四七〇～四七六頁。
(36)奥健太郎『昭和戦前期立憲政友会の研究―党内派閥の分析を中心に―』(慶應義塾大学出版会、二〇〇四年)九九～一〇一頁。
(37)『政界情報』一九三三年六月十二日(国立国会図書館憲政資料室所蔵「斎藤実関係文書(書類の部)」R171-142-11)。
(38)『報知新聞』一九三三年十二月二六日。なお、この日の政民両党幹部会懇談会には政友会側から中島知久平、東武、山本悌二郎、民政党側から田中隆三も出席する予定であったが、欠席している。
(39) 中嶋久万吉『政界財界五十年』(大日本雄弁会講談社、一九五一年)二〇〇〜二〇二頁。なお、秦郁彦氏によれば、この朝飯会は軍部の政治介入に対抗することを目的として、貴族院議長・近衛文麿を中心に開催された会合であり、のちに近衛新党運動の母体となるものである。その出席者は原田に加えて内大臣府秘書官長・木戸幸一ら宮中関係者により構成され、一九三四(昭和九)年以降は永田軍務局長をはじめとして陸海軍中堅層や新官僚の参加を積極的に求めていたという(秦郁彦『軍ファシズム運動史』増補再版、河出書房新社、一九七二年、一七二頁)。
(40) 坂野潤治「政党政治の崩壊」(坂野潤治・宮地正人編『日本近代史における転換期の研究』山川出版社、一九八五年)三七八頁。
(41) 前掲『大正デモクラシー体制の崩壊』九三〜九四頁。
(42) 前掲『日本政党史論』第六巻、一九二頁。
(43) この所属派閥分類は基本的に、前掲『昭和戦前期立憲政友会の研究』第二・三章に依るものであり、政民両党幹部懇談会の政友会側欠席者である中島は総裁派、東は久原派、山本(悌)は旧政友系に属する。なお、前田については、実質的には無派閥であったものの、岡崎邦輔や望月圭介に近く旧政友系に分類されることが多かった(古川隆久『政治家の生き方』文藝春秋、二〇〇四年、一八六頁)、とのことにより本書もこれに従った。なお、佐々木氏と升味氏はこの一九三三年十二月時点における政友会側の提携運動主力は反総裁派に移行していたとするが(前掲「挙国一致内閣期の政党」六九頁、前掲『日本政党史論』第六巻、一九三頁)、実際の出席者の内訳からすると、この段階では主として総裁派と旧政友系が拮抗関係にあったと言うべきであろう。
(44) 前掲『財界の政治経済史』三八頁。
(45) 前掲『西園寺公と政局』第二巻、三六八頁。
(46) 前掲「挙国一致内閣期の政党」六八頁。
(47) 前掲『日本ファシズムとその時代』一七六頁。
(48) 一九三四年一月二〇日付・斎藤実宛荒木貞夫書翰(国立国会図書館憲政資料室所蔵「斎藤実関係文書(書翰の部)」R6－295－1)。

(49) これについては、佐々木隆「初期『統制派』の形成—林陸相の進退をめぐって—」(『軍事史学』第十三巻第三号、一九七七年)五〜六頁、北岡伸一「陸軍派閥対立(一九三一〜一九三五)の再検討—対外・国防政策を中心として—」(近代日本研究会編〈年報・近代日本研究1〉『昭和期の軍部』山川出版社、一九七九年)六六頁を参照。

(50) 「藤沼庄平日記」一九三四年一月二日条。

(51) 荒木軍政に限界を感じた海外勤務経験者を中心とする陸軍中堅層は一九三三年九月から参謀本部の片倉衷大尉を座長として国家革新に向けた研究会を始め、一九三四年一月まで活動を続ける。永田の軍務局長就任は片倉と懇意であった参謀本部総務部長・橋本虎之助少将の陸軍次官就任に伴って実現されたものであったという。そして、政策班長に就任する池田純久氏に加え、永田の影響下にあった佐官級軍人の国家革新構想が中堅層のそれにも影響を及ぼすことになったという(日本近代史料研究会編『片倉衷氏談話速記録』上巻、日本近代史料研究会、一九八二年、三三六頁)。

(52) 前掲『政界財界五十年』一九五頁。

(53) 前掲「政党連合運動の基盤」三三一頁。

(54) 前掲『新版・昭和軍閥の時代』二四三〜二四四頁。

(55) 前掲『日本ファシズムとその時代』一八三頁。なお、須崎氏と同様、政民提携運動に対する反撃として帝人事件・尊氏問題を捉え、斎藤内閣倒閣運動の主体として軍部の存在を強調する先行研究として、藤島省三「帝人事件とその後景—日本ファシズムの議会主義的特質をめぐって—」(『立命館法学』第十一号、一九五五年)がある。だが、この指摘は『西園寺公と政局』や『東京日日新聞』に依拠する点で実証性に乏しい上、内閣の動揺が軍部統制の混乱や宇垣擁立運動を招来することを危惧する林陸相の発言を政治介入への意思表示と解釈している点で問題がある。

(56) 前掲『政界財界五十年』二〇二頁。

(57) 原田熊雄述『西園寺公と政局』第三巻(岩波書店、一九五一年)二六〇頁。

(58) 前掲「挙国一致内閣期の政党」七二頁。

(59) 有竹修二「事件の真相」(安藤良雄編著『昭和史への証言』第二巻、原書房、一九九三年)一九七頁。

(60) 大島太郎「帝人事件—商慣習を守った異色の判決—」(我妻栄編集代表『日本政治裁判史録　昭和・後』第一法規

出版、一九七〇年)五九頁。
(61)『帝人事件公判速記録(第二二六号)』(国立国会図書館憲政資料室所蔵「海野晋吉関係文書」18)十八頁。
(62)同前、二九頁。
(63)原田熊雄述『西園寺公と政局』別巻(岩波書店、一九五六年)三〇七頁。
(64)前掲『昭和戦前期立憲政友会の研究』一〇五〜一〇六頁。
(65)萩原淳『平沼騏一郎と近代日本—官僚の国家主義と太平洋戦争への道—』(京都大学学術出版会、二〇一六年)一八〇〜一八二頁。
(66)同前、三〇四〜三〇七頁。なお、佐々木隆「挙国一致内閣期の枢密院—平沼騏一郎と斎藤内閣—」(『日本歴史』第三五二号、一九七七年)七七頁は平沼が帝人事件にどこまで関与していたかは不明であり、「この事件は元来政友会の内紛として発生し、それに明糖事件空洞化に対する検事の不満や、軍、右翼等の様々な思惑が雪崩込んで肥大したとみるべき」と述べており、萩原淳氏も「大枠において佐々木氏の見解に同意する」と述べている(前掲『平沼騏一郎と近代日本』四三五頁)。
(67)藤沼庄平『私の一生』(藤沼庄平著「私の一生」刊行会、一九五七年)一八一頁。この回想部分は「藤沼庄平日記」一九三八年三月二日条によると、一九三八(昭和十三)年二月二九日、帝人事件当時に東京区裁判所検事であった横浜区裁判所上席検事・木内曽益が藤沼に述べた内容に基づくものである。なお、明糖事件とは斎藤内閣成立直後に発生した税務行政問題であり、津雲国利は衆議院で政府の責任を執拗に追及する質疑を行っていた。その詳細は、有竹修二〈日本宰相列伝14〉『斎藤実』(時事通信社、一九八六年)二一〇〜二一二頁を参照。
(68)江藤は一九三五年九月十八日に美濃部達吉が貴族院議員辞職直後に執筆したと推定される文書「元老重臣ノ存在ハ国家ノ進運国体明徴ニ有害ナリ」(国立国会図書館憲政資料室所蔵「真崎甚三郎関係文書」R70-2511)において、「枢府議長ノ後任ハ歴代副議長ノ昇格ヲ以テ慣例トナセルニ拘ラズ強テ其慣例ヲ破リテ迄モ一木氏ヲ推薦セルハ西園寺牧野斎藤前首相ノ三氏ニアラズヤ」と述べている。こうした江藤の主張を踏まえた場合、枢相人事に対する宮中への批判が帝人事件を生み、天皇機関説事件発生の遠因となった可能性は否定できない。
(69)「藤沼庄平日記」一九三四年六月十九日条。

(70)　島田茂「検事ノ取調振リ」(「斎藤実関係文書(書類の部)」R196－156－16)。
(71)　「藤沼庄平日記」一九三四年六月二五日条。
(72)　同前、一九三四年六月二七日条。
(73)　前掲『真崎甚三郎日記』一二三頁。
(74)　同前、一二六頁。
(75)　同前、一四七頁。なお、この久原による清浦擁立を目的とした「大同団結」運動については、前掲『昭和戦前期立憲政友会の研究』九三～一〇六頁を参照。
(76)　「藤沼庄平日記」一九三四年一月二十日条。なお、この年五月、皇道派青年将校の一部は平沼擁立に向けた動きの一環として宇垣排撃を目的とした会合を計画するが、翌月には永田軍務局長により中止に追い込まれ、宮中への攻勢は未然に終わる(須崎愼一『二・二六事件―青年将校の意識と心理―』吉川弘文館、二〇〇三年、九一～九三頁)。こうした事実を踏まえた場合、筆者としては中間内閣期の政軍関係は現状維持勢力と軍部との対立としてではなく、むしろ現状維持勢力と林・永田ラインの相互依存関係を重視して捉えるべきと考えている。
(77)　一九三四年五月二二日・参謀本部第二部第四班「現政局ニ対スル観察」(国立国会図書館憲政資料室所蔵「片倉衷関係文書」R79－918)。第二部第四班は田副登中佐を班長として、総合情勢判断・宣伝謀略を主任務とした部署である。本史料は陸軍用箋にタイプ打ちされた全四枚からなり、一枚目右肩には毛筆で「新聞班長」という書き込みがある。なお、この当時の陸軍省新聞班長は根本博大佐であり、岡田内閣期には林・永田のもとで陸軍省新聞班編『国防の本義と其強化の提唱』(一九三四年十月一日刊行)の編集作業に携わる人物である。ゆえに本史料は陸軍内の反皇道派系中堅層の意向を反映して作成されたものと推定される。
(78)　伊藤隆・佐々木隆「鈴木貞一日記―昭和九年―」(『史学雑誌』第八七編第四号、一九七八年)七四頁。
(79)　この小原の中間報告は一九三四年六月二二日に提出された黒田英雄の嘆願書の内容に基づくものであり、そこには自らが受け取った株の一部が高橋是賢にも渡っていたことが記されていた。しかし、のちの公判でこの嘆願書は黒田主任検事がアルコール中毒に苦しむ黒田に強制して書かせたものであったことが判明している。これについては、河合良成『帝人事件―三十年目の証言―』(講談社、一九七〇年)二八七～三一〇頁を参照。

(80)「藤沼庄平日記」一九三四年五月十七日条。

(81)同前、一九三四年五月二六日条。

第三章　天皇機関説事件をめぐる攻防

はじめに

一九三四（昭和九）年、昭和最初の挙国一致内閣であった斎藤内閣が帝人事件の影響で総辞職すると、斎藤と同じく海軍穏健派出身である岡田啓介を首班とする内閣が成立する。この岡田内閣は斎藤内閣と同様、内政と外交の両面における「現状維持」を使命とした「中間内閣」であり、一九三六（昭和十一）年の二・二六事件により崩壊したことは周知のとおりである。旧来の一九三〇年代研究は満洲事変から日中戦争開戦に至るまでの期間を軍部・右翼勢力の抬頭過程として把握し、内政面ではファッショ化の進行、外交面では国際的孤立と戦争への方向性が強調されてきた。特に斎藤内閣と異なり、衆議院第一党である政友会の協力を得られずに成立した岡田内閣については、在満機構改革問題、陸軍パンフレット問題、天皇機関説事件、華北分離工作、ワシントン・ロンドン両海軍軍縮条約廃棄、軍事費膨張といった問題が強調されることで、「弱体内閣」と位置付ける理解が一般的であったように思われる。(1)

勿論、経済恐慌やテロ・クーデターの危機を中心に据えることで一九三〇年代を既存の政治体制の変動・再編過程として把握することは議論として分かりやすい。しかし、こうした「十五年戦争」史観に基づく視角では昭和戦前期における政治過程や政策選択を総合的に検証する余地を狭めてしまうのではないか。かつて酒井哲哉氏は満洲事変以降の歴史を単一的・遡及論的に把握する見方を批判し、政治体制の均衡回復性という見地から斎藤・岡田内閣期の政治過程を再評価した。酒井氏は岡田内閣が自発的に穏健派勢力の結集に努力しながらも、内政面で皇道派、外交面で統制派に圧迫された結果、「その努力にも拘らず、何事もなさなかった無能な内閣という印象を、同時代人にも後世の歴史家にも与えることになった(2)」と指摘した。この酒井氏の研究は外交政策決定過程に比重が置かれ、国内政治の動態への分析は少ないが、旧来の研究における岡田内閣への評価に明確な疑義を示した点で研究史上重要な位置を占めるものである。

本章では一九三五（昭和十）年の天皇機関説事件に注目し、事件の展開過程における岡田内閣・宮中・政党の動きを検討する。これにより岡田内閣の権力構造を宮中との関係から分析できるとともに、二・二六事件以前における政治的民主化がどのようなものであったのかを明らかにできると考える。

一九三九（昭和十四）年度思想特別研究員・玉沢光三郎検事が執筆した事件報告「所謂『天皇機関説』を契機とする国体明徴運動」（司法省刑事局編『思想特別研究資料特輯』第七二号、一九四〇年一月）が事件の背景と影響を理解する上での重要史料として度々引用されてきた。その根幹部分は以下のとおりである。

昭和十年の第六十七議会に於ける論議に始つた所謂天皇機関説排撃運動は遼原の焔の如く全国に波及し、重大な社会問題政治問題となり単純な学説排撃運動の域を脱して所謂重臣ブロック排撃、岡田内閣打倒運動へと進展し、「合法無血のクーデタ」と評されてゐる程、稀に見る成果を収め革新運動史上に一時代を画したものであつた。

所謂美濃部学説は約三十年の久しきに亙り我が国憲法学の最高水準の一つとして認められて来たもので、問題発生の当初に於ては一部の人々よりは「問題にならぬ問題」として評価され、政府に於ても問題の本質に対する認識に欠くる処があり、学問の事は学者の議論に委せて置けと言つた態度で、其の処置に遺憾の点が多かつた。

併し乍ら斯る見透は全く覆へされ所謂国体明徴運動となつて日に日に重大化し、遂には内閣の運命をも危うくするに至つた。国体明徴運動の経過を観察し運動勃発前の状勢に考察を加へて見ると、機関説排撃運動は偶発的に発生し偶々政府の処置妥当を欠いた為め重大化したと云ふよりは、寧ろ起るべくして起つた思想的社会的政治的必然性を持つた問題であり、其の本質は満州事変以来擡頭した思想的社会的政治的革新運動の経過的表れであつたと共に、国体に関する国民の再認識再確認を促し、個人主義、自由主義、唯物主義等の西洋的思想の清算に向はしめた思想的一大変革運動であつた事が理解される。(3)（傍線、筆者）

この玉沢報告書で目を引くのが「合法無血のクーデタ」という表現であり、この刺激的な用語は天皇機関説事件を語る上で必ずと言ってよいほど引用されるものである。尾藤正英氏、三谷太一郎氏、鳥海靖氏はこの玉沢報告書の論旨に沿う形で一九三五年に日本憲政史上の決定的変革点を求めてきた。(4)

だが、この事件は学説論争ではなく、当初から政治抗争としての性格を基本としていたために機関説排撃運動を構成した勢力の側でも運動目標を厳密に統一できていなかったことに最大の特徴がある。そして、それが最終的には岡田内閣倒閣・「重臣ブロック」排撃といった基本目標を達成できずに撤退を余儀なくされる一因になったとは言えないだろうか。また、ここで注意すべきは玉沢が満洲事変以降の思想的潮流を事件の背景として強調することにより、一九三一（昭和六）年から一九三五年までの期間を連続的に捉えていることである。つまり、玉沢は戦後日本の歴史学が採用してきた「十五年戦争」史論とほぼ類似した視角から事件の全体像を描いているのである。

だが、機関説排撃運動には国民大衆の広範囲な支持を受けた大衆運動としての性格は全く見られず、そこに満洲事変との連続性を認めることはできない。玉沢報告書は岡田内閣が単に後退を重ねたとする立場で執筆されているが、果たして一九三九年の時点で玉沢が抱いていた認識が一九三五年の政治と社会を客観的に叙述したものと言えるのだろうか。むしろ国家総動員体制が確立段階を迎えた時期から満洲事変以降の時代状況を捉え、その中で事件の全体像を事後的に素描したに過ぎないのではないか、という疑問が生じる。こうした見地から「合法無血のクーデタ」という事件評価に疑義を示したのが増田知子氏の研究であるが(5)、一九三五年の段階に明治立憲制の決定的変革を求める点では通説を踏襲する形になっている。

こうした研究状況に鑑みたとき、なぜ「約三十年間の久しきに亙り我が国憲法学の最高水準の一つとして認められて来た」美濃部憲法学が一九三五年の時点で排撃対象にされなければならなかったかの理由は明確とはならないのである。こうした問題点に対して、近年では美濃部達吉の存在を挙国一致内閣期の権力構造に定置させることで当該期政治史を把握する視角が坂野潤治氏に代表される研究者の間で一つの傾向になっている。これは美濃部が政党内閣に代わって職能代表制会議構想を有力視していた点を強調し、岡田内閣期に設置される内閣審議会に引き付けて捉えようとするものである(6)。だが、これは因果関係の強調により史実を捨象している部分が多く、排撃運動勢力による美濃部批判が政党内閣制との関係に集中していたことを考えると説得力に乏しい。

そもそも、天皇機関説事件は美濃部事件と別称されるように、美濃部への政治的攻撃を通じて大規模な現状変革を図ろうとしたものであった。すでに五・一五事件後の「非常時」が空洞化する中、現状変革を希望する勢力にとって斎藤内閣の延長である岡田内閣期に政党内閣復帰が現実味を帯びつつあったことは極めて脅威と映っていた。そここにこそ、実は政党内閣制に理論的根拠を与えた美濃部学説や宮中が攻撃された背景が伏在していたと考える。本書では岡田内閣・宮中が何を意図して機関説問題処理に取り組んだのか、政党や軍部の動向も踏まえながら、この天皇機関説事件が当該期政治史を検討する上で如何なる意味があったのかを明らかにする。

一　岡田内閣の成立

一九三四（昭和九）年七月四日、元老・西園寺公望は枢密院議長・一木喜徳郎に加えて、首相経験者である若槻礼次郎、清浦奎吾、斎藤実、高橋是清らとも協議の上、岡田啓介を後継首班に奏薦することを決定する。従来、後継首班選定は西園寺が天皇に候補者を奏薦する形で行われていたが、この岡田擁立は右記のように重臣会議方式を導入した点に特徴がある。すなわち、西園寺は帝人事件の捜査拡大により斎藤内閣総辞職の可能性が強まってきた同年五月頃から後継首班選定を考慮し始め、その方式として斎藤、若槻、高橋の三者を加えた重臣会議の開催を示唆していた。これに対して内大臣・牧野伸顕は当時政権内にいた斎藤と高橋、政党代表者である若槻の参加に強い難色を示していたが、首相経験者全員の参加にこだわる西園寺に押し切られる形となる。これは斎藤の延長線上に岡田を擁立するため、西園寺としては少数の宮中側近による協議ではなく、むしろ政党代表者を含む重臣全員の一致により後継首班奏薦を権威付ける必要があったのである(7)。

この当時、わが国では陸海軍を中心に「一九三五、六年の危機」が喧伝され、国内における「非常時」解消の気運を嗤笑するかのように斎藤内閣総辞職後の世相に不穏な影を落としていた。これは、①一九三五（昭和十）年には国際連盟脱退が発効して正式に断絶関係となり、南洋委任統治諸島をめぐる紛争が予想されること、②一九三六（昭和十一）年末にはワシントン・ロンドン両海軍軍縮条約が期限失効を迎えるため、それに先立つ一九三五年には第二次軍縮会議を開催しなければならないこと、③現在の建艦状況では一九三六年に日本の海軍力が米英に比して劣勢となり、無条約時代に突入すれば日米対立が必至であること、④これにより満洲統治にも動揺が生じる可能性があること、⑤第二次五カ年計画の完成によるソ連の軍事力増強が予想されること、という国際関係上の諸条件重複を指すものであった[8]。特に宮中が最も関心を寄せていたのは対米英協調外交路線維持に直接関連する第二点目であり、すでに斎藤と同様に現役を退いた老身の岡田に大命が下ることになったのは往時のロンドン海軍軍縮条約批准での役割が高く評価された結果であった。

帝人事件の影響から斎藤内閣総辞職の可能性が濃厚になっていた五月二四日、斎藤は元老秘書・原田熊雄に対して、後継首班には岡田が最も適当であり、その理由として「根本は現在の政治形態を継続して行く」以上、特に金融・財政面では高橋財政の路線を継続し、かつ、綱紀問題でも懸念がなく、海軍軍縮条約改訂問題に対応するためにも海軍に関する知識がなければならないことを列挙していた[9]。このように岡田奏薦はあらゆる面で現状維持勢力における最後の障壁としての期待を集めて実現されたものであったのである。

岡田が昭和政治史に最初に登場するのは一九二七（昭和二）年、田中内閣海相に就任してからであり、張作霖爆殺事件処理に絡む同内閣総辞職後は軍事参議官の職を奉じ、後継の浜口内閣によるロンドン海軍軍縮条約批准に協力することになる。その後、岡田は宮中からの期待が高かった斎藤内閣には海相として馳せ参じ、一九三三（昭和八）年一月に定年退官するまでの約八カ月間、昭和最初の挙国一致内閣と運命を共にすることになる。この間、かねてより面識のあった森恪との接触を通じて政友会への工作に努力し、斎藤内閣の議会運営を補したと伝えられる[10]。海相辞任後は後備役に編入され、予断許さぬ政局の行方を黙して見守る日々を過ごしていたが、ついに六六歳の岡田に白羽の矢が立ったのである。

かつて一九二七年度海軍大演習天覧に陪観した牧野はその年十月二四日の日記に、「今回の大演習中、岡田［横須賀鎮守府長官］、鈴木［軍令部長］両大将始め海軍首脳に度々接する機会を得たるが、何れも有為、信頼するに足る人々なり。其眼界も決して一局部に止まらず、諸般の事に当り適当判断の出来得る器材なり」[11]と記し、両者に高い評価を与えていた。彼らは昭和第二の中間内閣期にはそれぞれ首相、侍従長の地位を占め、大東亜戦争末期には重臣として終戦工作に奔走することになるが、すでに早い段階から宮中側近の好感を得ていたのである。

そして、前述の重臣会議から四日後、岡田内閣は前内閣と同じ挙国一致内閣として成立するが、組閣過程における政党との関係調整では明確な相違点を残すことになる。すでに重臣会議の席上、岡田に対する協力を西園寺から求められていた民政党総裁の若槻は党としての全面協力を約束していた[12]。これにより同党からは顧問・町田忠治が商相、幹事長・松田源治が文相として入閣するが、問題となったのは政友会であった。

七月五日、岡田は政友会総裁・鈴木喜三郎に対して入閣要請を行うが、鈴木からは、「官僚内閣でやつたらいゝぢやないか。閣僚を出すことはできない。また牛蒡抜きをやることは困る」[13]として拒絶されていた。これは後継首班選定が極秘裏に進められる中、五・一五事件後に総裁となった鈴木にとって、斎藤内閣に続く挙国一致内閣の登場は二度にわたり自党単独政権の夢を裏切るものであった。しかも内相に民政党系内務官僚出身の後藤文夫が就任したことは次回総選挙の趨勢を直接左右するものであったため、その内閣に反発せざるを得ないのは当然であった。

当時、政友会内部には鈴木以下の総裁派に対抗する勢力として床次派・久原派が存在していたが、岡田内閣への参入に積極姿勢を示すのが党内第二勢力の床次派であった。六日夜、鈴木総裁邸で開催された政友会領袖会議の席上、床次竹二郎は岡田から入閣予定者枠について政友会は二名から三名に、民政党は一名から二名に拡大する打診があったことを明らかにし、新内閣への協力を訴える。だが、この提案は鈴木には未知のものであったため、政友会執行部には動揺が走る。翌七日朝、組閣参謀の一人である河田烈から政友会幹事長・若宮貞夫に対しては、組閣本部で人選を決定の上で折衝に臨むことが通知されるが、すでに政友会議員総会では閣僚を送らないことを決定していた[14]。

こうして政友会は七日付で入閣要請拒否を正式に通告するが、党議拘束を無視して床次が逓相、それに内田信也が鉄相、山崎達之輔が農相として入閣する。彼らはいずれも斎藤内閣期、政府主導の政民連携運動に参加していた人々であった(15)。特に内田は斎藤内閣総辞職直前、自らは内閣成立当初から鈴木の意に反して自重派として党内急進派と戦い、挙国一致論を支持してきたことを斎藤に伝えた。その上で、斎藤内閣勇退の場合には大命再降下が予想されるが、万一の場合、「政民両党を統一し現内閣の施政を継続するに足るは岡田啓介大将以外に求め得ざる事」を訴えていた(16)。

かつて内田は田中政友会内閣期、海軍政務次官として岡田を補佐したことから緊密な関係を維持し、実際に党内では総裁派との関係で苦しい立場にあった(17)。その彼が離党覚悟の上で自らの政治生命を岡田に再び賭けてみたいと思ったのは一つの宿命であったのだろう。岡田の存在に早い段階から高い期待が寄せられていたことの証左である。

新内閣が成立した七月八日、政友会は緊急総務会で床次、内田、山崎の除名を決定し、同月十九日の臨時総務会では政務官として入閣した九名の除名を決定する。ここに昭和第二の挙国一致内閣は衆議院第一党の支持を得られぬまま、少数政党である民政党を実質与党にして出発したのである。この岡田内閣成立を政党内閣復帰との関連で如何に評価するかについては、これまでも論者の間で見解が分かれてきたところである。岡田内閣成立時に政党内閣復帰の可能性があったと捉える坂野潤治氏は一九三三年後半期から本格化する景気回復と日中関係安定化が政党による反ファッショ攻勢を促したことを重視し、一九三四年から一九三五年には経済危機、対外危機、軍部の直接行動危機が相当程度に沈静化していたとする(18)。

これに対して、須崎愼一氏は、①斎藤内閣で政民両党長老が占めた蔵相・内相ポストへの官僚出身者就任、②重要閣僚決定後の政党への入閣交渉実施を根拠として、「岡田『挙国一致』内閣の成立は、二度と政党に政権が行かないことを如実に示していた」と捉える(19)。この見解の相違は斎藤内閣期における政党・軍部間対立、政民連携運動への評価に関連するところが大きいと考えられるが、須崎氏の場合、政党内閣復帰の可能時期を一九三三年五月の五・一五事件関連記事解禁までの短期間に限定しているため[20]、斎藤・岡田内閣期の政治を軍部中心に叙述している感が否めない。

では、肝心の軍部、特に陸軍の側は岡田内閣の成立をどのように評価していたのであろうか。岡田内閣成立当日、陸軍大学校研究部主事・鈴木貞一大佐はその日記に、「此内閣ハ民政官僚ト民政党ノ内閣ナリ。将来ハ知ルベキナリ」、「軍今日ノ首脳者ハ現内閣ニ相応スル人々ナリ。（中略）予、之ヲ称シテ『ケレンスキー』ノ役割ヲ為スト謂フナリ。又、此内閣ハ対外屈従ニ進ム一歩ニシテ、民政『オブラート』内閣ナリ」と記していた[21]。鈴木はかつて陸軍省軍事課に所属し、課長である永田鉄山の下で活動していたが、皇道派全盛期になると皇道派に組み入り、一九三三年八月から一九三四年八月まで陸軍省新聞班長として皇道派のスポークスマン的役割を果たしていた。そして、林陸相期になると再び永田に擦り寄ろうとしたため皇道派からも見放され、その結果、陸大主事の閑職に追われていたのである[22]。したがって、この当時の鈴木は皇道派・統制派のいずれにも距離を置き始め、一九三五年になると完全に荒木から離反することになる。

鈴木の日記にあるケレンスキーとは二十世紀ロシアの政治家アレクサンダー・フェオドロヴィッチ・ケレンスキーのことであり、一九一七（大正六）年の三月革命によりロマノフ王朝を打倒して政権を掌握し、レーニン・トロツキーの反臨時政権運動を弾圧した直後、ボルシェビキによる十一月革命により失脚した人物である。ロシア近代史におけるケレンスキーの役割は旧帝政を破壊してボルシェビズム革命達成に至るまでの橋渡しを演じたことにあると言われるが、鈴木としては民政党や林陸相に依存する岡田内閣は現状維持のための暫定政権に過ぎないと認識していたのである。おそらく、この鈴木の記述は戦後の研究者が抱く岡田内閣観をそのまま表現したものと言えるだろう。

しかしながら、十一月二七日、新官僚出身であった蔵相・藤井真信が病気辞任し、その後任として政友会から高橋是清が入閣したことは岡田内閣の権力構造上、大きな転換点となる。すでに高橋は岡田の組閣作業中、「もし藤井になにか故障があったときは、必ず自分が出る」ことを約束しており[23]、岡田も組閣方針として「どこ迄も憲政常道に復すること」、「政党によつて国民の意思を反映すること」を高橋に約束していた[24]。財政問題に精通し、国民からの支持も高かった高橋の入閣は岡田内閣に対する経済界の信用を高める点では格好のものであった。これに対して、政友会では高橋に何度も翻意を促すが、果たせず、最終的に「別離処分」とする。床次らと異なり、除名ではなく別離としたのは高橋に好感を抱く国内世論の反発を恐れたためであった[25]。それだけに政友会にとって長老政治家である高橋の離党は痛手であったのである。

そして、高橋入閣の翌日から開始される第六六回帝国議会で政友会の反政府姿勢は頂点に達する。すでに鈴木の事前了承により政民連携運動が再開され、激しい政府批判が展開されていたが、十二月五日の衆議院第五回予算委員会での総裁派議員・東武による「爆弾動議」は党執行部に大きな衝撃を与える。これは民政党との事前協議なしに行われた点で政民連携運動に水を差すものであり、岡田内閣側が議会解散を辞さない態度を示したため政友会は岡田に妥協を申し入れ、ようやく事態は収拾される。しかし民政党からは政友会に提携断絶が通知され、ここに政友会は党内の無統制ぶりを露呈する結果となるのである[26]。

そして、年が明けて一九三五年一月二〇日、民政党では若槻が総裁を辞任し、現職閣僚の町田を総裁とする新執行部体制が発足すると、ここから岡田内閣の準与党としての地位を強化していく。一方、政友会では同月二二日の党大会で幹事長の若宮が「憲政の常道」復帰（政友会単独内閣路線）を宣言したことにより、両党の距離は遠ざかっていくことになる[27]。だが、こうした事態は政友会取り込みを企図する岡田内閣にとって好ましいことではなかった。斎藤内閣と同様、政民両党の政策協力を推進し、最大議席数を有する政友会からの支持を調達する必要があったからである。そこで岡田内閣が実施する事態打開策が内閣審議会の設置であった。

この内閣審議会は重要政策に関する審議を目的として設立されたものであり、委員として各界の有力者十五名が名を連ねている（表4）。その構成は外交・国防関係を除く国内主要部門の代表者が顔を揃えており、まさに「一見して元老・重臣層が支持する『リベラル』な『現状維持』勢力を結集した人事」(28)となっていた。また、その附属調査機関として前内閣書記官長・吉田茂を長官とする内閣調査局が同時に設立され、ここに岡田内閣と永田以下の陸軍中堅層との政治的提携関係が確定することになる(29)。

松浦正孝氏によれば、すでに高橋の入閣により岡田内閣の権力状況は従来までの後藤内相ら新官僚勢力から政党出身閣僚へと比重が移行する中、この内閣審議会と内閣調査局の人事も高橋の意向を尊重して進められていた。特に後者については長官を資格任用ではなく特別任用にすること、参与に政党員を加えるといった官僚化防止措置が施されることにより、岡田内閣に対する民政党の警戒感は一挙に緩和され、その与党化を決定付けるも

表4　内閣審議会の構成

A－内閣審議会正副会長・委員

氏名	所属	出身勢力
岡田啓介	内閣総理大臣	海軍
高橋是清	大蔵大臣	政友会・日本銀行
斎藤　実	前内閣総理大臣	海軍
山本達雄	前内務大臣・民政党貴族院議員	民政党・日本銀行
水野錬太郎	政友会(除名)貴族院議員	政友会・内務省
望月圭介	政友会(除名)衆議院議員	政友会・憲政会
馬場鍈一	日本勧業銀行総裁	大蔵省・法制局
伊澤多喜男	同成会貴族院議員	内務省
青木信光	公正会貴族院議員	貴族院
黒田長和	公正会貴族院議員	宮内省
頼母木桂吉	民政党衆議院議員	民政党・憲政会
川崎卓吉	民政党幹事長・貴族院議員	内務省
安達謙蔵	国民同盟総裁・衆議院議員	民政党・憲政会
秋田　清	前衆議院議長	政友会・司法省
池田成彬	三井合名会社常務理事	三井財閥
各務謙吉	日本郵船(株)社長・同成会貴族院議員	三菱財閥

B－内閣審議会幹事

白根竹介	内閣書記官長	内務省
金森徳次郎	法制局長官	大蔵省
吉田茂	内閣調査局長官	内務省

備考：秋田清は1934年12月13日の衆議院議長辞任と同時に政友会を離党。無所属に。

出典：「内閣審議会名簿(昭和十年五月十一日現在)」(国立国会図書館憲政資料室所蔵「斎藤実関係文書(書類の部)」R 199-159-4)をもとに作成。

のとなっていた。そして、これを契機として高橋を中心とする有機的な政治勢力が軍部抑制・財政構造再編に向けて結集することになるのである。(30)

このように内閣審議会設置は既成政党勢力の協力なくして国政の運用ができないことを念頭に置いた上で実現されたものであり、この点で斎藤内閣との共通性があった。斎藤は組閣時、高橋を始めとする政友会重鎮を入閣させることで政友会からの協力を取り付けることに成功したが、政民連携運動が政友会の内部対立により頓挫後、大命を拝した岡田にとっては政友会からの協力を得ることは困難であった。そのためにも政友会に政権運営への参加を促す根拠が必要であった。岡田内閣は既成政党勢力との提携を模索した点で紛れもなく中間内閣であったのである。

なお、岡田内閣成立の翌日、皇道派領袖である陸軍教育総監・真崎甚三郎大将がその日記に、「今回ノ内閣ハ陰謀ノ結果ニシテ、其ノ背后ニ元老重臣アリ。其ノ意ノ存スル所ハ間ハズシテ明ナリ」、「若シ万一、青年将校ニ軽挙ノコトアランカ、悉クシラミツブシニツブサルベク、……直ニ予ノ失脚ヲ来ス等、彼等ノ術中ニ陥ルニ至ルベシ」と記している。(31)このように彼ら皇道派にとって宮中の支持を受けた岡田内閣の存在は最大の脅威であり、しかも皇道派への対立姿勢を強めていた林陸相や永田軍務局長の去就は死活問題に相当するものであった。このように岡田内閣の権力基盤強化が進められていた中、一九三五年最大の内政危機として機関説問題は発生するのである。

二　機関説問題の発生と背景

機関説問題は一九三五（昭和十）年二月十八日、第六七回貴族院本会議で公正会所属の予備役陸軍中将・菊池武夫が国務大臣質問の中で二大政党の腐敗と地方農村の窮状に言及した上で、貴族院勅選議員である東京帝国大学名誉教授・美濃部達吉の憲法学説を「緩慢なる謀反」、「叛逆的思想」と論難し、これに付随して三室戸敬光、井上清純が政府による規制を要求したことに端を発する。菊池は枢密院副議長・平沼騏一郎が主宰する国本社の会員であり、今日の有力な説によれば、この時の演説草稿は原理日本社代表・蓑田胸喜の執筆と言われている。そこで疑問となるのが、なぜ政党内閣制中絶から二年七カ月が経過した時点で美濃部学説が攻撃されなければならなかったのか、ということである。その謎を解く鍵は帝人事件に関連して美濃部が同会期中に行った法相・小原直に対する検察批判質疑にあった。

前章で述べたように、帝人事件はその真相は別としても、汚職事件という点では政治倫理上決して好ましい出来事ではなかった。したがって、たとえ勅選議員の立場と雖も、かつて浜口内閣のロンドン海軍軍縮条約批准を擁護し、一般には民政党のブレーンと認識されていた美濃部が検察批判を行ったことは岡田内閣への反発を強めていた勢力には千載一遇の好機であった。のちに衆議院で美濃部攻撃の口火を切る予備役陸軍少将・江藤源九郎の請願書には、「自由主義ヲ以テ信條トセル元老重臣」と並んで「夫ノ政綱ニ民政ヲ高調シ皇室中心主義ヲ排シテ議会中心主義ヲ唱ヘ或ハ張作霖爆殺事件ヲ捉ヘテ政争ノ具ニ供シ信ヲ失ヒ侮ヲ招キ以テ自ラ国運阻害ノ因ヲ為セルモノ」との批判が記されている(32)。

つまり、彼らが機関説問題を通じて攻撃しようとしたのは宮中とそれに支えられた岡田内閣の実質与党である民政党だったのである。しかも、この第六七回帝国議会では一月二二日に外相・広田弘毅が軍拡反対と日中親善など協調外交の堅持を力説し、その二日後に民政党代議士・斎藤隆夫が陸軍省新聞班刊行の『国防の本義と其の強化の提唱』（通称・陸軍パンフレット）への批判を通じて軍事費偏重を糾弾するなど(33)、明らかに「一九三五、六年の危機」と逆行する主張が展開されていた。菊池の演説はこのような現状を打破するため行われたものであった。

こうして機関説問題は国内主要勢力を巻き込んで拡大し、議会内では三月二〇日の貴族院本会議で「政教刷新に関する建議案」が、その三日後には衆議院本会議で政友会・民政党・国民同盟の共同提案による「国体明徴に関する決議案」が採択される。特に後者については「議会を軍部支配の協賛機関としての地位にまで導いた理論的な契機」にして、「議会・政党にとって自殺的な行為であった」と捉えるのが一般的である。(34)だが、その採択過程を見ると、これらは必ずしも議会全体の総意を意味するものではなかったようである。

元来、貴族院最大会派の研究会では予備役陸軍中将・坂西利八郎が同じく陸軍出身議員である江藤の言動に批判的態度を示し、三月一日の本会議質問では三室戸の登壇を阻止するなど、内部では自重論が大勢を占めていた。また、菊池や井上、それに井田磐楠といった排撃運動参加者を抱える公正会でも院外団との連絡が一部見られたものの、やはり反対論が多数を占めていた。(35)そして、三月十八日には研究会の岡部長景、酒井忠正、松平康春、公正会の四条隆英、東久世秀雄らの斡旋により完成した政教刷新建議案が各派交渉会で決定を見ることになる。当時、菊池らは建議案の文中に機関説排撃の字句やその意味の明記を強く要求していたが、翌日の公正会総会で本案は正式承認され、ここに院内強硬派は建議案の単独提出を断念するに至る。(36)このように菊池ら強硬派が早い段階で妥協したのは貴族院全体が倒閣運動に巻き込まれることを忌避し、当初から各会派が機関説問題への関与に消極的であったためであった。

そして、これとは対照的に政府・政友会の間で激しい前哨戦が展開されたのが国体明徴決議であった。すでに政友会では三月五日、鈴木の直系である顧問・山本悌二郎が六〇名余りの参加者を得て有志懇談会を主催し、機関説問題への態勢を固めていた。さらに総裁派・久原派で構成された政友会有志議員団は三月十一日から二四日の第三回治安維持法改正委員会と同月十二日の衆議院本会議では政府側に対する組織的な質問攻勢を展開する。その内容は、①統治権の主体が天皇であることが国体観念であり、②これに従えば天皇機関説は国体に反するものである、③ゆえに処置すべき、という三要求から成り立っていた。

これに対して政府側は天皇機関説と国体観念を別個に扱い、明治憲法第一条「大日本帝国ハ万世一系ノ天皇之ヲ統治ス」が国体観念とする説明を繰り返すことにより、美濃部学説が反国体的なものに該当しないようにしていた。

そして、これにより政府措置の実施を引き延ばし、美濃部以外の学者にまで問題が波及することを阻止する方針で臨んでいた。結果として同月十一日から二〇日にかけて小原法相、松田文相、後藤内相の三閣僚が統治権の主体を天皇と認める答弁を行うが、他の二点では最後まで政府方針が維持される。(37) 排撃運動が組織的様相を見せる中、政府側は答弁内容の統一により事態に対処しようとしていたのである。

そして、決議案上程当日、政民両党間では党幹部同士の折衝により鈴木が読み上げる演説原稿の確認作業が行われる。この時、主任総務・頼母木桂吉を代表者とする民政党側では現職閣僚でもある町田総裁が岡田以下の関係閣僚と事前に意見調整を図っていた。そこでは政府・民政党ともに国体問題の議論は避け、民政党も政友会提出決議案を全会一致で可決することで問題を切り抜けるという合意がなされていたのである。このため、他党の賛成獲得を至上目的としていた政友会では当日の段階で演説原稿の大幅な改訂を迫られ、主文のみを朗読して決議理由は省略することを決定する。こうして決議文では重要部分の多くが緩和されることになり、党内強硬派からは決議案提出理由が骨抜きにされた、として執行部批判の声が上がる程であった。(38)

しかも、政友会の計画では鈴木による決議案上程の理由説明に続き、顧問である山本の賛成演説が行われるはずであった。ところが議会内では一九三二（昭和七）年に美濃部を勅選議員に奏薦したのは犬養内閣であり、その農相であった山本の責任を糾弾する空気が生まれたため、この演説は中止されることになる。(39) このように貴族院建議・衆議院決議の背後には穏健派勢力と強硬派勢力の拮抗により内容が緩和される過程が存在していたのであり、必ずしも「自殺行為」とまでは断言できないのである。

四月七日、検察当局は美濃部の事情聴取に踏み切り、九日にその著書『憲法撮要』『逐條憲法精義』『日本憲法の基本主義』を発禁処分、『現代憲政評論』『議会政治の検討』を次版改訂処分とする。だが、岡田によれば、「美濃部博士の絶版といふ意味は、内務省や司法省でいふ絶版とは意味が違ふ」(40) という、あくまでも政治的配慮を伴うものであった。そして、こうした政府首脳による受動的対応と並行して、内務省はこの四月を契機に排撃運動側出版物への規制を一挙に強化し、「出版物取締の見地よりすれば、稍々好傾向を示す」(41)状況に入っていくのである。

すでに斎藤内閣期の一九三三（昭和八）年には国際連盟脱退と塘沽停戦協定成立により対外的緊張は緩和に向い、日本経済も世界恐慌を脱却して回復傾向に入っていた。左右両陣営は既存の運動戦線の後退を余儀無くされており、軍部内で唱えられていた「一九三五、六年の危機」はこうした内政・外交両面における「非常時」空洞化への焦りを反映したものであった(42)。

それは運動を規制する内務省の側からすれば、「昭和八年下半期より昭和九年上半期は所謂国家主義運動の政治的不振に鑑みてか愛国諸団体の整理統一の努力が払はれ」、「五・一五事件、血盟団事件の公判、在満機構改革問題、海軍々縮予備会商《ママ》、陸軍バ《ママ》ンフレット問題等を通じて一時的には此派の陣営に昔日の活気を取戻さしめたが大勢は依然として萎微不振の中に昭和九年を送つた」というのが実情であった(43)。このように満洲事変から天皇機関説事件に至るまでの過程は決して一貫していたわけではなく、そこには「非常時」解消による政党内閣復帰の可能性が存在していたのである。

四月一二日、国体擁護連合会は政教社代表・五百木良三の筆になる小冊子『所謂機関説問題は昭和維新第二期戦展開の神機』一万部を刊行する。そこでは機関説問題の解決方法は美濃部ら学識経験者に限定した措置ではなくして、「彼等を産出した時代思潮の革新を主題とすべき」として、一九三〇（昭和五）年のロンドン海軍軍縮条約批准問題によって激化した「従来の支配者たりし自由主義、国際主義の消極的旧勢力に対し、敢然奮起し来つた皇道主義、日本主義の積極的新勢力」の対立にその起源を求める。その上で、事態は岡田を支える一木、牧野、西園寺ら宮中側近にまで波及するのは必至であり、「此の崩壊は正に時代の展開であり、彼等一派の滅亡である」と記されている(44)。

この執筆者である五百木が率いた政教社は排撃運動に参加していた右翼団体の中では最有力団体の一つであり、彼自身も国体擁護連合会の常任委員として運動全体を指揮した人物である。したがって同書の論旨は排撃運動側の現状認識を知る上で重要なメルクマールとなる。だが、ここで注意しなければならないのは、この中で主張されている理念は一九三五年四月の時点では何も実現されておらず、彼らが決して眼前の時代状況に鼓腹撃壌していたわけではないことである。

たとえば、増田知子氏は当該箇所の解釈として、五・一五事件による政党内閣制中絶、斎藤内閣による満州国承認・国際連盟脱退決定、岡田内閣による在満機構改革・ワシントン海軍軍縮条約脱退を挙げることにより、「第一次大戦以来の対英米協調主義外交に反対し、社会主義・民主主義思想の排撃をその活動目標としてきた国家主義勢力からすれば、この三年間の変化は……『時代の転換』をうたうにふさわしいはなばないしい勝利の連続であった」と説明する。その上で本書の主張は「外堀を埋められた協調主義・自由主義陣営をもう一押しすれば『崩壊』するとの予言をもって排撃運動への期待を高めた」と評する。(45) しかしながら、前述のように右翼勢力の活動は一九三三年後半より停滞傾向に入っており、実際の内政・外交の在り方と結び付けて解釈することは妥当性を欠く。増田氏の史料解釈は斎藤内閣期の危機沈静化を過小評価しており、右翼勢力の同時代的認識として「はなばなしい勝利の連続」があったとは言えない。むしろ事態は五百木の記す内容とは逆に進んでいたのであり、その行間からは「非常時」空洞化への危機感を読み取るべきであろう。

そして、五月に入ると政府側では排撃運動勢力との直接衝突も辞さないようになる。警視総監・小栗一雄は同月二日・三日にわたって警視庁幹部・所轄警察署長と「暴力団」検挙について協議し、この間に一六〇〇名以上の検挙に踏み切る。(46) 翌四日、小原は「国体擁護」「尊皇愛国」を掲げる団体に言論抑圧や恐喝暴行を働くものがあり、「軍部又は各種の勢力を背景と為すもの、如く揚言するため」被害者が届出を出せない現状を声明する。(47) 六月一日、国体擁護連合会は時局懇談会を開催し、運動目標の倒閣への転換、陸海軍・貴衆両院議員との連絡強化とともに、「国体明徴達成連盟」設立を決定する。この名称の採用理由は天皇機関説という用語が取締官憲を刺激しやすい事情があったためであり、[48]内務省や司法省の規制は確実に排撃運動側へ影響を及ぼしていたのである。

これに加えて機関説問題の推移に大きな影響を及ぼすのが前述の内閣審議会設置であった。岡田の意図はこの内閣審議会を通じて鈴木政友会総裁、それに望月圭介、前田米蔵、山本条太郎ら同党の穏健派勢力を引き出して政府主導の政民連携運動に合流させることにあった。[49]この当時、政友会内部では鈴木派や久原派による野党化路線に対して、山本条太郎や芦田均は広田外相の対ソ緊張緩和路線に理解を示す見地から、岡田内閣支持の政民連携運動を模索していたことが矢嶋光氏の研究で明らかにされている。[50]

しかし、政友会では四月十一日の総務会で内閣審議会の不参加を党議決定しており、五月九日には鈴木から参加要請の拒絶が表明される。[51]翌日には党議拘束を無視して内閣審議会委員となった望月圭介、水野錬太郎の両名を除名処分にする。特に政友会内部で諸会派を取りまとめ、強硬意見を抑制していた一人である望月が除名されたことは、今後の党内抗争が歯止めを失って拡大することを示唆するものであった。

こうした中、民政党は国民同盟総裁・安達謙蔵の内閣審議会委員就任を受け、五月末から国民同盟との接触を試みていた。これは政友会側で民政党との提携に積極的であった山本条太郎、前田米蔵、中島知久平らを引き出す予備工作であり、その目的は彼らと国民同盟を合流させることで民政系第三党を旗揚げすることにあった。[52]この国民同盟は一九三二年十二月に結党された少数政党であり、第二次若槻内閣総辞職後、民政党を離党した中野正剛、山道襄一の結成による国研クラブを母体としていた。国民同盟は斎藤内閣期の帝人事件では菊池武夫や三室戸敬光に呼応して皇道派系在郷軍人団体の明倫会や皇道会と連絡し、早くから倒閣運動に参入していた。[53]ところが、岡田内閣期の機関説問題では排撃運動に加担することなく、むしろ政府措置に迎合することになるのは、こうした現状維持勢力との関係が影響していたためである。

また、山本条太郎は第一章で述べたように、満洲事変発生直後には森恪、久原房之助ら党内親軍派勢力の牽制に奔走するなど、宮中や民政党の支持する穏健派路線を政友会内部から受容できる政治姿勢があった。山本は岡田の首相就任時、鈴木が岡田からの組閣要請を拒否したことに異議を唱え、個人の資格で入閣するならば党籍はそのままにすべき、という見解を公にしていた[54]。この当時、山本は鈴木から久原と共に政民連携交渉の推進役を委嘱されていたが、これ以後、彼は岡田内閣が政友会対策を進める上で貴重な存在として意識されることになる。

なお、宮中では斎藤内閣期以来の既定方針として陸軍統制回復の主体を林に求めていたことから、岡田内閣による機関説問題処理も彼の立場を最優先にして進められていた。ところが、五月末から支那駐屯軍・天津軍が華北分離工作を開始すると、岡田内閣はこれまで以上に林の立場に配慮しなければならなくなった[55]。この華北分離工作の目的は華北五省を中国本土から分離し、対ソ戦に不可欠な戦略資源と経済市場を確保するための親日政権樹立にあり、斎藤内閣後半期から継続されてきた広田外交と軍部統制努力を根底から揺るがしかねないものであった。

六月十八日、牧野は西園寺に対して、情勢によっては御前会議開催も一策である、という天皇の意向を伝え、合わせて「陸軍の首脳部も必ずしも近時の出来事に満足せざる情報もあり、今後周囲の事情或は御前会議の可能性を考慮し得べき時機」もあると述べる。これに対して西園寺も御前会議で議論が二分する可能性を心配しつつも、「其準備出来、意見一致の見込立たば実行も可然」という意向を示す[56]。

かつて西園寺自身は斎藤内閣期、国際連盟脱退問題をめぐっては牧野らの御前会議開催案に否定的であったが[57]、ここでは開催支持の意向を示している。これは現地軍による華北分離工作が満洲事変や熱河作戦と同様、再び国際的緊張をもたらす可能性があったことに加え、機関説問題の進行が大きく影響していたからである。特に牧野の発言からは真崎排除による部内統制回復を目指していた林や永田の存在が日中関係安定化や現地軍統制にも有効であるとの見込みが率直に表わされている。

なお、この時、牧野は将来の政変に備えて昨年の重臣会議に言及するが、西園寺は、「重臣相談の結果、岡田を後継内閣組閣として奏薦する事に一致したる趣を申し上げたるに、陛下には御満足に思召したる御言葉被為在たる」ことや、「岡田の人選に付ては、今日に到り其適当なりし」ことを力説し、牧野もこれに同意する。(58)

すなわち、ここで牧野が後継首班奏薦方式を話題にした背景には岡田奏薦を決定した重臣会議方式を再度採用することへの躊躇があり、岡田内閣が健在な時点でその方式を西園寺との間で協議しておきたい意図があったと考えられる。だが、西園寺はこうした牧野の不安を取り除くかのように岡田擁立への自信を説き、両者は岡田の政治技術に期待することで一致する。(59) これはワシントン・ロンドン両海軍軍縮条約脱退とその事後措置に対処するため、少なくとも次回総選挙が予定されていた翌一九三六(昭和十一)年春まで岡田に政権を担当させる必要があったからである。

しかも内閣審議会不参加を契機として政友会が野党色を強め、総裁派に加えて久原派も排撃運動に参入する兆しを見せていたことは岡田内閣の議会対策を一層難しくさせるものとなっていた。この六月初旬、政友会では総裁派・久原派に加えて、旧政友系(一九二四年一月の清浦内閣成立に伴う政友会分裂時、政友会に留まって護憲三派を形成した勢力)などの中立派が乱立し、機関説問題や財政政策への対応をめぐり乖離と対立を繰り返していた。特に旧政友系勢力の間では次回総選挙のためにも党内の「重臣ブロック」排撃論を抑制して宮中との連絡を強化し、機関説問題から撤退すべきとの意見が強まっていた。(60)

この旧政友系勢力の代表格は岡田や宮中から穏健派と目されていた山本条太郎であり、彼らとしても閣僚の床次、山崎、内田、さらには内閣審議会入りした望月らとの関係を考えれば、挙党体制で機関説問題に没入することは回避したかった。むしろ鈴木ら執行部に対して排撃運動からの撤退を働きかけ、政府主導の政民連携運動への合流を呼びかけるべき立場にあったのである。

ところが、六月に入ると政友会では久原が積極的に「重臣ブロック」排撃と欧米追随主義清算を公言し始め、二一日の臨時総務会における四大方針決定を契機として党内での影響力を高めていく。[61]当時、久原派は総裁派に比して劣勢に位置していたが、機関説問題の発生は「重臣ブロック」排撃を口実として排撃運動の主導権を確保する絶好の機会であった。これは同じく政民提携論者であった山本と異なり、久原には一国一党論の提唱を通じて総裁派の憲政常道論に対決する姿勢があったからである。

しかも斎藤内閣末期に盟友関係だった床次の岡田内閣入閣は自らが望みを託す「大同団結運動」を頓挫させるものであった。[62]ゆえに久原が岡田内閣期、機関説問題を通じて倒閣に固執する背景には、こうした党内での劣勢を挽回したいという焦りがあったのである。このように政友会における「重臣ブロック」排撃路線の確立は華北分離工作と並んで天皇機関説事件展開過程における重要局面となっていくのである。

三　第一次国体明徴声明と陸軍統制

前述のように機関説問題は一九三五（昭和十）年三月、貴衆両院にまで波及していたが、これと同時期、右翼・在郷軍人勢力を中心に機関説排撃・国体明徴運動が全国的に組織され始めていた。すでに林陸相は三月十二日、真崎教育総監と参謀次長・杉山元中将を陸相官邸に招致し、「美濃部学説ハ承認出来ズ、学説トシテモ消失スルヲ希望スルモ、此ガ処置ニ就テ他ノ関係ト共ニ慎重ニ考究ス」る必要性を示していた。[63]これは陸軍が単独で機関説問題に対処すべきではないことを示したものであり、林としても内閣との協調関係を堅持する考えであったのである。当時、参謀本部は参謀総長・閑院宮戴仁親王以下、反皇道派系勢力が多数を占めており、そこから杉山を招いて真崎と同席させたことは、当該期陸軍中央で自らの決意を示す重要な意味が含まれていたと言える。

元来、閣僚としての林はこの機関説問題に関連して政変に発展するような強硬要求や辞意をほのめかすことは一度もなかった。その上、第六七議会では天皇機関説が法理上の問題であって軍の関与すべきものではない旨を述べ、現状維持勢力の間で好感を得ていた(64)。そして、この林に圧力をかけるのが会員数三百万を擁する在郷軍人会であった。三月十四日、在郷軍人会本部は第八回評議会で天皇機関説が皇室の尊厳を侵し、軍人の伝統的信念に反する、として国体観念の明徴を要求する声明を行い、ここから一定限度ではあるが、林の政府への姿勢には変化が見られるようになる(65)。これは七月に予定された陸軍定期人事における真崎以下の皇道派勢力排除を前にして、陸軍最大の圧力団体を正面から敵に回すわけにはいかなかったためである。林や永田としては在郷軍人勢力が他勢力と共闘して排撃運動を拡大させ、それが皇道派による部内統制撹乱に利用されることは絶対に避けなければならなかったのである。

七月十三日、牧野から現地軍統制のための御前会議開催を提案された岡田は、組閣以来、林とは軍部統制について協議を重ね、林とその配下である永田や陸軍次官・橋本虎之助中将にも依存し、統制回復方針の同意ができていることを明らかにする。その上で「北支」問題については外務・陸軍間で協議中であり、機関説問題に関しては「従来言明したる範囲にて一種の声明を発表するの止む（を）得ざるも難計、然し其程度にて陸海軍大臣が果して折合出来るや否や心配」と打ち明けている(66)。この段階で岡田としては外交危機との融合を回避することにより、陸軍統制の回復を図ることに主眼が置かれていたのである。

当時、岡田内閣・宮中は排撃運動勢力の狙いが一木枢相ら宮中側近の排除による倒閣の実現にあると捉え、当面の課題として同年七月十五日に予定された陸軍三長官会議における真崎更迭を最重要視していた。こうしたことから岡田周辺では一貫して真崎更迭を当面の至上目標として意識し、その中で林と永田に全幅の信頼を置くことで陸軍統制回復と機関説問題処理が同時並行的に進められていたのである。このため、三長官会議の前、岡田は林が辞表提出に及ぶ可能性も想定して天皇からの優諚を期待し、十三日には西園寺もこれを了承する[67]。また、事前に斎藤が林に対して真崎更迭を条件に首相もしくは朝鮮総督の地位を約束し、永田らも真崎排除に向けて政財界や海軍に予備工作を実施していた[68]。

七月十五日、陸軍三長官会議は真崎を教育総監の地位から更迭することを決定し、ここに犬養内閣期の荒木人事より築かれてきた皇道派中心の人的体制は崩壊する。後任には統制派系と目されていた前軍事参議官・渡辺錠太郎大将が就任し、ここに陸軍三長官ポストは完全に反皇道派勢力によって占められることになる。真崎更迭の二日後、昭和天皇が侍従武官長・本庄繁陸軍大将に対して、「過般来対支意見の強固なりしことも、真崎、荒木等の意見に林陸相等が押されある結果とも想像せらる。旁々今回の総監更迭に関する陸相の人事奏上の如きも、余儀なき結果かと認めたり[69]」と述べていることからも分かるように、当時、天皇・宮中は真崎排除こそ内政・外交両面の安定化につながると考え、林に全幅の信頼を置いていた。

そして、真崎更迭の反動による青年将校運動の活発化や政友会国体明徴実行委員会の陳情に神経を尖らせていた林は同月二六日、機関説問題に関する政府声明の実施を岡田に要請する[70]。特に政友会は同月三〇日の議員総会で機関説排撃を満場一致で決議しており[71]、このまま同党が倒閣運動に邁進すれば真崎更迭により一定の成果を見せた陸軍統制にまで支障を来たすことは必至であった。

政府声明の起案作業は七月三一日の内閣文官側による原案作成作業を皮切りとして、八月二日午後には陸海両次官の了解を得た上で最終調整が施される。そこでは美濃部学説排撃を回避したい政府側方針と、部内の排撃運動を抑制して内閣との協調関係を維持したい陸軍側方針が合致した結果、人事問題に波及する内容は除外されることになる[72]。こうして八月三日に第一次国体明徴声明、並びに機関説論者として攻撃されていた一木枢相および法制局長官・金森徳次郎はこの問題に無関係であるとする首相談話が発表されるに至る。だが、この五日後に久原が「政府ノ声明ハ一木及金森ハ脱レ得ル如クトリック［ろう］アリ、又動モスレバ将来、機関説［排撃］ヲ口ニスル者モ取締ルノ意ニモ取レル(73)」と述べているように、排撃運動側の先端部では政府側の意図を察知した上で一層の運動拡大を目指すことになる。

しかも真崎更迭の反動から同月十二日には永田が陸軍省内で皇道派の相沢三郎中佐に斬殺されるという事件が発生する。事件直後、かつて斎藤総督時代に朝鮮総督府政務総監を務めた拓相・児玉秀雄は斎藤に宛てた書翰で、「政府ノ其後之措置トシテハ皇軍ノ粛正ヲ完了スベク飽迄モ陸相ヲ擁護シテ邁進スルヨリ外ナカル被存候(74)」との考えを綴っていたが、もはや林に永田亡き後の部内統制維持を一身に引き受けるだけの気力は残されていなかった。こうして九月五日、林は陸相を引責辞任し、後任として前軍事参議官・川島義之大将が入閣する。この川島入閣は林の強い推薦によるものであり(75)、岡田も「川島は無色の事にて今後は好都合ならん(76)」として期待感を抱いていた。

だが、この川島擁立は林だけではなく、実は真崎と前陸相・荒木貞夫大将の意向が強く働いていたものであった。彼らは永田横死の直後、すでに林を辞任に追い込むことで一致しており、躊躇する川島に対して強引に陸相就任を承諾させていたのである。真崎はこの川島擁立によって陸軍人事への介入経路を確立しようとしていたのであり、同月二一日の古荘幹郎中将の陸軍次官就任も真崎の要求によるものであった(77)。このように陸軍内に明確な基盤を持たず、政策調整能力にも劣る川島陸相の登場は翌年の二・二六事件に至るまで岡田の政局運営に悪影響を及ぼすことになる。のちに岡田自身が、「林を去らしめ川島を使つたことは余が畢生の過ちなり(78)」として、その人選を後悔することになるのはこのためである。

また、新たに軍務局長になる今井中少将はこの年三月、林の意向によって陸軍省人事局長に抜擢された人物であり、派閥抗争とは無縁の中立的立場を期待されていた(79)。しかし、皇道派からは林・永田ラインの側にある人物と認識され、その立場や統制力を疑問視する向きがあった。参謀本部総務部庶務課長・牟田口廉也大佐は真崎宛の書翰で、陸軍省内の空気は真崎更迭以降、急激に悪化しており、今井の陸軍次官就任は陸軍統制に悪影響を及ぼすとした上で、「陸軍省内ノ現況ハ到底今井中将ヲ以テシテハ収ムルコト至難ト被存候。今日ハ即時着々片ッ端ヨリ省内ノ空気ヲ静メ又他ニ対シテ抑ヘノ利ク人ヲ急務ト致候」と綴っている(80)。軍務局長就任後の今井は皇道派に迎合することなく、中立的立場を堅持することに努めるが、永田ほどの力を発揮するまでに至らなかった。のちに二・二六事件において、今井は軍事参議官会議から除外されるなど、「完全なつんぼ桟敷」状態に置かれることになる(81)。こうして岡田内閣後半期の政軍関係は林・永田ラインという求心力の消滅を契機として、部内統制の不統一性を生じさせていく。特に機関説問題への対応をめぐり、陸海両相の姿勢は他閣僚との間で摩擦を生むことになるなど、その後の政治過程を大きく規定する要因となるのである。

四　美濃部起訴猶予処分をめぐる混乱と閣内状況

一九三五（昭和十）年九月十四日、東京地方裁判所検事局は美濃部の再聴取を実施し、十七日には司法省・検察当局合同の最終首脳会議で起訴猶予処分が決定される(82)。翌十八日、検事総長・光行次郎の談話として美濃部の起訴猶予処分が発表され、岡田内閣の目指す機関説問題処理はここに終結するはずであった。だが、この日、美濃部本人が自説の正当性に固執する新聞談話を発表したため(83)、美濃部が沈黙を守ったまま辞職することを期待していた政府の企図は頓挫する。翌々日、閣内では川島陸相が海相・大角岑生大将とともに起訴猶予処分への不満を示し、小原が苦境に立たされる。また、後藤も一木・金森の進退問題が政変に発展することを予見し、後継内閣準備の必要を指摘するまでに至るのである(84)。

二三日、小原は司法省幹部同席の下、法相官邸で菊池、井上、井田ら貴族院の排撃運動議員と二時間の直接会談に臨む。この席で小原は大臣の資格で自己の所見を述べているが、その重要部分は次の三点である。①自分は天皇が統治権の主体と考えるとともに国家統治権主体説も容認する。②美濃部学説は「強」としての機関説であり、全体的に行文用語が刺戟的である。これに対して金森学説は一部が機関説と認められるが、全体として機関説ではない。③美濃部に対する今回の司法処分は行政処分と不可分であり、「機関説は安寧秩序を害するまでのもの」ではないが、今後は美濃部学説を基準に「強」の機関説を排除する。(85)

すなわち、ここで小原が明らかに後退を余儀無くされていたのが②である。この行文用語の問題は十八日の検事総長談話でも指摘されていたが、(86)政府首脳が公式見解として美濃部学説を「強」の機関説に区分したのはこれが最初である。だが、これは果たして小原の本心だったのだろうか。これについては後藤も七月五日に政友会国体明徴実行委員会から政府声明の要求を受けた際、「機関説にも濃いのと薄いのとあり、それ故、直に国体の本義に反するとは云ひ兼ねる(87)」との見解を示していた。一体、これは何を意味するのだろうか。

そもそも広義の天皇機関説は統治権の主体を法人たる国家に求め、天皇をその最高機関とするものであり、君主の自己拘束説にのみ着目するならば、明治憲法制定過程における伊藤博文の憲法構想にまで遡る。(88)しかるに国務大臣の輔弼が天皇を絶対的に拘束し、天皇を名実ともに決裁機関とするならば、そこには統治権の総攬者としての大権意識は必要ないことになる。これが「強」としての天皇機関説である。だが、天皇を能動的な大権保持者と位置付ける場合、内閣としても天皇の意思は無視できない。この場合でも天皇無答責を成立させるため国務大臣の輔弼は不可欠であり、天皇が内閣の決定を無視することはあり得ない。ここに「弱」としての天皇機関説が成立することになる。

この天皇機関説の二元性については、大正期に東宮御学問所御用掛を務め、昭和期には内大臣府御用掛として牧野を補佐した清水澄も同様の解釈を採用していた。清水は一九二五（大正十四）年の著書では、「天皇ヲ以テ国家ノ機関ナリトスルハ全ク我ガ国体ニ背戻シ国民ノ確信ニ反スル」が、「最高機関トハ国家活動ノ中心力ノ存スル所ニシテ国家ノ存立ニ欠クベカラザルモノ」として天皇を捉えるならば、「天皇ハ国家権力即チ統治権ノ中心力ニシテ他ノ機関ト全ク異ナリ、活動ノ根源ヲ為シ活動力其ノモノトナル」と定義していた(89)。この一九三五年当時、清水は枢密顧問官の地位にあり、戦後の回想で岡田は機関説問題について清水に諮問していたと述べている(90)。したがって、この清水の見解が政府側に提供されていた可能性も否定できない。

後述するように、岡田内閣はこの天皇機関説強弱論により陸海両相を説得し、明治立憲制の根幹にまで踏み込む事態を回避しようとしていた。ゆえに当初は小原にとっても美濃部学説は守るべき対象である「弱」の機関説に含まれていた。だが、十八日の新聞談話の影響により美濃部学説を救えなくなったため、不本意ながら「強」の側に区分せざるを得なかったのである。小原は機関説すべてが規制対象ではないとしながらも、天皇機関説強弱論そのものの否定に執着する菊池らの攻勢を抑えることで精一杯であった。一閣僚の見解とはいえ、この頃には岡田内閣が美濃部学説を擁護することは限界に近付きつつあったのである。

そして、九月二五日から二七日にかけては閣内でも新たな動きが見られる。まず、二五日の閣議で陸海両相は機関説問題について、①美濃部問題経緯の詳細公表、②機関説に対する政府所見と陸海両相所見の一致、③機関説絶滅への善処とこれまでの政府措置の一般公表、の三項目にわたる対政府要求を提出し、岡田にその合意を迫る。これを受けて二七日の閣議でその回答内容が閣議で協議されるが、そこで小原は美濃部起訴猶予処分問題に関連して、検察事務範囲内を理由に美濃部からの上申書提出を拒否し、陸海両相と激しく対立する。また、官公職にある機関説論者への措置については陸海両相も政府側措置の具体化を俟つという態度で落ち着くが、これは人事問題に絡む強硬要求で政変に発展すれば、倒閣の責任が軍部にまで波及し、問題解決に逆効果になると判断したためであった(91)。

この九月下旬以降、それまで排撃運動を主導してきた主要右翼団体では資金難や内部対立により、その活動は停滞傾向に入っていた。特に議会進出を計画していた団体ではこの年秋の府県会議員選挙、翌年春の第十九回衆議院議員総選挙の準備を控え、これ以上排撃運動に拘泥することは時間的・資金的に許されない状況になっていた。[92] したがって、この時期に岡田内閣と陸軍中央が直面していた課題は右翼団体ではなく、在郷軍人勢力の規制であった。九月十八日、亡き永田の腹心である陸軍省軍務局政策班長・池田純久中佐が執筆したと推定される文書「陸軍当面の非常時政策」の中に、「明倫会、皇道会と称する郷軍背景の政治団体の自然発生的簇生は将来の郷軍統制上の障害化せる惧れある」[93]と記されていることは、機関説問題の長期化が陸軍中央の統制機能低下につながりかねないことを意味するものであった。

二七日、天皇は本庄侍従武官長に対して、「大臣の如きは一身を犠牲にして断乎たる決意の下に動くを要すべきものなるに、動もすれば外部の圧力に辟易の態度なるは残念なり」として、川島の機関説問題への姿勢に不満を漏らす。そして、この日午後には閑院宮参謀総長に対して、「部下に引摺らるゝが如きは益々下剋上の弊を大ならしむるものなり。特に支那問題の如き出先の専断を適宜戒飾する様」、川島にも伝達することを指示していた。[94] このように天皇としては川島の不安定な姿勢が陸軍統制のみならず、対外政策の面でも悪影響を及ぼすのではないか、という不安を抱いていたのである。

この年六月、さきの第一次華北分離工作は梅津・何応欽協定により一応の解決を見ていたが、華北進出を目論む現地軍の動静は政府・外務省や宮中にとって懸念の対象であった。その点でも内閣との協調を重視して陸軍統制の回復に取り組んでいた林が辞任し、川島に交代したことは当該期内政・外交に少なからぬ変化を及ぼすものであった。

十月五日の陸軍軍事参議官会議の席上、川島は入閣前に岡田が国体明徴に大いに努力する旨を伝えてきたにもかかわらず、閣内では小原が司法権の独立を理由に外部からの干渉を拒み、岡田以下もこれに同意していることに憤りを示す。特に美濃部への司法処分は検察業務に当たるとして、その公開要求を小原に一蹴されたことが二五日の対政府要求の動機になったことや、「総理等ハ機関説ニ強弱アリ、強ハ元ヨリ不可ナルモ、弱ノ方ハ寧ロ皇室ノ安泰ヲ考ヘアルモノナリト主張シタル由」を明らかにする(95)。岡田らは決して憲法問題に無知ではなく、間違いなく学説としての天皇機関説を生き残らせるための努力をしていたのである。

この軍事参議官会議の結果、陸海両相は八日に再声明の実施を岡田へ共同要請し、十日から政府・軍部間の折衝が開始される。この過程で軍部側は在郷軍人勢力を中心とした強硬要求を抑制するため、国家法人説すべての排撃に固執するが、岡田の意向を受けた内閣官房側が激しく抵抗する。こうして十四日の政府対案では統治権の主体を天皇にのみ求める軍部案が排除され、あくまでも既存の法解釈との整合性が選択されることになる(96)。これと並行して十一日の閣議では高橋蔵相ら文官閣僚から「国民はまるで無関心でいる」にもかかわらず、陸海軍が機関説問題を内政危機として強調してきたことに厳しい批判が寄せられる。また、川島の「声明してもらつてもなほまだ様子は判らない」という発言に大角海相が激怒するなど、閣内状況にも変化の兆しが表れていた(97)。

この十月十一日の閣議は機関説問題を綱紀問題の観点から強調してきた陸海軍への不満が閣内でも高まっていたことや、機関説問題への認識では陸海両相の間にも足並みの乱れが生じていたことが明らかになった点で重要な意味を持つことになる。こうして政府部内でも機関説問題の解決に向けた措置は一刻の猶予も許すものではないことが合意事項となっていくのである。

また、同月十三日、岡田は首相官邸で行われた三六倶楽部側代表団二二名との約一時間に及ぶ対談で、従来までの姿勢を変更する意思が全くないことを示し、天皇機関説強弱論に触れた質問などには明答を拒むなど、徹底的な防戦姿勢を貫いていた(98)。そして、こうした政府首脳部の姿勢こそ、再声明起案作業に少なからぬ影響を及ぼしていたことは明らかであろう。十五日、岡田内閣により、「統治権の主体は　天皇にましまさずして国家なりとし、天皇は国家の機関となりとなすが如き天皇機関説」を否定する第二次国体明徴声明が発表される。この日、小原は、「政府今回の声明は憲法学説上の解釈をするためではなく、国体の本義を明徴するため(99)」という法相談話を同時に発表する。彼は信念の領域で美濃部学説を救うことはできなかったものの、憲法学説の国定解釈という最悪の事態を防ぐにあたり、美濃部学説が法理論として生き残るための配慮は怠らなかったのである。

この再声明後、軍中央は間髪を入れずに在郷軍人統制に乗り出し、十八日、帝国在郷軍人会会長・鈴木荘六後備役陸軍大将に対して、陸海両相の連名で「国体明徴ニ関スル件指示」を通牒する。そこでは「政府ハ軍ノ要望ヲ容レ再声明ヲ為シ、以テ愈々国体ノ本義ヲ明ニシ国体明徴ノ規矩ヲ示セリ。而シテ之ニ基ク具体的措置ニ関シテハ素ヨリ政府当局ノ努力ニ俟ツベキモノ」として、「在郷軍人ニ対シ克ク当局ノ意ノアル所ヲ徹底セシメ其ノ言動ヲ慎重ニシ官民一体トナリ之ガ実績ヲ収ムル様御指導」することを求める(100)。

これを受けて在郷軍人会中央は同月二一日の連合支部長会会議で今後の処置は軍部大臣に委ねることや、外部の在郷軍人団体と一切提携しないことを決定する。そして、二一日には各支部長宛に「国体明徴に関する指導要綱」が発せられ、倒閣を標榜するような言動を慎むことや、三六倶楽部・郷軍同志会のような「実行運動」団体と関係してはならないことを命令する(101)。

このように軍中央が再声明を契機として直ちに在郷軍人統制を本格化させたのは、前出「陸軍当面の非常時政策」にあるように、一部在郷軍人団体の先鋭化した活動に対する一貫した危機感があったためである。すなわち、このまま各地の在郷軍人団体の倒閣運動を放置すれば、陸軍は必然的に政友会の倒閣運動に巻き込まれることになり、そうした事態は軍事官僚機構の中で政治的主導権を維持・掌握することを目指していた陸軍中堅層にとって絶対に避けなければならない事態であった(102)。こうして、それまで在郷軍人会の影響下で倒閣運動を展開し、陸軍統制を混乱させてきた一部在郷軍人団体は孤立を余儀なくされることになるのである。

そして、川島への圧力を通じて政府への攻勢を強めていた皇道派首脳にとっても、再声明以上の政府措置を要求するのは困難であったようである。声明の翌日、川島は軍事参議官会議で再声明の経緯を説明するが、荒木からは「人事問題ニ触ルルヲ不可トスル」意見が出され、真崎からも「今回ノ声明ニ対シテハ当局ニ感謝ス」る意向が示される。(103)彼らにとって人事問題は岡田内閣倒閣のためには不可欠な要因であったが、そのことで「重臣ブロック」排撃を要求するのは不可能であった。これは再声明から人事内容が排除されていることを争点にして対政府攻勢を強めれば、川島が陸相を辞任する恐れが高くなると判断したためである。

次節では再声明決定過程でも争点となっていた牧野・金森の進退問題について、陸軍・政友会との関係を中心に検討することにしたい。

五　岡田内閣の議会対策と宮中の動向

機関説問題は一九三五（昭和十）年十月十五日の再声明で終結するが、陸軍との関係は引き続きネックとなっていた。ここでは岡田内閣期の政軍関係を新たに規定することになる昭和十一年度予算案編成問題に触れておくことにしたい。

声明から三日後の十月十八日、岡田は部内統制に自信が持てないでいる川島が辞任する可能性を見越し、渡辺教育総監を新陸相として入閣させることにより、昭和十一年度予算編成終了後の次回総選挙までは政権を維持する考えを固めていた。(104)こうした中で十月二八日、在郷軍人団体の明倫会は来年度予算案審議をめぐる閣内対立に関連して岡田以下の主要閣僚に進言書を送付する。そこでは中国大陸での共産主義運動の拡大と日中関係の緊迫化、ソ連の軍事力増強を前面に掲げ、陸海両相は職を賭しても予算案通過に努めることを要求していた。(105)このように倒閣運動の争点が対外危機の強調と軍事費の調達に移行する中、機関説問題の政治的価値は一時的に後退することになる。

十一月二六日、閣議では来年度一般歳入歳出概算（大蔵省原案）が提出され、ここから昭和十一年度予算案編成が政治日程に上ることになる。この一九三五年当時、日本経済は設備投資・在庫投資に伴う資金需要の増大と金融機関の貸出増加により金利は上昇傾向にあったものの、生産拡大と公債消化の両立を基本とする満洲事変後の景気回復策は限界に近付きつつあった。蔵相である高橋にとって、公債漸減政策の強化と軍事費膨張の抑制は国民生活と国際収支の破綻を回避する上で必須の課題であり、陸海軍の大規模な予算要求を受け入れることは許されなかった。(106)

高橋はこの年七月十二日、岡田に対して「北支事変」(第一次華北分離工作)以来、軍の去就が外交政策を左右し、あまつさえ満鉄経営や国内財政政策にまで支障を来たしている現状に強い不満を示していた。(107)また、十月四日に岡田、川島、大角、広田と対中国政策の基本方針を協議した際は、「一体、政策の中にある大義名分とは何か。いはゆる日本の万邦無比を列国に推し拡めるための大儀名分か。さういうことは非常に困る」として、米英との協調を無視して中国支配を進める現地軍の動きを戒めていた。(108)ゆえに来年度予算案編成で軍部に敗退すれば、財政面だけでなく対外政策の面で内閣が後退を余儀なくされ、そのまま内閣審議会設置や真崎更迭、機関説問題処理といった内政面での努力が全て水泡に帰することを意味していた。

しかも岡田内閣にはこの予算案編成終了後、中国大陸情勢の安定化やロンドン海軍軍縮会議対策という大きな外交課題も控えていた。当時、岡田内閣は斎藤内閣と同様、米英両国からは穏健派政権と認識されており、仮にロンドン海軍軍縮会議から脱退しても実害はないと想定していた。そのため、一九三四(昭和九)年十二月のワシントン海軍軍縮会議と同様、(109)予算措置によって軍拡は回避され、「一九三五、六年の危機」は処理できると考えていた。したがって、軍事費抑制に失敗すれば、日本は無制限建艦競争に突入して米英との対立に発展する危険性があった。高橋は予算閣議において公債漸減主義と軍事費抑制の姿勢に徹し、十一月三〇日に昭和十一年度予算案は最終決定されるに至る。歳出総額二二億四三七三万八二八六円のうち、陸海軍省の予算額は総額四六%に相当する一〇億二九九四万七八〇五万円に及ぶものであった。その内訳は陸軍省が四億八九九九万一四〇四円、海軍省が五億三九九五万六四〇一円であった。(110)

この昭和十一年度予算案編成と陸軍については大前信也氏の詳細な研究があり、参謀本部の強硬な要求が突出する一方、相沢事件に伴う大規模人事異動を経た陸軍省では陸相、軍務局長、軍事課長による統制が十分機能せず、特に大蔵省側と折衝に当たるべき軍務局で上下対立を抱えていたことが明らかにされている(111)。このように川島陸相が陸軍中堅層の掌握に失敗し、リーダーシップの欠如を露呈した点はのちの二・二六事件の伏線として重要な意味を持つものである。なお、二・二六事件発生当初、川島は陸相官邸に乗り込んできた山口一太郎から迅速なる事態収拾がなければソ連が介入してくる恐れを説かれた際、この訴えをまともに取り合おうとはしなかった(112)。これは川島が軍事費要求の口実としてソ連の脅威を唱えながらも、実際にはそれほど重視していなかったことを端的に示すものであった(113)。このように岡田内閣期の「一九三五、六年の危機」とは斎藤内閣期の「非常時」空洞化に対抗する目的から意図的に創出されたものであり、当時の軍部にとっては実態のないものであった。

だが、この軍部に続いて岡田内閣の強敵となるのが衆議院第一党の政友会であり、予算案が議会で否決されるようなことになれば、解散総選挙に突入することは必至であった(114)。しかも九月八日に床次逓相が急逝したことも岡田内閣にとって大きな喪失であった。床次は内閣審議会設置問題などを通じて政友会内部の旧政友系勢力取り込みに努力していた一人であり、次回総選挙にも不可欠な存在であった。すでに内閣審議会委員を務めていた望月が後任として十二日付で入閣するが、床次に比して指導力の乏しい彼だけに新党運動の主導役を期待することは難しかった(115)。

当初、岡田は床次の後任として政民提携論者である元犬養内閣商相・前田米蔵を考え、高橋に仲介を依頼していた。しかし、これが叶わなかったため、望月の入閣となったのである。高橋は望月への入閣要請の際、「どうしてもこの内閣を続けて行かなければならない。もしこの場合政変が起ると、軍部と政党の一部が一緒になつてファッショをやるような空気がある」、「挙国一致を以て行かうとするのにもし邪魔する者があるならば、これを徹底的に排撃して行かなければならん」と述べ、望月もこの考えに同意していた(116)。高橋と望月は非常時局を完全に切り抜けるまでは岡田内閣を継続させなければならないと考えていたのである。

十二月三日、岡田内閣は同月二四日の第六八回帝国議会召集を前にして政友会長老政治家の一人である山本条太郎を勅選貴族院議員に奏薦することを閣議決定する。第一章で述べたように、山本は満洲事変期の政友会で党内強硬派と一線を画した位置にあり、亡き犬養毅との交誼に厚かった。その後、斎藤内閣期には国際連盟脱退に反対の立場をとるなど(117)、国際関係への認識は現状維持勢力に近かった。山本は五・一五事件後から政民提携の必要性を指摘し、同じく政民提携論者の久原と異なり、斎藤・岡田内閣期には旧政友系の穏健派勢力を代表する人物として現状維持勢力からの強い期待を集めていた。当時の報道によれば、山本は前年十二月の衆議院第五回予算委員会における総裁派・東武の「爆弾動議」をめぐる混乱の収拾など、岡田にとって多くの恩義があり、この奏薦は政友会脱党閣僚の望月と山崎により提案されたものであった(118)。彼らが山本を担ぎ出そうとしたのは、山本の穏健派としての技量により鈴木ら執行部、さらには久原ら反総裁派を押さえ、党内の大勢を政民連携路線に向かわせることを期待したためである。彼らとしては総選挙前に政友会内部の旧政友系勢力を総裁派から分離して政府側に引き込む必要があったのである。

だが、同時に内閣審議会設置問題以降、野党的色彩を強めていた政友会の内部では年末の第六八回帝国議会開会を前にして岡田内閣倒閣の動きが胎動していた。この時期、政友会では久原が機関説問題を理由とする内閣不信任案の提出を企図し、これに連動して閣内では川島が児玉拓相に対して、衆議院解散の場合の解散詔書への副署拒否や金森法制局長官更迭の必要を漏らし始めていたのである(119)。久原としては次回総選挙前に岡田内閣を倒さなければ、永遠に政権を手にすることができないという焦りがあったのである。

政府が解散総選挙に踏み切る場合、解散詔書には国務大臣全員の副署が必要となるが、川島がこれを拒否すれば閣内不一致は必至となる。こうして岡田は会期中の総辞職まで考えなければならず、後藤内相を除く全閣僚が金森の辞任を要望する事態に発展していたのである。[120] この報告を岡田から受けた直後、元老秘書・原田熊雄は軍事参議官・阿部信行陸軍大将に対して、「これは無解散倒閣の久原の陰謀であつて、こんなことに陸軍大臣が乗せられては非常に面白くない」[121]と電話で訴えるが、政策調整能力に劣る川島の不安定な姿勢こそ、こうした倒閣工作を誘発する結果になったのである。当時、久原派は政友会内部では明らかに少数派であったが、陸軍統制を媒介とすることにより、その去就が政府高官の進退問題や議会解散問題までも左右することになるのである。

すでに久原は十一月十五日には元政友会長老政治家・小川平吉に対して機関説問題で政府を弾劾する計画を示し、「志士団との交渉」、「陸相の鞭撻、資金問題」に言及していた。[122] 小川は明治期以来、政友会の対外政策には隠然とした影響力を有し、かつ、この一九三五年七月に廃刊した右翼新聞『日本新聞』の社主として右翼・皇道派勢力とも太いパイプを維持していた人物である。

その日記には「氏の言悉く要領を得たり。蓋し予が今春一月国体問題を氏に詳説してより以来、終始一貫政友会の中枢として陰に陽に努力せし其効は大なりといふべし」という久原への賛辞の後に同日夜、政教社の五百木が来邸して会談したことが記されている。[123] その内容までは日記に記されていないが、この時の小川と五百木の会談では久原との申し合わせにあった資金問題が提示された可能性が高い。こうして党人政治家が軍部・右翼勢力と結託することで中間内閣への倒閣工作を推し進めるという、明らかに政党内閣制復帰を遠ざけるような動きが画策されるのである。

宇垣一成に高い評価を与える酒井哲哉氏は、もしも岡田ではなく宇垣が組閣していれば政友会内の反政府勢力を政民提携派の協力により抑えることは可能であり、陸軍中堅層の擡頭を抑制するために有利であったろうと推測する。[124] その上で一九三三年後半から一九三四年にかけて内政面では多少の無理をしても軍部内に穏健派勢力の確立を図るべきであり、そのためにも宇垣擁立は必要であったと主張する。[125]

確かに酒井氏の主張するように、一九三四年七月の重臣会議で宇垣が擁立されていれば、政友会との関係や皇道派勢力の規制は岡田内閣が選択した方法よりも容易に進んだはずである。この時期、誰を政党の党首に据えるかは大きな問題であり、政党による一つの勢力回復路線として宇垣擁立運動が重要なものであったことは事実である。だが、斎藤内閣後半以降、陸軍中央では中堅層の進出が顕著になっており、仮に宇垣内閣が誕生していたとしても内政・外交の両面で彼らの支持を獲得できたかは定かでない。

当時、西園寺が宇垣への大命降下に慎重であったのは陸海軍、特に陸軍皇道派・海軍艦隊派の反発を最も恐れたためであり、かつて宇垣軍縮を断行した宇垣本人を首班にすれば「一九三五、六年の危機」が拡大解釈されて陸海軍統制に支障を来たす可能性があったためである。特に宇垣軍縮の反動から平沼が宇垣排撃に積極的であったため、宇垣擁立は西園寺が最も恐れる平沼系勢力との対立を加速化させる危険性があった。そうなれば、政府と軍部の正面衝突となり、政民両党内部の宇垣擁立運動派と反宇垣系勢力の対立を惹起し、政党内閣への復帰そのものを不可能にする恐れがあった。五・一五事件の影響を引きずっていた西園寺にとって、宇垣を奏薦することには躊躇せざるを得なかったはずである。

しかも政友会側の政民連携勢力であるはずの久原派は一九三五年十二月の時点では川島を抱きこむことで宮中を中心とする現状維持勢力に最後の抵抗を試みていたのである。彼らは民政党ではなく陸軍と提携することで政権獲得の道を切り開こうとしていたのであり、もはやそこには「憲政の常道」復帰・「非常時」解消といった大義名分はない。これこそが満洲事変期に生まれた協力内閣運動の行き着いた現実の姿であった。

十二月十八日、本庄は軍事参議官会議終了後、議会解散時の対応や機関説問題をめぐる陸軍部内の動きについて天皇が懸念を深めている旨を川島に伝える。これに対して川島は、金森が機関説論者と目されながらも現職にとどまっていることで各方面からの政府批判が多く、政友会久原派はこれを利用して内閣不信任案提出を計画中との情報があること、金森更迭には大角海相も同意していることを告げる。その上で、「軍部としては之［内閣不信任案］に同意するに於ては、軍部は機関説を排撃しながら却て機関説を擁護すること、なるが故に勢い解散に同意する」ことはできないが、金森更迭の場合は軍部の弁解が成立するので、「要するに政府の維持も去る事ながら、軍部の統制を犠牲にする能はず」と述べる(126)。

すでに再声明によって機関説問題は収束し、陸軍統制も回復しつつあった中、川島がこうした態度をとっていたことは彼が皇道派・統制派とも取れない位置にあったことに加え、外部からの圧力に左右されやすいという性格に原因があった。当時、陸軍中央では政府の軍事費抑制方針への反発が生まれていたのは事実だが、金森更迭を要求する動きまでは顕在化していなかった。川島による金森更迭要求は陸軍の内部意見ではなく、久原から教唆されたものである可能性が高い。こうして第二次国体明徴声明発表の時点では政府・軍部間で棚上げされていた人事問題が再浮上することになるのである。岡田内閣・宮中にとって陸軍による金森更迭要求と政友会による内閣不信任案提出の構えは全く予期していなかった事態であり、この時点になって機関説問題で維持されてきた防衛線が崩されようとしていたのである。

十二月二〇日、天皇は議会解散詔書への副署問題に触れて、「軍の政治干渉にあらずや」と述べている(127)。この日、天皇の意向を受けた本庄は陸相官邸に川島を訪ね、一木や金森の進退に言及することを牽制する。これに対して川島は、「金森を処置せば、一木は喰ひ留め得らる、や」との打診が岡田からあったため、「部下のものより此以上、八釜敷要求するときは断然辞職すべきのみ」と返答したことや、金森更迭の場合には議会解散詔書にも副署する意向であることを述べる(128)。この金森更迭が陸軍の総意であるというのは川島の嘘であるが、部内統制を引き合いに出して副署を拒む川島の要求を内閣として無視することはできない。岡田としても内閣総辞職という最悪の事態を回避するため、金森更迭の可能性を考慮せざるを得なかったのである。

だが、議会解散に備えた岡田や宮中側近の間では人事問題をめぐり、一つの対抗策が模索されていた。それが牧野から斎藤への内大臣交代である。彼らは川島が議会解散詔書に副署せずに内閣総辞職となることを想定し、議会開会日にあたる十二月二六日に牧野が内大臣を更迭されて斎藤に交代し、一月十一日には金森が法制局長官を更迭されて前逓信次官・大橋八郎に交代する。牧野は一九二一（大正十）年の宮相就任以降、宮中側近の中心に位置し、西園寺と共に親英米派・自由主義者と目された点では現状維持派として大きな役割を果たしてきた。ゆえに、その牧野の脱落は宮中の人的構成に少なからぬ変化を及ぼすものであった。斎藤の内大臣就任の日、天皇からは「此度ハ苦労ニ思フ」[129]との言葉が下賜されている。これは当時の宮中を覆っていた難しい政治情勢を反映した発言であり、宮中関係者の誰しもが感じていたものである。ある意味で二・二六事件を暗示させるものであったと言えよう。

伊藤之雄氏によれば、斎藤の内大臣就任は西園寺が宮中の重要ポスト推薦権を岡田に代行させた結果であり、当初、岡田は十二月五日の時点で貴族院議長・近衛文麿を後任内大臣に考えていた。しかし、西園寺が近衛を将来の首相候補として残しておきたいと判断したため、近衛の内大臣就任は見送りとなり、同月二一日から二二日までの間に西園寺、岡田、一木の三者は斎藤を内大臣に就任させることで一致したという[130]。そして、この内大臣交代は当時の皇道派急進勢力にとって深刻な脅威と映っていたようである。のちに二・二六事件で主導的役割を果たす磯部浅一の手記によれば、この年末に企図した倒閣運動の失敗、斎藤の内大臣就任と一木の現職留任、川島の態度軟化は彼らに強い焦燥感を与えるものとなっていた。特に予算案編成段階で川島が陸軍部内の支持を失い、後任として軍事参議官・寺内寿一大将を期待する声が出始めていたことは強く警戒すべきものであった。これは寺内が斎藤の腹心である拓相・児玉秀雄と従兄弟関係にあり、宮相・湯浅倉平とも同郷にして、木戸内大臣府秘書官長にも近かったことから、寺内陸相説は「重臣元老群の逆襲拠点の補強作業」と認識されていたのである[131]。

このように第二次国体明徴声明から内大臣交代に至るまでの過程は陸軍部内の勢力均衡に照らし合わせて極めて

脅威と認識されていたのである。斎藤は西園寺と並んで一木の枢相就任決定に関与した重要人物の一人であり、その彼が内大臣に就任することは革新勢力の側にとって決して喜ばしいものではなかった。斎藤は軍部寄りではなく親英米派という点では明らかに牧野と同じグループであり、内政・外交両面の政治感覚は宮中が求める現状維持路線に沿うものであった。しかも彼らからすれば、川島に攻勢をかけて岡田内閣を総辞職に追い込めば斎藤に近い宇垣に大命が降下し、寺内が陸相に就任する可能性が予測されていたのである。

なお、この牧野・金森の進退問題が議会対策との関連で再浮上する一九三五年末から枢密院内部では一木擁護の動きが密かに進行していた。枢密顧問官・上山満之進は牧野更迭直前の十二月十五日、一木を訪ねて次のような覚書を手交している。それは三十年余り前の言辞に関して今日の一木が責任を負う必要がないことを訴えるなど、明らかに宮中全体の意向が反映された内容であった。すなわち、「一木男ノ勇退セラルルガ如キハ不條理ナル愚論」であり、事態も「漸次鎮静ニ向ヒツツアリ」と言える中、貴衆両院でも強硬論は大勢を制することができずにいる。「特ニ政党内ノ形勢ハ此問題ニ此ノ《ママ》以上深入リスルヲ以テ却テ自党ニ不利ナリトスルモノ益々多キヲ加フルガ如クナレバ、一党内ノ議ト雖モ結局一致ヲ見ルニ至ラザラン」状態にある。それゆえ、「此際一木男退官セラレンガ虎視眈々タル徒輩ハ直チニ其ノ勢ニ乗ジ所謂重臣ブロック問題ニ突進スルノ虞アリ。真ニ憂慮ニ堪ヘズ」、「此際ハ断乎留任ノ意ヲ固クセラレンコトヲ切望ス」[132]、というものであった。

上山は一九二六（大正十五）年から一九二八（昭和三）年まで台湾総督を務め、この一九三五年十二月から枢密顧問官の地位にあった。かつて憲政会に与して護憲三派内閣の成立に寄与した経緯もあり、宮中では牧野と非常に親しい関係にあったようである。したがって、枢密院に着任したばかりの上山が示した右記の主張は彼の個人的見解ではなく、むしろ牧野の意向を代言したものと見るのが妥当であろう。

そして金森更迭直後、枢密院内部では右翼運動の拡大と宮中側近への攻撃が改めて懸念されるようになる。この当時、枢密顧問官・石塚英蔵は万一の場合を想定して、次のような枢相人事案を斎藤に提示していた。

金森之処分にて一木男之方一層心細く被相感申候は遺憾千万之次第に御座候。結局、同男の処決不可避と観測仕度申候。さて其後終に此問題を引き延せる丈引き延ばし牧野伯之全快を待ち、同伯を煩はすが上策と愚考仕候。是は断じて行ひは宜き事と存じ候。若此策にして不被行候場合は無已下策に出るの外無之。其は平沼昇格に御座候。

従来同人［平沼］に対しては世間之過信も誤解も有之。少なくも現在の平沼はファッショ的にも無之も被存候も用心の為、志操堅固なる副議長を任命して之を牽制せしむるも一策と相考申候。武弁や外交の古手は御役に相立申間敷、最近院内外之空気は平沼同情者不少。殊に昇格は近来之先例とも相成居り次第に候へば前陳第一策之実現不能なる場合は右第二策に出るは不得已と存申候。特に御熟考相仰度懇願此事に御座候。

政友会の方は暫く措き、海軍方面は油断難相成、陸軍方面も必ずしも陸相の一言にて安心致し［候］は早計之至に御座候。（中略）又牧野伯の件は明《ママ》案と被存候。只々政府に断行之勇あるや否やに之有。(133)御後援之程、呉々も願はしく□□仕候。又昇格之場合、之に結び付くる副議長の件も御熟慮之程、切望に不堪候。

（傍線、筆者）

ここで石塚は一木の留任を出来る限り引き延ばすことにより、前月に内大臣を退任したばかりの牧野を新たに枢相に就任させることが最善策と主張している。これは内大臣更迭を宮中側近からの脱落ではなく、あくまでも枢相への転任という形式に持ち込むことにより、宮中の人的体制が健在であることを示す必要性に鑑みたものである。そして、最終的に牧野擁立が実現出来ない場合の暫定案として、石塚は驚くべきことに平沼の枢相昇格を提案している。そこでは軍人・外交官出身者ではなく、然るべき人物を同時に副議長に就任させれば平沼を抑制できると述べているが、これは一種の賭けであった。また、この中では陸海軍統制にも言及し、特に陸軍が陸相の統制下にない現状を指摘しているが、これは川島の指導力が枢密院内部でも信用を失っていたことを示すものである。

石塚は一九三四年から枢密顧問官の地位にあった植民地官僚出身者であり、朝鮮総督府での勤務に加え、一九一六（大正五）年から東洋拓殖会社総裁として朝鮮半島開発事業に多大な実績を残していた。このため、元朝鮮総督である斎藤とは朝鮮半島経営に関して強い連絡を維持していた。したがって、牧野枢相案について政府側の実行可能性を問い、斎藤にその後押しを要請していることは、岡田内閣に対する斎藤の影響力を十分に把握していたからであろう。その意味でも牧野・金森更迭が排撃運動側の最終目標である枢相人事にまで影響を及ぼすことは必至の情勢と映っていたのである。

一九三六（昭和十一）年一月二一日、岡田内閣は政友会提出の内閣不信任案上程を許さず第六八議会を解散し、ここに第十九回衆議院議員総選挙の二月二〇日実施を閣議決定する(134)。この総選挙で民政党は二〇五議席確保の大躍進を遂げる一方、政友会は神奈川一区から立候補した鈴木総裁以下、主要候補が相次いで落選することで一七四議席にまで落ち込む（表5）。政民各党が獲得した議席はいずれも衆議院の過半数を超えるものではなかったが、岡田内閣と協力

表5　1936年2月20日　第19回衆議院議員総選挙結果

	立候補者数	当選者数	得票数	得票率(%)
立憲民政党	298	205	4,447,653	39.95
立憲政友会	340	174	4,191,442	37.65
昭和会	49	20	526,695	4.73
国民同盟	32	15	400,587	3.60
社会大衆党	35	22	623,246	5.60
諸派・無所属	122	30	942,857	8.47
	879	466	11,132,480	100.00

有権者数：14,303,780名
投票者数：11,249,662名
無効票：116,819票
投票率：78.65％

出典：古屋哲夫編「衆議院・参議院選挙一覧」（日本近現代史辞典編集委員会編『日本近現代史辞典』東洋経済新報社，1978年）をもとに作成。

関係にある民政党が第一党の地位を得たことは大きな変化であった。それは五・一五事件後から続いてきた挙国一致内閣時代が終幕に近付きつつあることを示すものであった。

だが、この総選挙結果には政府との関係で複雑な裏事情があった。そもそも政友会では機関説問題に拘泥して時間を浪費したこともさることながら、選挙資金担当者の山本（条）や久原が執行部に非協力的であったため総選挙対策が大きく難航していた。一方の民政党では幹事長の川崎を中心に早期から選挙対策に着手し、西園寺が住友財閥から調達した選挙資金一〇〇万円が岡田から提供されていたことが有利に働いていた(135)。西園寺や岡田は現状維持路線の主体として民政党に賭け、政友会に比して資金調達が劣る民政党に格別の便宜を図ったのである。これに加えて岡田の了解の下、首相秘書官・迫水久常からは「これからの日本では健全な無産政党を発達させる必要がある」として社会大衆党書記長・麻生久にも選挙資金が提供されていた(136)。同党は岡田内閣期には陸軍パンフレットへの支持を公然と表明し、府県会選挙での選挙粛正運動にも積極的に迎合していた。この資金提供は岡田よりも新官僚の一人である迫水の意向が強く働いたものであり、既成政党のみには頼れないという判断があったのである。

なお、岡田は一月二五日の時点で勅選貴族院議員・大谷尊由に対して、総選挙後の政局の見通しを次のように述べていた。

多少の工作を施して押して行くか、改造して進み行くか、投げ出すかの三者を出でぬ、選挙の結果如何によりては第一で行けるかも知れぬ、第二は、相談相手の山条（山本条太郎）の病臥もある、今日では余り成算を持たぬ、政友が優勢たらば第三に出づるの外はない、結局は選挙の結果を見た上でなければ何とも極め兼ねる……(137)。

このうち、岡田が「改造して進み行く」と述べている第二方針は政民連携運動の再開を意味するものであり、政友会から閣僚を採用して内閣改造を図るという意味である。しかし、交渉相手として期待されていた山本の健康状態に鑑み、これを見込みなしと判断した上で第一方針を選ぶことになる。岡田は民政党などの与党系勢力に相当数の議席を確保させることで、政権続投を図ることを望んでいたのである。そして然るべき段階で政党への政権移譲を企図していたと思われる。

総選挙から一夜明けた二月二一日、美濃部は吉祥寺の自宅で右翼に狙撃され、天皇機関説事件は名実ともに閉幕する。この間、枢相人事の行方に焦慮していた石塚は一月十七日に牧野を訪ね、相沢公判の推移と並んで枢相人事について協議を重ねるとともに、そこで自らが第一候補に推薦する牧野の健在ぶりを目にする。彼は二月二三日付で斎藤に宛てた書翰では、「此内外多難の際、久しく閑地に被在候は為君国、甚以て勿体なく相感申候」との期待感を率直に綴る。その上で枢相人事に関する牧野の意向は「事情許す限り現状維持之方」と観測されるが、「是も勢が之を許すべきや否やに有之。最近之美濃部襲撃事件の如き不祥事は今後も保証之限に無之。実に困入候事に御座候」と伝えている(138)。すでに機関説問題は終結しながらも、美濃部狙撃事件が一木の進退に暗い影を落とし始めていたことを石塚は理解していたのである。それは岡田内閣の機関説問題処理を背後から支えた一人の牧野にとっても無関係なものではなかったはずである。そして、こうした状況下で昭和最大の軍事クーデターが東京に勃発するのである。

小括

本章では一九三五年の天皇機関説事件について、岡田内閣による機関説問題処理を宮中との関係により検討し、必ずしもそれが排撃運動側に対する妥協や後退の連続ではなかったことを明らかにした。また、事件の背景には「非常時」空洞化という現実が大きく作用していたことを述べた。

この当時、宮中の創出した岡田内閣が政党内閣制復帰と対外危機沈静化を目的とした政権であったことが明白であった以上、そこでは「非常時」継続を要求する諸政治勢力との対立は避けられない問題であった。排撃運動に参加していた多くの勢力は宮中の支持を受けた岡田内閣がその成立時から直面していた「一九三五、六年の危機」を再生・拡大し、政党内閣復帰を阻止することが狙いであった。こうした意識は政友会久原派を含む排撃運動側のほぼすべての勢力に共通していたと言ってよいであろう。そして、斎藤内閣に続く第二の中間内閣である岡田内閣にとっては、こうした動きを抑制して国内政治を安定させることが「非常時」沈静化のメルクマールであった。その意味でも岡田内閣は宮中にとっては暫定政権であり、将来的には政党内閣へのバトンタッチが想定されていたものであった。したがって、陸軍や右翼を中心とする革新勢力からすれば、その手段や方法は異なれ、ある一つの事件を契機とすることで宮中の模索した現状維持路線を突破する必要があった。その一つが天皇機関説事件であったのである。

このため岡田内閣は機関説問題に強い政治的脅威を認めなければならなかったのであり、そこには斎藤内閣と同様に内政・外交の安定化を求める宮中の関係が反映されていた。本章では岡田内閣が学説としての天皇機関説を生き残らせるため、様々な政治的努力を払っていたことや、そのための有力なロジックとして「天皇機関説強弱論」が用意されていたことを明らかにした。最終的に岡田内閣は統治権の主体を法人としての国家にのみ求めた美濃部学説を「強」としての機関説に区分し、これを法理論ではなく、「信念」の領域で否定することを選択する。これにより統治権の所在を天皇にも認めていれば、法制局長官・金森徳次郎などに代表される二元的機関説は排撃対象から除外されることになる。ここに明治立憲制に変革が生じるという事態は辛うじて回避されたのである。勿論、「信念」の領域とはいえども、三〇年以上にわたって公認されてきた学説を政府声明により否定しなければならなかったことは尋常ではない。

なお、機関説問題の渦中でその進退を危惧された一木喜徳郎は一九三六（昭和十一）年三月まで枢相の地位に留まり、斎藤実亡き後の内大臣には前宮相・湯浅倉平が就任する。この湯浅は二・二六事件後の宮中では数少ない親英米派であり、陸軍とは一線を画して昭和天皇や元老・西園寺公望を補佐する。これに対して平沼騏一郎は二・二六事件後、「重臣ブロック」打破の姿勢を転換し、自らの存在を国本社から切り離すことで政権に近付くようになる[139]。このように排撃運動勢力の要求する人物が直ちに宮中入りすることはなかったものの、二・二六事件を経て、日本政治は準戦時体制と称される環境の中で国内対立の様相を深めていくことになるのである。

第三章註

（1）代表的なものとして、山本四郎「準戦時体制」（『岩波講座日本歴史20・近代7』岩波書店、一九七六年）。

（2）酒井哲哉『大正デモクラシー体制の崩壊―内政と外交―』（東京大学出版会、一九九二年）一二九頁。

（3）社会問題資料研究会編『所謂「天皇機関説」を契機とする国体明徴運動』（東洋文化社、一九七五年）七六頁。

（4）尾藤正英「日本史上における近代天皇制―日本史上における近代天皇制―」（『思想』第七九四号、一九九四年）、三谷太一郎『近代日本の戦争と政治』（岩波書店、一九九七年）、鳥海靖「否認された天皇機関説」（鳥海靖編『近代日本の転機　昭和・平成編』吉川弘文館、二〇〇七年）。

（5）増田知子『天皇制と国家―近代日本の立憲君主制―』（青木書店、一九九九年）第六章。

（6）美濃部達吉の存在を内閣審議会に関連付けることで天皇機関説事件の一因と解釈する視点は、管見する限りでは長谷川正安『昭和憲法史』（岩波書店、一九六一年）九二～九三頁で最初に示されたものであり、中瀬寿一『近代における天皇観』（三一書房、一九六三年）四三三頁もその可能性を認めている。その後、坂野潤治「政党政治の崩壊」（坂野潤治・宮地正人編『日本近代史における転換期の研究』山川出版社、一九八五年）、小関素明「支配イデオロギーとしての立憲主義思想の思惟構造とその帰結―美濃部達吉の立憲主義思想を手がかりに―」（『日本史研究』第三二一号、一九八九年）、小路田泰直『憲政の常道』（青木書店、一九九五年）、前掲『天皇制と国家』がほぼ同様の見解を採用している。なお、美濃部の内閣制度・議会制度論の変遷については、拙稿「美濃部達吉の統治機構論と昭和期の政治」（学習院大学『政治学論集』第二十号、二〇〇七年）を参照。
（7）川口暁弘「『元老以後』の首相奏薦」（『学習院史学』第三八号、二〇〇〇年）九三〜九七頁、永井和『青年君主昭和天皇と元老西園寺』（京都大学学術出版会、二〇〇三年）二二〇〜二二五頁。
（8）江口圭一〈昭和の歴史4〉『十五年戦争の開幕』（小学館、一九八二年）一九六頁、大江志乃夫『統帥権』（日本評論社、一九八三年）一七一〜一七二頁。
（9）原田熊雄述『西園寺公と政局』第二巻（岩波書店、一九五一年）三一四頁。
（10）これについては、升味準之輔『日本政党史論』第六巻（東京大学出版会、一九八〇年）一七六〜一七七頁、有竹修二〈日本宰相列伝14〉『斎藤実』（時事通信社、一九八六年）一七三〜一七六頁を参照。
（11）伊藤隆・広瀬順晧編『牧野伸顕日記』（中央公論社、一九九〇年）二九一頁。
（12）若槻礼次郎『古風庵回顧録―明治・大正・昭和政界秘史―』（読売新聞社、一九五〇年）三九八頁。
（13）原田熊雄述『西園寺公と政局』第四巻（岩波書店、一九五一年）七頁。
（14）山浦貫一『非常時局と人物』（信正社、一九三七年）二九〜三一頁。
（15）床次の死去により一九三五（昭和十）年九月に後任逓相として入閣する望月圭介、それに民政党から入閣していた町田と松田も政民連携論者であった。また、松田の死去により一九三六（昭和十一）年二月に後任文相として入閣する川崎も同様に政民連携論者であった（佐々木隆「挙国一致内閣期の政党―立憲政友会と斎藤内閣―」、『史学雑誌』第八六巻第九号、一九七七年、七七頁）。
（16）一九三四年六月二七日付・斎藤実宛内田信也書翰（国立国会図書館憲政資料室所蔵「斎藤実関係文書（書翰の部）」R14－450－1）。
（17）野村秀雄「大政友会分裂の危機」（『中央公論』一九三四年八月号）三九一頁。
（18）前掲「政党政治の崩壊」三七一〜三七二頁。
（19）須崎慎一『日本ファシズムとその時代―天皇制・軍部・戦争・民衆―』（大月書店、一九九八年）二四二頁。
（20）同前、一五七頁。

(21) 伊藤隆・佐々木隆「鈴木貞一日記―昭和九年―」(『史学雑誌』第八七編第四号、一九七八年)七七頁。
(22) 黒田秀俊『昭和軍閥』(図書出版社、一九七九年)十七頁。
(23) 岡田貞寛『父と私の二・二六事件』(光文社、一九九八年)一三七頁。
(24) 前掲「大政友会分裂の危機」三八八頁。
(25) 前掲『日本政党史論』第六巻、二二六頁。
(26) 山本四郎『元老』(静山社、一九八六年)二七四頁。
(27) 前掲「政党政治の崩壊」三九〇頁。
(28) 田中時彦「第三一代　岡田内閣―『現状維持』の限界に立って―」(林茂・辻清明編『日本内閣史録』第三巻、第一法規出版、一九八一年)三六四頁。なお、坂野潤治氏はこの内閣審議会の起源について、これを美濃部達吉が斎藤内閣末期から提唱していた職能代表制会議構想に求め(前掲、坂野「政党政治の崩壊」三八二～三八三頁)、小路田泰直氏(前掲『憲政の常道』一六八～一六九頁)や増田知子氏(前掲『天皇制と国家』二六三頁)もこの見解を踏襲している。だが、美濃部が一時的に提唱していた職能代表制会議構想は内閣の上部に恒久的指導機関を置くというものであり、本来、政党代表者の参加は想定していなかった。岡田は枢密院への官制諮詢の際、内審が恒久機関ではなく暫定機関であることを明言している(池田順「ファシズム期の国家機構再編―広田内閣期を中心に―」、『日本史研究』第二八八号、一九八六年、三三頁)。ゆえに美濃部の論説と内閣審議会を関連付けようとする視点は因果関係の強調という面で無理があるように思う。
(29) 内閣審議会・内閣調査局設置問題と永田の関与については、陸軍士官学校第十六期生故永田中将伝記編纂委員会編『鉄山永田中将』(川流堂小林又七本店、一九三八年)二三一～二三三頁、日本近代史料研究会編『鈴木貞一氏談話速記録』上巻(日本近代史料研究会、一九七一年)三三八～三四一頁、今井清一「総動員体制と軍部」(東京大学社会科学研究所編〈ファシズム期の国家と社会6〉『運動と抵抗・上』東京大学出版会、一九七九年)一五五頁を参照。また、斎藤・岡田内閣期における皇道派勢力と反皇道派勢力については、拙稿「二・二六事件と中間内閣期の政治構造」(学習院大学『政治学論集』第十九号、二〇〇六年)を参照。
(30) 松浦正孝「高橋是清と挙国一致内閣」(北岡伸一・御厨貴編『戦争・復興・発展―昭和政治史における権力と構想

―』東京大学出版会、二〇〇〇年）六五～六六頁。

(31) 伊藤隆・佐々木隆・季武嘉也・照沼康孝編『真崎甚三郎日記―昭和七・八・九年一月～昭和十年二月―』（山川出版社、一九八一年）二四六頁。

(32) 「国体明徴に関する江藤源九郎請願」（内閣官房総務課『国体明徴に関する件』一九三五年、国立公文書館所蔵、1－2A－040－00・資－00065－100）。なお、『牧野伸顕日記』一九三五年七月十日条には「江藤源九郎より機関説問題に関する請願書の提出あり」（六四一頁）とあり、本史料を指すと推定される。

(33) 陸軍パンフレット問題と国内の反響については、石関敬三「国防国家論と国体明徴」（早稲田大学社会科学研究所プレ・ファシズム研究部会編『日本のファシズム―形成期の研究―』早稲田大学出版部、一九七〇年）を参照。なお、坂野潤治氏は「大蔵公望や矢次一夫の国策研究会と美濃部達吉との関係がどの程度の深さのものであったかは、定かではない」とことわりながらも、斎藤内閣末期の一九三四年五月頃には国策研究会を媒体として朝鮮総督・宇垣一成大将、陸軍省軍務局長・永田鉄山少将、社会大衆党、美濃部達吉が統治機構改革問題をめぐって間接的に接触を深めていたとして、特に美濃部と国策研究会の関係を強調する。その上で美濃部の職能代表制会議構想は社会大衆党の国民経済会議構想や一部新官僚の間で検討された経済参謀本部構想ともアナロジーがあったとして、ここに「新官僚と自由主義知識人と合法無産政党の体制構想が一定の接近を示し」たとする。その上で、美濃部の職能代表制会議構想は政党内閣制を否定した点で政友会の反発を招き、さらには国家社会主義的性格を有する国策研究会との関係が陸軍皇道派からの反発を招く背景になったと分析する（前掲「政党政治の崩壊」三七九～三八三頁）。この坂野氏の見解を踏襲する形で、増田知子氏も美濃部が斎藤内閣成立以降、永田や国策研究会との関係を深めて職能代表制会議構想を提案したことこそ、蓑田胸喜ら右翼にとっては軍部に接近を図る「転向」と映り、天皇機関説事件につながったと指摘している（前掲『天皇制と国家』一四四頁）。だが、この陸軍パンフレットが国策研究会の全面協力により作成されたものであることは多くの研究で指摘されてきたことであり、そこに美濃部が関与した事実は見当たらない。仮に両氏の説明にあるように美濃部が陸軍統制派や国策研究会と政治構想を一致させていたならば、なぜ本文に記したように、美濃部が当該期知識人の中で最も痛烈な批判を展開せねばならなかったのかという理由が説明できなくなる。陸軍省新聞班では国内の賛否両論、中立意見を調査する目的で同年十一月、全二五五頁から成る『国防の本義と其強化の提唱」に対する評論集』を編集しているが、そこには美濃部論文「陸軍省発表の国防論を読む」も反対意見として収録されている（高橋正衛解説『現代史資料5・国家主義運動2』みすず書房、一九六四年、xxii頁）。この事実を踏まえるならば、美濃部・陸軍統制派・国策研究会に何かしらの政治的提携関係を認めようとする所見には無理があるように思う。

(34)　三沢潤生・二宮三郎「帝国議会と政党」（細谷千博・斎藤真・今井清一・蝋山道雄編『日米関係史』第三巻、東京大学出版会、一九七一年）十六頁。

(35)　一九三五年三月五日現在・内務省警保局作成『反美濃部運動ノ概況』（国立国会図書館憲政資料室所蔵「斎藤実関係文書（書類の部）」R196‐157‐1）十五〜十六頁。本資料は内務省警保局長・唐沢俊樹が斎藤に対して定期的に送っていたものである。

(36)　一九三五年三月二二日現在・内務省警保局作成『反美濃部運動ノ概況（其ノ六）』（国立国会図書館憲政資料室所蔵「斎藤実関係文書（書類の部）」R196‐157‐7）二〜三頁。なお、最近の研究として、小林和幸「『天皇機関説』排撃問題と貴族院―『正教刷新ニ関スル建議案』と院内会派―」（小林和幸編『近現代日本　選択の瞬間』有志舎、二〇一六年）は政教刷新建議案について、強硬派に加えて穏健派も妥協を余儀なくされたことを指摘している。

(37)　小山常実『天皇機関説と国民教育』（アカデミア出版会、一九八九年）三三二頁。

(38)　『政界情報』一九三五年三月二三日（国立国会図書館憲政資料室所蔵「斎藤実関係文書（書類の部）」R177‐142‐31）。

(39)　一九三五年三月二六日現在・内務省警保局作成『反美濃部運動ノ概況（其ノ七）』（国立国会図書館憲政資料室所蔵「斎藤実関係文書（書類の部）」R196‐157‐8）。

(40)　前掲『西園寺公と政局』第四巻、二二八頁。

(41)　『出版警察報』第八二号（一九三五年七月）十四頁。

(42)　前掲『十五年戦争の開幕』二一八頁。

(43)　『出版警察報』第七六号（一九三五年一月）二五頁。なお、斎藤内閣期における右翼勢力の低迷については、岡本清一『船口万寿伝』（四季書房、一九四二年）一二九〜一三一頁も合わせて参照。

(44) 五百木良三『所謂機関説問題は昭和維新第二期戦展開の神機』(国体擁護連合会、一九三五年)十六〜十八頁。
(45) 前掲『天皇制と国家』二六六頁。
(46) 『時事新報』一九三五年五月三日。
(47) 『東京朝日新聞』一九三五年五月四日。
(48) 「国体擁護連合会の動静」(内閣官房総務課作成『国体明徴問題』一九三五年、国立公文書館所蔵、1-2A-040-00・資-00065-100)。
(49) 前掲『西園寺公と政局』第四巻、二三六頁。
(50) 矢嶋光「芦田均と政民連携運動—一九三〇年代の外交と政党政治の関係をめぐって—」(『日本歴史』第七九三号、二〇一四年)六五頁。
(51) 水野錬太郎自身によると、岡田と高橋に対して国策審議機関の設置を提言したのは水野であり、鈴木に対しては岡田の意向に基づき内閣審議会設置を勧説したものの、受け入れられなかったという(尚友倶楽部・西尾林太郎編『水野錬太郎回想録・関係文書』山川出版社、一九九九年、三八〜四〇頁)。
(52) 前島省三『新版・昭和軍閥の時代—日本ファシズムの形成過程—』(ミネルヴァ書房、一九七四年)三〇二〜三〇三頁。
(53) 藤島省三「帝人事件とその後景—日本ファシズムの議会主義的特質をめぐって—」(『立命館法学』第十一号、一九五五年)九二頁。
(54) 前掲「大政友会分裂の危機」三九〇〜三九一頁。なお、山本は岡田への大命降下直後、岡田周辺から同じく旧政友系の秋田清、望月圭介とともに、鈴木からの組閣協力を斡旋するように要請されており、国立国会図書館憲政資料室所蔵「斎藤実関係文書(書翰の部)」1375に分類されている民政党衆議院議員・牧山耕蔵の書翰類にはその内容が詳細に記されている。
(55) 華北分離工作については研究史の中で現地軍の主導か、陸軍中央の関与したものと見るか評価が分かれている。旧来は島田俊彦「華北工作と国交調整(一九三三年〜一九三七年)」(日本国際政治学会太平洋戦争原因研究部編『太平洋戦争への道』第三巻、朝日新聞社、一九六二年)、古屋哲夫「日中戦争にいたる対中国政策の展開とその構造」(古屋哲夫編『日中戦争史研究』吉川弘文館、一九八四年）など、関東軍独走説が有力であった。その後、酒井哲哉氏は未公刊の「南次郎日記」を活用し、陸軍中央と現地軍が一体となり、広田外交に対抗しようとしていたことを指摘している（前掲『大正デモクラシー体制の崩壊』一一七〜一一八頁）。これに対して、井上寿一氏は永田が現地軍の行動を抑制し、広田外交を支えていたとし、一九三五年十二月の第二次華北分離工作発生を永田死後における陸軍中央の現地軍統制力低下と捉えている（井上寿一『危機のなかの協調外交—日中戦争に至る対外政策の形成と展開—』山川出版社、一九九四年、第五〜六章）。同様に森靖夫氏は永田が現地軍による華北分離工作を事後承認後も、外務省や海軍と協調して対中国政策の調整や、現地軍統制の確立に努めていたと主張している（森靖夫『永田鉄山—平和維持は軍人の最大責務なり—』ミネルヴァ書房、二〇一一年、二五一〜二五四頁）。これに対して、宮田昌明氏は永田ら統制派による満洲と華北を含む広域経済圏構想こそ、現地軍の独断行動を容認する背景になったとし、井上・森両氏の見解を批判している（宮田昌明『英米世界秩序と東アジアにおける日本—中国をめぐる協調と相克　一九〇六〜一九三六—』ミネルヴァ書房、二〇一四年、第二〇章・終章）。この問題についての筆者自身の見解はいずれ明らかにしたいと思う。

(56)　前掲『牧野伸顕日記』六三七頁。

(57)　国際連盟脱退をめぐる御前会議開催構想については、茶谷誠一『昭和戦前期の宮中勢力と政治』（吉川弘文館、二〇〇九年）第三章を参照。

(58)　前掲『牧野伸顕日記』六三七〜六三八頁。

(59)　茶谷誠一氏は岡田内閣期の宮中について、「宮中勢力内部で一致した政治姿勢、共通認識化された政治思想が保持できなくなってきた」（前掲『昭和戦前期の宮中勢力と政治』一四四頁）と指摘している。しかしながら、機関説問題への対応を詳細に検討するならば、宮中側近の連携は維持されており、茶谷氏の所見は西園寺と牧野の対立を過大評価しているように思う。

(60)　『連合情報』一九三五年六月十日（国立国会図書館憲政資料室所蔵「斎藤実関係文書（書類の部）」R179-142-34）。

(61)　柴田紳一「『重臣ブロック排撃論者』としての久原房之助」（『国学院大学日本文化研究所紀要』第八三輯、一九九九年）八八〜八九頁。

(62) 奥健太郎『昭和戦前期立憲政友会の研究―党内派閥の分析を中心に―』(慶應義塾大学出版会、二〇〇四年)一〇六頁。
(63) 伊藤隆・佐々木隆・季武嘉也・照沼康孝編『真崎甚三郎日記―昭和十年三月～昭和十一年三月―』(山川出版社、一九八一年)四〇頁。以下、本章における『真崎甚三郎日記』の引用は同書からのものである。
(64) 竹山護夫「昭和十年七月陸軍人事異動をめぐる政治抗争(その二)」(『山梨大学教育学部研究報告・第一分冊(人文社会科学系)』第二五号、一九七四年)九六頁。
(65) 由井正臣「軍部と国民統合」(東京大学社会科学研究所編〈ファシズム期の国家と社会1〉『昭和恐慌』東京大学出版会、一九七八年)一八七～一八八頁。
(66) 前掲『牧野伸顕日記』六四二～六四三頁。
(67) 前掲『西園寺公と政局』第四巻、二九〇～二九二頁。
(68) 秦郁彦『軍ファシズム運動史』新装版(原書房、一九八〇年)一〇七頁。
(69) 本庄繁『本庄日記』(原書房、一九六七年)二二一～二二二頁。
(70) 前掲『西園寺公と政局』第四巻、三〇〇頁。
(71) 『東京朝日新聞』一九三五年七月三一日夕刊。
(72) 滝口剛「岡田内閣と国体明徴声明―軍部との関係を中心に―」(『阪大法学』第四〇巻第一号、一九九〇年)八二～八四頁。
(73) 前掲『真崎甚三郎日記』一八四頁。
(74) 一九三五年八月十四日付・斎藤実宛児玉秀雄書翰(国立国会図書館憲政資料室所蔵「斎藤実関係文書(書翰の部)」R28－754－35)。
(75) 前掲『西園寺公と政局』第四巻、三二一頁。
(76) 前掲『牧野伸顕日記』六五二頁。
(77) 前掲『日本ファシズムとその時代』二七二頁。
(78) 角田順校訂『宇垣一成日記』第二巻(みすず書房、一九七〇年)九七一頁。

(79) 堀田慎一郎「岡田内閣期の陸軍と政治」(『日本史研究』第四二五号、一九九八年)三〇頁。
(80) 一九三五年九月七日付・真崎甚三郎宛牟田口廉也書翰(国立国会図書館憲政資料室所蔵「真崎仁三郎文書」R29-989-5)。
(81) 日本近代史料研究会編『片倉衷氏談話速記録』下巻(日本近代史料研究会、一九八三年)九〇〜九一頁。
(82) 『東京朝日新聞』一九三五年九月十八日。
(83) 前掲『所謂「天皇機関説」を契機とする国体明徴運動』一八七頁。
(84) 前掲『西園寺公と政局』第四巻、三三七頁。
(85) 『三六情報』第十九号(一九三五年九月二八日。国立国会図書館憲政資料室所蔵「斎藤実関係文書(書類の部)」R226-176-23-⑧)一〜九頁。
(86) 『東京朝日新聞』一九三五年九月十九日。
(87) 「国体明徴委員の報告」(『政友』第四二一号)二六頁。
(88) これについては、伊藤之雄『明治天皇―むら雲を吹く秋風にはれそめて―』(ミネルヴァ書房、二〇〇六年)二六二〜二七三頁を参照。なお、この天皇機関説強弱論については、『民政』第二六一号に掲載の無署名記事「所謂四大方針とは何ぞ」一四頁にもほぼ同様の論旨が見られる。
(89) 清水澄『帝国公法大意』(清水書店、一九二五年)一〇〇頁。なお、清水の憲法学説と政治思想については、拙稿「清水澄の憲法学と昭和戦前期の宮中」(日本政治学会編『年報政治学二〇〇九-Ⅰ　民主政治と政治制度』)、同「清水澄と昭和史についての覚書―満洲国皇帝への御進講から日本国憲法制定まで―」(『藝林』第六六巻第二号、二〇一七年)を参照。
(90) 岡田貞寛編『岡田啓介回顧録』(毎日新聞社、一九七七年)八九頁。
(91) 拙稿「岡田内閣期における機関説問題処理と政軍関係―第二次国体明徴声明をめぐる攻防を中心に―」(学習院大学『政治学論集』第十八号、二〇〇五年)十七〜十八頁。
(92) 五明祐貴「天皇機関説排撃運動の一断面―『小林グループ』を中心に―」(『日本歴史』第六四九号、二〇〇二年)八七頁。

(93)「陸軍当面の非常時政策」(前掲、秦『軍ファシズム運動史』新装版、附録)三五六頁。
(94)前掲『本庄日記』二二八頁。
(95)前掲『真崎甚三郎日記』二四三～二四四頁。
(96)前掲「岡田内閣期における機関説問題処理と政軍関係」二二一～四〇頁。
(97)前掲『西園寺公と政局』第四巻、三四九～三五〇頁。
(98)『三六情報』号外(一九三五年十月十七日。国立国会図書館憲政資料室所蔵「斎藤実関係文書(書類の部)」R226－176－23－⑪)十～十一頁。なお、三六倶楽部設立者である小林順一郎を中心にして排撃運動勢力の活動を分析した五明祐貴氏は、「機関説排撃事件は、国体論の過度の強調と異端思想の芟除という『狂信性』を特徴の一つとしているが、これとともに、これだけ事態が広汎に拡大しながらも、排撃派によって統一された革新策が打ち出されずに終わったという参加勢力の『雑多性』を挙げなければならない」と述べており(前掲「天皇機関説排撃運動の一断面」八一頁)、極めて示唆的と言える。
(99)『東京日日新聞』一九三五年十月十六日。
(100)一九三五年十月十八日付・陸軍省徴募課「国体明徴ニ関スル件」(『昭和十一年密大日記』第2冊、防衛省防衛研究所図書館所蔵、陸軍省・密大日記－S11～2)。
(101)前掲「軍部と国民統合」一八九頁。
(102)前掲『統帥権』一七九頁。
(103)前掲『真崎甚三郎日記』二五八頁。
(104)前掲『西園寺公と政局』第四巻、三五三頁。なお、内大臣府秘書官長・木戸幸一もこの年十月十一日、宮相・湯浅倉平に対して、川島を更迭して渡辺に交代させることを進言していた(木戸日記研究会編『木戸幸一日記』上巻、東京大学出版会、一九六六年、四三四頁)。
(105)一九三五年十一月二八日付・真崎甚三郎宛明倫会本部書翰(国立国会図書館憲政資料室所蔵「真崎甚三郎関係文書」R25－870－2)。
(106)原朗「戦時統制経済の開始」(『岩波講座日本歴史20・近代7』岩波書店、一九七六年)二二〇頁。

(107) 前掲『西園寺公と政局』第四巻、二九〇頁。
(108) 同前、三四五～三四六頁。
(109) ワシントン海軍軍縮会議の脱退過程については、前掲『大正デモクラシー体制の崩壊』一〇三～一〇八頁を参照。また、この時期の陸海軍・外務省の海軍軍縮問題認識については、佐藤元英「斎藤実内閣期における対ソ政策―日ソ不侵略条約問題と五相会議を中心に―」(『中央史学』第九号、一九八六年)一〇三～一〇四頁も合わせて参照。
(110) 「昭和十一年度歳入歳出概算」(国立公文書館所蔵『公文類聚第五十九編巻三十二』、2A－12－類1925)より算出。
(111) 大前信也『政治勢力としての陸軍―予算編成と二・二六事件―』(中央公論新社、二〇一五年)。
(112) 須崎愼一『二・二六事件―青年将校の意識と心理―』(吉川弘文館、二〇〇三年)一六一頁。
(113) 同前、一六四頁。
(114) 一九三五年十二月二四日の第六八回帝国議会召集時における衆議院議員数は政友会二四九名、民政党が一二六名であった(衆議院・参議院編『議会制度百年史―院内会派編・衆議院の部―』大蔵省印刷局、一九九〇年、三九七頁)。
(115) 床次新党運動については、伊藤隆「『挙国一致』内閣期の政界再編成問題(一)」(東京大学『社会科学研究』第二四巻第一号、一九七二年)六六～七二頁を参照。
(116) 前掲『西園寺公と政局』第四巻、三二八頁。
(117) 一九三三(昭和八)年二月十五日、山本は政友会長老政治家の一人である小川平吉と「両党連合の事、熱河問題、連盟脱退問題、軍部跋扈問題等」について懇談し、「脱退尚早論」を主張している(小川平吉関係文書研究会編『小川平吉関係文書』第一巻、みすず書房、一九七三年、二七三頁)。
(118) 『国民新聞』一九三五年十二月四日夕刊。
(119) 前掲『西園寺公と政局』第四巻、三九五～三九六頁。なお、第六七回帝国議会解散前後における久原と政友会内の動きについては、官田光史『戦時期日本の翼賛政治』(吉川弘文館、二〇一六年)二三～二五頁を参照。官田氏は当時の政友会で久原の倒閣路線に対抗する形で「国体明徴運動政争回避派」が形成されたとしている。なお、この段階で久原は皇道派とも接触を図り、陸軍部隊の動員によって川島陸相を拘束し、無解散倒閣を決行することも企図していた。この十二月クーデター計画については、前掲「二・二六事件と中間内閣期の政治構造」五二～五八頁を参照。
(120) 前掲『木戸幸一日記』上巻、四四九頁。
(121) 前掲『西園寺公と政局』第四巻、三九六頁。
(122) 小川平吉文書研究会編『小川平吉関係文書』第一巻(みすず書房、一九七三年)三〇〇頁。
(123) 同前。
(124) 前掲『大正デモクラシー体制の崩壊』九八頁。
(125) 同前、一四二頁。
(126) 前掲『本庄日記』二三二頁。
(127) 前掲『木戸幸一日記』上巻、四四九頁。
(128) 前掲『本庄日記』二三三頁。
(129) 「斎藤実日記(昭和十年)」(国立国会図書館憲政資料室所蔵「斎藤実関係文書(書類の部)」R284－208－88)一九三五年十二月二六日条。
(130) 伊藤之雄『元老―近代日本の真の指導者たち―』(中央公論新社、二〇一六年)二六二～二六四頁。
(131) 磯部浅一「行動記」(河野司編『二・二六事件』河出書房新社、一九七二年)二三四頁。
(132) 一九三五年十二月十七日付・牧野伸顕宛上山満之助書翰(国立国会図書館憲政資料室所蔵「牧野伸顕関係文書」第10冊－164－2)。
(133) 一九三五年一月十九日付・斎藤実宛石塚英蔵書翰(国立国会図書館憲政資料室所蔵「斎藤実関係文書(書翰の部)」R8－333－3)。
(134) 第十九回衆議院議員総選挙について、政府による選挙粛正運動も含めて分析した先行研究として、粟屋憲太郎「一九三六、三七年の総選挙について」(『日本史研究』第一四六号、一九七四年)、須崎愼一「選挙粛正運動の限界とその役割」(『歴史評論』第三一〇号、一九七六年)、伊藤之雄「『ファシズム』期の選挙法改正問題」(『日本史研究』第二一二号、一九八〇年)がある。この中で粟屋・須崎両氏は警察当局による政党排撃と選挙民萎縮、陸軍の内政関与を強調するが、伊藤氏は陸軍の選挙干渉が本格化するのは二・二六事件以降であるとして両者の見解を批判している。その上で、伊藤氏は、天皇機関説事件当時の内務官僚は地方局を中心に美濃部学説支持者が多く、若年事務官に比して自由主義的傾向を有していたことを明らかにしている。

(135)　前掲『日本政党史論』第六巻、二六四～二六七頁。

(136)　前掲『岡田啓介回顧録』九七頁。

(137)　前掲『宇垣一成日記』第二巻、一〇〇二頁。

(138)　一九三五年二月二三日付・斎藤実宛石塚英蔵書翰（国立国会図書館憲政資料室所蔵「斎藤実関係文書（書翰の部）」R８－３３３－４）。

(139)　萩原淳『平沼騏一郎と近代日本―官僚の国家主義と太平洋戦争への道―』（京都大学学術出版会、二〇一六年）一九〇～一九三頁。

第四章　日中戦争開戦と政治的統合性の問題

はじめに

本章では一九三六（昭和十一）年三月の広田内閣成立に始まり、一九三七（昭和十二）年七月の日中戦争開戦を経て、一九三九（昭和十四年）年一月の第一次近衛内閣総辞職に至るまでの期間を扱う。当時、立憲政友会・立憲民政党が第一次近衛内閣との関係や新党運動の推移をどのように捉えていたのか、政府による戦争指導や「挙国一致」路線の追求も含め、日中戦争開始期の政治を再検討する。

二・二六事件と日中戦争を経て軍部の政治的影響力が高まり、政党内閣復帰が不可能となったことは序章で紹介した酒井哲哉氏をはじめ、幾つもの先行研究で指摘されてきた。この評価は結論としては正しいだろうが、軍部による議会制への挑戦はヨーロッパ政治史では稀有に等しい。その意味でも一九三〇年代後半期の政治的構図は軍部の存在だけに集約できない側面を有している。

かつて加藤陽子氏は二・二六事件後の粛軍と軍部大臣現役武官制復活問題を検討し、陸軍中堅層の政治改革路線が陸軍首脳部との対立により挫折していく過程を明らかにした。[1] また、筒井清忠氏は軍部大臣現役武官制復活後も陸軍が陸相人事の面で絶対的な影響力を行使できなかったことを明らかにした。[2] 大前信也氏は二・二六事件後の陸軍が内閣や大蔵省との予算折衝を重視していたことや、日中戦争初期の戦費調達にあたり、議会対策を意識していたことを解明した。[3] こうした研究成果により、二・二六事件以降における軍部の影響力拡大は非合法的手段ではなく、むしろ合法的枠内で模索されたものであることが理解されるようになった。

一方、この時期の政党については、第一次近衛内閣期の一九三八（昭和十三）年に活発化する近衛新党運動を取り上げた伊藤隆氏と升味準之輔氏の研究が先駆的業績である。[4] 伊藤氏は新党運動を推進した「革新」派として社会大衆党執行部や既成政党勢力内部の反主流派に注目し、升味氏は新党運動の性格として、軍部への迎合という「時局便乗」的側面を指摘した。このうち、伊藤氏の研究は一九四〇年代の近衛新体制運動まで視野に入れた政治過程論的分析として研究史上、重要視されている。ただし、経済、社会、国際関係について十分検証されていない部分があり、一九三八年半ばから生じる政治的混沌状態の中で、近衛新党以外の選択肢が既成政党勢力の側でどのように構想されていたのかという点が詳らかではない。また、「革新」派と称される政治家の姿勢が常に固定化されたものであったのか、「革新」派以外の政治家の動きも含め、解明されなければならない課題を残している。

ゴードン・バーガー氏と古川隆久氏は日中戦争期における政府と議会の関係に注目し、政党が現実政治に相応の影響力を有していたと捉える。[5] 伊藤氏が新党運動派に注目しているのに対して、両氏の研究は既成政党勢力の存在を重視する点で相違が見られる。特に古川氏による研究は一九四〇年代前半期まで政党政治復活に向けた動きが政党により試みられていたことや、議会運営が歴代内閣の重要課題であったことを強調する点に特徴がある。しかしながら、両氏の見解は総選挙結果や予算審議過程への分析が不十分であり、政党の影響力や軍部との対立を過大に評価している面がある。

そもそも日中戦争開始期の政治史は選出勢力と非選出勢力の対立関係に加え、選出勢力内部の対立という二つの権力ゲームに注目する必要がある。この時期の二大政党については、政友会については奥健太郎氏と手島仁氏の研究(6)、民政党については井上敬介氏の研究が発表され(7)、第一次近衛内閣期に至るまでの党内構造や各会派の動きが明らかにされている。では、こうした既成政党勢力の動きは当時の戦争指導や対外政策の展開にいかなる意味を持っていたのか。本章では日中戦争開始期における近衛文麿ら政治指導層、既成政党勢力それぞれの情勢認識、一九三八年後半期における近衛の政治的求心力の低下と「挙国一致」路線の分裂も含めて分析する。また、国家総動員法（以下、総動員法）に比して先行研究の少ない電力国家管理法（以下、電管法）の成立過程についても第七三回帝国議会運営問題との関連で検討し、この時期の既成政党勢力が果たした役割とその限界を明らかにする。

一　準戦時体制期の陸軍と政党

一般に一九三六（昭和十一）年二月の二・二六事件から一九三七（昭和十二）年七月の日中戦争開戦に至る期間は「準戦時体制」と称され、陸軍の政治介入が強まる時期と位置付けられている。だが、広田・林内閣期にあっても議会内に軍部批判の動きが存在し、一九三七年春の総選挙では政友会、民政党が総議席の八割を確保する結果となっている。また、その成立当初は「非常時局に於ける過渡的鎮静内閣として、形式的な各勢力糾合による挙国一致内閣として存在してゐた」(8)に過ぎなかった第一次近衛内閣が日中戦争開戦後、国内諸勢力から短期間に政治的支持を調達できた理由はどこにあったのか。ここでは第一次近衛内閣成立に至る諸政治勢力の布置状況を整理するため、一九三六年の広田内閣成立時にまで遡ることにしたい。

一九三六年二月二七日未明、岡田内閣が二・二六事件による影響で総辞職すると、三月四日に貴族院議長・近衛文麿に後継首班の大命が降下する。しかし、近衛が病気を名目に拝辞したため、新たに前外相・広田弘毅に大命降下される。陸相候補であった前台湾軍司令官・寺内寿一大将は自由主義者の入閣排除に加え、政友会・民政党からの入閣者を各一名とすることを広田に要望する。しかし、組閣本部の抵抗により、政民両党からは総裁推薦で二名ずつの入閣が認められる。(9) 政友会からは島田俊雄と前田米蔵が農相と鉄相、民政党からは川崎卓吉と頼母木桂吉が商相と逓相にそれぞれ就任するが、重要ポストである内相と蔵相には官僚出身の貴族院議員である潮恵之助と馬場鍈一がそれぞれ就任する。この点でも政党所属閣僚の地位低下は明らかであった。

そもそも既成政党勢力は一九三六年初頭の時点で第十九回衆議院議員総選挙後の政局をどのように展望していたのか。政友会の島田俊雄は、岡田内閣が「此選挙の機会を利用して民政党をして衆議院の第一党たらしめ、それに昭和会と国民同盟とを加へて議会の過半数を制すべく期待してゐるかも知れぬ」が、「故意に或る政党を排斥して之を挙国一致の目標より除外するが如きは片腹痛き愚論」であり、(10)「真の挙国一致は大政党が小政党を抱擁する場合に於てのみ正当と認められる」と述べていた。(11) 島田は英国のマクドナルド政権のような政党の大連立を想定し、政友会が政権に参入しなければ真の「挙国一致」ではないと考えていたのである。

一方、民政党幹事長・川崎卓吉は一月二一日の党大会で、「もし岡田内閣が選挙粛正の一事を以て総選挙の能事終れり」とすれば、「政治的責任を解せざるも甚しと云はざるを得ない」と断言していた。その上で、民政党は「国民の絶大な賛成と支持を得て、新たに国民的信任を基礎とし、挙国政治を強化し、依て以て国家内外の難局打開につとむるの決意と覚悟を持たなければならぬ」と述べている。(12) 川崎は国民大多数の支持を得た民政党が政権協力することで「挙国主義」は実現できると考えていたのである。島田と異なり、政党の大連立を前提とした挙国一致内閣論ではないことや、民政党単独内閣樹立を喫緊の目標として認識していない点がポイントである。(13)

島田と川崎は三月九日成立の広田内閣に政党所属閣僚として入閣するが、広田内閣の性格は彼らの考える「挙国一致」、「挙国主義」のいずれにも反するものであった。その意味でも二・二六事件の発生は政党の存在意義をどう示すか、という重要な問いを投げかけるものであった。そして、五月四日開会の第六九回帝国議会では事件の再発防止を求める政党側から激しい質疑が展開されることになる。

五月七日、衆議院本会議では民政党の斎藤隆夫が寺内陸相を相手に一時間二五分に及ぶ質問演説を行う。この所謂「粛軍演説」は青年将校など現役軍人の思想問題や軍上層部の監督責任を問うとともに、政治家の一部に軍部と結託して政治的野心を抱く者があることを牽制するものであった。当時、衆議院では「粛軍」の徹底が叫ばれながらも、統帥事項に直接関与することはできず、寺内陸相への質疑も中途半端なものに終わっていた。それだけに、この演説は斎藤自身が日記に、「満場静粛、時々万雷起る。議員多数握手を求め、大成功を賞揚す。予も責任を果したる感あり」(14)と記しているように、多くの議員にとって溜飲が下がる思いであったはずである。

この「粛軍演説」から十一日後の五月十八日、広田内閣は議会の協賛を要しない勅令により内閣官制別表の陸海両相任用規定と陸軍省官制付表備考欄に「現役」の二字を追加し、海軍の将官分限令も一部改正することで、陸海軍大臣任用資格を現役の大・中将とする規定を復活させる(15)。当該期陸軍中堅層の意図が陸相中心型命令系統の確立にあったことは、さきに紹介した加藤陽子氏と筒井清忠氏の研究で明らかにされているが、筆者が注目するのは政党と世論の反応である。当時、政民両党の機関誌『政友』『民政』でこの問題に言及した記事はなく、新聞報道での扱いも小さい。東京朝日新聞の社説は一九一三（大正二）年の第一次山本内閣による軍部大臣現役武官規定削除に触れ、「軍としては再び大正二年の状勢を引起さざる様自粛自戒の必要がある」一方、政党には「その後幾度か議会壇上で叫ばれた軍部大臣文官制が今次の改革に当つて、国民の側からは勿論政党議員からも聞かれない現状」への反省を求めている(16)。つまり、当時の世論は軍の自重を望みつつも、現実の選択肢として軍部大臣文官制が不可能であるため、軍部大臣現役武官制復活を自明の理としていたのである。

そして、こうした認識は政党も同様であった。二・二六事件収拾が陸軍当局の管理下で進められる中、この第六九回帝国議会では東京市内への戒厳令施行や東京陸軍特設軍法会議設置などが事後承認されていた。最終的には三週間の会期中に追加予算案七件、政府提出法案四六件を可決しており、軍部大臣現役武官制復活についても大した反対論議のないまま容認していたのである。こうした中で六月五日、民政党代議士・鶴見祐輔は朝鮮総督臨時代理・宇垣一成陸軍大将への書翰で次のように述べている。

政党が偶々斎藤隆夫氏の演説の人気に勢いを得て粛軍を高調し、官僚の人権蹂躙を痛撃し乍ら毫も自省の態度を示さざりしことは軍部を刺戟し且つ国民を失望せしめ候。（中略）現内閣の無力なる事は今期議会にて明白と相成り申候間、其の命数の長からざる事殆んど衆口［目］一致の論と存じ候。（中略）次に来るべき強力内閣が議会主義に拠るか、議会弾圧の方向に進むかが現下の大問題と存候。実行［業］界と新聞界は全く気力を失い居候間、若し人傑出現して二大政党を一丸とし徹底的政治を実行せば朝野は挙げてこれを歓迎致すべしと存申候。(17)

ここでは広田内閣・政党の双方が有効な時局打開策を提示できない現状にあって、二大政党である政民両党を連合させ、政治の方向性を確立できる指導者として宇垣への待望感が綴られている。宇垣は二・二六事件後も有力な首相候補として去就が注目されており、鶴見は議会政治に対する国民の支持を回復し、かつ、軍部の抬頭を抑止する役割を党外人である宇垣に求めていたのである。

九月二一日、陸海両相が行政機構・議会制度改革案を広田に提出すると、民政党では十一月四日の党幹部会・総務会で「軍部の議会政治否認宣伝」に対する強硬意見が相次いで示される。(18) 翌日の党内有志代議士会ではファッショ思想撲滅、現役軍人の政治関与排撃、議会権能の発揮と政党の機能高揚が決議され、これを総裁・町田忠治、幹事長・永井柳太郎に手交している(19)。この事態を受けて、寺内は六日の閣議で陸軍の総意はファッショ政治実現ではなく、議会政治尊重にあると釈明している(20)。このように、当時の陸軍にとっても議会を無用に刺激することは避けたかったのである。

そして、十二月二六日開会の第七〇回帝国議会では次年度予算案における軍事費の割合や外交方針の在り方をめぐって激しい議論が展開される。一九三七（昭和十二）年元旦、斎藤隆夫はその日記に「反政府熱高し。一撃之を打倒すべし(21)」と記しているように、広田内閣が政権として末期状態に入っていたことは明らかであった。当時政治記者であった白木正之の著作によれば、一九三六年暮れから一九三七年春にかけて、政民両党内部では党所属閣僚の引き上げや外相・有田八郎への不信任案提出を名目にして、政民連携を画策する動きが現れていた(22)。特に民政党の若手グループでは日独防共協定や日中関係悪化など、広田内閣の外交政策が寺内ら一部閣僚に左右されている現状を打開するため、政友会鳩山派との提携を急ぐようになっていたという(23)。

ところが、近年刊行された斎藤隆夫、芦田均ら政党政治家の日記には当時の政民連携運動が抱えていた問題点や、党執行部との埋めがたい溝が垣間見られる。斎藤の日記によれば、一月八日の院内外総務会では「外交問題に干し政府問責の硬論出勢を制す」とあり(24)、民政党内で広田内閣に対する攻勢の気運が高まっていたことが分かる。翌日、政民両党有志懇談会には民政党側から斎藤隆夫、俵孫一、小山松寿、小山谷巌、山道襄一、加藤鯛一、一松定吉、桜井兵五郎、政友会側から濱田國松、金光庸夫、東武、植原悦二郎、芦田均、宮脇長吉が出席し、政府問責について協議している(25)。ただし、この時期の政民両党の連携は当時の新聞報道と異なり、決して十分なものではなかったようである。芦田の日記には、前日に鳩山一郎から「政友会の不信任案を出しても民政党はついて来まい。解散されて其上民政党に叩かれたらバカを見る(26)」と述べられた旨が記されている。九日の有志懇談会に鳩山が出席していないことからしても、政友会側には民政党への懐疑的見方が存在していたことが分かる。鳩山はこのまま問責決議案提出に進んだとして、民政党が解散総選挙を覚悟の上で政友会と歩調を合わせるのか確信が持てなかったのである。

そして、こうした鳩山の懸念はやがて斎藤も実感するようになる。十四日の党総務会と幹部会に出席した斎藤は、「町田総裁、永井幹事長其他総裁周囲の者等は、政権慾に引かされて闘志なし」[27]と綴っている。前回総選挙から一年も経っていない中、町田以下の執行部は問責決議案提出が衆議院解散に発展することを恐れ、広田内閣が妥協してくるのを待つほうが得策と認識していたのである。

十九日、政民両党有志懇談会は現内閣の外交・財政政策が「真に憂慮に堪えざるもの」との認識で一致し、民政党側発起人の俵孫一は、「現内閣の外交方針は全面的に失敗なること」を訴える。政友会の濱田國松も外交一元化と広田内閣退陣の必要性に触れ、「政民両党も未だ党議が決してゐないが、お互いに中心となる者が相提携して進めば大勢をリード出来る」との所信を表明している。[28]この濱田の発言は外交一元化よりも、党議を決することのできない執行部に言及した部分に注視すべきである。それは出席者の一人である斎藤が、「未だ両党の主脳部内閣弾劾に傾かず。此の議会は恐くは無事に終了せんか、政党意気なし」[29]と綴っていることからも明らかである。

翌二〇日、政民両党はそれぞれ党大会を開催し、政友会は軍部・官僚の専横への批判、民政党は日独防共協定反対を表明する。しかし、実際の政民両党執行部に現状を転換するだけの構想がなかった以上、政民連携を目指す勢力は独自の行動に踏み切ることになる。二一日の衆議院本会議で代表質問に立った濱田は五・一五事件以降の軍部の動向や対外政策への関与をめぐって、寺内陸相との間に激しい応酬を繰り広げる。この「腹切り問答」は当時の陸軍中堅層が企図していた政友会中島派と民政党永井派を糾合した親軍政党結成の動きに対抗するものであり、結果として、政民両党内の新党運動派は後退を余儀なくされる。そして、陸軍の側も総選挙の見通しから議会解散を断念することになる。[30]当時、陸軍省軍務局軍務課が濱田の演説について、「単ニ濱田一個人ノ問題ニアラズシテ政党ノ反軍的感情ヲ暴露シタルモノ」[31]と評価しているように、当該期陸軍に与えた衝撃は決定的であった。

同月二三日、広田内閣は議会運営に展望を失って総辞職し、二五日に宇垣一成に大命が降下する。(32)かつて宇垣は政党内閣期に陸相を務め、その際の軍縮により元老・西園寺公望から高い評価を得ていた。西園寺は欧米諸国との関係を維持し、陸軍を抑制できる指導者として、宇垣に白羽の矢を立てたのである。のちに西園寺が秘書・原田熊雄を介して宇垣本人に伝えたところによると、この大命降下は「政民両党に関係の深い宇垣をして政党の革正を図らしめ、夫を通じて軍部を自制せしめん」(33)との考えによるものだった。西園寺は政党と軍部の対立を緩和するための中間内閣を宇垣に組織させようとしていたのである。

そして、この宇垣への大命降下に際して、民政党内では執行部と別に、党利党略を超えて宇垣の組閣を支援しようとの動きがあった。広田内閣期、民政党では代議士約五〇名が政界再編成を企図し、衆議院議長・富田幸次郎の下に結集していた。これは議会と軍部の双方を抑えるため、宇垣擁立による政民連携と新党結成を視野に入れたものであり、その中心人物の一人が衆議院予算委員長・川崎克であった。(34)川崎は一月二五日付の宇垣への書翰で「政党内部の責任者の意嚮」と銘打ち、党主要幹部との会見内容を次のように記している。まず、元斎藤内閣内相・山本達雄の意向は、「此際政党は個人としての入閣者を出すも可、又出さゝるも可、此点組織者の意見に従ひ一切条件等持ち出すことを避け、丸腰となりて宇垣内閣を援助することに決定し、真に此非常時に処する覚悟を為さゝるべからず」というものである。また、元第二次若槻内閣商相・櫻内幸雄も「山本男と同様の意見を述べ、唯此際陸軍との妥協に於て、宇垣内閣としての生命線丈は之を守らるべからず」との考えであり、幹事長・永井柳太郎も「桜内君と同論」と伝えている。(35)山本、櫻内、永井は民政党の政権参入よりも、宇垣内閣樹立による政局の安定や陸軍の抑制を優先課題にしていたのである。

しかし、陸軍が陸相候補者の推薦を拒否したことで組閣作業は進まず、二九日、宇垣は大命を拝辞する。これは政党や財界と関係が深い宇垣が首相になれば、陸軍は自らの意向を国策に反映させることはできず、軍の在り方に悪影響を及ぼすと認識していたためである。当時、政治評論家・阿部眞之助が「宇垣の失脚は、議会主義運動の失脚でもあった」[36]と評したように、この一連の政変は宇垣を通じて政民連携と議会政治復興を目指していた政民両党内の動きを大きく後退させるものであった。また、近衛文麿が寺内に対して、「大命已に降れる後に於て大命を承れる人其者を排斥するは任免大権の発動其者を拒否する事」であり、「今ここに僅かの汚点を印する時は将来或は上下転倒秩序紊乱の勢を馴致せん事深慮に堪えず」[37]と述べているように、軍の政治介入は天皇の権威まで否定しかねない段階に達していたのである。

二月二日に成立する前軍事参議官・林銑十郎大将を首班とする内閣は参謀本部戦争指導課長・石原莞爾大佐を中心とするグループが日本と満洲を結ぶ「重要産業五カ年計画」実現のため準備していたものであり[38]、林は組閣に際して、陸軍の意向を取り入れて閣僚ポストの多くを兼任とする。その一方、政党からの入閣者には党籍離脱を条件付ける。そして、政務次官・参与官の任命も見送るなど、成立当初から議会との対決姿勢を明確化する。その結果、林内閣に入閣した現職衆議院議員は農相兼逓相となる昭和会代表・山崎達之輔のみであった。なお、蔵相には元日本商工会議所会頭・結城豊太郎を迎え、「軍財抱合」政策が掲げられる[39]。結城は斎藤内閣末期、高橋是清の財政路線を継承できる人物として蔵相候補に挙げられたことがあり、林内閣への入閣には財界との関係改善が期待されていた。馬場財政が財界の反発を招いたことから、陸軍にとっても財界との協調が重要課題であったためである。

林内閣は二月三日、かねて広田内閣が提出していた昭和十二年度予算案を撤回し、同月十日、昭和十二年度修正予算案作成を閣議決定する。ただし、新たな予算案作成が間に合わなかったため、さきに撤回した予算案を十五日に再提出する。その上で、議会には二月二六日と三月三日の二度にわたって減額修正を申し入れている。これは馬場蔵相期に作成された原案よりも歳出を抑制したい結城蔵相の意向に基づくものであり、その結果、最終予算案は二八億一三九三万円となる。また、馬場蔵相案で四億一七〇〇万円だった増税案が二億九二〇〇万円に改定される。[40] この一連の措置は財政膨張が国民生活にもたらす影響に配慮したものであったが、軍事予算案は一切修正されず、軍事費優先傾向は二・二六事件以前に比して強まっていた。

表6に示したように、挙国一致内閣期に入って軍事費は増額の一途をたどっており、昭和十二年度には一般会計歳出総額に占める軍事費の割合が五〇％を突破する。これは対ソ戦備充実の必要性やロンドン海軍軍縮会議脱退の影響によるものだが、陸軍の場合、その割合は昭和十一年度の二一・九九％から三一・八七％増の二五・八六％に伸長している。こうしたテンポの速い軍事予算膨張を見ても昭和十二年度予算案の特異性は明らかであった。

すでに岡田内閣期における昭和十一年度予算案編成の過程で大蔵省主導型の予算統制が確立していたが、それは議会による予算統制という財政民主主義的側面の空洞化を意味していた。[41] そして、広田内閣期の昭和十二年度予算編成になると、陸軍省首脳部は予算閣議を経ず、行政機構の中心である大蔵省主計局との折衝で大規模予算を獲得する道を確立していた。[42] そのため、林内閣期・結城蔵相の下にあっても軍事費の修正がなされることはなかったのである。

この昭和十二年度予算案が二月十五日の衆議院本会議に提出された際、民政党を代表して質問に立った川崎克は、その内容が「軍事費偏重予算」であり、「軍需インフレに伴ふ物価騰貴は不可避である」と激しく批判している。[43] しかし、林内閣が予算規模縮小や増税案修正など、健全財政主義を標榜する態度を示すと、政民両党の側も短期間で政府提出予算案・法案の審議に臨むことで一致する。三月九日、昭和十二年度修正予算案は原案通りに議会を通過するが、この第七〇回帝国議会こそ、日中戦争開戦前に政党が予算審議を通じて国策の在り方に介入し、修正を働きかけることのできた最後の機会であった。その機会が生かされず、解散総選挙回避の妥協策として審議の円滑化がなされたことは、日中戦争開戦以降も含め、政府に対する帝国議会の影響力を低下させる一因となる。

三月三一日、林内閣は第七〇回帝国議会を突如解散し、第二〇回衆議院議員総選挙の四月三〇日施行を決定する。

表6　挙国一致内閣期の予算編成と軍事費の変遷

年度	一般会計歳出総額と軍事費の内訳		軍事費割合	前年度比	議会審議と修正の有無
昭和8年度	歳出総額	22億3909万4315円	36.64%		衆議院：1933年2月14日
予算案	総軍事費	8億2048万9590円			貴族院：1933年3月8日
閣議決定：1932年11月25日		陸軍省：4億4788万3252円	20.00%		公布日：1933年3月15日
議会提出：1933年1月21日		海軍省：3億7260万6338円	16.64%		議会審議での修正：なし
昭和9年度	歳出総額	21億1213万3483円	44.36%	▼1億2696万0832円	衆議院：1934年2月13日
予算案	総軍事費	9億3704万1809円		△1億1655万2219円	貴族院：1934年3月14日
閣議決定：1933年12月2日		陸軍省：4億4917万0146円	21.26%	△128万6894円	公布日：1934年3月20日
議会提出：1934年1月23日		海軍省：4億8787万1663円	23.09%	△1億1526万5325円	議会審議での修正：なし
昭和１０年度	歳出総額	21億9341万4289円	46.62%	△8128万0806円	衆議院：1935年2月14日
予算案	総軍事費	10億2264万2413円		△8560万0604円	貴族院：1935年3月8日
閣議決定：1934年11月23日		陸軍省：4億9295万8979円	22.47%	△4378万8833円	公布日：1934年3月27日
議会提出：1935年1月22日		海軍省：5億2968万3434円	24.14%	△4181万1771円	議会審議での修正：なし
昭和１１年度	歳出総額	23億1151万7287円	45.86%	△1億1810万2998円	衆議院：1936年5月15日
実行予算案	総軍事費	10億6014万8115円		△3750万5702円	貴族院：1936年5月24日
閣議決定：1936年4月10日		陸軍省：5億0831万6700円	21.99%	△1535万7721円	公布日：1936年5月27日
議会提出：1936年5月6日		海軍省：5億5183万1415円	23.87%	△2214万7981円	議会審議での修正：なし
昭和12年度修正	歳出総額	28億1393万7971円	50.09%	△5億0242万0684円	衆議院：1937年3月8日
予算案	総軍事費	14億0961万8956円		△3億4947万0841円	貴族院：1937年3月29日
閣議決定：1937年2月12日		陸軍省：7億2796万5340円	25.86%	△2億1964万8640円	公布日：1937年3月30日
議会提出：1937年2月15日		海軍省：6億8165万3616円	24.22%	△1億2982万2201円	議会審議での修正：なし

備考：①本表では昭和11年度実行予算案以外の各年度予算案は本予算案のみを記載。議会提出日の異なる追加提出予算案の分は除外。

②軍事費割合は各年度歳出総額における総軍事費の割合，並びに各年度歳出総額における陸海軍省予算それぞれの割合を表記。いずれも少数第2位以下は切り捨て。

③前年度比は増額分を△，減額分を▼で記した。

④昭和7年度予算案は政党内閣期である第二次若槻内閣で編成され，犬養内閣で一部修正後，斎藤内閣が追加予算案として提出されたものであるため，本表には記載せず。

⑤同年度予算案の編成が複数の内閣で行われた場合，予算成立時の内閣による閣議決定・議会提出日を記載した。たとえば，昭和11年度予算案は岡田内閣期の1935年11月30日に閣議決定されたが，1936年1月21日の第68回帝国議会解散による審議未了から前年度予算施行措置(憲法第71条)の対象となり，1936年4月10日，広田内閣で一般会計実行予算案として閣議決定された。また，昭和12年度予算案は広田内閣期の1936年11月27日に閣議決定後，同年12月24日召集の第70回帝国議会へ提出されるが，本表では林内閣により193 7年2月15日に再提出され，減額調整されたものを修正予算案として掲載した。

出典：『公文類聚第五十七編巻十七』(国立公文書館所蔵，2A－12－類1819)，『公文類聚第五十八編巻二十』(国立公文書館所蔵，2A－12－類1867)，『公文類聚第五十八編第二十三』(国立公文書館所蔵，2A－12－類1870)，大蔵省主計局編『昭和11年度帝国歳入歳出実行予算』(内閣印刷局，1936年)，『公文類聚第六十一編巻五十』(国立公文書館所蔵，2A－12－類2053)，大蔵省昭和財政史編集室編『昭和財政史』第3巻(東洋経済新報社，1955年) 31～32頁をもとに作成。

この「食い逃げ解散」は政党内閣期の議会運営では考えられないものであったが、総選挙の結果は民政党が一七九議席を確保して第一党の座を維持し、政友会も一七四議席確保の善戦を遂げる。こうして政民両党は総議席四六六議席のうち、約八割に当たる計三五四議席を獲得し、林内閣準与党である昭和会十九議席に大差をつける（表7）。

この結果は依然として国政選挙が二大政党化傾向にあることを示すものであったが、全体投票率と各党の得票状況には大きな特徴が表れている（表8）。まず、政党内閣期の総選挙が八〇％以上の投票

表7　1937年4月30日・第20回衆議院議員総選挙結果

	立候補者数	当選者数	得票数	得票率(%)
立憲民政党	267	179	3,677,076	36.04
立憲政友会	266	175	3,585,654	35.14
昭和会	36	19	414,088	4.06
国民同盟	21	11	281,834	2.76
東方会	20	11	221,445	2.17
社会大衆党	66	37	928,934	9.10
諸派・無所属	150	34	1,094,645	10.73
	826	466	11,132,480	100.00

出典：古屋哲夫編「衆議院・参議院選挙一覧」（日本近現代史辞典編集委員会編『日本近現代史辞典』東洋経済新報社，1978年）をもとに作成。

表8　政党内閣期から挙国一致内閣期における総選挙結果

		立憲政友会	立憲民政党	無産政党
第16回衆議院議員総選挙	獲得議席	217	216	8
（田中政友会内閣期：1928年２月施行）	得票数	4,244,385票	4,256,010票	462,288票
投票率：80.33％	得票率	43.02%	43.14%	4.69%
第17回衆議院議員総選挙	獲得議席	174	273	5
（濱口民政党内閣期：1930年２月施行）	得票数	3,944,493票	5,468,114票	516,538票
投票率：83.34％	得票率	37.76%	52.35%	4.94%
第18回衆議院議員総選挙	獲得議席	301	146	5
（犬養政友会内閣期：1932年２月施行）	得票数	5,682,647票	3,393,935票	260,122票
投票率：83.09％	得票率	58.44%	34.91%	2.68%
第19回衆議院議員総選挙	獲得議席	174	205	22
（岡田内閣期：1936年２月施行）	得票数	4,191,442票	4,447,653票	623,246票
投票率：78.65％	得票率	37.65%	39.95%	5.60%
第20回衆議院議員総選挙	獲得議席	175	179	37
（林内閣期：1937年４月施行）	得票数	3,585,654票	3,677,076票	928,934票
投票率：73.31％	得票率	35.14%	36.04%	9.10%

備考:1932年７月に社会大衆党が結党されると，国内の合法無産政党は同党のみとなる。第19回・第20回総選挙における無産政党の数値はすべて社会大衆党を指すものである。

出典：古屋哲夫編「衆議院・参議院選挙一覧」（日本近現代史辞典編集委員会編『日本近現代史辞典』（東洋経済新報社，1978年）をもとに作成。

率だったのに対して、第二〇回総選挙では約七三％の投票率にとどまっている。政党別では民政党が前回同様に単独過半数を確保できていない。しかも前回総選挙に比して二六議席減となり、得票数で七七万票以上を喪失している。政友会は一議席増とはいえ、得票数で六〇万票以上を喪失している。政党内閣期の第一七回・第一八回総選挙でそれぞれ与党の地位にあった政友会、民政党の得票数が五〇〇万票を超え、得票率も五〇％以上を確保していたのに比べると、顕著な差が認められる。一方、無産政党の社会大衆党が前回比で十五議席増、三〇万票以上の増加を示していることは、国政選挙における既成政党勢力の支持基盤弱体化が相当進行していたことを意味する。

通常、階級的イデオロギー性を有さず、一定の政治意識を有する中間層の政治的態度は政党への信頼感低下に伴い、特定政党への忠誠度、期待度、支持強度は低下し、政党制選好は一党優位政党制から二大政党制に変化するとされている。(44)当時の国民中間層にとって、総選挙や議会政治を通じて民意が反映されることは期待できないという感覚があったからこそ、第二〇回総選挙での棄権率増加につながったと言える。(45)

また、政民両党側の事情として、前回総選挙から一年余りでの抜き打ち解散であったため、(46)両党間で候補者調整に必要な時間を確保できず、そのことが候補者数と得票率の減少を招くことになっていた。当時、警視庁情報課は「現下社会情勢ハ財閥ヨリ政党ニ対スル恒例的献金絶無ノ状態ナリシヲ以テ運動資金ノ調達、意ノ如クナラザリシ為立候補モ亦遅延」し、「選挙熱稍々薄ラゲルヤノ観アリ」と観測しており、(47)財界でも既成政党勢力への支持が軒並み低調であったことがうかがわれる。

しかも、この時期の既成政党内部では党運営や時局認識をめぐって足並みが乱れ始めていた。林内閣成立前、政友会では総裁・鈴木喜三郎の義弟である鳩山一郎らが執行部ポストを独占していた。これに対して前田系、久原系、中島系など反主流派はこうした党内人事に加え、政府・軍部と対決して政党内閣復帰を目指す鳩山の路線に不満を抱いていた。そこで林内閣成立直後の一九三七年二月十五日、鈴木が総裁引退を表明し、その後は鳩山を筆頭代行委員として中島知久平、前田米蔵、島田俊雄の四者による総裁代行委員制を導入していた。[48] したがって、政友会にとって、第二〇回総選挙は決して党内一致で臨んだものではなかったのである。

総選挙が政府側の惨敗に終わると、五月二一日、望月圭介により昭和会の解党が宣言され、二四日には林に内閣総辞職を進言する。[49] 政友会と民政党は二八日に両党連合大懇親会を開催し、林内閣の即時退陣を求める共同声明を発表する。[50] 林内閣は三一日に総辞職するが、閣内では総選挙終了直後から山崎が中心となり、陸相・杉山元大将を後継首班に擁立しようとする動きが生まれていた。[51] 林も対議会関係刷新のために杉山の首相就任を希望していたが、[52] 元老・西園寺公望は「陸軍大臣を総理にすることはよくない」、「結局どうしても近衛よりほかに適任者がない」として、近衛文麿を後継首班として奏薦することになる。[53]

こうして六月四日、「各方面ニ於ケル相剋対立ヲ緩和スルヲ使命」[54] として第一次近衛内閣が成立する。広田内閣期の第六九回帝国議会に始まり、宇垣内閣「流産」を経て、林内閣期に過熱化した国内摩擦をいかに解消するか、そこに新首班である近衛の課題があったのである。そして、当時の陸軍にすれば、国民からの支持が高く、軍部にも近い近衛の首相就任は二・二六事件以降に表面化した軍部・政党間対立や政情不安を解消し、統制経済と軍備拡充の実現を図る上で望ましいものであった。[55]

当初、近衛は結城の蔵相留任を望んでいたが、陸軍は馬場鍈一の再任を要求する。しかし、財界に馬場への反発が強かったため、近衛は馬場を内相での入閣とし、蔵相には対満事務局次長・青木一男の推薦により前大蔵次官・賀屋興宣を起用する。[56] 一方、政党からは政友会の中島知久平が鉄相、民政党の永井柳太郎が逓相に就任するが、いずれも党執行部を介さず、本人への要請で入閣したものであった。このため、政民両党執行部の動きは第一次近衛内閣成立時、再び停滞を迎えることになる。[57]

なお、中島は広田内閣末期の一九三六年十一月から林銑十郎、後藤文夫、山崎達之輔、小原直、結城豊太郎、永井柳太郎、有馬頼寧と会合を重ね、政党・軍部・官僚勢力を網羅した形での近衛新党結成を企図していた。加えて、立法府と行政府をつなぐ新党こそ、政権への接近と政治指導力強化につながると考えていた(58)。また、政務官として入閣した政治家の多くは中島の傘下にある者ばかりであり、そのことは政友会内部で中島の存在感と影響力を高めるものとなる(59)。このように反主流派である中島の入閣こそ、以後、政友会の党内対立と近衛内閣の議会対策を底辺で結び付けるものとなる。陸軍・政党双方の思惑が複雑に交錯する中、日中戦争が勃発するのである。

二　盧溝橋事件の発生と挙国一致路線の形成

一九三七（昭和十二）年七月七日午後十時四〇分、北平郊外の盧溝橋で夜間演習中の支那駐屯軍歩兵第一連隊第三大隊第八中隊は永定河の堤防上から被疑者不明の発砲を受け、翌八日午前五時半には中隊主力が国民党軍と交戦状態に突入する。これを契機にして日中両軍の衝突が拡大へ向かっていたことは周知のとおりである。ここでは一九三七年当時の日中関係がどのようなものだったのかを確認しておく。

この年一月成立の林内閣では林による外相兼任を経て、三月三日、外務省中堅幹部の総意として前駐仏大使・佐藤尚武が外相に就任していた。佐藤外交の目的は対中・対ソ・対英関係の改善であり、その背景には一九三六（昭和十一）年十二月の西安事件以降、国共統一に向かう中国大陸情勢の変化があった。四月十六日、外相・蔵相・陸相・海相の四相会議は北支分治工作の否定、国民政府による中国統一運動への不介入を盛り込んだ「北支指導方策」を決定しており、こうした佐藤外交の路線には英国のイーデン外相やソ連のリトヴィノフ外相、国民政府の王寵恵外交部長も期待を表明していたことが臼井勝美氏の研究で明らかにされている(60)。

ただし、当時の陸軍中央で佐藤外交の支持者であった参謀本部作戦部長・石原莞爾少将は華北分離工作中止を主張していたものの、冀東政権の既成事実化、満洲国承認を要求する点で国民政府の方針に反していた。また、佐藤の意向に基づく経済使節団派遣も対中関係改善につながらず、この時期の日中関係は経済外交のレベルでは修復不可能な段階に達していた(61)。

六月成立の第一次近衛内閣は石原の「重要産業五カ年計画」を受け入れることで対中関係改善に着手する方向を見せ、参謀本部も北支駐屯軍の行動抑制に努めていた(62)。電力国家管理論者の永井、空軍強化・対ソ防衛強化論者の中島が入閣したのは両者が五カ年計画に沿うことを期待してのものであった(63)。しかし、六月二四日、駐華大使・川越茂が北支経済開発問題の交渉対象を国民政府ではなく地方政府とする旨の談話を発表すると、中国各地で激しい反発が起き、現地日本軍の態度も硬化していく。国民政府も日本政府の現地軍統制能力を疑問視する中、華北地帯では日中軍事衝突を危惧する空気が濃厚になっていた(64)。のちに石原は盧溝橋事件が「北支に於ては理論的に日支提携を整へて戦争なしに行けそうだと云ふ気分の時に起つた(65)」と述べているが、一九三七年七月当時の日中関係は石原の考える以上に深刻なものになっていた。

七月九日、陸相・杉山元大将は閣議で支那駐屯軍救援のため内地三個師団派兵を提議するが、近衛は、「いま日本が大軍を支那に送ることは、国際的に重大なことである」、「内政的に見ても、今日さういふ問題で軍を動かすことに国民は必ずしも賛成しまい。ますます軍と離反するやうなことがあつては面白くない」として強く反対する。そして、内相・馬場鍈一、外相・広田弘毅、海相・米内光政大将も近衛の考えに賛同したため、この派兵案は退けられる(66)。このように盧溝橋事件発生当初、閣内では国際関係と国内世論に鑑み、中国大陸への大規模派兵は国内的に悪影響を及ぼすと認識していた。こうして「我方トシテハ事件不拡大ノ方針ヲ堅持スルコト」を盛り込んだ事件処理方針が同日に閣議決定され、その旨が内外に声明されることになる(67)。

続いて、十日に支那駐屯軍と第二九軍が再衝突すると、十一日、首相・陸相・海相・外相・蔵相の五相会議が開催され、杉山は内地五個師団派兵を提議する。しかし、米内の提案により、今回の事件を満洲事変の二の舞とすることは絶対に避けるべき旨が申し合わされ(68)、動員規模は三個師団に縮小される。また、陸軍では同日付で病気療養中の田代皖一郎中将に代わって香月清司中将が支那駐屯軍司令官に親補されるが、そこでも現地解決・事態不拡大方針が訓令されていた(69)。

この日、近衛内閣は現地解決・不拡大方針の維持、必要時の内地三個師団・関東軍二個旅団、朝鮮軍一個師団の華北派兵に加え、本件を「北支事変」と呼称することを閣議決定する。その上で、「今次事件ハ全ク支那側ノ計画的武力抗日ナルコト最早疑ノ余地ナシ」としつつ、「東亜平和ノ維持ハ帝国ノ常ニ顧念スル所ナルヲ以テ、政府ハ今後共、局面不拡大ノ為、平和的折衝ノ望ヲ捨テズ」、「列国権益ノ保全ニ就テハ固ヨリ十分之ヲ考慮セントスルモノ」との政府声明を発表する(70)。

このように当時の近衛内閣は国民政府との外交交渉と列国間協調の枠内で事態解決を図ろうとしていた。十一日夜、現地では日中両軍の間で停戦協定が成立したことで、内地師団動員は見合わせとなる。十四日、参謀総長・閑院宮戴仁大将は杉山陸相とともに天皇に拝謁し、不拡大・現地解決方針で対処することや、内地兵力の一部動員も中国軍の北平への集中に備えるためのものである旨を奏上している(71)。日中戦争初期、日本側では政府・陸軍中央の双方が不拡大方針で一致していたのである。

だが、七月二〇日に盧溝橋で再び戦闘が起きると、杉山陸相は同日の臨時閣議で内地三個師団派兵を再提議する。この席上、広田と馬場が杉山の提案に賛同するが、米内からは国民党中央軍と大規模戦闘になった場合の勝算や、長期戦に対する陸軍の覚悟を問い質してる。そして、文官閣僚では永井逓相が真っ先に慎重論を示したことで出兵見合わせが閣議決定される(72)。もともと永井は日中戦争前から日中関係改善の必要性を再三主張しており、日本との提携が国民政府の権力基盤安定化につながると考えていた。そのため、開戦前に中国各地で発生していた在留邦人へのテロ事件は日中関係悪化を企図するコミンテルンの犯行であり、蔣介石が「日本と共に、国際共産党の侵略に対し共同防衛の対策を樹立することこそ最も賢明なる態度」と主張していた。[73] 防共を名目とする日中提携論は広田外交の流れに沿うものであり、経済外交を通じた国民政府との関係改善論は佐藤外交と共通する。だからこそ、永井は局地解決の可能性に期待し、大規模な兵力投入には反対していたのである。

また、近年公開された蔣介石日記をもとにした研究によると、蔣介石も一九三七年七月時点では日本に対する軍事的劣勢を認識し、事態不拡大・全面戦争回避の意向であったことが判明している。[74] このように日中両国政府が事変不拡大を指向しながらも、その後、日本側が事変拡大方針へ転換していくのはなぜか。この点を国内政治の動態と対外政策決定過程の双方から検討する。

まず、当時の政党は中国大陸情勢の急変と政府の対応をどのように捉えていたのか、という点を政友会と民政党の声明や総裁談話から検討することにしたい。政友会では七月十一日、緊急総務会で「北支問題」への対応を協議し、党としての姿勢を示す声明案を作成する。翌十二日には総裁代行委員の鳩山一郎と島田俊雄、幹事長・松野鶴平らが出席する臨時幹部会でこれを正式承認する。この声明では「局面の不拡大を望むと共に支那が速かに東洋平和の大局に達観して今日の非違を改悛し、誠意を披瀝して我軍に臨むならば今次事態に対する円満解決は勿論、日支将来のため雨降つて地堅まる」として、十一日の政府声明への支持を表明している。[75] 政友会は政府が不拡大方針を掲げて紛争解決に臨んでいることを踏まえ、日中関係改善を条件として政府を支持していたのである。

一方、民政党では七月二二日の貴衆両院議員・評議員の連合会で総裁・町田忠治が次のように述べている。すなわち、「今日の重大なる時局に当たりては挙国一致の力を以て時艱克服に努めねばならぬ秋であり」、「近衛内閣に対しても、其の主義、主張に大なる相違なき限り誠意を以て之を援助するは、国家の為めに公党の採るべき態度であると考へ永井柳太郎君を認め、又政府の希望に応じ、多数の党員を政務官に送つた次第」である。したがって、「我党はこの国際危局に関し、政府の決意に国民的援助を与へ一日も速に北支の事変を解決すると共に、支那をして其の誤れる対日の態度を改めしめ、東亜安定の実を挙げん事を期する」と述べている[76]。

このように町田が近衛内閣への支持を表明した背景には、演説の中で言及されている永井の入閣問題が作用していた。そもそも永井の逓相就任時、近衛から党執行部に対して正式な入閣要請がなかったことには党緊急幹部会でも強い批判が出ていた。近衛内閣との対立を望まなかった町田は永井の入閣を承認するが、この頃から党内では新党問題への対応など、一部で対立が表面化していた[77]。このため、町田以下の執行部は永井の入閣を契機として浮足立っていた党内主流派の混乱を抑え、党内一致を保つ必要があった[78]。その結果、七月二五日開会の第七一回帝国議会では政府の事変処理に対する協力を表明することになるのである。

この時期、党執行部の指導力を疑問視する動きが党内に生まれていたことに対して、町田とその周辺が「挙国一致」の表明で対処しようとしたことは、それだけ近衛内閣との関係が重要であったからである。民政党では近衛擁立に積極的であった政民連携論者の川崎卓吉が一九三六年三月に病死後、近衛との有力なパイプは途絶えたままとなっていた[79]。党内新党運動派を代表する永井の入閣は民政党の党内事情に少なからぬ影響を及ぼしていたのである。

とはいえ、日中戦争開始期における政民両党の対応は政府方針を踏まえ、あくまでも早期解決方針を前提としたものであった。八月六日、衆議院本会議では政民両党の共同提案として「北支事変に関する決議案」が上程され、町田の趣旨説明後に全会一致で可決される。しかし、これは国民政府側の抗日方針により事態長期化の兆しが見え始めた場合、政党内部から対中国強硬論が噴出する悪循環をもたらすことになる。

そして、この時期の国内世論の趨勢を敏感に察知していたのが関東軍であった。関東軍司令部が七月二四日付で作成した情勢判断には「国内ノ輿論ハ日露戦争当時ノ如ク真ニ挙国一致ノ声ヲ掲ゲ、以テ積極的徹底的解決ヲ要望シ」ており、「此国民的要望ヲ無為ニ終ラシムルコト」は「軍ニ対スル信頼ノ念ヲ薄カラシメ、漸ク好転セル民心ヲ失望離反セシメ」、「国論ノ帰一遂ニ期シ得ザルナキヤヲ虞レシム」とある[80]。関東軍は国民世論が日露戦争期に比類するほど高揚した今こそ、国民政府の排日政策根絶と軍に対する国民の信頼回復につなげる好機と認識していたのである。

なお、この時期、外務省と陸・海軍省では事態の外交的解決に向けた調整を進めており、八月七日には外務省東亜局案をもとにした「日華停戦条件」が広田、杉山、米内の間で決定される。これは事態収拾条件として、非武装地帯の設定や駐屯軍兵力の自発的縮小、それに塘沽停戦協定、土肥原・秦徳純協定、梅津・何応欽協定、冀察・冀東両政権の解消などを列挙し、華北分離工作再開につながる陸軍側要求を一切除外するなど、中国側に対して宥和的方針をとることで一致していた(81)。

これに基づき、八月九日には元上海総領事である在華紡績同業会理事長・船津辰一郎と国民政府外交部亜州司長・高宗武が上海で会談する。ところが、この船津工作は同日夜の中国軍保安隊による大山勇夫中尉殺害事件発生により挫折する。同月十三日、上海では国民党軍三万名が日本海軍陸戦隊四千名を包囲・攻撃し、第二次上海事変が勃発する。この日、内閣書記官長・風見章は同盟通信社社長・岩永祐吉に対して、「上海のこと最も憂慮に堪へず」として、次のように述べている。

事こゝに至りては、中南支那に於ても硬日派《ママ》に対する蔣介石の統制力は全く破綻を生じたるものと観測するを妥当とすべく、すでに然りとせば、日支全面戦争を惹起せしめんとする形勢を阻止して、南京政府を相手に日支関係を平和裡に調整せんとする希望は抛せざるを得じ(82)。

本来、風見にとって日中の全面戦争化は望ましいものではなく、蔣介石を反日派とも認識していなかった。しかし、大山大尉殺害事件は国民政府における蔣介石の指導力低下を象徴するものとなり、国民政府との和平交渉に見切りを付けるのである。

この日、近衛内閣は陸軍二個師団の上海派兵を閣議決定し、翌十四日、第三師団（名古屋）と第十一師団（善通寺）を基幹とする上海派遣軍が編成される。一方、国民政府側も十四日に抗日自衛宣言、十五日に全国総動員令を発令する。本来、蒋介石は日中の国力差から対日戦を望んでいなかったが、戦線拡大に伴い、安易な対日講和交渉は政権基盤を危うくするため、対日抗戦方針を全面的に打ち出さざるを得なくなっていたのである。こうして日中戦争開始期、現地では停戦協定成立に向けた動きがありながらも、偶発的な武力衝突が重なることで、日中双方の不拡大方針を妨げていくことになる。そして、日本国内では中国側への不信感が高まる中、近衛内閣も国内の強硬論を背景にして積極的対応策への傾斜を余儀なくされていくのである。

三　早期解決方針の挫折と政戦両略一致の模索

一九三七（昭和十二）年八月十五日、近衛内閣は臨時閣議を開催し、「南京政府ハ排日抗日ヲ以テ国論昂揚ト政権強化ノ具ニ供シ、自国国力ノ過信ト帝国ノ実力軽視ノ風潮ト相俟チ、更ニ赤化勢力ト苟合シテ反日侮日愈々甚シク」、「帝国トシテハ最早隠忍其ノ限度ニ達シ、支那軍ノ暴戻ヲ膺懲シ以テ南京政府ノ反省ヲ促ス為、今ヤ断乎タル措置ヲトル」との政府声明を発表する(83)。

風見の手記によると、この日の閣議で中島鉄相は中国への派兵を自衛権発動と位置付ける杉山陸相の説明を批判し、「全支那を馬蹄の下に屈服せしむるこそ得策とすべし」と発言したという(84)。風見は戦後の回想録で、この閣議で国民党軍撃滅を主張したのは中島と永井であり、杉山を含む他閣僚は戦域を華北に限定する考えが強かったため、二人の主張が閣内で支持を集めることはなかったと述べている(85)。永井の発言を示す一次史料がないため、その正否を明らかにすることはできないが、当時の状況を考えると、紛争地域が華北以外にまで拡大していたことは他の出席者にとっても明らかであったはずである。

八月二一日には南京で中ソ不可侵条約が調印され[86]、同月二三日には松井石根中将麾下の上海派遣軍が呉淞桟橋付近と川沙鎮北方から敵前上陸を敢行し、国民党中央軍の予想以上の抵抗に直面する。このように外交と軍事の両面で新しい状況が出現する中、日本側は国民政府との関係をどう認識していたのか、

九月二日、近衛内閣は「北支事変」の「支那事変」改称を閣議決定するが、この時点でも近衛は早期解決を諦めていなかった。同月六日、近衛は衆議院第二回予算委員会で元広田内閣商相・小川郷太郎から上海戦の見通しを問われた際、「長期ニ亙ル戦ヲ辞スルモノデナイ」が、「速ニ且ツ有効ニ局ヲ結ブベク彼ニ向ッテ徹底的ノ打撃ヲ加フルコトガ得策」であり、「軍方面ニ於キマシテモ相當ニ成算ガアル」と答弁している[87]。近衛は上海戦で勝利した後が講和実現のタイミングと認識していたのである。

当時、国際連盟では九月一二日に日中紛争諮問委員会が開催され、二八日の連盟総会では中国の提訴に基づき、日本軍の都市爆撃への非難決議が全会一致で採択される。十月六日には日中問題討議のため九カ国条約会議招集が提議されるが、日中両国間の直接交渉を望む日本はこの会議への参加を拒否する[88]。これは一九三一（昭和六）年の満洲事変発生時と同様、国際連盟や第三国の介入を排除し、中国との二国間交渉で事態解決を図ろうとしていたためである。

ところが、こうした政府による早期解決方針の在り方を複雑化させるのが議会内の動きであった。内地三個師団の華北派兵を閣議決定した七月十一日夜、首相官邸には言論機関、貴衆両院、財界の代表者が招かれ、政府への協力要請がなされていた。これは風見の提案でなされたものであり、その背景には組閣過程で生じた政党側の不満を解消し、かつ、政府側から対外強硬策を示して政権浮揚につなげたいという狙いがあった[89]。このように近衛内閣では挙国一致体制の早期確立こそ、事態解決の上で有利に作用すると見込んでいたのである。

これに対して、衆議院では八月四日、政友会・山本悌二郎を代表者とする超党派の「対支問題各派有志代議士会」が結成される。その趣意書では国民政府の排日・容共活動への批判に加え、「今ヤ現地解決、事件不拡大ノ声明ニ膠着スベキ時ニ非ズ、政府ハ時局ノ認識ヲ新ニシ重大決意ヲ以テ彼ノ暴戻不法ヲ排除スル為ニ必要ナル最大限度ノ手段ヲ執ルヲ要ス」との主張を掲げ、九月二日までに賛同議員は二四八名にまで拡大する(90)。十月三〇日、東京丸の内の日本工業倶楽部では山本の主催により、政財界や軍関係者を含む時局問題有志大会が開催される。そこでは英国の「援支抗日」姿勢が「徒ラニ赤化抗日ヲ助長シ東洋平和ノ確立ヲ阻碍遅延セシムルモノ」と糾弾する宣言を可決し、これを在京各国大使・公使、欧米メディアに向けて発表している(91)。

山本は田中内閣と犬養内閣で農相を歴任し、一九三五（昭和十）年には党有志代議士会を率いて機関説排撃運動を主導した人物である。一九三七年十二月に脳溢血で急逝するが、第十九回総選挙直前、朝鮮軍司令官・小磯国昭中将に対して、「政党ダケノ内閣ハ近キ将来ニ於テ到底望ム《ママ》得ズ。他ノ勢力ト合体ノ外ナシ(92)」と述べていた。これは政友会単独内閣の樹立が見込めない以上、軍部との提携により政権樹立を目指すという戦略を示したものである。政友会では旧政友系中立勢力に大きな影響力を持っていた山本条太郎が一九三六年三月二五日、食道疾患の再発で逝去していた。彼のように党利党略を超えて政民連携の必要性を認識していた政治家の死は二・二六事件後の政治史において大きな痛手であった。この日中戦争開始期、政府・外務省・参謀本部内では国民政府に影響力を持つ英国を介在させた形での対中国和平工作案が秘かに模索され、元老・西園寺公望、駐英大使・吉田茂、日本銀行総裁・池田成彬がこれに期待を託していた(93)。しかし、さきに述べた山本悌二郎など、国内の強硬論がこうした英国を仲介役とする和平工作を選択肢から消去させるものとなるのである。

この年十月、広田外相はグルー駐日米国大使、クレーギー駐日英国大使から九カ国会議参加を招請された際に難色を示し、米英のいずれかが水面下で調停する形での日中直接交渉を希望に挙げていた(94)。広田が九カ国会議参加を拒んだのは、中国側に講和を迫る目的で華北・華中方面への積極攻勢策が十月一日の四相会議で決定されていたことによる。(95)この四相会議で決定された「支那事変対処要綱」には、「戦局ノ拡大ニツレ、国民ノ戦火ニ対スル期待モ亦増大シ」、「賠償等物質的條件ノ獲得ヲ熱望スベキ」状況により、「対内的考慮」から現地権益の損害賠償に加え、海運・航空・鉄道・鉱業部門にわたる「日支合弁一大『シンジゲート』」の創立などを盛り込んでいた。(96)このように世論の動向は戦争終結構想にも影響を与えていたのである。

服部聡氏の研究によれば、当時の英国は国際連盟の威信低下や日英関係悪化を恐れる立場から対日制裁には否定的であった。米国も「孤立主義」的世論の影響や、日中戦争への中立法適用は中国に相当の損害を与える恐れがあったため、九カ国条約会議は対日制裁や日本の侵略国認定など、有効な対応策を打ち出せずに閉幕したことが明らかにされている。(97)広田が希望したような米英の調停に基づく日中直接交渉が成功する可能性は最初から低かったのである。

なお、十月十五日、政府は事変遂行上の重要国務を補佐する名目で臨時内閣参議制を公布する。参議の人選は近衛の意向で進められ、陸軍関係で宇垣一成大将と荒木貞夫大将、海軍関係で安保清種大将と末次信正大将、政党関係で町田忠治、前田米蔵、秋田清、財界関係で池田成彬と郷誠之助、外務省関係で松岡洋右が参議に迎えられる。(98)松浦正孝氏によれば、内閣参議制の目的は、①第一次近衛内閣の支持勢力が挙国一致的であることを内外に示すこと、②官僚出身である蔵相・賀屋興宣と商工相・吉野信次の後ろ楯として財界代表の池田と郷を迎え、軍部を財政規律に従わせること、③宇垣や池田により陸軍省や現地軍の強硬論を抑え、事変収拾工作につなげることの三点にあったという。(99)

そして、十一月十八日には従来の戦時大本営条例が廃止されて大本営令が施行され、同月二〇日、宮中に大本営が設置される。これは一八九二（明治二五）年制定の戦時大本営令が大本営設置を戦時に限定し、「支那事変」への適用が不可であったためである。風見によると、当時の近衛は内閣が統帥事項に関与する上で、首相を構成員に含む大本営設置を不可欠と考えていたという[100]。近衛は大正後期、統帥部長の地位が内閣と議会から独立していることを「二重政府」と認識し、「参謀本部の制度を改正して之を責任政治の組織系統内に引入れる事が何よりの急務」と考えていた[101]。

このように大本営設置は政府側の働きかけで実現されたものであったが、首相の大本営列席は認められず、政府側要求として大本営政府連絡会議の設置が実現しただけであった[102]。しかも肝心の陸軍中央では作戦指導をめぐる対立により、事変不拡大派の石原が九月に参謀本部作戦部長を更迭されて関東軍参謀副長に転出する。そして、後任となる下村定少将の下では杭州湾上陸作戦や南京攻略など、積極的な作戦方針が強行されていくことになる[103]。

そして、十一月中旬になると、中国大陸の戦況は上海における国民党中央軍の後退により新たな段階に入っていく。当初、大本営では首都占領が和平交渉の障害になるという判断から追撃限界線を蘇州－嘉興の線に設定し、南京攻略までは想定していなかった[104]。敗戦直前に近衛が残した談話によると、この年十月、中支那方面軍司令官に就任する松井石根大将は東京駅出発の際、近衛と杉山に南京進撃への了解を強く求めていた。この時、杉山は、「松井はあゝはいふが、とても南京まではゆけない」とし、安徽省東南部の燕湖までが戦線の限界と捉えていたという[105]。

しかし、戦線はそれから二カ月のうちに燕湖から直線距離で約九〇キロ離れた南京方面にまで拡大し、十二月一日には中支那方面軍からの具申を受け入れる形で南京方面の攻略が下令される。そして、同月十三日には激戦の末に南京が陥落する。すでに重慶へ遷都していた蔣介石は抗戦方針を崩していなかったが、日本側の関心は早くも戦後経営に絡む内容に移っていた。北支那方面軍特務部の工作で中華民国臨時政府が北平に発足した同月二四日、近衛は次のような談話を発表している。

すなわち、「本事変ノ当初ニオイテ、日本ハ出来ルダケ不拡大解決ノ方針ヲ執ツタノデ戦略的ニハソレダケ日本ニ不利デアッタ」が、「僅カ数ヶ月ニシテ北ハ黄河以北ノ大地域ヲ席巻《ママ》シ南ハ江南一帯ノ要塞地帯ヲ撃破シ」、「北京、天津、南京、上海ノ四大都市ヲ放棄シタ国民政府ナルモノハ実体ナキ影ニ等シイ」状態にある。その中で「国民政府崩壊ノ後ヲウケテ方向ノ正シイ新政権ノ発生スル場合ハ、日本ハコレト共ニ共存共栄具体的方策ヲ講ズル」ので、「南京陥落ハコノ意味カライヘバ全般的ナ支那問題ノ序幕デアッテ、真ノ持久戦ハコレカラ始マルト覚悟セネバナラヌ」のである。[106]

ここでは日本の軍事的優勢の下、国民政府が責任ある主権国家たり得ないとの認識に加え、講和交渉の主導権が日本側の掌中にあるとの認識が示されている。末尾の「持久戦」という表現は統帥部の作戦構想とは別に、日本側の戦争継続能力を誇示するため、対外的に盛り込まれたものと思われる。陸軍では南京攻略前から参謀本部が中心となり、駐華ドイツ大使トラウトマンを介した和平工作に着手していたが、この首相談話はそうした参謀本部の取り組みに背馳するものであった。

この日、近衛内閣は「我軍事行動ノ進展ニ伴ヒ帝国ノ占拠区域広汎トナリ、至急之ガ処理ヲ行フノ要アル」ことから、「今後ハ必ズシモ南京政府トノ交渉成立ヲ期待セズ、之ト別個ニ時局ノ収拾ヲ計リ事態ノ進展ニ備ヘ、軍事行動ト相俟チ南京政府ノ長期抵抗ニ対応スル」ため、「支那事変対処要綱」（甲）を閣議決定する。[107]その内容は二六日に国民政府へ伝達され、強い衝撃を与える。当時、国民政府内には重慶遷都の頃から対日和平論が生まれていたが、蔣介石は第三国からの調停が期待できない上、早急な対日講和が内乱につながると考えていた。そして、南京陥落後に日本側の要求が苛烈化していく中、その確信を深め、日本側への公式回答を拒むことになる。[108]このように日本側の政策選択は国民政府との間にギャップを生み、日中戦争解決を困難な方向に押しやるが、それを日本の政権中枢部はどう捉えていたのか。

一九三八（昭和十三）年一月六日、近衛、杉山、米内、広田による四相会議の結果が内閣書記官長談話として発表される。そこでは「わが方としては東亜百年の和平の保障を求めんとすればこそ今次の聖戦に多大の犠牲を払ひつゝある」とし、「支那側が如実に反省の真意を示すならとに角、わが方としては飽くまで所期の目的達成に邁進すべく今後この決意の下に百般の対策を講ずる」との認識が示されている[109]。前年七月の政府声明と同様、東アジア地域の安定を日本の外交理念として謳っているが、その基本的スタンスには大きな変化が認められる。

風見によると、この談話は「蔣介石政府を刺戟して反応を誘発する目的[110]」であったが、結果的に国民政府との和平を困難にすることは明らかであったはずである。近衛内閣は日本に有利な条件でなければ講和はあり得ず、その条件が整うまで攻勢継続の意思を示したのである。第二次世界大戦後も含め、政治指導者にとって対外危機の強調と軍事的冒険主義の提示は自らのリーダーシップを誇示し、国内の支持を集める上で有効な手段の一つである[111]。近衛は日本の軍事的圧勝が既成事実である以上、確固たる戦争継続意思の表明こそ、国内からの支持につながると考えていたのである。

そして、こうした政府側の動きは陸軍の一部に戸惑いを与える。翌七日、参謀本部第二課はこの談話が「対支対列強ノ影響相当ニ憂フベキモノアリ。此ノ如キ内容ハ当然事前ニ連絡アッテ然ルベキモノナルコトヲ内閣ニ申入ルルコト」になる。そして、この日午後に風見が十日開催予定の連絡会議で対中国全権公使や講和場所の選定を議題にすることを申し入れてきた際、参謀次長・多田駿少将は、「其ノ前ニ処理方針ハ如何」として、今後の政府指針の明示を求める。しかし、風見の返答は「未ダ見聞セズ」というものであった[112]。このように国内的配慮から対中国強硬論を貫く政府側の姿勢こそ、のちに戦争指導の在り方を軍事合理性に反する方向へ導くことになる。

一月十一日の御前会議決定「支那事変処理根本方針」では、中国側から講和の求めがない場合、「帝国ハ爾後之ヲ相手トスル事変解決ニ期待ヲ掛ケズ、新興支那政権ノ成立ヲ助長シ、コレト両国国交ノ調整ヲ協定」ことや、「支那現中央政府ニ対シテハ帝国ハ之ガ潰滅ヲ図リ、又ハ新興中央政権ノ傘下ニ収容セラルル如ク施策」することが謳われる[113]。そして、十五日の連絡会議では国民政府との和平交渉の是非が議題となる。すでに参謀本部は前年十一月末の時点で速戦即決による中国屈服論の破綻を認め、国民政府の重慶・漢口への移転は事態長期化と米・英・ソの介入につながると予測していた。そこで多田参謀次長は和平交渉継続を強く要求するが、近衛、杉山、広田は交渉打ち切りを主張する。最終的に参謀本部は交渉継続への固執が政変に発展する恐れがあると判断し、同日夜、やむなく交渉打ち切りに同意する[114]。

なお、国立国会図書館の「近衛文麿関係文書」の中にある「対支媾《ママ》和問題に対する所見」（作成者不明）と題した史料には当時の政府側の認識が次のように記されている。

今ヤ南京陥落シ蒋介石政権モ昨今ハ頗ル窮境ニ立ツニ至リシ如クナルモ未ダ彼ノ権威全ク地ニ墜チタリト断ズルベカラズ。（中略）謂バモウ一押シト云フ所ナリ。カヽル状勢ニアル際、我ヨリ進ンデ条件ノ《ママ》提示シ講和ヲ促スコトハ我ニ重大ナル弱点ナキ限リ軽々ニナスベキコトデナク、却テソレガ為ニ彼ノ侮ヲ受ケテ彼ノ戦意ヲ復活セシメ大害ヲ将来ニ招ク恐レアリト考ヘラル。（中略）今日迄ノ陸軍大臣ノ説明ダケニテハ今日講和ヲ急ガザル可ラザル理由明白ナラズ。（中略）不幸ニシテ陸軍大臣ノ説明ガ十分他ノ閣僚ヲ納得セシムル能ハザル場合ニハ政府全体トシテハ軍部側ト別個ニ独自ノ所信ニ向テ邁進スル他ナカルベシ[115]。（傍線、筆者）

すなわち、近衛内閣としては南京攻略後も軍事的攻勢を継続する必要があり、その段階で早期講和を提示することは日本に不利になるとの認識があったのである。特に国内摩擦解消を掲げて誕生した近衛内閣にとって、国内の戦勝気運を戦後経営の中でどのような方向に進ませるべきか、一月二二日の第七三回帝国議会再開を控え、中国に妥協するような態度を示すことには躊躇せざるを得なかったのである。

　また、この史料で注目すべきは杉山への言及部分である。当時、近衛らは杉山が参謀本部の早期講和論を十分把握していないと考えており、その結果、閣内で今後の戦争指導に関する情報や認識は共有されていなかったのである。この時期、陸軍省では石原の後任である軍務局長・町尻量基少将の下、事変拡大派である軍事課長・田中新一大佐が実務の中核となり、省内での影響力を強めていた。このため、軍務課長・柴山兼四郎大佐ら不拡大派の存在感は薄く、杉山は田中らの主張に影響されて強硬論を主張していたのである。[116]こうした陸軍省内部における人的ネットワークの固定化とそれに起因する閣内でのコミュニケーション・ギャップもまた、日中戦争解決を困難にする要因となっていたのである。

　この一月十五日の連絡会議決定によりトラウトマン工作挫折は決定的となり、翌十六日には第一次近衛声明が発表される。その根幹部分は「帝国政府ハ爾後国民政府ヲ対手トセズ、帝国ト真ニ提携スルニ足ル新興支那政権ノ成立発展ヲ期待シ、是ト両国国交ヲ調整シテ更生新支那ノ建設ニ協力セントス」[117]の箇所である。これは林内閣期の佐藤外交が国民政府を責任ある主権国家と位置付け、日中関係改善を図ろうとしていたことに比べると、大きな政策転換であった。

　内閣参議であった宇垣によると、この声明が発表される際、内閣参議の多くは「余計の言分」として当該箇所の削除を要望するが、「政府は執着して訂正せずに発表し其後両院議員や新聞記者の質問に応じて御鄭寧《ママ》にも反復之を言明」したという[118]。近衛ら政府首脳は国内の戦勝気運や第七三議会運営問題などの政治日程を考慮した場合、南京攻略の成果を強調することで戦後経営の主導権が日本側にあることを顕示したかったのである。近衛自身は敗戦後、「自分は支那事変は確かに失敗だったと思う。『蔣政権を相手とせず』は確かに間違いであった[119]」と悔いたというが、軍事的勝利に慢心する当時の風潮により、近衛の政治判断が狭隘な方向に陥っていたことは否めない。こうして日中戦争拡大が必至となる中、国内ではそれを支える国家総動員体制構築が要求されるようになるのである。

四　第七三回帝国議会運営問題をめぐる政治

一九三七（昭和十二）年十二月二六日に開会し、一九三八（昭和十三）年三月二六日に閉会する第七三回帝国議会は日中戦争遂行に必要な多くの政府提出法案を審議・可決したことで「戦時議会」と称される。この第七三回帝国議会開会は南京陥落直後であり、各会派が講和条件をめぐって強硬論を鮮明にしていた。だが、大規模な増税法案や追加軍事予算案など、審議対象予定となる法案・予算案の多さから、議会内では緊迫感も漂っていた。すでに前年九月召集の第七二臨時議会では北支事変特別税として約一億円の増税に加え、二〇億二二〇〇万円に及ぶ臨時軍事費が協賛されていたが、これは日清・日露戦争期を遥かに上回る予算支出であった。

開戦以降、政民両党はそれぞれ政府に対して挙国一致体制の要請は国民の自発的協力に俟つべきであり、官僚統制強化につながる施策への反対を申し入れていた。一方、社会大衆党は中央執行委員・浅沼稲次郎がその日記に、「我等こそ本当の挙国一致達成の便達［鞭撻］だ。国家の為に大いに働かう[120]」と記しているように、早くから政府への支持姿勢を固めていた。ここでは第七三回帝国議会で展開された政府・議会間の攻防を通じて、実際の政治的な力関係が法案成立にどのように反映されたのかを検討する。

一九三七年十二月一日、中島鉄相は文相・木戸幸一に対して次のように述べている。

> 時局拾収《ママ》に当りては、強力なる基礎に立つことを要す―其の為には政党の改編を必要とす―近衛公にして出馬せらるれば可能と信ず―伊藤公の政友会設立当時の例に倣ひ、先づ各方面の人材を集め、然る後に政党も之に解消して参加することとすれば可なりと思ふ、御意見如何……[121]。

政友会は日清戦争後、山県有朋と伊藤博文の間で外交路線の違いが明確になる中、一九〇〇（明治三三）年、星亨の率いる憲政党を吸収する形で成立したものである。初代総裁である伊藤の意図は、立憲政治停止の危機を回避するためにも、政党を媒介とした地方名望家層の取り込みとその政治参加拡大にあったことが伊藤之雄氏の研究で指摘されている(122)。おそらく中島は第二〇回総選挙で既成政党への支持率低下が明らかになった以上、既存の党組織ではなく、近衛を党首とした新党結成により政党支持基盤の再構築を図るべきと考えていたのであろう。彼は近衛内閣入閣によって党内での影響力を強めており、自ら党内で近衛新党運動を主導することで、政界再編のイニシアティブを取ろうとしていたのである。

そして、この一九三七年末頃から政友会内部では近衛を党首とした新党結成を画策する動きが表れるようになる。十二月七日、内閣参議である総裁代行委員・前田米蔵は党長老政治家の小川平吉との間で政友会総裁問題や政党合同問題について懇談している。両者は政友会について、「将来の分裂如何は問ふ処に非ず」との点で一致するが、前田は、「合同後の総裁に付ては町田氏は宇垣ならば反対なり、近公ならば可なりとの意見」を述べている(123)。これは政友会単独で政局の転換を図ることが不可能であったことから、政党合同こそ、自分たちの影響力を回復するための暫定目標であったことを示す。その上で、新党総裁には党派性に偏らず、国民の支持も高かった近衛を見込んでいたのである。

なお、同じ時期、政友会の鳩山系と久原系、民政党の宇垣新党派を中心にして構成された常盤会が政民合同による新党結成と戦後経営を見据えて活動し始めていた。ところが、町田周辺が近衛以外の人物を擁立することに難色を示した結果、十二月二〇日頃には政民連携を当面の目標とすることで一致する(124)。この常盤会は林内閣期、民政党の俵孫一、斎藤隆夫、小山松寿、富田幸次郎、政友会の川村竹治、東武、濱田國松、河上哲太、宮田光雄が集まり、憲政擁護と政民両党合同を目的に活動していた。しかし、第一次近衛内閣期になると、富田、川村などの親軍派と斎藤、濱田、宮田らの憲政派に分裂し、「蝉のぬけがらに等しい状態」になっていた[125]。当時、町田とその周辺が近衛新党にどれだけの期待を抱いていたかは別として、こうした政党内部の思惑が第七三回帝国議会の法案審議にも影響を及ぼすことになる。

十二月二三日、政友会議員総会では総裁代行委員・島田俊雄が、「皇軍の武威」を讃えるとともに、「赤化防止、抗日絶滅の目的を貫徹するに遺憾なきを期すべき」として、各種社会政策の充実を要求している[126]。彼らは日中戦争の軍事的展開に対応した社会保障への還元こそ、政友会にとって有利に働くと考えていたのである。一方、民政党では幹事長・小泉又次郎が同党議員懇親会で、「今期議会は戦時戦後の時局に処するため、一層重大性を加ふるを以て一大覚悟の下に審議権を強化し」、かつ、「友党政友会と緊密なる連繋を保ち、真に挙国一致の実を挙げ終始一貫国策本位に善処することが政党の使命」と述べている[127]。民政党執行部は政府提出法案の審議を通じて政党の存在感を示すためにも、政民連携が不可欠と考えていたのである。

当時、民政党では前年の総選挙以降、幹事長以下の主要ポストを町田派がほぼ独占していた。しかし、一九三八年になると、反主流派として永井派、櫻内派、頼母木派、俵派が形成され、新党運動への関心を強めていた。これは一九三九（昭和十四）年一月に町田の総裁任期満了を迎えるのに伴い、次期総裁選問題が浮上していたためである。当時、党内の一部では永井柳太郎や櫻内幸雄を総裁候補として有力視する動きが生まれ、反主流派は近衛新党運動を党内での劣勢挽回の手段と捉えていた。だが、この時点で反主流派の足並みは揃わず、町田派も現執行部で挙党体制を維持する方針を固めていたため、党内の結束が崩れることはなかった[128]。ところが、政友会の側は後継総裁問題の影響により党内の足並みが乱れたまま、第七三回帝国議会に臨むことになる。以下、電管法案、総動員法案の順に成立過程を検討していく。

電管法案は一九三八年一月十九日に閣議決定され、同月二五日、衆議院本会議に提出される。これは正式には電力管理法案、日本発送電株式会社法案、「電力管理ニ伴フ社債処理ニ関スル法律案」、電気事業法中改正法案の四法案からなり、国内電力事業を日本発送電株式会社の下に一本化し、電力供給量と電力価格の安定化を図ることが目的であった。公的な電力統制論は一九三五（昭和十）年十二月の『電力国策要旨』（内閣調査局調査官・奥村喜和男らにより作成）がその端緒である。広田内閣期には逓相・頼母木桂吉の下、奥村案を踏襲した民有国営化案『電力国家管理要綱』が作成され、第七〇回帝国議会に上程されるが、広田内閣総辞職により審議は中止されていた。続く林内閣期でも法案として再提出されることはなかったが、電力管理論者の永井柳太郎が第一次近衛内閣に入閣したことで法案化の動きが再浮上していたのである。

永井は一九三七年十二月十七日の閣議に特殊株式会社設立を通じた民有民営化案『電力国策要綱』を提出していたが、一九三八年一月二〇日の閣議で農相・有馬頼寧が反対意見を示したように[129]、閣内でも永井の考えに対する十分な賛同は得られていなかった。当時、日本銀行総裁・結城豊太郎、内閣参議・池田成彬も電力国家管理の強化が外国資本の日本撤退につながると危惧するなど[130]、財界からも強い懸念が寄せられていた。一方、社会大衆党は所属代議士全員で法案通過連盟を組織し、電管法成立を目指していた[131]。

一月二五日、衆議院本会議では永井の法案趣旨説明に対して、民政党の堀内良平が満鉄や国鉄の実例から官僚統制の弊害を述べ、政友会の清瀬規矩雄や民政党の小柳牧衛は特殊株式会社への強制出資が所有権（憲法第二七条）に抵触する可能性を指摘するなど、社会大衆党以外の全政党が法案反対を表明する[132]。二月中旬、民政党長老政治家である山本達雄は元広田内閣書記官長・藤沼庄平に対して、「電力案ハ財界すべての反対」、「永井君が若い者に引きづられてる」と述べているように[133]、永井の所属する民政党内でも慎重論が根強かった。

結果として、政府側は法案審議段階で議会内の反対意見を抑えるため、政民両党提案の多くの共同修正案を受け入れることになる。原案第一条「発電及送電ハ政府本法ニ依リ之ヲ管理ス」は「電気ノ価格ヲ低廉ニシ其ノ量ヲ豊富ニシ之カ普及ヲ円滑ナラシムル為政府ハ本法ニ依リ発電及送電ヲ管理ス」に修正され、特殊株式会社の収益率も制限されたことは内閣と議会の間で成立した妥協の産物であった(134)。こうして三月七日、衆議院本会議で修正法案は可決され、二五日に貴族院本会議で再修正可決後、両院協議会を経て翌二六日、正式に成立を見る。

当時、近衛内閣は戦時立法を急ぐ上で政民両党との間に一致点を模索し、原案修正にも適宜対応していた。その意味で電管法の成立過程は既成政党とその背後にある電力資本の抵抗を前にして挙国一致内閣が妥協を余儀なくされる過程であった。また、三月二五日には同じく政府提出法案である農地調整法案が衆議院本会議に上程され、可決されている。有馬の日記には、「社大の反対の下に政、民、其他の賛成にて通過す。不満足乍ら成立を喜ぶ(135)」とあり、ここでも既成政党勢力の意向を尊重し、原案に多くの修正がなされたことが分かる。したがって、日中戦争期の戦時法制と社会大衆党の関係を強調する見方は正しいものではない。

なお、当時の報道によると、政府は議会内情勢に鑑み、「既に電力案をあきらめて、総動員法案を助けるといふ腹」を固めていた。そのため、総動員法案の原案作成過程では政党への配慮として新聞発行停止条項が削除され、国内事変は発動対象から除外される(136)。二月十九日、近衛内閣は総動員法案を閣議決定し、同月二四日の衆議院本会議に提出する。同法案は戦時及び事変にあって「国防目的達成ノ為国ノ全力ヲ最モ有効ニ発揮セシムル様人的物的資源ヲ統制運用スル」ことを「国家総動員」と定義し（第一条）、この下に広汎な統制項目が規定していた。しかも、その運用は勅令での立法を可能とする包括的委任立法であった。

そもそも明治憲法下の統治構造が一元的な政治指導を困難にしていることは明治期から指摘されていた。こうした行政権弱体化を克服するためにも、近衛内閣にとって、総動員法は戦時下における各省への行政指揮権確立と首相権限強化をもたらすことが期待されていた(137)。法案提出前、政府は両院各派に原案を示すとともに、近衛は町田忠治と前田米蔵に対して法案成立への協力を依頼していた。しかし、集会禁止条項と新聞発行停止条項への批判が高まったため、政府側は原案での提出を見合わせる。代わって、近衛は町田と前田の進言により、内閣書記官長・風見章、企画院総裁・滝正雄、法制局長官・船田中に再検討を指示し、一九三八年二月十九日、集会禁止条項と新聞発行停止条項、その罰則規定を削除した新法案を閣議決定していたのである。(138)

だが、この総動員法案に対して、衆議院では民政党の斎藤隆夫と池田秀雄が委任立法違憲論に基づいて政府を追及し、その後も非条大権（憲法第三一条）との抵触や、ドイツの全権委任法との類似性も含め、連日の紛糾を見るようになる。(139)この第一次近衛内閣期、官僚出身である吉野商工相の下では生産力拡充に向けた統制強化により、軽工業は一九三七年十月から委縮傾向に入っていた。経済界やメディアでは官僚主導型統制経済への批判が高まり、その批判は総動員法案の審議過程で最高潮に達していた。(140)こうした官僚主導型統制経済の弊害とそれに対する反発もまた、既成政党の総動員法案への反対を促す背景になっていたのである。

もともと政友会と民政党は政府に対して、自党所属閣僚である永井と中島、内閣参議である町田と前田を通じて法案提出の見合わせをそれぞれ求めていた。民政党では二月十四日、俵孫一を筆頭とする有志代議士四一名が反対会合を開催し、翌日の党政務調査会でも反対論が大勢を占めるなど、法案反対姿勢を強めていた。ところが、同月十六日の政友会有志代議士懇親会では総動員法案への対応をめぐって意見が分かれ、解党論まで飛び出していた。(141)近衛はこの二月上旬から中旬にかけて、既成政党内部の解党派が政府提出法案や内閣を支持していることに関心を寄せており、(142)こうした動きが有利に働くと期待していたのである。

また、二月十七日の右翼団体・防共護国団による政民両党本部襲撃事件も政党の対政府姿勢を後退させる背景になっていた。(143)政友会は事件への関与を理由に久原派の津雲国利と西方利馬を除名処分にし、同月十九日には東武が内相・末次信正に対して議会質問を行う。ところが、中島の意向を受けた島田により質問内容は弱められ、これに鳩山派が猛反発して党内が紛糾する騒ぎとなっていた。(144)

この二月、政友会では東北代議士会が新党結成に向けた解党論を表明以降、党内では中島派が解党による近衛新党結成を掲げ、鳩山派と対立していた。そして、三月五日の臨時閣議で近衛が法案審議の難航から解散総選挙実施と新党結成の意向を示すと、党内では近衛新党を軸とした政界再編に取り残されることへの危機感が高まっていく。この事態を受け、党内は鳩山も含めて政府支持に転換し、民政党も政府との対決姿勢を維持できなくなる。その結果、第七三回帝国議会では昭和十三年度歳入歳出総予算や臨時軍事費予算などの政府提出予算案八件、法案八六件すべてが成立する(145)。その中で総動員法案も三月十六日に衆議院本会議、同月二五日に貴族院本会議を通過し、四月一日公布・五月五日施行となる。

かつて皇太子時代の昭和天皇に「法制・経済」を進講した枢密顧問官・清水澄はこの時期執筆と推定される未発表原稿で、「憲法運用上の実際の必要を踰えて委任立法を行ふが如きは、断じて許すべからざる所」であり、「輓近やゝもすれば、政府は議会の議論を避くるため法律に於ける立法委任の條項を成るべく多くせんとし、議会もまた、細目を審議するの労を欲せずして之に賛同するの傾向あり」と記している(146)。このように清水は一九三〇年代後半期、明治立憲制本来の統治理念に背馳する形で国家総動員体制が形成されていく現実に強い苛立ちを感じていた。その上で、法案反対の姿勢を後退させていく政党も批判視していた。実際に成立する総動員法は憲法第六四条に認められた帝国議会の予算議定権までは排除してはおらず、この点で議会の重要権限を完全に無視するまでには至らなかったが、法案成立過程における既成政党勢力の後退は明らかであった。

当時、政民両党執行部は次回総選挙前に近衛が新党結成を表明すれば、反主流派の離党によって党組織は瓦解すると判断していた。このため、林内閣期の第七〇回帝国議会と同様、円滑な法案審議により衆議院解散を回避しようとしたのである。のちに斎藤隆夫が述べているように、当時の政府と政党は「一種の情実関係となり、政党は与党と野党との中間の道程を辿りつゝ、極めて曖昧なる態度(147)」に徹する形になっていたのである。したがって、第七三回帝国議会における政民両党の対応は議会審議を通じて民意を国策に反映させる代議制民主主義の在り方とは異なるものであった[148]。そして、このような国家総動員体制の形成をめぐる対立の構図は日中戦争長期化の中で再び政権運営上の問題として浮上することになる。

五　第一次近衛内閣の退陣

総動員法案審議や新党問題が政局の争点になっていた一九三八（昭和十三）年春、中国大陸の戦況も日本側にとって厳しいものになっていた。四月七日、大本営は寺内寿一大将麾下の北支那方面軍と畑俊六大将麾下の中支那派遣軍に対して華北と華中をつなぐ徐州攻略を命令する。徐州作戦は南京陥落後から現地軍が要求しており、当初、参謀本部では作戦課長・河辺虎四郎大佐、作戦部長・橋本群少将が戦線不拡大の見地から実施に反対していた。しかし、この年三月に河辺作戦課長が更迭され、陸軍省内で田中軍事課長の配下にあった前軍事課高級課員・稲田正純大佐が後任となることで承認されたのである[149]。五月十九日、日本軍は一万五千名の戦死者を出して徐州を占領するが、国民党軍主力の撃滅には至らなかった。

同月二六日、近衛は内閣改造により、外相に宇垣一成、蔵相兼商相に池田成彬、文相に荒木貞夫を迎える。これは同月に上海関税協定問題の解決から日英提携の準備が整い、国内の排英運動も沈静化するなど、宇垣・池田主導の和平工作に必要な環境が整ったためである[150]。そして、六月六日には前第五師団長・板垣征四郎中将が新陸相に迎えられる。トラウトマン工作失敗後、参謀本部では反杉山の気運が高まっており、この板垣入閣は近衛が昭和天皇や閑院宮参謀総長、元軍事参議官・梨本宮守正王大将の支持を得て実現したものであった[151]。

六月十五日、御前会議は漢口・広東の攻略を決定し、大本営は八月二二日に漢口、九月十九日に広東の攻略を命令する。当時、漢口は国民政府の抗戦中枢であり、共産党支配下の西北諸省に隣接していた。このため、漢口攻略は国共分断を図る上で重要作戦であった。この間、七月三一日から八月六日にかけて豆満江下流の張鼓峰で日ソ両軍の武力衝突が発生し、八月二日の閣議で中島は強硬な現地解決策を主張する。しかし、近衛や末次は即時停戦を主張し、他の出席者からも外交的解決を求める意見が示される[152]。その結果、同月十日にモスクワで停戦協定が成立する。漢口攻略を急ぐ日本にとって、ソ連との紛争が長期化することは絶対に避けたかったのである。

すでに六月二四日、五相会議は「今後ノ支那事変指導方針」として、「支那事変ノ直接解決ニ国力ヲ集中指向シ概ネ本年中ニ戦争目的ヲ達成スルコト」や、「第三国ノ友好的橋渡シハ条件次第ニテ之ヲ受諾スルヲ妨ゲズ」との方針を決定していた[153]。七月には陸海両相も蔣介石が「改心」した場合は国民政府との和平もあり得ることを五相会議で主張するようになり[154]、近衛も八月二七日、原田熊雄、結城豊太郎に対して同様の考えを述べている[155]。そして、秋に入ると、統帥部や政党政治家の間でも戦争長期化の影響が深刻に認識されようになる。

九月七日、参謀次長・多田駿少将は軍令部次長・古賀峯一中将に対し、「漢口、広東を攻略しても、蔣政権が屈服するやうな様子がない」ことや、国内では「人心の悪化、失業者生活問題から非常な反戦思想」が見られるとして、早期和平の必要性を述べている[156]。同月十九日には町田忠治も民政党幹部らを前にして、「日本の国力は漸次に弱まりつゝあり。殊に国際収支に干《ママ》し金準備、将に尽きんとす[157]」と述べており、戦争長期化は確実に日本にとって不利なものになっていた。

近衛内閣は九月十日、外相経験者の佐藤尚武と有田八郎を外務省顧問に任命し、対中国政策の修正に着手しようとする。しかし、七月二六日の宇垣・クレーギー会談以降、宇垣が英国を仲介役とする和平工作に反発し、日中直接交渉にこだわると、政府部内では和平工作の方法をめぐって不協和音が生じる。そして、陸軍省内でも池田や政府に対する批判が強まっていく[158]。

これに並行して、外務省から独立した占領地行政機関新設の動きが高まると、九月三〇日、宇垣は外相を辞任する。この前日、宇垣は近衛との会談で、「此の如き侮辱を時局重大とか挙国一致の美名に隠れて押売せんとする某部の態度は所謂羊頭を掲げて狗肉を売るものとして著しく憤慨して居るものが多い」、「議案の如き機関を特設するのは其の立案の対支基礎観念に於て私の考とは全然一致し難い処がある（支那を属国又第二の満洲たらしめんとの）と思惟する」として、「対支中央機関」設置に抗議している。[159] 宇垣の言う「某部」は陸軍を指すが、怒りの鉾先は近衛にも向けられていた。第一次近衛声明見直しを条件に入閣した宇垣にとって、外務省権限は絶対に守らなければならなかった。しかるに、近衛内閣では国民政府との和平に向けた態勢が整わず、現地軍の影響力拡大につながる組織の登場を黙認できるはずがなかった。その意味で宇垣辞任は対中国政策をめぐる閣内不一致を露呈するものであった。

一九三八年後半、この政府・陸軍では武漢作戦を契機として一挙に事変完遂を図ろうという考えが抬頭し、それに対応して中央政界でも新党結成の気運が高まっていた。その潮流は、①政民両党の合同を軸にして小会派を加えた既成政党中心の大同団結運動、②政民両党内部の革新分子、社会大衆党、国民同盟、旧昭和会、東方会を糾合する革新政党運動、③秋山定輔、秋田清、麻生久、亀井貫一郎、石原広一郎らの挙国一党運動、④久原房之助を中心にして小林順一郎や井田磐楠らの考える右翼政党運動、⑤内相・末次信正や法相・塩野季彦らの推進する「健全政党」運動である。これら五つは相互に関連し合い、その大部分が近衛出馬を期待していた。[160]

だが、さきの内閣改造が政党からの入閣者を伴わなかったため、近衛に対する既成政党勢力の期待は薄れ始めていた。当時、民政党内では常盤会が中心となって政友会との間に新党結成を目指す動きがあったが、その動きは党内基盤の動揺を恐れる執行部により抑制されていた。この年秋、民政党は近衛新党運動への不関与を明らかにし、以後、政友会の松野鶴平や砂田重民らと接触し、政民連携を画策する方向に転換していた。これは党内の新党運動を牽制し、かつ、政党の影響力を維持したまま政権に接近するのが狙いであった。[161]

また、政友会でも近衛新党への期待は確実に薄れていたようである。この年五月、総裁代行委員・島田俊雄は日本外交協会での講演で、「無用の競争をする訳でもないが、政民ともに近衛内閣支持と云ふことになつて居る」[162]以上、近衛自身が「現在の政党、それを一つに集めた勢力の上に自分が出て行かねばならぬと云ふ算盤は、どう弾いても出て来ないように思ふ」[163]と述べている。その上で、「政党の側から言へば政党内閣が出来て、政党政治にすることが理想であり、それがよいと思つて居るが、併しながら現在の情勢では政友会がやつても政友会だけではやれない、民政党も同じやうな状態だ」[164]という現状認識を示している。つまり、島田にすれば、内閣と政党の双方が情勢の大きな転換を望んでいない以上、新党運動が政局の目になることはないと見込んでいたのである。

しかも政友会では六月から後継総裁問題をめぐる中島派と鳩山派の対立が再燃し、同月十三日、小川平吉の調停で妥協の道筋が付いたばかりであった[165]。このため、政友会でも近衛新党運動に向けた党内一致を新たに作り出すのは困難となっていた。農相・有馬頼寧が六月十四日の日記に、「新党問題はいろいろの方面から多少興味を以てみられてゐるが、代議士が動かぬので、たいしたこと、思つてゐぬ。目のつけ方が間違つてゐる」[166]と記しているように、新党運動派に以前ほどの力はなかった。

そして、この時期から中央政界では日中戦争の膠着状態を打開するため、宇垣擁立を目指す動きが見られるようになる。六月十六日、永井柳太郎は原田熊雄に対して、「政友会の中のごたごたなんかは、今のところとても収拾できまい。結局、将来宇垣でも総理大臣になつた時に、政党は纏まるんぢやないかと自分は考へてゐる」[167]と述べている。のちに永井は近衛新体制運動に迎合する立場をとるが、ここでは政界再編のキーパーソンとして宇垣を挙げている。一九三〇年代、近衛新党運動の周縁部に位置した「革新」派の政治家の認識が決して一貫したものではないことに留意する必要がある。元来、永井ら民政党内の近衛支持勢力は反執行部路線の性格を帯びて影響力を強めてきたが、近衛の求心力に陰りが見えれば、近衛新党は政界再編の目にはならない。だからこそ、永井は広田内閣期のように宇垣出馬に期待を寄せていたのである。

九月七日、近衛は木戸に対して、「最近宇垣方面より、首相の方針等につき悪声の伝へらるゝは、結局此の内閣を倒さんとの意図の下に行はるゝやにも推せらる」[168]と述べており、宇垣の去就は近衛にとっても無視できないものとなっていく。同月一三日、前田米蔵は小川平吉に対して、中島知久平、櫻内幸雄との会談内容を紹介し、新党問題は近衛の出馬表明が必要であることを確認している。合わせて、「政、民共に宇垣に心を寄する者あり」[169]として、「宇垣氏の進退が大切なる旨」を語り、小川も外交問題について宇垣の意向を探ることを約束している。

当時の消息筋によると、この年、政民両党内では宇垣の外相就任直後から民政党町田派と政友会鳩山派を中心にして宇垣内閣樹立を目指す動きが活発になっていた。民政党側では小泉又次郎、大麻唯男、松村謙三、加藤政之助、政友会では熊谷五右衛門、東郷実らが参加し、七月には政友会幹事長・砂田重政と民政党幹事長・勝正憲が政民提携に向けた協議を開始している。以後、両党間では十月にかけて近衛内閣の退陣、それに社会大衆党や旧昭和会などの小会派を取り込んだ新しい政治的潮流の形成を目指すようになっていた[170]。

以上の内容を踏まえると、新党問題に対する町田ら民政党執行部の姿勢は現状に合わせた流動的なものであり、近衛支持で一貫していたわけではなかった。実際、町田は総動員法案には当初から反対姿勢を示すなど、近衛内閣の政策すべてに迎合していたわけではなかった。一九三八年秋以降、町田は中央政界に一定の影響力を有し、かつ、陸軍出身である宇垣ならば、政戦両略一致と日中戦争収拾を実現できるのではないか、という期待を抱いていたと思われる。しかし、すでに現役を退き、前年初頭に陸軍中堅層から組閣を阻まれた宇垣が一九三八年の段階で政権に就いても、町田らが期待した指導力を発揮できる余地はなかった。この年三月、民政党内で宇垣擁立派の中心であった衆議院議長・富田幸次郎が病死し、宇垣の政治幕僚であった元朝鮮総督府政務総監・今井田清徳も病気で活動を休止する中、宇垣自身は「全幅的の宇垣共鳴の同志を失ふ」状態になっていた[171]。そのため、町田以下の民政党が挙党体制で宇垣擁立に乗り出したとしても、それに応える用意は宇垣にはなかったのである。

民政党内で宇垣擁立派の一人であった前衆議院議員・角源泉は宇垣の外相辞任直後、川崎克への書翰で、「天下の公党たるもの此際大死一番時局を打開するの壮挙を試みる訳には行かないものだらうか」、「宇垣大将の反対通りの対支院なるものが成立するらしいが、之に由て生ずるものは疑もなく軍部外交の表面化と同時に対英関係の悪化」と記し(172)、政党の凋落と今後の日本外交への危機感を吐露している。さきに述べた「対支中央機関」設置問題をめぐって宇垣の立場が困難となる中、角らは政権参入のレベルを超えて、対外政策や軍部統制の面で宇垣を支えようとしていた。しかし、この当時、もはや政党が戦争指導に関与できる余地は残されていなかった。その意味でも宇垣内閣構想はこの時期の既成政党の行き詰まりを象徴するものであった。

このように日中戦争の拡大に並行して既成政党勢力の後退が顕著となる中、近衛は政権継続のための新しい方法を考慮するようになる。この年九月から十月にかけて、近衛周辺では政民両党の新党論者だけでなく、社会大衆党の麻生久や亀井貫一郎も加わって各種の新党構想案が作成される。だが、閣内では新党構想の可能性や在り方をめぐって意見対立が生じ、近衛もその主導権が既成政党勢力となるのを恐れたため、打ち切りに終わったことは先行研究で明らかにされているとおりである(173)。

十月二一日に広東、二七日に漢口が陥落すると、十一月三日に第二次近衛声明（東亜新秩序声明）が発表される。これは蔣介石と対立関係にあった国民政府副主席・汪兆銘を引き出そうとする工作に並行して発表されたものであり(174)、日中戦争の目的が「東亜永遠ノ安定ヲ確保スベキ新秩序ノ建設」にあることを表明したものであった。そこでは武漢三鎮攻略により「国民政府ハ既ニ地方ノ一政権」に転落したが、国民政府が「従来ノ指導政策ヲ一擲シ、ソノ人的構成ヲ改替シテ更生ノ実ヲ挙ゲ、新秩序ノ建設ニ来リ参スルニ於テハ敢テ之ヲ拒否スルモノニアラズ」との方針が示される(175)。この声明は第一次近衛声明の内容を緩和し、和平交渉を再開するのが狙いであった。

しかし、この第二近衛声明は五相会議の枠内で定められた範囲にとどまり、内容の不十分さにより、周仏海ら国民政府内の対日和平派を失望させる。[176] しかも同月十八日、利権侵害問題に関する新外相・有田八郎の米政府への回答が九カ国条約への挑戦という誤解を招き、米国務省内の対日経済制裁論に拍車をかける。[177] このように日本外交の不手際が露呈する中、戦争指導の方向性は国内対立の深化と相俟って混迷の方向に進んでいく。

この年七月十八日、近衛内閣は労働者の雇用・解雇・賃金・就労時間を統制するため、総動員法第六条発動を閣議決定していた。経済界の動向に鑑み、全面発動には慎重姿勢をとっていたが、八月になると、社会大衆党が「国家総動員法の全部的発動」を掲げ、[178] 広東・漢口の攻略後は企画院も総動員法の必須項目発動を要求する。[179] 特に、企業の資金調達制限、企業の利益金への処分命令や金融機関への資金運用命令を規定した第十一条が争点となり、十一月以降、閣内では内相・末次信正がその発動を強硬に要求していた。[180]

十一月八日、池田蔵相が生産力減退を理由にして総動員法第十一条発動に反対する談話を発表すると、翌日、陸軍省新聞班長・佐藤賢了大佐は、「若しそれ某条項を適用せざることによりて総動員法の負担犠牲を某部門の者が免れる」ことは「本法制定の根本精神を滅却し、且つ全国民の協力団結を阻害する」との談話を発表する。[181] この騒動は十八日、一割以上の配当がある会社に増配制限措置を課すことで陸軍・大蔵省間に妥協が成立する。こうして第十一条発動は回避されるが、もはや日中戦争が既存の国力を超える段階に達していたのは明らかであった。

十一月二五日、陸軍からは軍務課長・影佐禎昭大佐、軍事課長・田中新一大佐、軍務局課員の富田直亮中佐、山本茂一郎中佐、岩畔豪雄中佐、西浦進少佐、海軍からは海軍省臨時調査課長・高木惣吉大佐、軍務局第一課長・岡敬純大佐とその下僚である堀内茂忠中佐、山本善雄中佐、神重徳中佐、藤井茂中佐が出席し、陸海軍軍務局懇談会が開催される。この時、海軍側の高木大佐は陸軍側の発言を次のように記している。

我ガ軍備ヲ整備セバ蘇亦軍備ヲ整備スベク、其ノ勢ハ時日ヲ延バス程我ニ不利ナリ、今ヤ国内ハ漸次戦時体制ニ向ツテ動員セラレツツアル処、今ノ情勢ヲ一度緩ムレバ再ビ政党勃興シ、所要ノ軍備ヲ整フルガ如キハ思ヒモ寄ラズ、軍部ノ勢力アル間ニ押切ラザレバ国民ハ何ヲ言出スカ解ラズ。(182)

すなわち、この時期の陸軍は対ソ戦備の強化と国内における総動員体制の維持という二つの課題を抱えていた。政党が勢力を回復して財政問題に介入し、国内世論が軍から離反する前に、すなわち、「軍部ノ勢力アル」今しか軍事費調達の機会はないという内政上の焦りを抱いていたのである。

陸軍中央は十二月六日、今後の戦争指導として新たな進攻作戦中止と戦略持久方針への転換を決定する。漢口・広東攻略が国民政府屈服につながらなかった結果、当面の大規模作戦は中止せざるを得なかったためである。特に張鼓峰事件でソ連の軍事力に接した参謀本部にとって、これ以上軍主力を中国戦線に釘付けすることはできなかった。(183)しかも日本の対外政策決定過程はこの年秋から新たな要因も加わることで分裂の兆候を見せ始めていた。

この年二月、ドイツはリッベントロップの外相就任を契機として、対英牽制を目的とした日独伊の提携強化に動き出していた。日本でも五月から陸・海・外の三省が日独伊提携強化についての研究をそれぞれ開始し、陸軍は枢軸強化を通じた対ソ牽制と英国の援蔣政策中止を期待していた。しかし、外務省は防共協定強化の目的を対ソ牽制のみに限定し、近衛、米内、池田、それに宇垣の後任である有田も同様の考えに立っていた。板垣は陸軍部内の圧力から防共協定の対象に英仏を含むと主張して閣内を二分する格好となり、十一月以降、五相会議開催もままならない状態に陥っていた。(184)

近衛は十一月十二日、小川平吉に対して漢口陥落による長期戦への移行とそれに伴う政府陣営の一新を名目に挙げ、辞意の念を漏らしていた。(185)すでに国民政府との和平交渉チャンネルも失い、日独伊防共協定強化問題という新たな対立軸も浮上する中、政権継続の意欲を失っていた。十二月二〇日、汪兆銘のハノイへの脱出が成功すると、翌々日、第三次近衛声明が発表される。その内容は十一月三〇日の御前会議決定「日支新関係調整方針」に基づき、「日満支三国」の善隣友好、共同防共、経済提携を掲げ、中国に対する「経済的独占」や、領土・戦費賠償要求の意図がないことを明言する。(186)これは南京陥落直後の「支那事変対処要綱」(甲)に比較すると、賠償要求放棄の点で違いがあり、国民政府内部から同調者を引き出すことに狙いがあった。

しかし、近衛自身は現地軍主導の汪兆銘工作にほとんど期待を抱いておらず、「東亜新秩序ノ建設」は国内向けに持ち出した面の強いものだった。当時首相秘書官であった牛場友彦によれば、汪兆銘工作に対応した政府声明は十一月三〇日の御前会議直後から陸海軍が近衛に要求しており、当初は十二月十一日に大阪で発表されるはずであった。しかし、蔣介石の重慶移転に伴い、汪の脱出工作が延期されると、十二月十日、近衛の関西行きは急病を理由に中止される。二二日に近衛、板垣、米内、有田の四相で協議した結果、首相談話の形式での声名発表が決定するものの、日中関係改善への確信はなかった。このため、声明発表が近付くと、近衛周辺では内閣総辞職の空気が濃厚となる。牛場の観察によると、近衛の心境は「とに角『発表』して終へば茲に事変は又一新段階を画することになるのであつて、政情の上から見れば重大な転機を構成する」というものであったという。(187)国民政府への影響よりも日本の国内事情を優先して決定された点で、この声明発表は投槍的なものであった。

一九三九(昭和一四)年一月四日、第一次近衛内閣は汪兆銘脱出により事変が新段階に入ったとして総辞職に踏み切るが、すでに国民党は汪を永久除名処分にしており、日中戦争は日本側の意図を超えて泥沼化の様相を見せていた。北支那方面軍の占領地行政を支えていた臨時維新政府内政顧問・湯沢三千男が前北支那方面軍司令官・寺内寿一大将への書翰で、「愈々近衛内閣も退陣致し候へ共、餘り変り栄無之、近衛内閣何の意味の政変かを疑はしめ相も変らず気兼気苦労の域を脱せざる状態は感心出来ず候。日支事変の収拾ハ全く楽観を許さざる次第に御座候」(188)

と述べているように、この汪兆銘工作は日中戦争解決になんら資するものではなかった。

しかも日本外交は諸政治勢力が国内で相互に拮抗する不安定な様相を呈し、日独伊防共協定の扱いをめぐっても政府・外務省・陸海軍の間で一致点を見出せない状態が続いていた。こうして第一次近衛内閣期の政策は理念が先行して内政と外交が分裂し、多くの課題を残したまま終わりを告げることになる。そればかりか近衛の声明した「東亜新秩序」理念はその後の歴史にあっても日本外交を拘束し、一九四〇（昭和十五）年の近衛再登場を促す背景となるのである。

小括

一九三〇年代後半期の政治的構図を振り返る上で確認しておきたいのは日中戦争開戦以前における既成政党勢力の低迷である。広田内閣期、政民両党は政府批判の面で強い姿勢を示すが、現状に代わる政策を提起するものではなかった。広田内閣成立時から林内閣成立時までの期間、政民両党は単独で政局を左右する力はなく、政党内閣復帰の用意も整っていなかった。林内閣期の第七〇回帝国議会では政府提出予算案・法律案が無修正で可決される。そこで国際関係と財政規律に対応した予算審議をしていれば、「政党更正」を国民に示すことができたにもかかわらず、それができないまま、政党は第一次近衛内閣成立と日中戦争開戦を迎えたのである。

日中戦争は満洲事変と異なり、その初期段階では政府による指導・介入の余地がいくつも存在し、日中双方の指導者層は最初から全面戦争を予期していたわけではなかった。しかし、偶発的衝突が重なり、紛争が拡大していくと、日本国内では中国側に原因を求める強硬論が噴出する。日中戦争開始期、近衛内閣は超党派の支持をもとに政治指導の強化を図るが、こうした挙国一致路線の標榜こそ日中戦争処理を複雑化させることになる。のちに近衛は米内内閣期、第一次近衛声明について昭和天皇に対して、「最初ハ左程強キ意味ハナカリシモ議会ノ関係ニ於テ非常ニ堅苦シキ意味トナレルモノナリ」[189]と奉答している。これは国民と議会に戦意高揚と挙国一致を要請し続けたことの悪循環に他ならない。こうした政治的アリーナの歪みこそ、大東亜戦争開戦に至るまで日本の対外政策を拘束するものとなる。

一方、第一次近衛内閣期の政治過程を見たとき、当時の既成政党勢力は予算編成や対外政策、戦争指導の在り方を大きく修正するだけの力はなかった。財界出身の池田が財界の利益を代表して総動員法第十一条発動問題に取り組んだのに対して、中島や永井は政友会や民政党の路線を現実政策に反映させる力はなかった。両者の入閣は既成政党の存在を完全に排除するものではなかったが、同時に、尊重するものでもないという折衷的なものであった。その背景には第二〇回総選挙の結果、既成政党への信頼感低下が顕著になる中、対政党関係で既成政党への協調姿勢を打ち出すことへの抵抗感があったためである。

また、第七三回帝国議会で既成政党勢力が示した政府提出法案への姿勢は、電管法案審議に象徴されるように、財界との関係を反映したものであった。これに加えて、総動員法案の審議過程で内閣との全面対決を避けたいという党執行部の思惑が作用した結果、総動員法案に反対していた一部議員の活動との間に齟齬が生じる。結果として、財界の既得権益を守る装置として総動員審議会設置が認められたことは、政党内閣期における利益誘導政治の延長線上で捉えるべきものである。政党はこの時期にあっても、利益集約・政策統合機能だけは部分的に残していたのである。

一九三八（昭和十三）年春、近衛出馬を見越した各種新党運動の潮流が生まれるが、政民両党内の近衛支持勢力は以前のような勢いを失っていた。その一方、政民両党内では新外相の宇垣を軸にして政界再編を目指す新しい潮流が生まれる。これは九月の宇垣辞任により頓挫するが、政党政治家の間に近衛新党以外の政治的選択肢が考慮されていたことは重視すべきである。この時期、近衛内閣、政党、軍部それぞれが単独で現状を打開できないジレンマがあったからこそ、宇垣待望論は生まれたのである。

　そして、この年一月に宇垣自身が、「外的刺戟の利用によりて一時を糊塗して挙国一致の外形を作り上げることは出来ても真の積弊は元々心的内的に発生したる痛恨である」、「一時出来上りた挙国一致の永続も六ヶ敷ければ予後の盛返し返動《ママ》も危険であり懸念される」と記していたように[190]、同年秋以降、日中戦争の膠着化は深刻な政治空白をもたらす。日中戦争の進展が「挙国一致」を要請しながらも、諸政治勢力の動きが近衛ら政権中枢の意図に合致していなかったからである。このように第一次近衛内閣期に明らかになった国民的支持を有する政治組織の不在こそ、近衛が既成政党勢力を越える政治的集合体としての新体制を希求する背景となるのである。

第四章註

（1）加藤陽子『模索する一九三〇年代—日米関係と陸軍中堅層—』（山川出版社、一九九三年）。

（2）筒井清忠『昭和十年代の陸軍と政治—軍部大臣現役武官制の虚像と実像—』（岩波書店、二〇〇七年）。

（3）大前信也『昭和戦前期の予算編成と政治』（木鐸社、二〇〇六年）、同「戦費調達の政治過程—事変拡大の政治力学—」（北岡伸一編〈歴史のなかの日本政治2〉『国際環境の変容と政軍関係』中央公論新社、二〇一三年）、同『政治勢力としての陸軍—予算編成と二・二六事件—』（中央公論新社、二〇一五年）。

（4）伊藤隆『昭和期の政治』（山川出版社、一九八三年）、同『近衛新体制—大政翼賛会への道—』（中央公論社、一九八三年）、升味準之輔『日本政党史論』第七巻（東京大学出版会、一九八〇年）。

（5）ゴードン・M・バーガー（坂野潤治訳）『大政翼賛会—国民動員をめぐる相剋—』（山川出版社、二〇〇〇年）、古川隆久『戦時議会』（吉川弘文館、二〇〇一年）、同『昭和戦中期の議会と行政』（吉川弘文館、二〇〇五年）、同「戦時議会と戦後議会」（倉沢愛子・杉原達・成田龍一、テッサ・モーリス・スズキ、油井大三郎・吉田裕編〈岩波講座アジア・太平洋戦争2〉『戦争の政治学』岩波書店、二〇〇五年）。

（6）奥健太郎『昭和戦前期立憲政友会の研究—党内派閥の分析を中心に—』（慶應義塾大学出版会、二〇〇四年）、手

島仁『中島知久平と国政研究会』上・下巻(みやま文庫、二〇〇五~二〇〇七年)。
(7) 井上敬介「立憲民政党の解党―立憲政治構想の観点から―」(『ヒストリア』第二一五号、二〇〇九年)、同『立憲民政党と政党改良―戦前二大政党制の崩壊―』(北海道大学出版会、二〇一三年)。
(8) 飯澤章治『総動員―日本国力の全貌―』(高山書院、一九三七年)五頁。
(9) 広田弘毅伝記刊行会編『広田弘毅』(広田弘毅伝記刊行会、一九六六年)一七九~一八一頁。
(10) 島田俊雄『偽装的挙国一致を排す』(安久社、一九三六年)十五~十六頁。
(11) 同前、二二頁。
(12) 川崎卓吉「我党飛躍の好機に直面す」(『民政』一一六八号)一二頁。
(13) 井上敬介氏はこの川崎の演説について、「民政党が政権獲得の意志がないことを明示した」ものであり、「帝国憲法下の対抗勢力(軍部・官僚)と競合する力を著しく弱める結果となった」と評している(前掲『立憲民政党と政党改良』一七二~一七三頁)。川崎の演説が第十九回総選挙後の岡田内閣継続を想定していたのは事実であるが、民政党が将来の政党内閣復帰をどう考えていたのか、という点は選挙戦略も含めた分析が必要である。この点については、いずれ別稿で検討する。
(14) 伊藤隆編『斎藤隆夫日記』下巻(中央公論新社、二〇〇九年)一八八頁。
(15) 大谷敬二郎『天皇の軍隊』(図書出版社、一九七二年)二四七頁。
(16) 『東京朝日新聞』一九三七年五月十九日。
(17) 一九三六年六月五日付・宇垣一成宛鶴見祐輔書翰(憲政記念館所蔵「宇垣一成文書」A二一-五八)。
(18) 前掲『斎藤隆夫日記』下巻、二〇八頁。
(19) 『時事新報』一九三六年十一月六日夕刊。
(20) 『国民新聞』一九三六年十一月七日夕刊。
(21) 前掲『斎藤隆夫日記』下巻、二一〇頁。
(22) 白木正之『日本政党史・昭和編』(中央公論社、一九四九年)二三四頁。
(23) 同前、二二八頁。

（24）同前、二二一頁。
（25）同前、二二一～二二二頁。
（26）福永文夫・下河辺元春編『芦田均日記』第四巻（柏書房、二〇一二年）六頁。
（27）前掲『斎藤隆夫日記』下巻、二二二頁。
（28）『東京朝日新聞』一九三七年一月二〇日。
（29）前掲『斎藤隆夫日記』下巻、二二二頁。
（30）前掲『模索する一九三〇年代』二四四～二四五頁。
（31）「軍務課政変日誌」（防衛省防衛研究所戦史研究センター所蔵『宇垣内閣流産から林内閣成立まで』、中央・戦争指導重要国策文書235）一九三七年一月二一日条。
（32）広田内閣期の宇垣擁立運動と組閣構想の変遷については、拙稿「広田内閣と宇垣一成―朝鮮総督辞任問題をめぐる考察―」（学習院大学『政治学論集』第二七号、二〇一四年）を参照。
（33）角田順校訂『宇垣一成日記』第二巻（みすず書房、一九七〇年）一一九三頁。
（34）安藤信夫『新党樹立運動の新展開―新興政治勢力の中心は何処にあるか？―』（有恒社、一九三七年）十一～十二頁。
（35）宇垣一成文書研究会編『宇垣一成関係文書』（芙蓉書房出版、一九九五年）一七二頁。なお、井上敬介氏は広田内閣期、民政党内で宇垣擁立運動を推進した主体として富田幸次郎と永井柳太郎を取り上げ、「当該期の宇垣擁立工作は『親軍的新党』結党につらなるものだった」と評価している（前掲「立憲民政党の解党」八八頁）。だが、広田内閣後半期、多くの政党政治家が流動的な政局の中で宇垣出馬に期待していたのであり、永井の存在だけを強調して運動の性格規定を図るのは適切ではない。特に宇垣への大命降下時、川崎克が党内で調整役を果たしていた事実に鑑みると、「親軍的新党」という評価には疑問がある。川崎については本書第五章で詳しく述べるとして、のちに井上氏は「衆議院単一保守政党構想である宇垣新党構想が近衛新党運動と異質のものであることは明らかである」（前掲『立憲民政党と政党改良』一七七頁）として、先の評価を撤回している。
（36）阿部眞之助「林首相論」（『改造』一九三七年三月号）六頁。
（37）一九三七年一月二五日付・寺内寿一宛近衛文麿書翰（国立国会図書館憲政資料室所蔵「寺内寿一関係文書」66）。

(38) 前掲『昭和十年代の陸軍と政治』九五〜九六頁、一一一〜一一二頁。なお、「重要産業五カ年計画」については、荒川憲一「石原構想の可能性と限界」(軍事史学会編『再考・満州事変』錦正社、二〇〇四年)を参照。
(39) 小山完吾『小山完吾日記―五・一五事件から太平洋戦争まで―』(慶應通信、一九五五年)九九頁。
(40) 坂入長太郎『日本財政史概説―財政の政治過程―』第二増補改訂版(バリエ社、一九八八年)四二六〜四二七頁。
(41) 井手英策『高橋財政の研究―昭和恐慌からの脱出と財政再建への苦闘―』(有斐閣、二〇〇六年)二一九〜二二〇頁、二五一頁、二六七〜二六八頁。
(42) これについては、大前信也『昭和戦前期の予算編成と政治』(木鐸社、二〇〇六年)第四章を参照。
(43) 川崎克「現内閣の財政々策を批判する」(『民政』第一八一号、一九三七年三月)一七〜一八頁。
(44) 龍円恵喜二『日本政治を動かす基本動因』(北樹出版、一九九六年)一二〜一四頁。
(45) 古川隆久氏は第二〇回総選挙について、「民政党がやや議席を減らしたものの、政友会は現状維持で、既成政党の人気凋落傾向は鈍ってきた」(前掲『戦時議会』二七頁)とし、バーガー氏は第二〇回総選挙の結果と政友会について、「党内の力関係に大きな影響はなかった」(前掲『大政翼賛会』八九頁)と述べているが、いずれも第十九回総選挙についての分析としては不十分である。
(46) 川人貞史『日本の政党政治一八九〇〜一九三七年―議会分析と選挙の数量分析―』(東京大学出版会、一九九二年)二七七頁。
(47) 一九三七年四月二十日付・警視庁情報課「衆議院議員総選挙ニ於ケル言論ニ依ル運動状況」(国立国会図書館憲政資料室所蔵「旧陸海軍関係文書」R207‐T1455)。
(48) 前掲『昭和戦前期立憲政友会の研究』一一三〜一一五頁。
(49) 望月圭介傳刊行会編『望月圭介傳』(羽田書店、一九四五年)四九五頁。
(50) 『東京朝日新聞』一九三七年五月一九日。
(51) 木舎幾三郎『政界五十年の舞台裏』(政界往来社、一九六五年)一八四頁。
(52) 木戸日記研究会校訂『木戸幸一日記』上巻(東京大学出版会、一九六六年)五六六頁。
(53) 原田熊雄述『西園寺公と政局』第五巻(岩波書店、一九五一年)三一一〜三一三頁。

(54)「第一次近衛内閣の理念」(国立国会図書館憲政資料室所蔵「近衛文麿関係文書」R1)。
(55)堀田慎一郎「一九三〇年代の日本陸軍と政治についての一考察―第一次近衛内閣初期を中心に―」(『歴史の理論と教育』第一一六号、二〇〇三年)四頁。
(56)矢部貞治『近衛文麿』上巻(弘文堂、一九五二年)三八一～三八二頁。
(57)中村菊男『昭和政治史』(慶應通信、一九五八年)一三八頁。
(58)前掲『昭和戦前期立憲政友会の研究』一二一～一二二頁。
(59)同前、一二七頁。前掲『中島知久平と国政研究会』下巻、五六～五八頁。
(60)臼井勝美「佐藤外交と日中関係―一九三七年三月－五月―」(入江昭・有賀貞編『戦間期の日本外交』東京大学出版会、一九八四年)。なお、佐藤外交の人的基盤については、劉傑「『中国通』外交官と外務省の中国政策―一九三五～一九三七年―」(軍事史学会編『日中戦争の諸相』錦正社、一九九七年)を参照。また、高光佳絵『アメリカと戦間期の東アジア―アジア・太平洋国際秩序形成と「グローバリゼーション」―』(青弓社、二〇〇八年)は、この時期の米商務省の認識として、米国が日中宥和の可能性に期待を寄せていたことを強調している。
(61)井上寿一『危機のなかの協調外交―日中戦争に至る対外政策の形成と展開―』(山川出版社、一九九四年)三一四～三一八頁。
(62)前掲『大政翼賛会』八七頁。
(63)同前、八五頁。
(64)森靖夫『日本陸軍と日中戦争への道―軍事統制システムをめぐる攻防―』(ミネルヴァ書房、二〇一〇年)一九五～一九七頁。
(65)「石原莞爾中将回想応答録」(臼井勝美・稲葉正夫解説『現代史資料9・日中戦争2』みすず書房、一九六四年)三〇五頁。
(66)原田熊雄述『西園寺公と政局』第六巻(岩波書店、一九五一年)二九頁。
(67)外務省編『日本外交文書　日中戦争』第一冊(外務省、二〇一一年)四頁。
(68)風見章『近衛内閣』(日本出版共同、一九五一年)三四頁。

(69) 高橋久志「日華事変をめぐる軍事・外交戦略の分裂と錯誤―昭和十二年～十三年―」(近代外交史研究会編『変動期の日本外交と軍事―史料と検討―』原書房、一九八七年)一二一頁。
(70) 前掲『日本外交文書　日中戦争』第一冊、十四頁。
(71) 前掲『西園寺公と政局』第六巻、三四～三五頁。
(72) 前掲『小山完吾日記』一七五～一七六頁。
(73) 永井柳太郎「日本なくんば亜細亜なし」(『雄弁』第二八巻第一号、一九三七年一月)十七～十八頁。なお、本記事は池田徳浩「永井柳太郎著作目録」(文献探索研究会編『文献探索二〇〇〇』文献探索研究会、二〇〇一年)より発見したものである。
(74) 馮青「蔣介石の日中戦争期和平交渉への認識と対応―『蔣介石日記』に基づく一考察―」(『軍事史学』第四五巻第四号、二〇一〇年)六六～六七頁。
(75) 「北支問題に関する政友会の声明」(『政友』第四四三号、一九三七年八月)五一頁。
(76) 町田忠治「正に挙国一致の秋」(『民政』第十一巻第八号、一九三七年八月)二～三頁。
(77) 町田忠治伝記研究会編『町田忠治』伝記編(櫻田会、一九九六年)三五六～三五九頁。
(78) 前掲「立憲民政党の解党」九一頁。
(79) 川崎卓吉らの近衛新党構想については、伊藤隆「『挙国一致』内閣期の政界再編成問題―昭和十三年近衛新党問題研究のために―」(東京大学『社会科学研究』第二四巻第一号、一九七二年)七二～八八頁を参照。
(80) 前掲『日本外交文書　日中戦争』第一冊、三二頁。
(81) 加藤陽子「興亜院設置問題の再検討」(服部龍二・土田哲夫・後藤春美編『戦間期の東アジア政治』中央大学出版部、二〇〇七年)四五二頁。
(82) 北河賢三・望月雅士・鬼嶋淳編『風見章日記・関係資料　一九三六－一九四七』(みすず書房、二〇〇八年)二九～三〇頁。
(83) 前掲『日本外交文書　日中戦争』第一冊、七八頁。
(84) 前掲『風見章日記・関係資料　一九三六－一九四七』三二頁。

(85)　前掲『近衛内閣』四六〜四七頁。
(86)　これまで中ソ不可侵条約成立については、防共の観点から国民政府を対日講和に誘導しようとしていた日本側の思惑に反した点が強調されてきた。これに対して、近年、鹿錫俊氏は国民政府側の一次史料をもとにして、当時の中ソ両国が蜜月関係であったわけではなく、国民政府が日本に対して防共政策の維持や、日中不可侵条約締結の意図があることを伝えていたことを指摘している(鹿錫俊「日中戦争長期化の政策決定過程におけるソ連要因の虚実—蒋介石らの私文書に基づく中国側の対応の考察を中心に—」、『軍事史学』第五三巻第二号、二〇一七年、五七頁)。
(87)　『帝国議会衆議院委員会議録　昭和篇』第八三巻(東京大学出版会、一九九五年)十頁。
(88)　臼井勝美『日中戦争—和平か戦線拡大か—』(中央公論社、一九六七年)五六頁。なお、最近の研究として、吉井文美「『満洲国』創出と門戸開放原則の変容—『条約上の権利』をめぐる攻防—」(『史学雑誌』第一二二編第七号、二〇一三年)は満洲国成立以降、外務省内部では満洲市場の独占を目指す見地から九カ国条約の自然消滅化を目指す認識があったことを指摘している。
(89)　筒井清忠『近衛文麿—教養主義的ポピュリストの悲劇—』(岩波書店、二〇〇九年)一八五〜一八八頁。
(90)　一九三七年九月二日付・「対支問題各派有志代議士会関係書類」(国立国会図書館憲政資料室所蔵「山本悌二郎関係文書」7－1)。
(91)　一九三七年十月三〇日付・時局問題有志大会「宣言」(国立国会図書館憲政資料室所蔵「山本悌二郎関係文書」2－2)。
(92)　一九三六年二月二日付・建川美次宛小磯国昭書翰(一九三七年三月六日付・宇垣一成宛小磯国昭書翰に同封。憲政記念館所蔵「宇垣一成文書」A2－49)。なお、この書翰では小磯が宇垣と政友会の提携を提案した際、山本は「其ハ実ニ歓迎スルコトナリ」と発言したことが記されている。昭和期の宇垣支持勢力は時期により異なるが、山本が日中戦争前から政友会内で影響力を拡大するため、政党外からの有力者擁立を重視していたことは間違いないだろう。
(93)　松浦正孝『日中戦争期における経済と政治—近衛文麿と池田成彬—』(東京大学出版会、一九九五年)三九〜四一頁。
(94)　前掲『西園寺公と政局』第六巻、一一八頁。
(95)　楊天石(陳群元訳)「一九三七、中国軍対日作戦の第一年」(波多野澄雄・戸部良一編『日中戦争の軍事的展開』慶応義塾大学出版会、二〇〇六年)一〇八～一〇九頁。
(96) 前掲『日本外交文書　日中戦争』第一冊、一八六～一八七頁。
(97) 服部聡「日中戦争と国際連盟―プロパガンダ戦の限界―」(『軍事史学』第五三巻第二号、二〇一七年)三八～四三頁。
(98) 岡義武『近衛文麿―「運命」の政治家―』(岩波書店、一九七二年)七二頁。
(99) 前掲『日中戦争期における経済と政治』七八～八〇頁。
(100) 前掲『近衛内閣』五二～五三頁。
(101) 「国際連盟の精神について」(一九二一年執筆。国立国会図書館憲政資料室所蔵「近衛文麿文書」R1)。
(102) 前掲『風見章日記・関係資料　一九三六－一九四七』三三頁。
(103) 戸部良一「支那事変初期に於ける戦争指導(二)」(京都大学『法学論叢』第九七巻第二号、一九七五年)四三～四五頁。
(104) 秦郁彦『日中戦争史』増補改訂版(河出書房新社、一九七二年)一四九頁。
(105) 「支那事変について」(一九四四年四月談話筆記。国立国会図書館憲政資料室所蔵「近衛文麿文書」R1)。
(106) 前掲『日本外交文書　日中戦争』第一冊、二一三～二一五頁。
(107) 同前、二二三頁。
(108) 前掲「蔣介石の日中戦争期和平交渉への認識と対応」六八～七〇頁。
(109) 『大阪毎日新聞』一九三八年一月七日。
(110) 前掲『風見章日記・関係資料　一九三六－一九四七』三八頁。
(111) マーレー・エーデルマン(法貴良一訳)『政治スペクタルの構築』(青弓社、二〇一三年)六一頁、八六頁。
(112) 森松俊夫解説「大本営陸軍参謀部二課・機密作戦日誌」(前掲『変動期の日本外交と軍事』)二四六～二四七頁。
(113) 前掲『日本外交文書　日中戦争』第一冊、二二八頁。
(114) 前掲『日中戦争』六一～六二頁。
(115) 「対支媾和問題に対する所見」(国立国会図書館憲政資料室所蔵「近衛文麿関係文書」R2)。
(116) 川田稔『昭和陸軍の軌跡―永田鉄山の構想とその分岐―』(中央公論新社、二〇一一年)一七六頁。

(117) 前掲『日本外交文書　日中戦争』第一冊、二四四頁。
(118) 前掲『宇垣一成日記』第二巻、一二三八頁。
(119) 富田健治『敗戦日本の内側―近衛公の思い出―』(古今書院、一九五二年)三〇四頁。
(120) 浅沼稲次郎『昭和一三年日記帖』(国立国会図書館憲政資料室所蔵「浅沼稲次郎関係文書」R151-2244)一九三七年一月十六日条。
(121) 前掲『木戸幸一日記』上巻、六〇七頁。
(122) 伊藤之雄『立憲国家と日露戦争―外交と内政　一八九八～一九〇五―』(木鐸社、二〇〇〇年)五〇～五四頁。
(123) 小川平吉文書研究会編『小川平吉文書』第一巻(みすず書房、一九七三年)三五三頁。
(124) 前掲『戦時議会』三八～三九頁。
(125) 山浦貫一「憲政五十年の葬送譜」(『改造』第十二巻第三号、一九三八年三月)三四〇頁。
(126)『東京朝日新聞』一九三七年十二月二四日夕刊。
(127) 同前。
(128) 酒井正文「新体制運動下の民政党と大麻唯男」(『杏林社会科学研究』第四巻第一号、一九八七年)二一～二二頁。
(129) 尚友倶楽部・伊藤隆編『有馬頼寧日記』第四巻(山川出版社、二〇〇一年)十一頁。
(130) 前掲『西園寺公と政局』第六巻、一九〇頁。
(131)『昭和一三年日記帖』一九三八年一月二五日条。
(132) 小谷正雄『電力国家管理法案を繞る帝国議会の動向』(社会思想対策調査会、一九三八年)十～十三頁。
(133)「藤沼庄平日記」(国立国会図書館憲政資料室所蔵「藤沼庄平関係文書」71)一九三八年二月[十二日?]条。
(134) 中瀬哲史「第一次電力国家管理と総動員体制の構築―戦時経済移行期における国家と電力事業―」(大阪市立大学『経営研究』第四五巻第二号、一九九四年)一一四～一一六頁。
(135) 前掲『有馬頼寧日記』第四巻、三八頁。
(136) 馬場恒吾「解散か総辞職か」(『改造』二〇周年記念号、一九三八年四月)四四九頁。
(137) 前掲『模索する一九三〇年代』二七〇頁。

(138) 前掲『近衛文麿』上巻、四七四～四七五頁。
(139) 国家総動員法をめぐる憲法問題については、拙稿「天皇機関説事件から国家総動員体制へ―明治憲法下における法治主義思想崩壊の一断面として―」(『憲法研究』第三六号、二〇〇四年)十四～二一頁を参照。
(140) 前掲『日中戦争期における経済と政治』五一～五二頁、九七頁。
(141) 前掲『日本政党史・昭和編』二五七頁。なお、小川平吉日記の一九三八年二月十七日条には前田の発言として、「先日町田民政党総裁と約して別に公を訪ひ、［総動員法案］不提出を交渉したるも不可能なりとの答を得たり」(前掲『小川平吉関係文書』第一巻、三六六頁)とある。この事実は内閣参議の地位にありながらも、政党人である前田と町田が政府部内で十分な発言力を有していなかったことの証左と見るべきである。
(142) 前掲『西園寺公と政局』第六巻、二二九頁、二三一頁。
(143) 北博昭『日中開戦―軍法務局文書からみた挙国一致体制への道―』(中央公論社、一九九四年)一三一～一三二頁。
(144) 前掲『日本政党史・昭和編』二五九頁。
(145) 前掲『昭和戦前期立憲政友会の研究』一三一～一三四頁。
(146) 「委任立法に就て」(国立国会図書館憲政資料室所蔵「清水澄関係文書」R8－1191)。
(147) 斎藤隆夫「戦時議会の感想」(『改造』二〇周年記念号、一九三八年四月)三一〇頁。
(148) 古川隆久氏は政府が議会側の反対論緩和のため設置した国家総動員審議会の存在を重視し、地主層や産業界の利益を代弁することで官僚主導型統制経済に対抗していた事例を挙げている。その上で、「本審議会は、特に議会と政府との関係に関して重要な政治的意味を持っており、いわば総動員法の運用に関しては事実上議会の代理といってもよい意味をもっていた」(前掲『昭和戦中期の議会と行政』五四頁)と評価している。しかし、総動員法案の上程を内閣参議である町田や前田が阻止できず、政党の側から十分な議会審議ができなかったことを踏まえると、同審議会での既得権益の擁護と、政府に対する議会の役割を一括して捉えることには、慎重さが必要であると思う。のちに古川氏は同審議会について、「実際には、統制の行き過ぎに対する決定的なブレーキにはならなかった」、「修正を加えた例は多少あり、無力だったとは言わえないが、『統制のやりすぎが企業活動を阻害しないか』といった財界寄りの視点が中心で、国民生活にはあまり目を向けていない」と評しており(『東京新聞』二〇一五年六月一日)、筆者もこちらの評価のほうが妥当であると考えている。なお、総動員法案成立後の一九三八年六月、第一次近衛内閣は議会制度調査会を設置している。村瀬信一氏によれば、この審議会は広田内閣期に設置された選挙制度調査会、議院制度調査会、貴族院制度調査会の機能を統合するためのものであったが、議会政治の再生や権威回復といった性格はなかったという（村瀬信一『帝国議会―〈戦前民主主義〉の五七年―』講談社、二〇一五年、二二七～二三〇頁）。

(149) 前掲『昭和陸軍の軌跡』一七八頁。
(150) 前掲『日中戦争期における経済と政治』一三二～一三三頁。
(151) 前掲『昭和十年代の陸軍と政治』一五二～一五七頁。
(152) 原田熊雄述『西園寺公と政局』第七巻（岩波書店、一九六七年）五九～六〇頁。
(153) 前掲『日本外交文書　日中戦争』第一冊、一九九頁。
(154) 伊藤隆編『高木惣吉　日記と情報』上巻（みすず書房、二〇〇〇年）一四一頁、一四四～一四五頁。
(155) 前掲『西園寺公と政局』第七巻、八五頁。
(156) 同前、一〇三頁。
(157) 前掲『斎藤隆夫日記』下巻、二九二頁。
(158) 前掲『日中戦争期における経済と政治』一六一～一六七頁。なお、英国側の研究であるアントニー・ベスト（武田知己訳）『大英帝国の親日派―なぜ開戦は避けられなかったか―』（中央公論新社、二〇一五年）は、英国外務省から見て一九三〇年代の日英関係は改善可能性がほとんどなかったという立場をとっている。
(159) 「十三年九月二十九日正午　首相と会談要旨」（憲政記念館所蔵「宇垣一成文書」Ａ４－３４）。
(160) 前掲『近衛文麿』上巻、五六六～五六七頁。
(161) 前掲「新体制運動下の民政党と大麻唯男」二一四～二一六頁。
(162) 島田俊雄述『時局と政情―新政党説と近衛公の心境観測―』（日本外交協会、一九三八年。外務省外交史料館所蔵『本邦対内啓発関係雑件　講演関係　日本外交協会講演集』第五巻、Ａ．３．３．０．２－１－２）二三頁。
(163) 同前、二四～二五頁。
(164) 同前、四七頁。

(165) 前掲『小川平吉関係文書』第一巻、三八六頁。
(166) 前掲『有馬頼寧日記』第四巻、六五頁。
(167) 前掲『西園寺公と政局』第七巻、十三頁。
(168) 前掲『木戸幸一日記』下巻、六七〇頁。
(169) 前掲『小川平吉関係文書』第一巻、四〇四〜四〇五頁。
(170) 野村重太郎「新党運動を裸にする」(『中央公論』一九三七年十二月特大号)二三九〜二四〇頁。
(171) 前掲『宇垣一成日記』第二巻、一二二六頁。
(172) 前掲『宇垣一成関係文書』一七五頁。
(173) これについては、前掲『昭和期の政治』八七〜一一一頁、前掲『近衛新体制』七六〜九四頁、前掲『大政翼賛会』一二四〜一四二頁を参照。
(174) 前掲(岡)『近衛文麿』九五頁。
(175) 前掲『日本外交文書　日中戦争』第一冊、四〇五〜四〇六頁。
(176) 戸部良一『ピース・フィーラー―支那事変和平工作の群像―』(論創社、一九九一年)三〇六〜三〇九頁。
(177) 細谷千博「日米関係の破局、一九三九－一九四一―抑止政策とその破綻―」(『一橋論叢』第五四巻第一号、一九六五年)五七頁。
(178) 浅沼稲次郎『雑録』(一九三八年八月。国立国会図書館憲政資料室所蔵「浅沼稲次郎関係文書」R151－2245)。
(179) 企画院『時局新段階ニ対処スル国内体制強化ニ関スル件』(一九三八年十一月四日。国立国会図書館憲政資料室所蔵「近衛文麿文書」R6)。
(180) 前掲『有馬頼寧日記』第四巻、一二一頁。
(181) 『東京朝日新聞』一九三八年十一月十日夕刊。
(182) 前掲『高木惣吉　日記と情報』上巻、二〇七頁。
(183) 前掲『日中戦争史』増補改訂版、二九六頁、二九九頁。

(184)　大畑篤四郎「日独防共協定・同強化問題(一九三五年〜一九三九年)」(日本国際政治学会太平洋戦争原因研究部編『太平洋戦争への道・新装版』第五巻、朝日新聞社、一九八七年)五九〜九三頁。

(185)　前掲『小川平吉関係文書』第一巻、四二四頁。

(186)　前掲『日本外交文書　日中戦争』第一冊、四五〇〜四五一頁。

(187)　牛場友彦「第一次近衛内閣総辞職の経緯　昭和十四年一月」(国立国会図書館憲政資料室所蔵「美濃部洋次文書(国策研究会旧蔵)」R103-000719)。なお、古川隆久氏は同史料で「二　国民的組織に立脚せざる政治への悩み」の見出しが付けられた項目から「総理が抱いてゐた最も根本的、本質的の悩みは、組織をもたずして政治は出来ぬといふことであつた」などの箇所を引用し、「要するに、既成政党の政治的な意味での根強さが今回の近衛新党運動を失敗に終わらせただけでなく、第一次近衛内閣を退陣に追い込んだのである」(前掲『戦時議会』六六〜六七頁)と評している。だが、筆者の解釈としては、ここで牛場が述べているのは新党運動・国民再組織化構想をめぐる近衛と有馬、塩野、末次ら関係閣僚との間に認識の相違があった点にとどまる。むしろ同史料では「三　枢軸強化論を繞る閣内意見の分立」にあるように、「防共協定強化の問題を契機として、図らずも日本外交政策の根本が定まつてゐない事実に直面した時、日本政治は重大な関頭に立たされた」のであり、「総理の辞意を最早何ものを以てしても止まらしむることの出来ないものとしたのは正しく此の問題であつた」ことに重点が置かれている。また、「四　池田と末次の対立」では総動員法第十一条発動問題をめぐる両者の対立に触れ、「末次の政治に対する無知と偏狭とが内閣崩壊を導いた有力な間接原因だつた」と述べている。そして、一九三八年十二月二〇日、牛場は同じく首相秘書官・岸道三とともに小金井のゴルフから帰る近衛から心境を聞き、そこでは「三の項で書いた外交問題が最も強調されてゐた」と記している。以上の点を鑑みるに、第一次近衛内閣総辞職の要因は複合的なものであり、一つの要因に限定することは適切ではないと考える。本章で述べたように、元来、近衛には議会多数派に支持を求める発想はなかった。むしろ、大局的に見るならば、近衛自身の政権担当者としての責任意識の弱さというパーソナリティ上の問題、それに日中戦争長期化に伴う陸軍統制確立の展望喪失といった問題が重要であり、日独防共協定強化問題や汪兆銘工作は退陣の口実としての意味合いが強かったと言うべきであろう。

(188)　一九三九年一月五日付・寺内寿一宛湯沢三千男書翰(国立国会図書館憲政資料室所蔵「寺内寿一関係文書」144

－1）。

(189) 森松俊夫編『参謀次長沢田茂回顧録』（芙蓉書房、一九八二年）一一一頁。

(190) 「思出の儘」（一九三八年一月下旬稿。憲政記念館所蔵「宇垣一成文書」Ａ４－２９）。

第五章　翼賛政治体制をめぐる憲法問題と政治対立

はじめに

一九三九（昭和十四）年一月、第一次近衛内閣が日独伊防共協定強化問題をめぐる閣内対立で総辞職した後、わが国では官僚出身の平沼騏一郎、陸軍出身の阿部信行、海軍出身の米内光政の三名が相次いで政権を担当するが、いずれも日中戦争解決に向けた打開策を示すことはできなかった。しかし、一九四〇（昭和十五）年六月に近衛文麿が枢密院議長を辞任し、新体制運動の開始を表明すると、陸軍と政党の双方で近衛擁立の気運が加速する。そして、同年七月の第二次近衛内閣成立を経て、十月の大政翼賛会成立に帰着したことは周知のとおりである。

当時、近衛新体制に期待されたのは日独伊提携強化による外交政策の転換、国務・統帥の一元化、日中戦争の早期解決であり、同時代のナチス・ドイツやソ連の影響を受けつつ、明治憲法下における権力割拠性の弊害を打開しようという意図が含まれていた。しかし、大政翼賛会の違憲性を問う声が各方面から噴出した結果、一九四一年の改組により、行政補助機関に終わったこともよく知られている。大政翼賛会については、伊藤隆氏と赤木須留喜氏の業績がそれぞれ日本史学、行政学の立場から多くの史料を精緻に分析した包括的研究として知られる。(1) また、雨宮昭一氏の研究は当時未公刊であった「風見章日記」の一部を使用し、近衛周辺が近衛出馬を前提としない形で既成政党主流派の解党を企図していたこと（「既成政党爆破工作」）や、国際比較の面から「最高国防会議」構想の特徴を指摘した。(2) これらの研究により、近衛体制運動の思想的背景や、各勢力間の多様な思惑が明らかにされた。

その後の研究動向としては東條内閣期に成立した翼賛政治会の機能や、そこで主流派の位置を占めた政党出身政治家の役割についての研究が積み重ねられ、(3) 戦中期の政治構造は軍部のみに重点を置いて論じることができないことが明らかになっている。これに対して、本書では近衛新体制運動に批判的立場をとり、翼賛政治会で非主流派に位置した政党出身政治家の存在に注目することで、翼賛政治体制期の政治史を再検討しようとするものである。

一人目の事例研究対象である川崎克は一八八〇（明治十三）年、三重県伊賀上野で油卸売りの家に生まれ（幼名・喜三郎）、一九〇一（明治三四）年に日本法律学校を卒業する。早くから尾崎行雄に私淑し、一九〇三（明治三六）年に尾崎が東京市長に就任すると、東京市書記になっている。一九〇六年（明治三九）年の東京市退職後に克と改名し、日本新聞勤務などを経て、一九一五（大正四）年に衆議院議員初当選を果たしている。当初は尾崎の率いる中正会に所属し、一九二〇（大正九）年の第十四回総選挙での惜敗を除くと、その代議士生活は当選十回・通算三一年に及ぶ。一九一六（大正五）年、中正会の憲政会への合流に伴って党籍を移し、一九二四（大正十三）年から一九二五（大正十四）年の間、加藤内閣で陸軍参与官、逓信参与官を務めている。民政党では党人派の系譜に位置し、一九二九（昭和四）年に浜口内閣司法政務次官、一九三五（昭和十）年に民政党政務調査会長、一九三六（昭和十一）年に衆議院予算委員長を歴任している。

生前に発表した論考は財政・経済問題、税制に関するものが多く、一九三七（昭和十二）年の民政党機関誌では「党内随一の財政通を以て自他共に許す」(4) と評されている。大正期以来、浜口雄幸と同じく緊縮財政、減税、低金利政策の支持で一貫し、[5]この見地から広田・林内閣期、準戦時体制を口実にした増税が消費者負担の増加や物価騰貴につながることや、[6]長期の軍拡が財政膨張につながるという批判を表明していた。[7]日中戦争開戦後は党・政府内で要職に就くことはなかったが、一九四一（昭和十六）年の帝国議会では大政翼賛会の違憲性を追及する二度の質問演説を行い、同年、院内会派・同交会の結成に参画している。東條内閣期の翼賛選挙を非推薦候補でありながら勝ち抜いているが、戦後は陸軍参与官の履歴が災いして公職追放され、一九四九（昭和二四）年に三重県で六八年の生涯を閉じている。宇垣一成が一九四七（昭和二二）年三月三一日の日記に、「本月初旬川崎克君は脳溢血で倒れたり。頭脳は明晰で、正直であり終始一貫宇垣思の人でありし。何らの酬ゆる所なくして茲に至りしは遺憾也[8]」と記しているように、両者は戦前から強い関係を有していた。

二人目の事例研究対象である安藤正純は一八七六（明治九）年、東京浅草に生まれ、哲学館と東京専門学校を卒業後、一九〇六年から朝日新聞社に勤務し、在職中の一九二〇年に衆議院議員に初当選している。一九二四年に政友会へ入党し、翌年に東京朝日新聞を退職している。昭和期には田中内閣文部参与官、犬養内閣文部政務次官、政友会幹事長を歴任し、川崎克と共に同交会を結成している。戦後は鳩山一郎を党首とする日本自由党の結成に参画し、公職追放を経て、一九五三（昭和二八）年に第五次吉田内閣の国務相に就任する。翌年には鳩山を党首とする日本民主党に合流し、第一次鳩山内閣文相退任後の一九五五（昭和三〇）年、七九歳で逝去している。戦前政党内閣期以来、文教政策と社会政策を専門とし、[9]一九三八（昭和十三）年から一九四二（昭和十七）年まで全日本私設社会事業連盟理事長を務めている。また、新聞人出身であることから、「民間人のにおいが最も強い議会主義者」[10]と称されている。戦後、安藤は鳩山との関係を「鳩山は兄分、僕は弟分」と表現し、それまで政友本党に属していた鳩山が政友会に復帰した際、「両方とも東京だし、鳩山は人物も明朗で包容性を持つている」ことから手を組もうと考えたと述べている。[11]実際、安藤は昭和戦前期の政友会で鳩山と近く、党内では総裁派に位置していた。[12]

近年、大政翼賛会をめぐっては、天皇機関説事件以降に生じた二つの思想的潮流に注目する見解がある。それが国体と憲法の一体化により明治憲法の規範性を絶対化する国体憲法学と、国家的危機への対処として一国一党制の樹立や明文改憲を志向する新体制派である。両者の間では国体論や主権概念などが争点となり、最終的に、国体憲法学の権力抑制論が反新体制派（現状維持派）を支える役割を果たしたことが林尚之氏の研究により指摘されている(13)。また、政党史研究として、井上敬介氏はこの時期の民政党内には総裁・町田忠治らの「挙国主義」（挙国一致内閣支持）、斎藤隆夫らの「政党内閣論」（政党内閣復帰）、永井柳太郎ら反主流派の「党国主義」（独裁政党結成）の三つがあり、「挙国主義」と「党国主義」の合流により「大政翼賛会構想」の党是化と民政党解党がもたらされたという枠組みを提示している(14)。

これらの研究により、一九四〇年代の日本にあって国体概念をめぐる問題が極めて重要な意味を持っていたことや、新体制支持派の側も明治憲法との整合性を維持するため、大政翼賛会の活動や運用に慎重な態度をとっていたことが分かった。しかし、新体制批判を展開した旧政党政治家たちが挙国一致内閣との関係をどのように捉え、自分たちの存在や議会の役割をどのように説明しようとしていたのか、という面までは十分な分析がなされているとは言えない。それだけに経済・財政政策を専門分野としてきた川崎や、鳩山に近い位置にいた安藤がいかなる見地から翼賛会批判を展開したのか、新体制支持派の政治家との比較も踏まえて明らかにできれば、この時期の政治史を総体的に描くことができるはずである。

研究史の上で川崎と安藤への言及が最も多いのは翼賛政治体制期に関する研究であるが、安藤や川崎への言及は部分的な範囲にとどまっている。伊藤隆氏は、川崎が「旧民政党内の宇垣一成直系と言われていた人物である」と位置付け、「鳩山グループ」の一員である安藤が同交会結成から日本自由党結成に至るまで、鳩山と行動を共にしていた事実を一次史料からたどっている(15)。古川隆久氏は戦後保守政治につながる「戦時議会の有力者たち」の中に安藤を位置付け(16)、楠精一郎氏は翼賛政治との対決という視座から、安藤を「筋金入りの議会政治擁護派」と評価している(17)。ただし、伊藤氏の捉え方としては、鳩山の政治姿勢が戦前から自由主義で一貫していたのに対して、安藤の場合は同交会解散後、現状に対する消極的活動にとどまったという印象が強い。また、古川氏と楠氏による評価は川崎による翼賛政治批判の活動や論理を細部まで検討したものではない。

近年、米山忠寛氏は立憲政治と戦時体制の関係を検討した際、安藤による大政翼賛会批判は「自発的な戦時下の挙国一致」を求めたのであり、「大東亜戦争開戦以来の国民の戦争協力の成果と大政への翼賛を行ってきた意義を強調し、その論法をそのまま利用して大政翼賛会による国内の『翼賛の独占』を批判した」ものと捉えている(18)。米山氏は戦時体制が政党内閣期と連続した多元性を含むものであることに重要性を求めるものであり、安藤を主眼としたものではない。しかし、昭和期の政治で「挙国一致」という用語が議会政治擁護を訴える側でも使用されていたことに注目した功績は大きい。

安藤自身は大東亜戦争期の著作で近代日本政党史を「政党全盛時代」、「政党爛熟時代」、「政党頽廃時代」の三期に区分している(19)。さきに示した略歴で明らかなように、安藤の政治家としての主要活動時期は政党内閣崩壊以降、すなわち、「政党頽廃時代」である。この時期における安藤の政治行動や政治認識を一次史料から掘り下げていくことは、米山氏の研究以上に多くの論点を抽出できるはずである。同じく最近の研究として、手塚雄太氏は「無尽」と称される安藤の地元後援会組織や、文部省・仏教界の間で果たした媒介的役割を明らかにしている(20)。支持基盤や利益媒介に着目することで、翼賛政治会非主流派議員の重要性を喚起した点では本書の問題関心と重なる。ただし、「統制」や「翼賛」など、昭和期を特徴付ける概念を安藤がどのように認識して活動していたのかまでは分析されていない。それだけに、この時期の政治史は彼ら批判者の論理も含めて理解する必要があるのである。また、戦後の安藤が政界に復帰する過程で戦前の体験がどのように反映されたのかという点も筆者にとっては重要な関心事である。

二〇一一（平成二三）年、国立国会図書館政治史料課には「川崎克関係文書」が新規公開史料として追加され、近衛新体制期を中心とする書翰・文書類が利用可能となった。安藤についても、生前に多くの著作物を残しており、昭和期における日記や書翰などの一次史料が国立国会図書館政治史料課にまとまった形で所蔵されている。本書ではこれら史料群を活用し、川崎と安藤の翼賛会違憲論がどのような影響力を持っていたのか、近衛新体制を推進した旧政党政治家との比較検討も試みることで、一九四〇年代の政治的ダイナミックスへのアプローチを図ろうとするものである。

一　平沼・阿部内閣期の政治

さきに述べたように、一九三九（昭和十四）年一月に第一次近衛内閣が総辞職した後、平沼・阿部・米内という三内閣を経て、一九四〇（昭和十五）年七月に第二次近衛内閣が成立する。このうち、一九三九年末から一九四〇年前半にかけて、各政権にとっては政党との関係が政権運営上の重要課題となっていく。ここでは新体制運動が開始される米内内閣期に入る前に、平沼・阿部内閣期の政治から概観する。

萩原淳氏の研究によれば、一九三九年一月五日に首相となる平沼は内閣成立翌日には議会・政党を尊重する姿勢を表明する。政務官全員を政党推薦の衆議院議員から採用するなど、従来よりも広い範囲で諸勢力との提携を目指すようになる。これは平沼内閣運動の挫折したことで、政権基盤の脆弱性を補うことが狙いであった。しかし、官僚主導的体質の限界から、国民精神総動員運動をのぞき、内政面で成果を残すことはなかった。外交面では平沼の反共イデオロギーを背景にして日独伊防共協定強化問題に取り組むが、英米との関係改善、陸軍統制、日中戦争解決につながる政治指導を打ち出すことはできなかった。その結果、八月二三日に独ソ不可侵条約が成立すると、日独伊防共協定が無視された責任をとり、同月二八日、「欧州の天地は複雑怪奇」の声明を残して総辞職するに至る。[21]

そして、この二日後に成立するのが元軍事参議官・阿部信行予備役陸軍大将を首班とする内閣である。この阿部内閣は陸軍省軍務局軍務課長・有末精三大佐、同軍事課高級課員・富田直亮中佐により組閣工作が進められるなど、[22]実質的に陸軍の後援で成立したものであり、かつての林内閣と同様に少数閣僚制の形をとる。[23]逓相兼鉄相には民政党総務・永井柳太郎、拓相には政友会から衆議院副議長・金光庸夫を迎えるが、いずれも党執行部への事前交渉なく入閣させたものであった。

政友会はこの年三月の第七四回帝国議会閉会後から総裁代行委員の間で総裁人事をめぐる対立が再燃し、党内最大派閥の中島派が政友会革新同盟を結成していた。そして、四月三〇日の臨時党大会で中島知久平を新総裁に選出していた。これに対して、鳩山一郎は組織力の劣勢を補うため、本来は政治的立場の異なる久原房之助を抱き込み、五月二〇日、鈴木喜三郎の指名として久原を総裁に擁立していた。[24]ここに政友会は革新派(中島派)、正統派(久原派)に分裂する状態となっていた。阿部内閣に入閣した金光は両派の中間に位置する中立派の中心人物の一人であり、厳密な意味で政党を代表する立場での入閣ではなかった。また、平沼内閣と異なり、阿部内閣は新党運動に積極的立場をとる政治家を政務官として多数起用するなど、かつての林内閣と同様、超然主義的側面を強く打ち出していた。

九月一日、ドイツは独ソ不可侵条約調印時の密約によりポーランドに侵攻し(ソ連も九月十七日にポーランドへ侵攻)、同月三日、英仏両国がポーランドとの相互援助条約に基づき対独宣戦布告する。この第二次欧州大戦勃発を受け、阿部内閣は直ちに欧州情勢不介入と「支那事変」解決への専念を内外に表明する。当時、日本は海外からの物資調達が逼迫化し、満洲及び中国大陸占領地への物資輸送や国際的な物価高騰により、国民生活は危殆に瀕していた。この年夏、軍の要求で実施された応急物動計画は民需部門に悪影響を及ぼし、かつ、西日本、台湾・朝鮮の大旱魃により食糧事情は急激に悪化していた。政府は陸軍省経理局の発案に基づき九月十八日、価格等統制令を公布するが、準備不足から米穀流通に混乱を来たしていた。(25) しかも、この年になると、日中戦争開戦により下火になっていた労働争議が再発し始め、社会不安の拡大に拍車をかけていた。(26) 十一月三日、阿部が元老秘書・原田熊雄に対して、「使ってみるとどうも官僚が、一番駄目だ。視野は狭いし、経験は乏しい」、「やはり政党の者が世間を知つてをり、政治には実際使ひよいし、話が判り易い」と述べているように、(27) この時期、官僚主導型統制経済は限界に来ていた。

こうしたから、阿部内閣は政権基盤安定化のため、政党との関係を見直すことになる。一九三九年十一月、陸相・畑俊六大将は陸軍省軍務局長・武藤章少将に対して、政党から三名の閣僚を確保したいという阿部の意向を伝え、民政党総裁・町田忠治への入閣交渉を命じる。当時、武藤も日中戦争解決や国内体制強化のため、政党代表者を含めた政治基盤構築の必要性を認識していた。(28) この武藤から町田への入閣交渉は元幹事長・大麻唯男を中心とする民政党側の反発により失敗する。ただし、武藤が入閣交渉にあたり、町田が後継首班となる可能性を示唆したことで民政党の存在感を高め、党内の結束を強めさせる結果になる。(29)

阿部内閣は十一月二九日に元衆議院議長・秋田清（第一議員倶楽部）を厚相、元広田内閣拓相・永田秀次郎（同和会・勅選貴族院議員）をそれぞれ鉄相に迎え、十二月一日に久原房之助（政友会正統派）、小泉又次郎（民政党）を内閣参議に任命する。そして、同月四日には町田民政党総裁、久原政友会正統派総裁に加え、政友会革新派総裁・中島知久平、国民同盟総裁・安達謙蔵、社会大衆党執行委員長・安部磯雄を招き、「支那事変」処理に関する五党首会談を開催する。しかしながら、阿部内閣が政権として末期段階に入っていたことは明らかであり、十二月二七日には民政党代議士・斎藤隆夫を中心とする超党派の有志代議士会により内閣退陣決議が行われる。

では、この時期の政党は軍部に代わって現状を転換できるだけの力はあったのだろうか。民政党では総裁・町田忠治が一九三九年三月末から日中戦争の早期終結を念頭に置いた主張を公言し始め、党内では同年五月から十月にかけて、革新政策調査特別委員会が政党内閣復帰や社会保障政策など、戦後経営を想定した政策研究に着手していた。当時、民政党は排英運動や日独伊三国同盟締結論に対して慎重姿勢をとっていたが、その背景には日中戦争の早期終結を望む財界との関係が作用していた(30)。

この年秋、二府三七県で実施された府県会議員選挙は定数一五六九名に対して二九二三名が立候補し、中立候補や社会大衆党所属候補の得票数に増加が見られた。しかし、全体の内訳は政友会から六六四名(二六一万九三〇〇〇票)、民政党から六一〇名(二四七万八〇〇〇票)が当選し、ほぼ現有勢力を維持する結果になっていた。これに対して、中立候補は一八四名(九八万八〇〇〇票)、社会大衆党は三三名(一三万四〇〇〇票)の当選にとどまり、政民両党に大きく引き離されていた(31)。この結果を受けて、民政党幹事長・内ヶ崎作三郎は、「国民の大多数は依然として政党を信頼し」、「政党に対する愛慕の情を取り返しつゝある」と述べている(32)。勿論、地方選挙と国政選挙の結果は連動するものではなく、議院内閣制が制度化されていなかった戦前においては尚更である。したがって、内ヶ崎の評価は政党内閣復帰の可能性を示すものではない。この時期の地域政治構造と既成政党勢力の利益誘導機能がそれほど変容していなかったことの参考として理解すべきである。

議会対策に行き詰まった阿部は議会解散によって状況を打開しようと考え、閣内では永井拓相や秋田厚相も解散総選挙の実施を主張する。しかし、畑陸相は一九四〇年一月八日、陸軍の総意として退陣を阿部に求める。政党の支持のない阿部内閣が総選挙に勝利できる見込みがなく、議会解散による予算成立の遅れ、総選挙を通じた反戦・反軍思想の拡大が懸念されたためである(33)。こうして同月十四日、阿部内閣は僅か五カ月で総辞職する。では、この阿部内閣退陣前後において、陸軍と政党はそれぞれどのような認識を抱いていたのであろうか。

阿部内閣末期、陸軍内部では後継内閣構想として、①軍事参議官・杉山元大将を首班とする陸軍内閣案、②近衛擁立を視野に入れた阿部内閣支持案の二つが有力になっていた。①については、陸軍が責任を負うことになるため、軍務局軍務課長・河村参郎大佐を中心として反対意見が強かった。②は武藤軍務局長が主張していたものであり、杉山を党首として、政友会革新派の前田米蔵と山崎達之輔、民政党の櫻内幸雄と桜井兵五郎、研究会の大久保立、公正会の黒田長和を糾合した親軍政党を結成した後、総裁に近衛を擁立する手順になっていた。最終的に阿部内閣総辞職の二日前、杉山は侍従武官長・蓮沼蕃中将を介して内大臣・湯浅倉平に対して、後継首班就任の意思がないことを伝えていた(34)。この時期、陸軍はどのような形であっても議会掌握は容易でないと認識し、政治に責任を負う事態を望んでいなかったのである。

なお、陸軍側の時局認識を示す史料として、阿部内閣総辞職から一カ月後、朝鮮総督・南次郎予備役陸軍大将が軍事参議官・寺内寿一大将に宛てた書翰を紹介する。この中で南は軍の課題を次のように訴えている。

切ニ「下剋上ノ粛正」ト同時ニ「上級者の下級者迎合気風」之絶滅必要ト被存候。(中略)興亜聖戦遂行の核心ハ当分ハ依然トシテ軍の責任ナリ。然ル時ハ国民内外之信頼ハ勿論、国民ノ嚮フ處ノ指導者ハ当然軍の責任なり。然ル時ハ軍の内容ハ前記二大綱目の確立ニアリト確信居在候。(中略)戦時躰勢下之現下の国制ハ如何ナル内閣ト雖モ其ノ核心ハ尚ホ軍部ナラザル可ラズ。阿部内閣の瓦解が政党有士[志]の力ニヨリタル如キ観ニ基キ政党復活ト見ルガ如キハ誤リニシテ、軍ハ此上ニ細心ノ注意ヲ拂ヒ彼等ノ協力ハ辞セザルモ、彼等ニアラズンバ時局収拾出来ザルガ如キ観念ヲ国民ニ與ヘルコトハ厳ニ戒ムベキ事ニシテ之ガ為ニハ一層軍の結束ヲ必要ト存候(35)。(傍線、筆者)

ここで南が危惧していたのは、戦争長期化に伴って国民の戦時意識に陰りが見え始め、かつ、政党が活発な動きを見せつつあったことである。この時期、軍は「下剋上」と「上級者の下級者迎合」によって内部統制に支障を来たしていた中、陸軍の後援していた阿部内閣が短期間で退陣したことは軽視できない事実であった。そのためにも、南は軍の統制を立て直し、国民に対して強力な「戦時躰勢」を示さなくてはならないという焦りを抱いていたのである。なお、寺内はこの前年に「遣独伊使節団」陸軍代表として、ナチス党大会（九月）、ファシスト党ローマ進軍記念祝典式（十月）に出席しており、この書翰を受け取った時には北支派遣内地師団の検閲使に内定していた。その寺内としても、南が訴える内容は痛切に認識していたはずである。

一方、政党の側は阿部内閣総辞職の過程で今後の政局の推移をどのように観測していたのだろうか。政友会革新派政務調査会長・東郷実は元内大臣・牧野伸顕に宛てた一月十二日付の書翰で、「最近政党人の一部には軍の一部と連絡を取り杉山内閣を実現し、議会を解散し、與党たる如き新党を組織せんと目論むもの有之」が、「今日の情勢にては各党より新党に参加するものは極めて少数にして、その結果は徒らに政局を混乱せしめ折角挙国一体の政治が具現せんとする今日の機運を根本より破壊する」ものである。むしろ「この際は真に挙国一体の実を挙げるに足るべき人物を首班とし、各政党協力の下に連立内閣ともいふべき形態を実現することが真に時局匡救の目的に副ふもの」である。「杉山内閣実現、新党結成の計画者中には中島派政友会所属の代議士も多少含まれ居り候ら《ママ》へ共、党の主流派幹部はこの際斯くの如き計画には全然不同意」にして、「民政党及久原派政友会も同様この際新党参加は見込なき実情に有之候処、真に財界を安定するに足るべき新党の実現等はあり得べからざることに御座候」と述べている。(36)

東郷は親軍的な新党構想は政民両党首脳部の動向からして実現可能性は低いと捉えた上で、政民連携路線に立脚した協力内閣に期待を寄せていたのである。引用文中には杉山内閣構想に「中島派政友会」の一部代議士も賛同しているとあるが、これは東郷が牧野に対して、中島の路線との違いを強調するために書き加えたのではないかと考えられる。また、この書翰では財界の安定化に言及しており、その背景には議会や財界で高まっていた事変終結待望論があったことは想像に難くない。

そして、軍事的な面でも日中戦争はこの時期に大きな岐路を迎えていた。一九三九年九月、参謀本部は北支那方面軍と中支那方面軍を統合して支那派遣軍を新設する。その背景には政戦両面における日中戦争の行き詰まりを打開するため、参謀本部の作戦指導を一元化し、国民政府との和平政略につなげたいという参謀本部中堅層の思惑が作用していた。[37] 同年末、陸軍省軍事課は中国大陸に展開する兵力を五〇万以下に縮小し、自主的な戦争終結を図る方針を固めて次年度予算案編成に臨む。そして、参謀本部第二課の同意も得て、当初の要求額五四億円を大幅に下回る四八億九〇〇〇万円で妥結を迎える。[38] このように日本側では政府・陸軍の双方にとっても日中戦争継続が困難な段階に立ち至ったとの認識に達していたのである。

しかし、この翌年になると、国内では中央政界の混乱が陸軍の動きと結び付くことで政変に道を開き、やがて日中戦争の収拾そのものを不可能にしていくことになるのである。

二　近衛新体制運動の展開

一九四〇（昭和十五）年一月十六日、阿部内閣の後継として元平沼内閣海相・米内光政を首班とする内閣が成立する。当時、後継首班奏薦は元老・西園寺公望の責任で行われ、一九三六（昭和十一）年三月に内大臣となった湯浅倉平が西園寺を補佐していた。内務官僚出身の湯浅は二・二六事件後の宮中では数少ない親英米派に位置し、陸軍と一線を画した姿勢を貫いていたが、肺に病を患い、執務に支障を来たし始めていた。西園寺はこの年十一月二四日に、湯浅も十二月二四日に死去するが、この米内への大命降下こそ、両者が関与した最後の首班奏薦となる。

米内の首相就任は平沼内閣在任中、日独伊三国同盟締結の動きに反対して昭和天皇の信任を得ていたことが理由であり、湯浅が元老・枢密院議長との協議に加え、前官礼遇の首相経験者や元内大臣・牧野伸顕にも個別に諮って実現したものであった。当時、枢相・近衛文麿や元平沼内閣内相・木戸幸一は首相経験者全員の参加を望むが、湯浅は重臣の資格を前官礼遇者に限定した上で、米内を後継首班として擁立する。(39)これは宮中の意向を反映した内閣を成立させるため、首班選定にあずかる範囲を限定する必要があったためである。

米内は内閣書記官長に石渡荘太郎、外相に有田八郎、陸相に畑俊六大将、海相に吉田善吾中将を迎えるが、彼らはいずれも対外政策の面でドイツとの提携に反対し、英米との協調関係を重視する立場であった。その意味でも米内内閣は当時の陸軍にとって、「重臣側の陸軍制圧というものの最後の砦(40)」と言うべきものであった。民政党からは櫻内幸雄と勝正憲がそれぞれ蔵相と逓相、政友会正統派から松野鶴平が鉄相、政友会革新派からは島田俊雄を農相に迎える。重要ポストである蔵相に町田の側近である櫻内を就任させたのは民政党との関係に配慮したためである。阿部内閣と異なり、政党出身閣僚はそれぞれが各党を代表して入閣し、新党運動派を除外していた。また、商相・藤原銀次郎の入閣は財界と政党の連絡役を期待されてのものであり、この点で財界との関係を意識した組閣になっていた。(41)

そして、この米内内閣成立から約二週間後に巻き起こった「反軍演説」問題こそ、近衛新体制運動の重要な伏線となる。二月二日、第七五回衆議院本会議では米内の施政方針演説に続き、各会派からの代表質問が行われる。そこで民政党代議士・斎藤隆夫は「支那事変処理ニ関スル質問演説」として、第一次近衛内閣以来の国民精神総動員運動が巨額の経費を投じながらも効果が表れていないことを批判し、国民の戦争協力負担に見合った戦争指導理念の具体化を政府に要求する。すでに先行研究でも指摘されているように、斎藤は阿部内閣の後継には宇垣一成を首班とする内閣を望み、国民政府との直接交渉により日中戦争を終結させるべきだと考えていた。したがって、この演説は汪兆銘政権樹立工作とそれを容認する米内内閣への不満として行われたものであった。(42)

しかし、陸軍にとっては斎藤の演説がこのタイミングで行われたことは極めて不都合であった。この年三月十日、南京には汪兆銘を首班とする新政権が成立するが、その準備のため、陸軍では一月下旬、山東省青島で汪兆銘に加え、華北傀儡政権代表・王克敏、華中傀儡政権代表・梁鴻志の三者会談が開催されたが、その進展は暗礁に乗り上げていた。したがって、斎藤の主張が国内で支持される形になれば、第二次近衛声明（東亜新秩序声明）の内容は虚偽となり、汪兆銘政権の正統性を喪失させる恐れがあったのである。(43)こうして陸軍や政党の一部からは斎藤の演説が「聖戦の本義」を冒瀆する「反軍演説」であるという批判が巻き起こる。

町田は斎藤に対して離党を勧告し、当初は斎藤もこれに従い、謹慎の意思を表明しようとしていた。しかし、民政党内では斎藤の除名処分にこだわる勢力により、党代議士会における斎藤の釈明を許さない構えを見せたため、斎藤自身も翻意するに至る。こうして三月五日の党代議士会は紛糾の末に斎藤の除名処分を決定する。(44)三月六日には衆議院懲罰委員会で斎藤の議員除名処分が決定され、翌七日の衆議院本会議で賛成二九六票・反対七票の大差で了承されるに至る。

しかし、民政党では議員一七〇名のうち、五八名の棄権者と十一名の欠席者を出し、除名処分に慎重であった政友会正統派も所属議員七一名のうち棄権者二七名、反対投票者五名を出す。また、早くから除名処分に積極的であった会派のうち、政友会革新派でも所属議員九七名のうち十六名が棄権し、時局同志会でも所属議員三〇名のうち五名が棄権している。(45)このように斎藤除名処分をめぐって、各党では党内における認識の違いが際立っていくことになる。

なお、この時期の民政党については、政友会に比して重要政治家の史料の公刊が遅れていたこともあり、新聞記事や回顧録などに依拠せざるを得ない部分が多かった。しかし、二〇〇九（平成二一）年に斎藤隆夫の日記が刊行されたことにより、断片的ではあるが、二・二六事件以降の民政党内の事情が明らかになってきた。以下、本章では斎藤の日記を併用しながら、斎藤除名から大東亜戦争敗戦に至るまでの期間における川崎や斎藤など政党政治家の動向をたどっていくことにしたい。

まず、斎藤周辺の動きとして、二月十日の時点で永井柳太郎から「軍部方面其他の内情」の説明があり、「自決の可なる」ことが伝えられている(46)。この「自決」という表現は自発的離党か議員辞職を促す意味での比喩と考えられるが、永井がこの時期、軍部への接近を図ろうとしていたことは間違いない。三月四日、国策研究会代表・大蔵公望は元企画院総裁・滝正雄に対して、民政党の永井柳太郎と桜井兵五郎、政友会革新派の前田米蔵、山崎達之輔との連携に加え、「次の内閣が陸軍中心たること」や「総選挙後、新政党を作る場合は陸軍を中心とし、三百名の議員を得る目標にして工作すること」を申し合わせている(47)。そして、同月十四日には国策研究会の主催により、永井、桜井、前田らが会同して政局の行方について懇談している(48)。民政党反主流派が親軍新党構想を媒介にして、政友会革新派と接触していたことは軽視できない事実である。三月二五日結成の聖戦貫徹議員連盟は斎藤除名を強硬に要求した政友会革新派と時局同志会を中心にして、民政党反主流派（永井派）、政友会正統派、社会大衆党麻生派、第一議員倶楽部を糾合した超党派議員連盟であり、以後、米内内閣倒閣・近衛新党結成の推進軸となっていく。

だが、当時の中央政界にはこうした潮流とは別の動きもあったようである。斎藤隆夫の日記によると、「支那事変処理ニ関スル質問演説」から二日後の二月四日と同月二八日の二回にわたり、同じく民政党所属代議士である川崎克の来訪を受けている(49)。両者の対談内容は日記に残されていないが、川崎は斎藤除名の是非を問う三月七日の衆議院本会議投票には棄権した一人である。よって、この二回の訪問を通じて川崎が斎藤の立場に共鳴し、自らの去就を判断するに至ったことは間違いないだろう。そして、この頃から、のちに大政翼賛会批判を展開する政治家たちが党派を超えて接近することになる。二月二五日、政友会正統派の鳩山は川崎の招きに応じて丸の内の日本倶楽部を訪問し、翌二六日には内幸町の帝国ホテルで川崎の慰労会に出席している(50)。

衆議院本会議で斎藤の議員除名処分についての採決が行われた三月七日、政友会正統派では投票を棄権した安藤正純、鳩山一郎、若宮貞夫、植原悦二郎、原口初太郎、反対票を投じた名川侃市、宮脇長吉ら七名が会同し、総裁である久原房之助への不満で一致している。彼らは斎藤除名決議に反対投票した党所属議員に対して、久原が離党勧告を行ったことを「狂気の沙汰」と評しており[51]、党内が久原の考えでまとまっていなかったことを表している。四月三〇日、政友会正統派が臨時党大会を開催し、久原が欧州戦線の急展開に対応した解党方針と「一大強力政党」樹立の必要性を宣言する。これは斎藤の議員除名方針に賛成する久原に対して、鳩山ら中堅幹部の一部が反発し、党内が紛糾したことを背景にしていた。党内指導に限界を感じた久原は近衛に接近を図るために解党し、政界再編の主導権を握ろうとしていたのである[52]。

伊藤隆氏の研究にあるように、鳩山は日中戦争以前から独伊の全体主義が日本の国情に合致するものではないと考え、独裁制を否定していた。その後も党内における中島や久原の一国一党論や政界内部の親軍的潮流に対しても反対姿勢をとっていた[53]。鳩山は二月二一日、久原と会談後の所感として、「斎藤氏除名に吾党一致の為めに賛成せよと求むるものであるならば、彼は党議は党の多数によりて決すべしとする原則を無視する点に其の横暴を蔵す[54]」と日記に綴り、実際、斎藤除名投票にも棄権している。このように久原と鳩山は同じ政友会正統派に属しながらも、斎藤除名問題では全く異なる認識を有していたのである。したがって、この時期に鳩山が民政党側の川崎と接触を図っていたことは、鳩山・川崎両者の党内における位置付けを考える上で重要視すべきものである。のちに同交会結成に参画することになる二人の政治家がこうして結び付きを深めていくのである。

では、当時の陸軍はこうした中央政界の動きをどのように認識していたのであろうか。当時、陸軍省軍務局内政班長であった牧達雄少佐によると、陸軍では「政治運動には凡て対敵目標を必要とし、これと爾《マ》地《マ》の政党と一線を画せしむることによって親軍政党への結成を促進せん」との企図から、斎藤除名に反対投票した政友会正統派に属する鳩山派を敵対勢力である「青票組」と認定していた。一方、聖戦貫徹議員連盟に合流した政友会革新派に加えて、社会大衆党の麻生派・西尾派双方に取り込みを行い、合わせて中島、前田、永井の新党運動を利用することで親軍政党結成工作に着手していたという[55]。このように陸軍がこれまでと異なり、既成政党間対立に関心を寄せ、親軍政党結成を見据えた政界工作を強めていた背景としては、軍務局長・武藤章少将の意向が強く働いていたと思われる。

武藤は阿部内閣末期の一九四〇年一月九日、枢密院議長・近衛文麿に対して、「今度の汪兆銘に対する取極条件は、相当寛大なので、国内強硬論者の反対が予想されるのですが、それが更に重慶に対して、第二段の工作をする段になりますと、更に条件を叩かれ、或る程度の譲歩も免れない」ことや、経済事情に伴う軍事費削減の可能性にも触れ、近衛の出馬を要望していた[56]。対中国和平交渉の進展や財政規律に絡む問題を考慮した場合、国民からの支持が期待できる近衛内閣でなければ、事態収拾は不可能と認識していたのである。そして、米内内閣期の六月十日には元阿部内閣拓相・金光庸夫に対して、「近衛公の出馬、新党の結成には軍を挙げて賛成にして、自分等は是非ともこれが実現するやう蔭乍ら援助致したき考えなり」と述べている[57]。

武藤が近衛に述べた中にある重慶への「第二段の工作」は当時「桐工作」と呼ばれていたものであり、一九四〇年二月二一日、参謀総長・閑院宮載仁元帥から支那派遣軍総司令官・西尾壽造大将に対して「飽ク迄モ総軍限リノ謀略」[58]として工作実施が指示されていた。当時、陸軍省軍務局嘱託であった国策研究会事務局長・矢次一夫によれば、陸軍は「桐工作」の詳細や経過を首相である米内や外相である有田には秘匿の上で中国側との交渉を重ねていた[59]。そして、六月には蔣介石、汪兆銘、それに支那派遣軍総参謀長・板垣征四郎中将の三者による停戦会談を湖南省長沙で開催する目処をつけていた。同月下旬には参謀次長・沢田茂中将が現地に派遣されるなど、停戦交渉が具体化する中、陸軍は対中国和平交渉に必要な国内政治体制強化の観点から米内内閣への批判を強め、近衛出馬を待望するようになっていたのである[60]。支那派遣軍も「桐工作」に並行した軍事的圧力が必要と判断し、四月九日、重慶の東方正面に位置する宜昌の攻略作戦を開始していた。そして、六月十二日には第十一軍が宜昌を陥落させ、これを受けて大本営でも当初の予定を変更して六月十六日に宜昌の継続占領を命令し、国民政権への圧迫を強めていた(61)。

このように陸軍と政党の双方で近衛待望論が高まっていた中、六月二四日、近衛は枢密院議長を辞任し、「内外未曾有の変局に対応するため強力なる挙国政府体制を確立するの必要は何人も認めるところ」として、新体制運動の開始を宣言する(62)。ただし、この時点で近衛は既成政党勢力に全面的に依存する考えはなかったようである。近衛は六月一日にブレーンの一人である東京帝国大学教授・矢部貞治に対して、「新興勢力三で既成政党二位のところでやってゐる」、「但し、将来新興勢力と旧党とが衝突すれば新興勢力と一緒にやる」との考えを述べており(63)、同月七日には再び矢部との間で、「国民組織問題の一般論から現実論に渡り、更には挙国体制と憲法論（幕府論）との関係を辿り、更に既成政党に対する国民輿論の圧倒的反感を統計にしたものを色々と談じ、宮中での色々の政治思想にも及んだ(64)」という。その内容の詳細は不明であるが、おそらく近衛は既存の制度や組織で現状に対処できない以上、新しい政治基盤を構築する必要を述べたと思われる。

だが、矢部が七月十一日の日記で、「強力新党の首領が同時に内閣の首班となる」ことについて、「どうも関白が首相となってから又挙国的政党組織をやるといふことは、国体上、憲法上、どうも疑はしい。幕府論になる」と記しているように(65)、近衛が首相就任後に一国一党制を樹立することは明治立憲制の統治理念に抵触する恐れがあった。この翌日、元第一次近衛内閣農相・有馬頼寧、元第一次近衛内閣書記官長・風見章、昭和研究会主宰者・後藤隆之介は新党問題の見通しについて意見交換する。そこで風見と後藤は「組閣の上は新党はやれぬ」と主張したのに対して、有馬は「そんな事を今いふたら大変だ」と応酬しているように(66)、この段階で近衛周辺の足並みは確実に乱れてきていた。

大谷伸治氏の研究によれば、矢部は一九三四（昭和九）年以降、自らの「共同体的衆民政」論を具体化するにあたり、国体論との整合性に敏感になっており、近衛新体制が新党方式をとることの問題点を早くから自覚していたという(67)。したがって、近衛新党運動をどの段階で実現するかという点は新体制構想の雌雄を決する問題であったのである。

七月十六日、畑陸相が日独伊三国同盟の早期調印を求める陸軍部内の圧力に抗しきれずに辞表を提出する。そして、陸軍が後任となる陸相の推薦を拒否したことから、米内内閣は同日に総辞職するに至る。こうして政局の行方は同月二二日の第二次近衛内閣成立に向かって急速に進んでいくが、政権参入を見越して解党を急いだ旧政党勢力の存在や、一国一党制の是非を含めた憲法上の問題点こそ、やがて第二次近衛内閣期、新たな問題を引き起こすことになるのである。

三　大政翼賛会をめぐる憲法問題の浮上

一九四〇（昭和十五）年七月十七日、宮中では内大臣・木戸幸一の主催する形で重臣会議が開かれ、若槻礼次郎、岡田啓介、広田弘毅、林銑十郎、近衛文麿、平沼騏一郎ら首相経験者と枢相・原嘉道が会同して後継首班問題を協議する。この席で木戸が「軍部首脳部方面の意向は近衛公の出馬を希望せるは圧倒的なるやに聴き及び、陸軍の今回の行動も其の底には近衛公の蹶起を予定せりと解すべき節あり(68)」と述べているように、彼が現実に重視していたのは政党よりも陸軍の動向であった。

大命を拝した近衛は組閣本部を設けず、十九日、荻窪の私邸に陸・海・外相候補である陸軍航空総監兼航空本部長・東條英機中将、前海相・吉田善吾中将、元満鉄総裁・松岡洋右を招き、新内閣の重要政策目標として戦時経済体制確立に関する政府の一元的指導、日独伊枢軸の強化と日ソ不可侵協定の成立、東亜新秩序建設と東アジアにおける米国の干渉排除を申し合わせていた。これは阿部・米内内閣の施策に比して大きな政策転換であり、同時に、第一次近衛内閣期に果たせなかった政戦両略一致路線の再現を目指すものでもあった(69)。こうして同月二二日に第二次近衛内閣が成立するが、官僚・貴族院出身者が閣僚の大半を占め、現職衆議院議員での入閣は元第一次近衛内閣書記官長・風見章(無所属)だけであった。

風見の回想によれば、一九四〇年五月下旬、政友会中立派の太田正孝との間で高度国防国家の建設、外交の刷新伸張、政治新体制の確立を盛り込んだ綱領案が作成されている。当時、近衛は「新党運動だといえば、従来のゆきがかりから、とかく、世間では、また政権亡者がうごきだしたくらいにしかとつてくれまい、そうだとすると、せつかくの運動も、おもうように、はかどるまい」との意向であったため、風見の考案した「政治新体制の確立」という表現が採用されたという(70)。さきに引用した矢部貞治との対談にあるように、近衛新体制の背景には既成政党勢力に対する国民の信頼感低下という厳然たる事実があったのである。

なお、太田は五月二九日、木戸に対して、近衛文麿、有馬頼寧、風見章との申し合わせ事項と称する文書を提示している。そこには政党側が国防国家の完成、外交の伸張、政治新体制の建設を目標として自発的に運動を開始することや、付帯事項として「(イ)既成陣営中参加せざるものに対しては対手とせざること(民政党の主流及び久原の一部)、(ロ)参加政党側の事実上の解党手続は新体制結成準備次第直ちに行ふこと、(ハ)広く人材を政党外に求むること」が列挙されている(71)。これはさきに引用した風見の回想にある綱領案と照らし合わせると、内容的に重なる部分が多いため、この二つは同一のものと推定される。なお、先行研究の中にはこの史料を根拠にして、近衛周辺が政権樹立前に全政党を解党させようとしていたと解釈するものがあるが、「既成陣営中参加せざるものに対しては対手とせざること(民政党の主流及び久原の一部)」という部分を見れば、近衛周辺が民政党主流派と政友会鳩山系以外の勢力を糾合した新党結成を目指していたことは明らかである。

風見は近衛から法相として第二次近衛内閣に入閣することを打診された際、法律知識の不備や新体制運動への責任を理由に辞退するが、近衛は、「新体制運動の方も入閣して貰つた方が都合よい」として、入閣を承諾させていた。(72)しかし、二一日の時点で昭和天皇は木戸に、「司法大臣が政治体制の運動をしては困るが其の心配はないか」(73)と御下問し、風見の法相就任に懸念を示していた。このように第二次近衛内閣はその成立前から天皇に懸念を抱かせるものとなっていた。

大命降下に先立ち、近衛は七月十四日の時点で矢部に、「憲法の解釈が時代とともに進展しなければならないこと」や経済の計画統制、独伊両国との関係強化の三点を進言するための文書作成を指示していた。(74)「国策に関する上奏文」と題された当該意見書では、「十九世紀の終りより、世界一般の傾向と致しましては、国家は益々社会経済生活の凡ゆる領域に干渉致さざるを得ず」、自由放任経済に全体的公益の立場より統制を加える必要や、「そのためには、権力分立、牽制均衡を棄てて、寧ろ強力なる国家権力の集中を図り、その集中的政治機関として執行権を強化し、為めに議会は政治の中枢より後退するの已むなきに至つて居る」との認識が盛り込まれていた。(75)この意見書は同月三〇日、訂正を経た形で木戸から天皇に奉呈されるが、翌三一日、天皇は木戸に、「憲法の改正を必要とするのであるならば、正規の手続きにより之を改正するに異存はないが、近衛が兎角議会を重ぜない様に思はれる」との懸念を示していた。(76)

周知のように、明治憲法は一九世紀主要諸国の憲法典と同じく硬性憲法の体裁をとり、本来、天皇親政という統治理念を否定しかねないような全面改正は想定していなかった。このため、近衛新体制運動が首相への権力集中を意図し、既存の統治機構の抜本的改編をもたらす場合、憲法改正は避けられない事態になる。明治憲法第七三条は憲法改正手続きとして勅令による帝国議会への改正議案提出を規定していたが、その許容範囲はあくまでも部分改正にとどまるという理解が戦前憲法学者の間でも一般的であった。(77)したがって、現実問題として憲法改正が不可能となれば、新体制構想は明治立憲制の枠組みにとどまり、大規模な制度改正もまた不可能となる。

近衛は「国策に関する上奏文」の段階では明治憲法改正を視野に入れていたはずであるが、七月二二日の第二次近衛内閣成立前後になると、むしろ憲法改正が現実的に困難であることを認識し始めるようになる。近衛は七月二三日、「大命を拝して」と題する施政方針演説をラジオ放送で行い、自由主義・民主主義・社会主義から成る政党の立党趣旨が「既に国体と相容れない」ことや、「党派結成の主要なる目的を政権の争奪に置くことであつて、かくの如きは立法府に於ける大政翼賛の道では断じて無い」と述べている。(78) この演説原案は内閣書記官長として入閣することになる富田健治が同月十九日に東京帝国大学教授・平泉澄（日本史学）に執筆を依頼したものであった。(79) しかし、実際の放送では原案のうち、新体制は「実に無党を期する」ものという部分が削除され、表現上は政党への改革要求にとどまるものとなっていた。(80) 近衛は無党状態から一国一党制に移行すれば、さきに引用した矢部の日記にあるように、憲法問題や国体問題上の論争に発展する事態を恐れていたのである。

第二次近衛内閣成立以前に解党していたのは社会大衆党と政友会正統派であったが、新内閣成立前後になると、その勢いは民政党や政友会革新派にも迫っていた。民政党では一九四〇七月二〇日の臨時党大会で綱領の改訂と近衛による新政治体制への参加を明らかにしていたが、この時点で町田の真意がどこにあるのかは明確に示されていなかった。(81) このため、同月二五日には永井ら四〇名が脱党して解党を宣言するが、その直後、永井は有馬頼寧宛の書翰で脱党の経緯を次のように記している。

予て大兄よりの御勧誘に基き民政党として挙党新政治体制に参画せしめんとする運動も町田総裁並びに其周囲の人々の特殊なる立場と小生の微力とのため予期の効果を収むる能はず。漸次党内の時局認識に異なる対立が表面化するに至り、遂に勢の赴く所、小生等約四十名が脱党せざるを得ざるに至り、結局御期待に反し申訳なく存候。然し小生等の脱党が民政党をして将来近衛公の新政治体制の党部組織に際し参加すべきを言明せざ

る能はざるに至らしめ候は聊か大兄の御思召にも添ひ得たる次第と自ら慰めたり。(82)

まず、ここでは町田ら党執行部に対する永井らの働きかけが思うように進まず、主流派の予想以上の結束を前にして後退を余儀なくされたことが脱党理由として記されている。民政党では七月十日以降、永井に同調する有志代議士会が新体制運動参加を公式表明して執行部に圧力をかけていたが(83)、町田は民政党在籍時から対立関係にあった風見に不信感を抱き、運動参加を踏みとどまっていた(84)。こうして町田ら民政党執行部の抱き込みに失敗したことで、近衛周辺は新体制運動の方針見直しを余儀なくされていたのである。このように第二次近衛内閣成立後も既成政党勢力の動きは不統一を極め、そのことが近衛新体制構想の破綻をもたらすことになるのである。

そして、近衛自身が最も恐れていたのは新体制運動をめぐる既成政党勢力の内部対立が政権運営にまで波及することであった。七月三〇日、政友会革新派では総裁・中島知久平が党幹部の強硬要求に押される形で解党を決議する(85)。この翌日、近衛は民政党代議士である元米内内閣内務政務次官・鶴見祐輔と対談している。その際の近衛の発言を鶴見が残した史料から再現すると、次のようなものである。

すなわち、「新体制は組閣せずして作る方可」であり、五月の中島知久平との話でも「初めは既成政党外の人を集める必要ある□政党の方はあとで出て来て貰う心算」になっていた。「然るに久原が出て来たり聖戦連盟の連中が動いたりし出したので、模様が変つて来た。その為め政党外の人の不平―政党外のよき人々を政治の圏内に入れる必要―さうでないとテロ」の状態になった。「後藤隆之助は政党絶対反対―昨日は少し折れて自分に一任となつた。有馬は折衷的、風見は一番政党を重く見る」状態であるが、自分の希望としては、「政党側の人々は今暫くじつとして居て貰いたい」、「政党外の人々が自分に対し折角希望を持ちはじめたのをあまり政党中心でやると離れてしまふ。これ等の人々を政治に働かすことが国の為め必要。政党の人は解党して、横の連絡を作つて待つて居て貰ひたい。

八月末頃□」と述べている[86]。つまり、近衛はこれ以上、政党側の動きが活発になることを望んでいなかったのである。

しかし、旧政党勢力の間では提携の動きが進み、七月三一日には聖戦貫徹議員連盟の斡旋により新体制研究会（旧政友会正統派久原系及び小会派）、新体制促進倶楽部（旧民政党永井派）、新政治体制建設準備会（旧政友会革新派）が合同協議会を開催し、八月五日には衆議院過半数を制する総勢二五三名の新体制促進同志会が発足する[87]。同月十六日、新体制促進同志会作成の新政治体制案が新聞報道されるが、そこでは「新政治体制の性格」として政府と軍部を結ぶ「国民的政治指導力（政治指導者団体）」結成を掲げ、「政党は直接国民と結びつき国民運動を通じて国民大衆を啓蒙指導する実践的翼賛団体たること」を掲げていた[88]。矢部が「之は政治結社たる党の組成を建前とし、政治の優位といふことで政党が指導権を持つべしといふ趣旨[89]」と記しているように、こうした動きが政権参入に向けた焦りによることは明らかであった。

しかも米内内閣期から陸軍が密かに進め、近衛も期待を寄せていた「桐工作」もこの時期には大きな曲がり角に来ていた。七月三一日、上京中の支那派遣軍高級参謀・今井武夫大佐から「桐工作」の報告を受けた東條陸相は、「日華直接和平の如き政策的行動は支那派遣軍の越権行為」との否定的態度を示す[90]。これは「桐工作」が正式な外交ルートではなくして現地軍を直接の窓口として開始されたものであったため、新たに入閣した東條はそれまでの事情に精通せず、軍の外交関与を避ける観点から工作活動に制約を課してしまうのである。

元来、陸軍中央では米内内閣末期、日中戦争処理の方法をめぐって武力解決論と早期講和論が対峙し、新内閣に入閣する陸相の選定が滞る事態があった。このため、部内の意見対立を解消して意思統一を図るため、陸軍次官・阿南惟幾中将により擁立されたのが東條であった。ところが、武力解決論派に属する東條は入閣後も中国大陸での既得権益の放棄や全面撤兵に発展しかねない早期講和論に反発し続けていた。このため、一九四〇年七月末の時点で日本陸軍中央は日中戦争処理をめぐって深刻な内部対立を抱えていたのである[91]。十月一日、東條から今井に対して「桐工作」からの撤収が命令され、[92]同月十四日には三日付で参謀総長に就任したばかりの杉山元大将から西尾総司令官に対して工作の一切中止、並びに今後の対重慶和平交渉は政府直轄とする旨が通達される。[93]この間、九月二七日には松岡外相主導の形で日独伊三国同盟が調印され、以後、日本外交は日独提携と「東亜新秩序」形成を同時並行的に目指しながら日中戦争処理を図る方向へ転換していく。

この間に国内政治では八月十五日の民政党解党により全て政党が消滅し、近代日本政党史が終焉している。同月二三日には内閣書記官長・富田健治により貴衆両院、言論界、経済界、右翼などから選ばれた新体制準備会の役員人事が発表される。そして、二八日、首相官邸では新体制準備会初総会が開催され、近衛は総理大臣の資格で全国民に対し、高度国防国家の基礎となる国内新体制の課題を「統帥と国務との調和、政府部内の統合及能率の強化、議会翼賛体制の確立」の三点に求める。[94]その上で「国民翼賛運動」における「中核体」の問題に言及し、「政府に依つて為さるる国民組織の運動が、政党運動の形を取るべきものでない」とともに、「所謂一国一党の形をとることも亦到底許されぬ」と声明する。[95]これは陸軍や政党の一部の企図する一国一党構想に加え、従来から政界を賑わせていた近衛新党構想も排除することで今後の運動が官民共同の国家事業に依ることを示したものであった。[96]

当初、武藤軍務局長はこの声明案の検討過程で強力な党組織を要求していたが、近衛の依頼を受けた東條が武藤を説得し、これを退けていた。これに加えて近衛が右翼対策として原理日本社代表・蓑田胸喜にも原案を見せた結果、国体明徴に関する文言も加筆されていた。[97]このように当時の近衛は旧政党勢力や陸軍のみならず、観念右翼の動きにも気を配らねばならなかったのである。

近衛内閣は九月二七日に大政翼賛会運動規約とその人事を閣議決定し、十月十二日、首相官邸で近衛を総裁とする大政翼賛会の発会式が開催される。近衛は、「本運動の綱領は、『大政翼賛の臣道実践』ということに尽きる」、「これ以外には綱領も宣言もなし」[98]と挨拶して近代政党組織の形態を否定し、ここに聖戦貫徹議員連盟や陸軍中堅層の要求する強力新党構想は完全に退けられる。しかし、大政翼賛会で議会局という一組織に位置付けられた旧政党勢力の党派性は残存し、やがて翼賛会内部で激しい主導権争いを引き起こすことになる。

近衛内閣は大政翼賛会発足前の九月二八日、政権基盤強化の観点から小川郷太郎（旧民政党主流派）、秋田清（旧第一議員倶楽部）、金光庸夫（旧政友会中立派）をそれぞれ鉄相、拓相、厚相として入閣させる改造人事を行っていた。ところが、十一月になると閣内では企画院作成の経済新体制原案をめぐって、財界出身閣僚である商相・小林一三と逓相・村田省蔵、それに政党出身閣僚である小川鉄相と金光厚相の四閣僚が反対を表明し、財界を巻き込んだ論議に発展する。この問題は最終的に十二月七日、財界の意向を大幅に取り入れた「経済新体制確立要綱」の閣議決定により決着するが、その結果、陸軍や企画院の目指した計画経済構想は現実の政策内容から排除されることになる(99)。

木戸が十月三日に近衛に対して、「近衛新体制運動の裏に共産主義者あり等との心配を頻々聞く(100)」との不安を述べているように、この時期になると、近衛新体制に対する疑念は広範囲な形で共有されたものとなっていた。十二月二一日、近衛は内相・安井英二と法相・風見章の二人を同時更迭し、後任には元首相・平沼騏一郎、陸軍皇道派出身である前興亜院総務長官・柳川平助予備役陸軍中将をそれぞれ起用する。この内閣改造は近衛新体制を反国体的、または国家社会主義的なものとして批判してきた勢力への配慮を示すものであった。このように近衛新体制が当初期待された内容とは大きく乖離したものになる中、やがて旧政党勢力の間からは第二次近衛内閣に正面から対峙しようという動きが生まれることになるのである。

四　川崎克と安藤正純の大政翼賛会違憲論

ここでは第二次近衛内閣期、川崎と安藤が議会内で展開する大政翼賛会違憲論の特徴を検討する。両者のうち、安藤は挙国一致内閣に入ってからも議会内と党内で重要ポストを歴任していることから、安藤の履歴について補足しておきたい。

第二章と第三章で述べたように、わが国では一九三二（昭和七）年の五・一五事件後、斎藤・岡田内閣という二つの中間内閣が続いている。この時期、安藤は「憲政の常道」に基づき、当時衆議院第一党であった政友会の総裁・鈴木喜三郎を首班とする単独内閣路線を追求していた。[101] 斎藤内閣期には党思想教育特別委員長の任にあり、一九三三（昭和八）年八月には九州を視察し、農村や中小商工業者の疲弊を報告している。[102] そして、一九三四（昭和九）年になると、米穀・蚕糸対策のための臨時議会開会を岡田内閣に要求している。[103] この年十二月、衆議院予算委員会では政友会の東武が党執行部の了承がないまま、政府提出の災害対策費と次年度予算案への追加予算を要求する「爆弾動議」に踏み切っている。最近の研究によれば、この「爆弾動議」の背景には政治的策謀としての側面とは別に、政友会と関係の深い農業系の利益団体の存在が重要な影響を及ぼしていたことが指摘されている。[104] そのことを踏まえると、安藤による臨時議会開催の要求は単に岡田内閣との対決ではなく、社会政策的な動機から提案されたものだったと言える。

また、一九三五（昭和十）年の天皇機関説事件時、政友会は国体明徴実行委員会を組織し、岡田内閣への攻勢を強めている。ただし、総裁派に属していた安藤がこの問題で目立った活動をした記録はない。むしろ同年十一月、明治大学法学会での講演のため用意したメモには「政党滅亡の故に出て来る政治は何か、ファッシヨの政治なり」、「これは憲法中止、議会の機能停止或は縮小の政治となる」とし、あくまでも「政党政治が最も健全なる政治機構なり」と記されている。[105] 安藤は国体明徴運動が立憲政治の解体やファッショ政治につながる危険性を認識していたからこそ、[106] 政友会の動きとは別に、政党政治の妥当性を訴えようとしていたのである。

そして、一九三六（昭和十一）年の二・二六事件後の「準戦時体制」下になると、政党を取り巻く環境は大きく変容する。同年五月に政友会幹事長に就任する安藤にとって、この時期は議会や政党の存在意義をどう証明するかという点が重要課題となっていく。当時、安藤は「広田内閣には、我国の外交は委任出来ない」として、「従来の官僚的秘密外交を清算し、且責任の帰趨なき軍部政権の外交を排除」することを要求する。[107]続く林内閣による一方的な衆議院解散（「食い逃げ解散」）に対しては、「理由なき解散、非立憲極まる解散は憲政開けて五十年未だ曾てない所の憲政史上を汚したる林内閣の一大罪悪」[108]と糾弾している。陸軍の擡頭という二・二六事件後の政治情勢の変化が政権に対する安藤の姿勢を大きく規定していたことがうかがえる。

次に、一九三八（昭和十三）年刊行の著書『日本の行く道』をテキストにして、日中戦争期における安藤の認識の重要部分を抽出する。

第一点は事変勃発以来の政府による戦時経済立法はすべて帝国議会の審議と協賛があって成立し、過度の統制に陥らぬように注意を払った上でのものであり、[109]第二点として「統制経済は自主的統制を第一義としたい」[110]と述べている。第三点として、広田内閣期の日独防共協定成立以降、国内に英米との協調関係を軽視する傾向があるのは「我等の理性の許さゞるところ」であり、「我国と独伊と親善なる餘り、其の独裁主義政治の輝かしきに酔うて、これを我国に移さんと主張するものに至りては、考へざるの甚だしきもの」と強く批判している。[111]その上で、第四点として、「今日の問題は如何にせば立憲政治の美を済さしむるか、如何なる革新政策が国家と国民との偕調となるかの工夫が焦眉の急務である」[112]と述べている。

第一点と第二点から分かるのは、安藤が議会を含む国内諸勢力の自発的協力で「挙国一致」は成り立つと主張し、官僚統制が国民生活にもたらす弊害を危惧していたことである。一九三八年春、第七三回帝国議会には国家総動員法案と電力国家管理法案が提出され、難航審議の末に相次いで成立していた。それと同時に全国社会事業団体の指導監督を目的とした社会事業法案が提出され、同年三月に成立していた。同法制定の背景には民間社会事業団体の以前からの要望があったものの、実態は助成よりも監督の面に比重が置かれた「統制強化立法」であった(113)。のちに安藤は全日本私設社会事業連盟理事長の立場として、社会事業法は「取り扱ふ役人が、能く立法の精神を理解しないと、統制万能に陥り、法律の為の法律となつてしまふ(114)」との危惧を表明している。したがって、一九三八年当時、安藤が戦時立法のうち、最も関心を寄せていたのは同法であったと考えられる。また、第三点と第四点から分かるのは、安藤があくまでも立憲政治と両立した形での「革新政策」を要求し、独伊両国のような全体主義に陥らないよう牽制していたことである。これらはのちの大政翼賛会批判論につながる内容であり、その視角は日中戦争初期に形成されたものであったのである。

一九三九（昭和十四）年一月、第一次近衛内閣は汪兆銘工作の進展により「事変」が新段階に入ったとして総辞職し、平沼内閣に交代する。当時、安藤は近衛の進退と国民の認識に大きな距離があり、近衛が新内閣の無任所大臣となったことで「国民は益々奇異の感に打たれざるを得ない」と批判している(115)。このように近衛の政治指導者の資質に早くから疑問を呈している点は、当時の安藤の政治的位置を考える上で重要である。前年から中央政界を席捲した近衛新党運動や、のちの近衛新体制運動に迎合しなかった理由が読み取れる。そして、この年五月に政友会が二つに分裂すると、安藤は鳩山と共に政友会正統派に属すことになる。

米内内閣期の一九四〇（昭和十五）年六月三〇日、安藤正純、若宮貞夫、原口初太郎、芦田均、名川侃市、宮脇長吉ら七名の間では新党運動への不参加と小会派結成という合意が成立していた(116)。そして、この年九月執筆と推定される書翰で鳩山一郎は安藤に対して、「新体制についての意見書御執筆との事、誠に君らしく敬服致候。色々の人々と面接致し凡て皆新体制について不満を抱く様子に候へ共何人も公にするものなき折柄、君独りこれを敢てせんとする。君の面目躍如として眼前に見る心地致候(117)」と述べている。鳩山は旧政友会正統派の一部も含め、新体制運動に反対する勢力があり、その中心が安藤になると見込んでいたのである。

ここでは安藤が一九四〇年に刊行した著書『発展日本の原理と新体制』から主要な論点を抽出する。第一点として、安藤は「大政翼賛」が「議会に依て代表せられる国民の天皇親政翼賛の意義であらねばならない」とし、「議会を以て、政府提出の予算、法案の盲従の機関とするが如き論あらば、是れ憲法に違背し、昭代の明政に汚点を印するもの」とする(118)。安藤は翼賛という言葉から帝国議会を排除するのは誤りであり、憲法の理念に反すると捉えていたのである。

第二点として、近代日本の政党は立党以来、「国体的平等思想の実現」など、日本の発展に寄与してきたことを挙げている(119)。第三点として、新体制指導者に国体原理が徹底せず、西欧の新体制や指導者原理の影響が見られるとし、「政治家、並に一般国民の中に於て、能く新体制の原理を与へず、漫然バスに乗り遅れざらんと言ふが如き、卑俗の調に堕つるものあらば、余りに識見も信念もなき、日本国民の価値判断を知らざるもの」と痛罵している(120)。

第四点は「東亜共栄圏」の指導原理として、「恣ま丶に英雄的覇気に駆られ共栄圏内の人類の、伝統と特性とを破壊するが如き政策は、一時の慴伏はあつても、断じて永久の大計ではない」としている(121)。この一節からは二・二六事件以来、諸外国との対立を望んでこなかった安藤の対外認識が垣間見られる。第五点として、法制上の根拠がない大政翼賛会中央協力会議の存在は憲法に認められた帝国議会権限に抵触するとしており(122)、さきに挙げた第一点目の論点と重なる。安藤は帝国議会を唯一の翼賛機関とし、その議会を無視して「挙国一致」は成立しないと主張していたのである。こうした論理はのちに紹介する川崎克や尾崎行雄の論理とも共通する。

安藤は同書で、「議会は多数決主義を取ることは、憲法の命ずるところであり、之を変更することは、憲法を改正せざれば出来ぬこと(123)」と主張しており、議会政治の原則である多数決原理こそ、真の「挙国一致」を実現すると考えていた。近衛新体制を批判する側が全体主義や指導者原理に対置する概念として、「挙国一致」と議会制を同じ範疇で捉えていたことは注目すべきである。

この年十二月、安藤は徳富蘇峰への書翰で、「新体制を以て内外の行詰を突破克服する事は必要に候へども其の行方には深大なる考慮と工夫とを要すべきかと存候」、「小生最近二三ヶ月間、閑居読書研究に日を送り思想的世相の観察に努め居候。勿論それが大海の一粟に過ぎず候とも聊か此れを以て君国に奉仕するの道を発見せんと精進致居候」と述べている。その上で、「此の閑居の間に執筆したる論叢」を「御閑暇之折、通読被下候上、紙上に御批評被下、警策を御与へ被下候はば此上なき光栄に奉存候」と綴っている。(124) この文中にある「論叢」は前出の『発展日本の原理と新体制』と考えて間違いなく、安藤がたとえ少数派となろうとも、近衛新体制に対峙しようとしていたことが感じられる。書翰などの史料状況からして両者に特段の交友関係はなかったようだが、安藤は徳富蘇峰の論壇や政界への影響力に鑑み、自著を送付したと思われる。安藤が相当の決意をもって翼賛会批判に臨み、世論の喚起に努めようとしていたことがわかる。

一九四一（昭和十六）年一月二一日、第七六回帝国議会が再開され、衆議院を代表して町田忠治が政府督励決議案の提出理由を説明する。そこで町田は近衛内閣に対して、翼賛会の存在が憲法上に認められた帝国議会の権限と「紛淆」するような事態になることを牽制している。町田は第二次近衛内閣成立後も民政党解党を食い止めるべく抵抗した政治家であり、先行研究が指摘するように、この演説こそ、「大政翼賛会が憲法上保証されている議会の権限を侵害しているのではないかという深い疑念の表現」と言うべきものであった。そして、この三日後に川崎克が衆議院予算委員会で行う質疑こそ、町田の主張の延長に位置するものであった。(125)

具体的な背景は不明であるが、川崎は一九四〇年十一月三日に鳩山、同月二〇日は尾崎行雄の代理として宇垣一成に接触するなど、鳩山と宇垣の間を取り持つような動きをしている。(126) 元来、川崎は加藤内閣で陸軍参与官を務めた経験から、当時陸相であった宇垣と近い関係にあった。前章で述べたように、一九三七年一月の広田内閣総辞職後、川崎は民政党内で宇垣内閣成立のために奔走した一人であった。この第二次近衛内閣期、宇垣自身は近衛新体制には国家社会主義的な側面があることや、明治憲法との関連で問題があり、その背景に近年の対外関係悪化や政情不安があると認識していた。[127]したがって、この時期に川崎や鳩山が宇垣擁立を一つの選択肢として考慮していた可能性は十分にあると言えるだろう。

戦後、作家・江戸川乱歩を代表者として編纂された伝記によると、川崎はこの年八月から興亜書道連盟理事長の仕事のため中国に滞在し、民政党解党や大政翼賛会発足には関与していなかった。しかし、十一月の帰国後、旧民政党幹部が無断で翼賛会入会手続きを行っていたことを知った川崎はこれに激怒し、翼賛会に対して入会拒否と名簿からの削除を要求する。そして、十二月二八日には近衛の求めに応じて首相官邸で会談に臨んでいる。[128]この会談の詳細記録は残されていないが、のちに川崎自身が記すところによると、会談は午後二時から三時四〇分の約一時間半に及び、「翼賛会問題に付て、憲法違反、治外法権的存在、過激思想の温床、政府各機関との紛淆等例証を挙げて力説し、要は政党と為すか、教化団体と為すか憲法の軌道に載せ、順逆の道を歩まざる事を面を冒して勧説した」[129]という。そして、近衛の側としても、川崎との対談を通じて、今後の翼賛会運営をめぐる争点や課題を確認しておきたいという考えがあったはずである。

一九四一年一月二五日、川崎は衆議院予算委員会で翼賛会問題を取り上げ、政府を追及する。斎藤の日記には同月二一日、「川崎克氏と大政翼賛会に干《ママ》する予算委員会の質問を協議す」[130]とあることから、質問内容は弁護士出身の斎藤が法律論上の体裁を整えていた可能性がある。この日の川崎による質問は大きく分けて官界新体制の確立、大政翼賛会の政治性についての二点からなっている。まず、前者に関しては、「責任政治の確立をなすと同時に、信賞必罰の精神を以て、官界に於ける最も大切なる指導精神」[131]とすることの徹底を求め、近衛と陸海両相に対して官紀粛正への所信を問う。そして、陸相・東條英機中将から、「陸軍大臣と致しまして、国務大臣と致しまして、其の範囲に於きまする所の責任に付きまして、十分最善を尽して」いるが、「統帥権は独立を致して居りまするので、此の命令に対しましては国務の範囲外」という答弁を引き出している。これを捉えて川崎は、「政務と統帥の紛淆を避けようとするならば、下剋上の思想を排さねばならぬ、私は陸軍大臣を信頼して、今の御言葉に依つて左様なことは真に行はれるぬものと信じて居ります」と述べている。(132)

川崎がここで本題である翼賛会問題に入る前に、「責任政治」という文脈で陸海両相に所信表明を求めた背景には、近衛新体制と統帥権の問題を意識していた可能性が強い。近衛は前年八月の新体制準備会初総会の際、高度国防国家の基礎となる国内新体制の課題として「統帥と国務の調和」を挙げており、(133)その内容は九月十三日の新体制準備会第五回総会でも議題に上っていた。東條はこの席で、新体制の目標とする万民輔翼・高度国防国家体制の完成促進には協力するが、新体制の中核体に現役軍人や在郷軍人会全体が参加することの不可を主張していた。(134)そして、のちに吉田海相も同月十七日の第六回会合で東條の見解を踏襲することになる。(135)

東條としては新体制準備会内部で旧政党勢力と反政党勢力を背景とする意見対立が顕在化し始めていた中、米内内閣総辞職問題も含めて軍に政治責任が波及することを恐れてのものであった。のちに牧達夫も東條に政治性が乏しく、新体制問題への認識に疑問があったことを認め、「軍務局中心に東条さんは浮き上がっておる、それを武藤さん以下においてどんどんどんどん決行していく」状態であったと述べている。(136)これは軍務局中心型の組織運営を進める武藤に対して、東條が陸相主導型の命令系統を理想としていたことに起因するものであり、二・二六事件後の陸軍の政治路線が第二次近衛内閣成立後、新体制問題との関連で複雑に交錯していたことが分かる。川崎はこうした東條の姿勢に注目することで、新体制構想の非現実性を強調しようとしていた可能性がある。

川崎は大政翼賛会をめぐる問題に質問内容を移し、近衛に対して大政翼賛運動の目的を質している。そこで近衛からは、「大政翼賛運動は政府と協力する一つの運動」にして「独自の政治上の意見を以て行動する政党とは異なる」ものであり、「政府と国民との間の意思の疎通を図る機関である」との見解を得る。(137)川崎が展開する主張は、①大政翼賛会による「大政翼賛」の違憲性、②天皇以外による憲法改正の不可、③事変遂行に対する帝国議会の貢献、④大政翼賛会への巨額経費支出の不当性、⑤議会運営における多数決主義の正当性と「統裁」の不当性、という五点に集約できる。ここでは①から③の論点を中心にして、川崎が日本での立憲政治運用や議会の戦争協力をどのように理解していたのかを検討する。

第一点として、川崎は「万民翼賛」ならば憲法違反にはならないが、「大政翼賛」という用語の場合には憲法違反になるとの考えを示している。すなわち、「憲法上に謂ふ所の大政とは何ぞやと言へば、統治大権であることは疑を容れない(138)」のであり、その論拠として伊藤博文『憲法義解』と一八九三(明治二六)年二月十日の「在廷ノ臣僚及議員ニ勅語」を挙げている。川崎は国務大臣輔弼責任制に関する『憲法義解』の解説から「帝国議会及輔弼の責任にある国務大臣外には大政の施行は出来ない(139)」ことは明らかであり、上述の勅語の趣旨もこれに一致していると解釈する。そのことから、「統治の大権を翼賛し奉る機関は、憲法上大臣の輔弼と議会の翼賛と、是以外にはない(140)」のであり、「大臣輔弼の責任と云ふものを果たすならば、上意下達は完全に行はれる(141)」と説いている。これは「大政」という表現の用例に注目することで帝国議会を唯一の翼賛機関として擁護するものであり、「上意下達」を理念とする大政翼賛運動も含め、新たな制度変更の必要を認めないものである。

第二点は明治憲法の欽定憲法たる側面を強調することで、全体主義への傾斜を抑止しようとする論理である。元来、新体制構想はナチス・ドイツやソ連の影響を受け、既存の立憲制では現状を乗り切ることができないという問題意識から生まれた側面の強いものであった。特に一九三三(昭和八)年、ドイツで成立した全権委任法(授権法)は大統領・議会の承認を必要としない自由立法権を内閣に保障するものであり、翌年のドイツ国家元首法制定に道を開くことになる。そして、こうしたナチスの政治指導体制をそのまま日本に移入することが適切でないことは、佐々木惣一、板橋菊松などの憲法学者が一九四〇年の時点で指摘していたものである(142)。

川崎によれば、木戸孝允、大久保利通、元田永孚の憲法構想に共通していたのは「君主立憲政体」の重要性と責任機関の紛淆回避であり、今日では「世間動もすると不詳の言をなし、憲法は改正すれば宜しいではないかと云ふことを言ふ者がある」が、「一九三三年に『ヒトラー』が憲法改正を行うた、斯様な『ドイツ』あたりで憲法の改正を行うたやうなことが日本で行はれるものではありませぬ」と述べている。[143] ナチス独裁体制の日本への影響は川崎が日中戦争開戦直後から危惧していたものであり、一九三七年十一月の論考では、「日本の国際間の情勢はやゝともすれば独伊の間の協約成立、提携を疑はずして、政治的に相提携しやうと云ふ空気も濃厚な場合、政治機構の上に、経済機構の上に影響を起さゞらんとするも能はず」、「矢張り自由主義経済と云ふものに拠つて行くところに人間の自然性の働きがあり、そこに発明もあれば、努力もある」と述べている。[144] このように彼自身が早くから全体主義反対・自由主義擁護の思想を有していたことは、翼賛会批判の背景として重視すべきであろう。

川崎は憲法上諭を引用することで「陛下の御言葉に依るにあらざれば改正の出来ないことだけは明確である」[145] とし、再び第一の論点を継承する形で、「議会と政府と一体となつて、憲政を運用することが十分になし得る。何ぞ外の機関を借らなければならぬか」[146] との疑問を提示している。ここでは憲法の改正発案権が天皇のみにあることを指摘することで、憲法に根拠を有さない翼賛会の違憲性を明らかにしようとしていたのである。

第三点は帝国議会が戦争遂行に寄与した役割に言及している。川崎は「事変開始以来、帝国議会に於ては幾多の党派が分れて居つても（中略）国務遂行の重大問題に付ては満場一致、総員起立、翼賛の実を挙げて居る、予算案でも、法律案でも、重大なる国務に関する問題に付て異議を唱へたことはありませぬ」[147] とし、そこにナチスの強権支配との違いを見出している。開戦以来の戦争協力については、前年の斎藤演説でも述べられていたものであり、この論点はそれを意識していた可能性がある。

日中戦争期、政府提出予算案・法案の成立件数が飛躍的に増加しており、この点で議会が戦時体制に不可欠な位置を占めていたのは事実である。川崎は日中戦争開始期、「言論の自由を確保して居る議会の任務」は「事業家、金融家の自由を確保する事」にあり、戦時立法に際しては「如何に戦時必要性があるからと云つて唯頭からよろしうございますと云つて、承認出来難い」と述べていた(148)。これを想起すると、その主張には変化が認められる。川崎は戦争遂行に不可欠な戦時立法・戦時財政について、議会が立法協賛権や予算議定権を行使して政府提出法案・予算案を否決することは不適切と考えていたのである。

川崎は近衛に対して、「今日の戦時下に於ては各機関とも摩擦は成だけ避けなければならぬ」、「其の消耗力を避けなければならぬ場合に、消耗力を増加する機関を作ると云ふ形になつて居ると云ふことは、是は実に遺憾に思ふ」(149)と述べている。すなわち、戦時体制運用の効率性に鑑みれば、議会以外に翼賛機関は必要なく、かえって既存の機関との間に摩擦を生じさせると主張していたのである。その上で、「吾々は正式な予算であれば、之を拝見した上で同意を致します、又帝国議会を通しておやりになれば宜しいではありませぬか」(150)と述べている。川崎は戦時に伴う挙国一致体制の中に議会を位置付け、戦争遂行への関与を強調することで議会の存在意義を明らかにしようとしていたのである。最近、国策研究会の沿革と陸軍の関係を検討した茶谷翔氏は、二・二六事件以前の陸軍中央が合法的改革の枠内で志向した「挙国一致」について、「あくまで陸軍の強力な指導権を前提としたもの」であり、総力戦体制や対外進出(米英提携路線破棄)と相容れない既成政党との間に「緊張関係」を潜在化させていたと述べている(151)。川崎の唱える「挙国一致」が陸軍の考えていた「挙国一致」とまったく異なるものであることは明らかである。

第四点として、川崎は新聞報道されている翼賛会経費の推移につき、正規の翼賛機関である帝国議会よりも多くの経費を要求している点や、第二予備金から九二万円を支出している点を問題にする。第五に大政翼賛運動における「統裁」という用語が多数決主義を排斥する意味で用いられており、一八六八(明治元)年の五箇条の御誓文にある「万機公論ニ決スベシ」の趣旨との矛盾を指摘する。ここでは明治憲法下の議会運営が多数決主義に基づくものであり、日本で多数・少数の上に超越するのは天皇だけであるとして、「統裁」という用語の濫用がドイツの模倣であるという批判を展開する。この論点はナチズム批判や君主国体観を基調にしていることから、さきほどの第二の論点と重複するものである。

川崎は以上の見地から、「立憲政治の運用に於て、挙国一致の体制を作る上に於て、責任政治の実現の上に於て、輔弼の責任者と議会とが一致して大政翼賛して行かなければ嘘」であり、「他の機関の紛淆を許すことは出来ない」として、「之を明確になさるることが、今日挙国一致の体制を作る所の最も重大な中心問題」と主張する。[152]このように川崎は近衛内閣やその支持勢力が新体制運動の過程で用いてきた「挙国一致」「大政翼賛」という用語を立憲政治、責任政治の文脈に置き換えることで帝国議会の存在意義を強調し、翼賛会の規模拡大を牽制していたのである。

この日、政府は情報局総裁・伊藤述史の談話として、「大政翼賛運動は万民が各々その職域において御奉公申上げることを意味するもので、憲法上の統治権とか、国務大臣の輔弼の責任、議院協賛権とかいふことを否認するものではない」として、翼賛会の合憲性を強調する。その上で、「運動の目的としては万民翼賛といふ言葉を使つてゐて大政翼賛といふ言葉は使つてゐない」、「統裁といふことは議長に一任といふこと」の二点を挙げ、「川崎氏の質問は字句の論議に終始本質をわきまへざるもの」との見解を発表している。[153]政府が特定議員を名指しで批判するのは異例なことであるが、議会で公然と翼賛会の違憲性が指摘された以上、あえて疑惑を払拭するための公式談話を発表せざるを得なかったのである。

だが、斎藤が日記で、「本日の予算委員会にて川崎克氏大政翼賛会に関し質問す。予が若し質問の場に立てばとの感起り、遺憾此上なし」[154]と記しているように、彼にとっても川崎の質問演説は気概を奮い立たせるものがあったようである。すでに議員を失職した斎藤が議場に立つことはできなかったが、川崎の翼賛会批判に接し、自らも質問に立ちたいという思いに駆られたのであろう。川崎は言論界長老である徳富蘇峰への書翰で次のように述べている。

此度予算委員会ニ於ケル小生之発言に付ては遺憾ながら新聞紙ハ其委細を尽し居らざる恨み有候。左候へ共、御求速記録出来上り候ニ付き不承御送り申上候ニ付き、御慥《たしか》めを辱不存候。小生此度の決心はみ国之為ニ憲政を擁護し其衛人としての墓標の下へ眠り度故（中略）此上共偏ニ先生の御叱正を給り度奉存候。(155)

ここでは新聞各紙が予算委員会における政府との応答を正確に報道していない点への不満とともに、憲政擁護への強い決意が披露されている。川崎としては政界に広い影響力を持つ徳富に教示を仰ぐことにより、翼賛会批判の論理を強固なものにしようとしていたのである。のちに彼は大東亜戦争期、川崎が総選挙に立候補する際、その推薦人に名を連ねることになるが(156)、こうした川崎の熱情には心動かされるものがあったに違いない。

なお、川崎は自らの考えを周知させるため、この速記録を多方面に発送していたようである。のちに浅野セメント副社長・浅野良三は二月四日付の書翰で川崎に対して、「議会ニ於ケル大政翼賛会ニ対スル御質問記録御送付ニ預リ難有拝読仕候。小生モ同会ニ対シ非常ニ憂慮致居候」(157)と述べている。前年末、経済新体制をめぐる問題が政界を騒がせ、そのことは統制経済を忌避する財界にとっても無縁でなかった。このため、浅野ら財界人にとっても川崎の翼賛会批判には同調できる面があったのである。また、元首相・若槻礼次郎の娘婿であり、南洋庁長官も務めた田原和男は二月二〇日付の川崎への書翰で次のように述べている。すなわち、「大政翼賛会に対する御活躍感謝に不堪候。議会とは別に大政翼賛の機関を設くることを不可とする質問の御批評には政府も弱りたりと見え」、首相答弁にある「翼賛奉公」の意味も不明瞭である。それが「教育勅語の『父母に孝に……以て天壌無窮の皇運を扶翼すべし』ということに過ぎずとすれば、それは現在の国民組織にても出来ることにして、特に国民組織を確立する必要何処に在りや」、「翼賛会其ものが所謂国民組織なるかの観有之候」と綴っている。(158)田原は「翼賛奉公」という用語の意味を問題にしているが、これは川崎が質問演説で掲げた第一の論点に関連するものである。また、翼賛会と「現在の国民組織」との関係については、帝国議会の存在を強調することで翼賛会の不要性を指摘した第三の論点から示唆を受けたものであろう。このように川崎の翼賛会違憲論は新体制構想の理念や必要性をめぐって、様々な論点を提起していたたのである。

二月八日、近衛は衆議院予算委員会の答弁では従来と同様、翼賛会の活動に高度の政治性があることを認めつつも、治安警察法上の「政事結社」には相当せず、追加予算案における翼賛会補助金を八〇〇万円に減額することを打ち出す。これは旧政友会革新派出身の島田俊雄が政府と議会の間を仲介した結果、政府側で用意した妥協策であった(159)。そして、二月二二日になると、衆議院予算総会で平沼が一松定吉（旧民政党出身）の質疑に対して、翼賛会は「大政翼賛会なるものは決して自己の政策を樹立、これによつて活動し、これによつて政治に影響をおよぼすといふ性質の結社ではない」、「政事結社以外の公事結社と認める」と答弁するに至る(160)。この日、衆議院予算委員会では翼賛会に対する追加予算案が可決され、衆議院本会議に上程されるが、同日夜、川崎らは翼賛会への補助金支出額について一九四〇年度分六五万円を二五万円に、一九四一年度分八〇〇万円を三〇〇万円に減額することを求める修正動議を提出する。

この修正動議前に川崎が準備したと推定される資料には翼賛会が公事結社であるとの見解は誤りであり、実態は政事結社であることが記されている。その上で、鉛筆による書き込みで、「八百万円ハ将来増額要求ナキコトヲ保証シ得ルカ、不足ノ故ヲ以テ予備金ヲ支出スルガ如キコトナキヲ保証シ得ルカ」、「此ノ補助ハ事業会社等ヘノ補助ト異ナリ殆ド全部ガ機密費的性質ヲ有ツモノデアル」と記されている(161)。二月初旬、司法官僚出身である旧民政党代議士・角源泉は川崎に、「ヨクサン会ヘノ補助ガ追加予算トシテ提出セラレタ場合ニ当然起ルベキ疑問」として、翼賛会への補助金が会計法第七条に規定された追加予算の要件を満たしていない可能性を指摘していた(162)。川崎が修正動議に踏み切った動機としては、この角からの助言が影響を与えていたと考えて間違いないだろう。

二二日の予算委員会で修正動議の趣旨説明に立った川崎は、「大政翼賛」は「憲法の條章に於て輔弼の責任ある所の内閣の大臣と、立法府である所の帝国議会に依るにあらざれば断じて行ふべからざる」との持論を繰り返し、「戦時体制の強化は責任の所在を明かにし、機関の紛淆を避け、職域奉公の誠を致さしむると云ふ軌道に乗せなければ、断じて其の目的を達することは出来ない」と主張する。(163)このように川崎は前回の演説同様、戦時体制の効率的運用の観点から新体制構想を批判し、あくまでも既存の統治機構で戦時を乗り切るべきとの認識を示す。その上で、翼賛会組織にはナチス・ドイツやソ連の機構を模倣した部分がある点で「其の混血児的出現」の感があることや、翼賛会内部に「赤き思想の宣伝を企つる如き者」が存在するので排除する必要性を述べている。(164)こうした形での翼賛会批判は当時の観念右翼や財界に見られたものであり、前年十月三日には木戸も近衛に対して、「近衛新体制運動の裏に共産主義者あり等との心配を頻々聞くを以て、その点につき何等か考慮するの要あるべき旨」(165)を述べていた。したがって、この日の趣旨説明では表現だけを見ても、川崎が相当に政府側を追い込もうとしていた気迫が感じられる。

今後の方針として川崎は、「翼賛会から強力なる政治力及び所謂政治性を取去ることが内部の構成を刷新する所以」であり、三〇〇〇万円という予算の範囲内で翼賛会を「相当働きの出来るやうな教化団体たらしめる必要」を述べている。(166)前述のように、近衛や平沼は二月になって翼賛会が治安警察法上の「政事結社」ではないことを表明していたが、川崎の要求するように政治力や政治性を完全に除去すれば、その実態は公事結社ということになる。川崎は翼賛会の存在が残ったとしても、政治活動の禁止と大幅な経費削減によって翼賛会の活動を有名無実化できると考え、この修正動議を提出したのである。

最終的に衆議院本会議での記名投票は川崎ら提出の修正予算案への賛成票五四票に対して(表9)、政府提出予

表9　1940年2月23日・大政翼賛会修正予算案投票者の一覧

氏名	旧所属会派	翼賛議員同盟への加入
芦田　均	政友会正統派	
池田七郎兵衛	政友会革新派	●
池田清秋	民政党	●
石坂豊一	政友会正統派	
板谷順助	政友会中立派	
一宮房次郎	民政党	●
猪野毛利栄	政友会正統派	●
植原悦二郎	政友会正統派	
江藤源九郎	時局同志会	
小野謙一	時局同志会	●
大石倫治	政友会正統派	
大石　大	時局同志会	
大野伴睦	政友会正統派	
岡崎久次郎	民政党	
岡崎　憲	社会大衆党	
川崎　克	民政党	
片山　哲	社会大衆党	
漢那憲和	民政党	●
笹井重治	第一議員倶楽部	
北　昤吉	民政党	
工藤鉄男	民政党	
木檜三四郎	民政党	
鈴木憲太郎	民政党	●
鈴木文治	社会大衆党	
世耕弘一	政友会正統派	
高橋寿太郎	民政党	●
田中亮一	政友会正統派	
田中　耕	第一議員倶楽部	
土屋清三郎	民政党	
中野寅吉	政友会正統派	
中野邦一	民政党	
名川侃一	政友会正統派	
服部岩吉	政友会正統派	
林　譲治	政友会正統派	
林　平馬	民政党	
鳩山一郎	政友会正統派	
原口初太郎	政友会正統派	
坂東幸太郎	民政党	
平野力三	第一議員倶楽部	
福田関次郎	民政党	
古島義英	民政党	
本田弥市郎	民政党	
堀内良平	民政党	●
松本　弘	政友会正統派	
真鍋　勝	民政党	
牧野　良三	政友会正統派	
牧山耕蔵	民政党	
丸山弁三郎	政友会正統派	
宮脇長吉	政友会正統派	
森幸太郎	政友会正統派	
粟山　博	民政党	
百瀬　渡	民政党	
山田六郎	民政党	●
若宮貞夫	政友会正統派	

出典：伊藤隆『昭和期の政治〔続〕』（山川出版社、1993年）98～99頁をもとに作成。
翼賛議員同盟への加入の有無については，日本政治研究会編『新体制に前進する翼賛議員同盟の全貌』（日本 政治研究会，1941年）附録の1941年1月現在の名簿に拠った。

算案への賛成票が二五九票に達し、川崎らの修正動議は否決される。議会内では翼賛会の公事結社化が明らかになり始めた頃から政府批判が収まりを見せ、川崎らの主張が大勢を制することはなかった。

しかし、首相である近衛は大政翼賛会成立前後から新体制構想への熱意を失い始めており、一九四一年四月二日、大政翼賛会の議会局廃止、事務総長・有馬頼寧の更迭など、大幅な改組を実施する。この改組をもって翼賛会の政治性は完全に失われ、近衛新体制は完全に挫折する。これに対して、貴衆両院では同年三月二五日の第七六回帝国議会閉会前後から近衛を理事長とする両院議員倶楽部結成の動きが生まれ、翼賛会改組を境にして高まりを見せていく。そして、九月二日には旧政友会革新派と旧民政党主流派出身議員など三三六名が参加する院内最大会派として翼賛議員同盟が成立する。(167) では、この渦中で旧政党政治家たちが意図していたものとは何だったのか。

翼賛議員同盟理事の一人であり、第二次近衛内閣成立後に民政党主流派から離反した元米内内閣農林政務次官・岡田喜久治は次のように述べている。

……翼賛会ヲシテ純然タル精神運動化シ、(中略) 別途ニ政治刷新ニ関スル国民運動ヲ起シ、併セテ所謂翼賛議会体制ヲ確立シ、議会及ビ政党自体ヲシテ国家及ビ時代ノ要請ニ基ク憲政再建ノ方途ヲ採ラシメ、或ハ時代ニ適応スル翼賛新政党、例ヘバ翼賛議員同盟ヲ政党化シ其ノ強化ヲ図ラシムルガ如ク翼賛新政党ノ発生ヲ助成シ、以テ叙上ノ目的ヲ達成スルハ固ヨリ一方策デアル。(168)(傍線、筆者)

これは公事結社化していた翼賛会に議会を融合させ、その上で強力な新党を結成しようというものである。このように近衛出馬を契機として新体制運動に参入した既成政党勢力が最終的に目指したものは「翼賛新政党」の誕生と「翼賛議会体制」の確立にあったのである。だが、本来の議会政治とは普通選挙制の下、複数の政党が政策を掲げて政権獲得に向けて競合する複数政党制を基本とするものである。そこから民意を反映した政権交代も生まれるのであり、事実上の一国一党制を志向する「翼賛新政党」構想は代表民主制の理念に適うものではない。岡田の主張する「翼賛議会体制」は大政翼賛会と同様、そこに参加した議員集団の存在に価値を置くものであり、現存する帝国議会の意義を否定しかねない。ここに岡田ら新体制推進派と川崎ら新体制反対派との相違があったのである。

すでに川崎はこの年八月時点で翼賛議員同盟結成の動きを指して、「此新団体の底を流れて居る一貫の思想なる拋《なげう》ものは大政翼賛会の御用党を作らむとする一語に尽きる」とし、「名を時局の重大に藉りて、議員当然の職能を拋ち、政府に対して無条件協力を売込まんとする極めて陋劣なる心事に依拠するもの」と痛罵していた。(169) 川崎にすれば、彼らの活動は政府への接近を図る安易な政権参入策の一種としか映っていなかったのである。しかも、表9にあるように翼賛議員同盟参加者の中には二月に川崎らが修正予算案を提案した際、それに賛成投票した議員十名も含まれていた。

この翼賛議員同盟内部では成立直後から日独伊三国同盟強化と英米排除を掲げるグループが登場し、十月八日に国策貫徹議員同盟を設立する。翼賛議員同盟首脳部はこの動きが内紛に拡大するのを恐れて交渉団体として認定するが、これを契機に翼賛議員同盟の求心力は低下していく。こうした中で十一月十日、翼賛議員同盟に非加入であった川崎と鳩山が中心となり、最終的に総勢三七名を擁する新会派として同交会を結成するに至る。(170) 同月十五日、安藤と川崎を世話人とする同交会は声明を発表し、官僚統制が生産の減退と国民生活の不安をもたらしていることや、「議会の権威と言論界の機能」の尊重を要求している。(171) これらはいずれも安藤の持論であった。

しかるに、内外の情勢は緊迫の度合いを深めており、日米交渉の行き詰まりから十月十八日に第三次近衛内閣が総辞職し、前陸相・東條英機を首班とする内閣に交代する。そして、十二月八日の大東亜戦争勃発により、国内の戦時体制は一挙に強化されていくことになる。では、この大東亜戦争期、安藤や川崎はどのような活動を議会で展開することになるのか、次節で検討することにしたい。

五　大東亜戦争期の抵抗と模索

一九四一（昭和十六）年十二月、海軍の真珠湾奇襲攻撃、陸軍のマレー半島上陸作戦により大東亜戦争の火蓋が切って降ろされ、陸海軍は一九四二（昭和十七）年春までに南方資源地帯の攻略をほぼ達成する。この年三月三日、衆議院本会議では同交会を代表して安藤正純が昭和十七年度予算案の賛成演説に立つ。そこで安藤は東條内閣に対して石油・造船対策の強化を求める一方、大政翼賛会・翼賛壮年団の選挙関与は「一億一心に、全然逆行する国民分裂の結果を生ずることは必然」と牽制している(172)。このように安藤は戦争遂行に予算承認の面から寄与しつつ、積極的な政策提言や大政翼賛会の選挙関与を戒める主張も挿入していた。ここに安藤の考える挙国一致の論理と翼賛会批判の論理の二つが巧みに接合された形となっている。

なお、この年四月三〇日施行の第二一回衆議院議員総選挙は政府指導下の翼賛政治体制協議会による候補者推薦制度が導入された「翼賛選挙」の形態をとったことが特徴である。翼賛政治体制協議会は政府に協力的な態度を示していた翼賛議員同盟との提携により成立したものであった(173)。

同交会は所属議員全員が翼賛政治体制協議会の推薦対象から除外されたため、非推薦候補として総選挙を戦うことになるが、そこで彼らが訴えたこととは何だったのか。総選挙施行前、尾崎行雄は東條に対する質問状で、「閣下が主催し巨大の国費を使用する所の翼賛会が直接間接とを問はず総選挙に関與し遂に翼賛協議会をして候補者を推薦せしめたるに至りては私が閣下の為に嘆惜する所」であり、「折角成就している挙国一致の現状を壊乱し分裂抗争の端緒を発くべき所業」として、政府による選挙干渉の中止と「厳正中立の態度」を要求していた(174)。「挙国一致」を維持し、国内分裂を避けるためには諸勢力の政治参加を保障すべきである、という論理は川崎の翼賛会批判と共通するものである。このように「挙国一致」という用語が尾崎ら翼賛選挙批判に立つ側においても独自の意味で使用されていたことは注目すべきである。

三重県第一区から立候補した川崎はその挨拶状で、「議会は国民の公選に因て選ばれた議員が政府と対等の地位で、政府を監督し、政府に協力して国務を運用する独立の機関でありまして(175)」、「政府の気の付かぬ所、誤て居る所を指摘して、之を是正し、反省せしむる事が議員の役目」と明記している。川崎は第二次近衛内閣期に第七六回帝国議会で主張したのと同様、国政は権力分立制の下で内閣と議会が対等かつ協力して運営すべきであり、内閣に対する議会の地位が従属的なものではないと考えていたのである。これは戦時にあっても議会政治の役割が国民代表原則や行政監督原則にあることを示したものであり、政治家としての川崎が立憲政治、議会政治をどのように捉えていたのかを知る上で重要なものである。

翼賛選挙の形態をとった総選挙の結果は翼翼政治体制協議会の推薦候補は四六六名のうち、八割を超える三八一名が当選する一方、非推薦候補の当選は八五名にとどまる。同交会は川崎克、鳩山一郎、安藤正純、尾崎行雄、芦田均、北昤吉、坂東幸太郎、田中亮一、星島二郎の九名が当選を果たすが、二〇名の落選者を出す。安藤は浅草や日本橋を中心とする東京府第三区から立候補していたが、当時、警視庁はこの選挙区が「旧政党的地盤を有する者は依然として有利なる結果を齎す[176]」地域とし、安藤の得票数を一万九〇〇票と予想していた[177]。しかし、実際の安藤は一万五〇五八票を確保して二位で当選しており、これまで築き上げてきた地盤が「翼賛選挙」の下でも崩れていなかったことが分かる。安藤は日記に選挙結果の総括として、「二十五年初志を一貫して断じて主張を枉《ま》げざりしこと、共に此の予の信念と主張とに依て選挙区民、殊に本拠たる浅草区民の政治思想と道義思想とを滋養せしこと」や、「生来言論文章に依て区民を育成し、選挙に於ても言論一本鎗にて終始し、又予の頑固一徹が漸次周囲に徹底し」たことが奏功したと綴っている[178]。新聞人出身という経歴を安藤自身が強く意識していたことがうかがえる。

しかし、議席数を後退させた同交会は五月十四日に解散のやむなきに至り、最終的には五月二〇日成立の翼賛政治会（総裁・阿部信行）へ合流していく。これは少数勢力として翼賛政治会に対抗し続けることの限界を察知し、むしろ翼賛政治会内部から自分たちの立場を表明したほうが合理的であるという判断も働いた結果であった[179]。

この翼賛政治会で旧同交会出身議員は非主流派に位置し、一九四三（昭和十八）年六月二二日に鳩山一郎が翼賛政治会を退会して以降、彼らは集団としての目立った政治活動を見せることはなくなる。ただし、安藤正純だけは宗教行政に代表される特定分野での議員活動で相応の影響力を発揮していたようである。安藤の日記をたどっていくと、一九四四（昭和十九）年十一月十五日、安藤は大日本戦時宗教報国会副会長の立場で蔵相・石渡荘太郎と大蔵次官・松隈秀雄に対して、次年度補助金が二〇万円に減額される形勢があるので四〇万円にするように働きかけている。その結果、同月十七日、次年度補助金は三六万円に決定している[180]。また、一九四五（昭和二〇）年二月二四日、安藤は自らが会長を務める大東亜仏教青年会への補助金が同年度一万円、特別な計画や予定事項のない平年度三万円になるとの情報に接すると、大東亜相・重光葵、大東亜省総務局長・安東義良に対して同年度二万円、平年度五万円にするよう要求する。その結果、三月十七日には安藤の要求した額がそのまま決定される[181]。

元来、安藤は哲学館在学中の一八九二（明治二五）年に学生仏教団体である大日本仏教青年会の設立に参画し[182]、一九二〇年の衆議院議員総選挙に初当選以来、仏教関係者から選挙支援を受けてきた。東京で最多の寺院がある浅草を選挙区にしていたため、仏教界との関係は強く、「翼賛選挙」の際は大日本仏教会から推薦を受けていた[183]。戦後、日本宗教連盟理事を経て一九五二（昭和二七）年、有識者や政官財界の人脈を網羅する日本宗教放送協会の初代理事長に就任するが[184]、すでに戦時下にあって宗教界との間に強い利益関係が形成されていた点は興味深い。本章冒頭に述べたように、近年の研究では翼賛政治会で主流派の位置を占めた政党出身政治家に関心が集まっているが、安藤は非主流派の政治家として業界団体と政府を媒介する機能を果たしていたのである。

一九四四年六月、安藤はかつて政友会に属していた金光庸夫の推薦で翼賛政治会総務に就任する[185]。戦後の安藤自身の証言によれば、この総務就任は配下の地方議員が選挙で不利にならないように慮った末に承諾したものであったが[186]、のちに公職追放の一因となる。安藤は総務に就任しながらも、翼賛政治会の運営にはほとんど関与していなかった[187]。ただし、自らの信念は曲げることなく、重要な局面では翼賛政治会や帝国議会で発言する機会があったようである。

一九四四年七月、東條内閣はサイパン島陥落の責任問題から総辞職して小磯内閣に交代し、八月には小林躋造が翼賛政治会の新総裁に就任する。この時期から翼賛政治会内部では機構改革問題が浮上し、幹部たちの動きが慌ただしくなる。安藤は八月三一日の臨時総務会で物価対策や食料対策の重要性に言及し、翼賛政治会として政府に対策を迫るよう、総務会での決議を要求する。(188)この提案が総務会で了承されることはなかったが、法案審議の主導権を議会側が取り戻すため、安藤が国民生活に直結する問題を重要視していたことがうかがわれる。九月八日、安藤は衆議院本会議における小磯国昭首相への代表質問で政府の言論政策・文教政策を批判し、官僚の横暴を戒めている。(189)これは日中戦争以来の基本姿勢であり、戦時下にあっても官僚政治批判と言論の自由にこだわり続けていたことの証左である。

なお、一九四四年七月二四日の斎藤隆夫の日記には、「川崎克氏と翼賛会新総裁に宇垣大将擁立を相談す。実現至難ならん」(190)とある。両者は第二一回総選挙における同交会惨敗とその後の解散という過渡期を経ても、宇垣擁立を通じて政局の転換を図ろうとしていたのである。だが、政府・陸軍部内に支持勢力を持たない宇垣が要職に就けるはずはなく、戦時下という重圧が彼らの活動の制約になっていたのである。

そして、一九四五（昭和二〇）年に入り、翼賛政治会改組の動きが本格化する中、旧同交会関係者の間では政府との関係をめぐって協議が重ねられるものの、方針の確定には至らなかった。そして、三月三〇日、翼賛政治会改組に伴って大日本政治会（総裁・南次郎）が結成されると、旧同交会出身議員である坂東幸太郎、北昤吉、星島二郎、田中亮一、斎藤隆夫が相次いで入会し、四月二五日には川崎正純もこれに続くことになる。(191)安藤はこの年二月段階で大日本政治会成立の動きを「官臭新政党」と冷淡視し、翼賛政治会総務会の動きを「自己保全、時局便乗に専念する御茶坊主的幹部の陋態唾棄すべし」と日記に綴っていた。(192)そして、五月一日に総裁の南から入会を要請されても、翌々日に不参加を表明していた。この時、旧同交会所属議員の態度は各自の判断に任されるが、安藤は「たとひ一人になっても純中立ならん」(193)との態度を貫くことになる。

ただし、旧同交会のネットワークは大日本政治会への移行後も維持されていたようであり、一九四五年五月下旬、川崎が安藤に宛てた書翰を読むと、彼らの現状認識を垣間見ることができる。以下、長文を厭わずに引用する。

過日は山王ホテルにて貴兄の立場なり、衷情なり、時局に感する憂国の至誠なりを承り極めて共鳴共感致し候。(中略)月一回の思斉会には出かける事にせよとの御懇切なる御希望付所も最寄にて、政治会に入会するも、甚以時局を談する友はなく、甚だ心淋しく存居候。小生は多年同志の血盟の友たりし同交会員の結合たる思斉会には是非参加致度、二十一日の会合には無《よんどころなく》據欠席するが次回の会合は何日頃になるやを承知致度旨、植原殿に書状差置きたる次第に有之、都合の付く限り出席致度存候に付き、左様御承知ありたし。

時局の前途に対しては貴兄と同感にて、吾等現在議席を有する一人として其責任極めて重大なると共に政治家の職責ニ顧みて何等か国家の為に関与する處なくば相済み不申と存居候次第にて、(中略)現在の時局にては如何とも為し得ず、吾省かつ慨察の至りに不堪候。去りながら生ある限りは其涯分を尽してみたく候得共、機会ある毎ニ為邦家、少しき微力を捧げ度存じ居候間、最後の御奉公為可事あらば御申出被下候。馳せ参り可申候。(194)

旧同交会所属議員の一人であり、この書翰にも登場する元衆議院副議長・植原悦二郎によると、文中にある「思斉会」とは「きわめて少数であったが、大政翼賛会に反対したわれわれの同志が、相はかり思斉会なる名のもとに一カ月に二、三回赤坂溜池の山王ホテルに会合し、時局を談ずることにした」ものであり、「いつも必ず出席した者は鈴木文治、安藤正純、川崎克、石坂豊一、板谷順造、丸山弁三郎、片山哲、西尾末広、宮脇長吉と私などであっ

た」という。(195)

この文面からは川崎が安藤との間で政治的見解を一致させていたことや、大日本政治会入会後の川崎がほぼ孤立の感を抱いていたことが分かる。前述のように旧同交会関係者の間では翼賛政治会改組・大日本政治会結成の流れに対応する形で今後の去就が議論されていたことから、前半にある山王ホテルでの会談はこうした類を指すものであろう。前述のように、安藤は大日本政治会には参加していなかったが、川崎にとっては自らの心動かすような時局観を持っていたのであろう。後段では議会に議席を有することの重責と並んで、現下の時局を前にして無力な立場にあることへの苛立ちが綴られている。そのためにも、川崎は旧同交会の流れを組む思斉会との関係を維持することで、日本の議会政治を覆う閉塞感を打開しようとしていたのである。だが、そのためには三カ月後の大東亜戦争終結を待たなければならなかったのである。

小括

本章では平沼内閣期にまで遡り、一九四〇年の段階で新体制運動が生じ、拡大していった背景はどこにあったのか、米内内閣期の内政と外交について、陸軍と政党それぞれの動きも含めてたどった。その上で、政党出身政治家である安藤と川崎が近衛新体制をどのように認識していたのか、彼らの主張と行動を分析することにより、政党が自壊していく一九四〇年代の政治史を再検討した。

一九四〇年代初頭、近衛新体制運動は急転する世界情勢に対処し、高度の政治力結集を目指して出発したが、明治立憲制という既存の統治機構を改編するまでには至らず、大政翼賛会改組によって終焉する。そこで重要な役割を果たしたのは大政翼賛会の違憲性を議会で主張した旧政党政治家であった。本章では川崎克と安藤正純を事例として、両者が政党内閣崩壊後の既成政党勢力の後退をいかに認識していたか、その中で「挙国一致」という概念をどう活用して翼賛政治体制への批判を展開したのかを検討した。以下、本章で明らかにした内容として三つの点を確認しておきたい。

第一は明治憲法下の統治構造が多元的であったように、そこから派生した「挙国一致」という概念もまた、諸政治勢力の立場を反映して多義的に使用されていたということである。その結果、「挙国一致」という用語は旧政党勢力が明治憲法下の統治構造で自己の存在証明を図る上でも重要な意味を帯びて使用されていたのである。官僚政治打破が叫ばれた大正期に政界入りした安藤にとって、官僚政治は左右全体主義と並んで一貫して批判対象であった。彼は日中戦争以降、「挙国一致」の用語から議会政治の意義を明らかにし、翼賛政治に対抗した。翼賛政治会総務として能動的役割を果たすことはなかったが、宗教行政への働きかけや議会における官僚統制批判を通じて存在感を示すことに成功した点は軽視すべきでない。

安藤と川崎に共通していたのは、明治憲法下における唯一の「上意下達」・「大政翼賛」機関として帝国議会の正当性を主張し、そこから翼賛会の違憲性を導き出した点にある。川崎は二・二六事件後の「準戦時体制」期から日中戦争期、軍事費の膨張を中心にして財政膨張が加速する中、これに財政規律の観点から警鐘を鳴らし、自由主義経済の意義を主張した。鳩山一郎が政治的自由主義の観点から全体主義を批判したのに対して、川崎は経済・財政政策の観点から自由主義を支持し、全体主義を批判視していた。だからこそ、川崎の翼賛会批判は当時の復古主義右翼に見られたような国体論に基づく範囲にとどまらず、予算議定権も含めて帝国議会の独立性を強調し、新たな憲法外機関設置の違憲性を主張するものであった。こうして川崎は帝国議会の存在を根拠として、近衛内閣とその支持勢力を牽制する論法をとっていたのである。

ある先行研究は日中戦争開戦以降も議会が影響力を行使し得た背景として、「挙国一致を求める『聖戦完遂』思想は、国内の政治対立の顕在化を避けるという意味で、政府側にとっても議会にある程度の譲歩を強いる効果があった」とする。こうした見方は第一次近衛内閣期以来、挙国一致路線を支持し、近衛新体制に迎合していく勢力を念頭に置いてのものであろう。だが、本章で指摘したように、新体制反対派の川崎もその論法として戦争指導に及ぼす合理性を問題にすることで、議会の存在を擁護していた。翼賛会に参加していなかった川崎は唯一の「上意下達」・「大政翼賛」機関としての帝国議会の正当性を主張し、そこから翼賛会の違憲性を明らかにしようとしたのである。彼はこの帝国議会の存在を根拠とすることで近衛内閣とその支持勢力である新体制推進派に対して、憲法上に根拠を有さない翼賛会が議会の優位に立つことの問題点を主張できたのである。そして、こうした主張がのちの同交会結成につながっていくのである。

第二は新体制反対派の川崎が戦時立法・戦時予算編成における議会の全面協力を否定していなかった点である。むしろ議会が立法・予算編成の面で拒否権を行使せず、政府の戦争指導に協力する点に議会の存在意義を見出していた。換言すると、川崎は戦時議会の役割は政府への追随ではなく、むしろ主体的な協力と読み替えることでその存在意義を強調し、政府側を牽制していたのである。その意図は現存する帝国議会という機関以外に新たな翼賛機関を発足させ、政府がそれに連絡することの不当性を衝くものであった。この川崎の事例が表すように、近衛新体制期に立憲主義を主張した政治家は対外政策の面では必ずしも国際協調主義や戦争批判の立場を表明していたわけではなかった。この点については、今後、昭和戦前期の川崎以外の政党政治家を対象にした研究でも留意されるべきであろう。派生的内容になるが、敗戦直後から講和独立に至るまでの安藤の国際政治・安全保障観が国際情勢の変化に合わせて変化する現実主義的な側面を有するものであったことも一つの参考になると考える。これについては終章で改めて述べる。

第三は川崎ら提出の翼賛会修正予算案に賛成投票した議員のうち、のちに十名が翼賛議員同盟に参加していた事実である。これは一九四一年二月時点で川崎らの提案に賛同した議員全員がのちの同交会結成の理念に共鳴していたわけではなく、その結束は必ずしも十分なものではなかったことを示す。彼らが翼賛議員連盟に合流するに至った経緯については、今後、個々の政治家に関する史料状況の改善を俟たなければならない。ただ、現時点で言えるのは、政治上のアクターを現状維持派と革新派のいずれかに区分し、その性格を固定化するという分析枠組が必ずしも有効ではないことである。(197) この時期、旧政党政治家たちは自分たちの存在を政治構造の中でどのように位置付け、流動的な政局に向き合おうとしていたのかを考えるとき、以上の三点は重要な意味を持つと思われる。

第五章註

（1） 伊藤隆『近衛新体制―大政翼賛会への道―』（中央公論社、一九八三年）、赤木須留喜『近衛新体制と大政翼賛会』（岩波書店、一九八四年）、同『翼賛・翼壮・翼政―続・近衛新体制と大政翼賛会―』（岩波書店、一九九〇年）。

（2） 雨宮昭一『近代日本の戦争指導』（吉川弘文館、一九九七年）。

（3） 村瀬信一『帝国議会改革論』（吉川弘文館、一九九七年）第四章、古川隆久『昭和戦中期の議会と行政』（吉川弘文館、二〇〇五年）第五章、同「日中戦争期の前田米蔵―前田の憲政論を中心に―」（『史学雑誌』第一一八編第六号、二〇一九年）、米山忠寛『昭和立憲制の再建―一九三二～一九四五年―』（千倉書房、二〇一五年）第三章、矢野信幸「戦時議会と事例審査制の形成」（奥健太郎・河野康子編『自民党政治の源流―事前審査制の史的検証―』吉田書店、二〇一五年）、官田光史『戦時期日本の翼賛政治』（吉川弘文館、二〇一六年）第二部。なお、玉井清「東条内閣の一考察―大麻唯男を中心に―」（『神奈川工科大学研究報告・A・人文社会科学編』第十三号、一九八九年）は東條内閣が議会対策のため、翼賛政治会を重視していたことを指摘した先駆的研究である。

（4） 川崎克「現内閣の財政々策を批判する」（『民政』第一八一号、一九三七年）十六頁。

（5） たとえば、川崎克『近づく経済界の黎明』（立憲青年社、一九二六年）では第一次世界大戦に伴う大戦景気が一時的なものであり、日清・日露戦争後と同様に景気反動が生じるとして通貨収縮と物価引き下げによるインフレ対策を主張していた（七頁）。

（6） 川崎克「税制改革に就いて」（『民政』第一七七号、一九三六年）四五～五一頁。

（7）前掲「現内閣の財政々策を批判する」十七〜二一頁。
（8）角田順校訂『宇垣一成日記』第三巻（みすず書房、一九七一年）一六九八頁。
（9）安藤正純「俎上に展開すべき浜口内閣の税政百出」（『政友』第三六四号、一九三〇年）など、安藤は昭和恐慌期には緊縮財政に代わる積極的な失業対策を要求している。また、安藤正純述『経済国難應救策』（一九三〇年。国立国会図書館憲政資料室所蔵「安藤正純文書」R1－1）では、国民負担軽減のため、「行政及び官業等の整理と経済化」による財源捻出を提言している。このように安藤は積極的な社会政策という点で福祉国家を志向していたが、行政の肥大化には慎重であった。
（10）川崎秀二『勇気ある政治家たち―自由主義者のレジスタンス―』（仙石出版社、一九七一年）二三一七頁。
（11）安藤正純・三木武吉・大野伴睦「自由党は私物にあらず」（『日本週報』第一八二号、一九五一年）三〜四頁。
（12）奥健太郎『昭和戦前期立憲政友会の研究―党内派閥の分析を中心に―』（慶応義塾大学出版会、二〇〇四年）第三章・第四章。
（13）林尚之「天皇機関説事件後の憲法改正問題」（『歴史学研究』第八三六号、二〇〇八年）、同「戦時期における憲法学と国体論の展開―国体憲法学の『立憲主義』から―」（『ヒストリア』第二一四号、二〇〇九年）、同「新体制期における人権・主権の転換に関する一考察」（『歴史評論』第七一九号、二〇一〇年）、同『主権不在の帝国―憲法と法外なるものをめぐる歴史学―』（有志舎、二〇一二年）。
（14）井上敬介「立憲民政党の解党―立憲政治構想の視点から―」（『ヒストリア』第二一五号、二〇〇九年）。
（15）伊藤隆『昭和期の政治［続］』（山川出版社、一九九三年）。
（16）古川隆久『戦時議会』（吉川弘文館、二〇〇一年）二四七頁。
（17）楠精一郎『大政翼賛会に抗した四〇人―自民党源流の代議士たち―』（朝日新聞社、二〇〇六年）一〇一頁。
（18）前掲『昭和立憲制の再建』二七八〜二七九頁
（19）安藤正純『政界を歩みつつ』（大智書房、一九四三年）一九七頁。
（20）手塚雄太「戦時期における衆議院議員の活動と支持基盤―翼賛選挙非推薦議員安藤正純と無尽・仏教界を中心に―」（『國學院雜誌』第一一九巻第一号、二〇一八年）。

(21) 萩原淳『平沼騏一郎と近代日本―官僚の国家主義と太平洋戦争への道―』(京都大学学術出版会、二〇一六年)第Ⅰ部第六章。
(22) 石井秋穂「日米交渉の真相」(上法快男編『軍務局長武藤章回想録』芙蓉書房、一九八一年)二五六頁。
(23) 阿部内閣成立と陸軍、少数閣僚制の採用については、関口哲矢『昭和期の内閣と戦争指導体制』(吉川弘文館、二〇一六年)六七~七一頁を参照。
(24) 前掲『昭和戦前期立憲政友会の研究』一四三~一四七頁。
(25) 中村隆英・原朗「経済新体制」(日本政治学会編『年報政治学一九七二・「近衛新体制」の研究』岩波書店、一九七二年)八五~八六頁、牧達夫「軍の政治干与と国内情勢」(木戸日記研究会・日本近代史料研究会編『牧達夫氏談話速記録』附録、日本近代史料研究会、一九七九年)二一一~二一四頁。
(26) 勝部元「天皇制ファシズム論」(『岩波講座日本歴史21・現代4』岩波書店、一九六三年)一一一頁。
(27) 原田熊雄述『西園寺公と政局』第八巻(岩波書店、一九五二年)一一三頁。
(28) 前掲『軍務局長武藤章回想録』一四〇頁。
(29) 矢次一夫『昭和動乱私史』中巻(経済往来社、一九七一年)一一三~一二四頁、筒井清忠『昭和期日本の構造―その歴史社会学的考察―』(有斐閣、一九八四年)二七五~二七七頁。のちに武藤は米内内閣期の一九四〇(昭和十五)年三月十九日の衆議院決算委員会での答弁で、「近代戦の如き国力を挙げての戦争には軍としては米一粒の不足についても関心を持ち又労働者のサボタージユにも非常な関心を持つ」、「軍も政党も相互に常に連絡をしなければならぬ」と述べている(『読売新聞』一九四〇年三月二〇日)。こうしたことから当該期陸軍中央にとっても戦時意識の空洞化が対政党関係の再検討も含め、深刻な問題として認識されていたことが分かる。
(30) 伊香俊哉「新体制運動前史覚書―一九四〇年斎藤隆夫除名問題前後の民政党の動向を中心に―」(『立教大学日本史論集』第三号、一九八五年)六〇~六四頁、同「日中戦争と政党」(『歴史評論』第四四七号、一九八七年)四~五頁。
(31) 選挙粛正中央連盟編『昭和十四年度選挙粛正中央連盟事業概要』(選挙粛正中央連盟、一九四〇年)一九〇~一九四頁。
(32) 内ヶ崎作三郎「府県会選挙の結果を顧みて」(『民政』第一三二号、一九三九年)十二頁。

(33) 前掲『昭和動乱私史』中巻、一四五～一四六頁。なお、一九四〇年一月、大本営陸軍部参謀・秩父宮雍仁大佐は参謀次長・沢田茂中将に対して軍部内閣の樹立を度々要望するも、沢田は実現不可として拒否している(森松俊夫編『参謀次長沢田茂回想録』芙蓉書房、一九八二年、四二頁)。また、同月九日には軍事参議官・杉山元大将が原田に対して、陸軍部内の畑、杉山擁立運動に触れ、「現役の大将が総理になつてまたしくじつたら、反陸軍の空気がますます強くなつて、火に油を注ぐ」との反対論を述べている(前掲『西園寺公と政局』第八巻、一五七頁)。以上のことから当該期陸軍でも国内世論や政党の反発を考慮し、国政への関与を忌避する意識が強まっていたと言えよう。
(34) 矢次一夫「阿部内閣の更迭と陸軍の動き」(一九四七年四月十六日。国立国会図書館憲政資料室所蔵「高木惣吉関係文書」13―②―19)一〇三～一〇五頁。
(35) 一九四〇年二月一五日付・寺内寿一宛南次郎書翰(国立国会図書館憲政資料室所蔵「寺内寿一文書」71―5)。
(36) 一九四〇年一月十二日付・牧野伸顕宛東郷実書翰(国立国会図書館憲政資料室所蔵「牧野伸顕関係文書」第33冊―568―1)。
(37) 波多野澄雄「日本陸軍における戦略決定、一九三七―一九四五」(波多野澄雄・戸部良一編『日中戦争の軍事的展開』慶應義塾大学出版会、二〇〇六年)一三九～一四〇頁。
(38) 防衛庁防衛研究所戦史室『戦史叢書大本営陸軍部・大東亜戦争開戦経緯〈一〉』(朝雲新聞社、一九七三年)二一〇～二一一頁。
(39) 柴田紳一「米内光政内閣成立の経緯」(『国学院大学日本文化研究所紀要』第九五輯、二〇〇五年)一〇二～一〇七頁。
(40) 前掲『牧達夫氏談話速記録』七八頁。
(41) 肥田琢司『政党興亡五十年』(国会通信社、一九六五年)三九五頁。
(42) 井上寿一『政友会と民政党―戦前の二大政党制に何を学ぶか―』(中央公論新社、二〇一二年)二二一～二二二頁、井上敬介『立憲民政党と政党改良―戦前二大政党制の崩壊―』(北海道大学出版会、二〇一三年)二四三頁。
(43) 永井和『日中戦争から世界戦争へ』(思文閣出版、二〇〇七年)三九〇～三九二頁。
(44) 衆議院・参議院編『議会制度七十年史・憲政史概観』(大蔵省印刷局、一九六三年)四三一頁。

(45) 大木操『激動の衆議院秘話─舞台裏の生き証人は語る─』(第一法規出版、一九八〇年)二五二～二五三頁。
(46) 伊藤隆編『斎藤隆夫日記』下巻(中央公論新社、二〇〇九年)三五五頁。
(47) 内政史研究会・日本近代史料研究会編『大蔵公望日記』第三巻(内政史研究会・日本近代史料研究会、一九七四年)二五三～二五四頁。
(48) 同前、二五八頁。
(49) 前掲『斎藤隆夫日記』下巻、三五三頁、三五七頁。
(50) 伊藤隆・季武嘉也編『鳩山一郎・薫日記』上巻(中央公論新社、一九九九年)二二五頁。
(51) 同前、一四六頁。
(52) 前掲『昭和戦前期立憲政友会の研究』一八一～一八三頁。
(53) 前掲『昭和期の政治(続)』八七～九一頁。
(54) 前掲『鳩山一郎・薫日記』上巻、一四四頁。
(55) 前掲「軍の政治干与と国内情勢」一七九頁。
(56) 近衛文麿『平和への努力』(日本電報通信社、一九四六年)二二四～二二五頁。なお、一九四〇年一月二一日、近衛は鳩山に対して、「武藤軍務局長が陸相代理として、宇垣、町田両氏には絶対反対を通告したる後に、陸相も同様の事を述ぶ」と述べており(前掲『鳩山一郎・薫日記』上巻、一三八頁)、本会談のことを指すと推定される。
(57) 「金光・武藤軍務局長会談内容」(今井清一・伊藤隆編『現代史資料44・国家総動員2』みすず書房、一九七四年)一五七頁。
(58) 「桐工作ノ件指示」(前掲『支那事変の回想』附録)三三三頁。
(59) 前掲『昭和動乱私史』中巻、二七三頁。
(60) 同前、一九八頁。
(61) 秦郁彦『日中戦争史』増補改訂版(河出書房新社、一九七二年)三〇一～三〇二頁、戸部良一「桐工作をめぐって」(『政治経済史学』第五〇〇号、二〇〇八年)二九五頁。
(62) 『東京朝日新聞』一九四〇年六月二五日夕刊。

(63) 矢部貞治日記刊行会編『矢部貞治日記』銀杏の巻（読売新聞社、一九七四年）三一五頁。
(64) 同前、三二八頁。
(65) 同前、三三〇頁。
(66) 尚友倶楽部・伊藤隆編『有馬頼寧日記』第四巻（山川出版社、二〇〇一年）三六四頁。
(67) 大谷伸治「昭和戦前期の国体論とデモクラシー―矢部貞治・里見岸雄・大串兎代夫の比較から―」（『日本歴史』第七七七号、二〇一三年）、同「矢部貞治の衆民政論と国体論―講義案の改訂をめぐって―」（『史学雑誌』第一二四編第二号、二〇一五年）。
(68) 木戸日記研究会編『木戸幸一日記』下巻（東京大学出版会、一九六六年）八〇五頁。
(69) 李炯喆『軍部の昭和史（下）―日本型政軍関係の絶頂と終焉―』（日本放送出版協会、一九八七年）十七頁。
(70) 風見章『近衛内閣』（日本出版協同、一九五一年）二〇二～二〇三頁。
(71) 前掲『木戸幸一日記』下巻、七八七頁。
(72) 北川賢三・望月雅士・鬼嶋淳編『風見章日記・関係資料　一九三六－一九四七年』（みすず書房、二〇〇八年）四六八頁。
(73) 前掲『木戸幸一日記』下巻、八〇九頁。
(74) 矢部貞治『近衛文麿』下巻（弘文堂、一九五二年）一〇七頁。
(75) 一九四〇年七月・「国策に関する上奏文」（国立国会図書館憲政資料室所蔵「近衛文麿関係文書」R５）。本史料では明治憲法のうち、第八条（緊急勅令の発動要件）、第一四条（戒厳大権）、第三一条（戦時・事変時の臣民権利義務の制限）、第七〇条（財政上の緊急勅令）について、「適宜に活用すべきことも亦、考慮に値するもの」と記している。
(76) 前掲『木戸幸一日記』下巻、八一八頁。
(77) 戦前における憲法改正限界説については、清水澄「帝国憲法改正の限界」（『国家学会雑誌』第四八巻第五号、一九三四年）、石村修「明治憲法における憲法改正限界論」（『専修法学論集』第三四号、一九八一年）、竹花光範「帝国憲法の改正手続」（駒澤大学『法学論集』第六二号、二〇〇一年）を参照。
(78) 『東京朝日新聞』一九四〇年七月二四日。

(79) 田中卓〈続・田中卓著作集5〉『平泉史学の神髄』(国書刊行会、二〇一二年)一〇八頁。
(80) 同前、一一〇〜一一一頁。
(81) 前掲『斎藤隆夫日記』下巻、三七一頁。
(82) 一九四〇年七月二九日付・有馬頼寧宛永井柳太郎書翰(国立国会図書館憲政資料室所蔵「有馬頼寧関係文書」R1-44-1)。
(83) 酒井正文「新体制運動下の民政党と大麻唯男」(『杏林大学社会科学研究』第四巻第一号、一九八七年)二六頁。
(84) 木舎幾三郎『政界五十年の舞台裏』(政界往来社、一九六五年)二六九頁。
(85) 手島仁『中島知久平と国政研究会』下巻(みやま文庫、二〇〇七年)一六七頁、一六九頁。
(86) 「近衛首相会見メモ」(国立国会図書館憲政資料室所蔵「鶴見祐輔関係文書」R45-519)。
(87) 下中彌三郎編『翼賛国民運動史』(翼賛運動史刊行会、一九五四年)十頁。
(88) 前掲『昭和動乱私史』中巻、三二一〜三二三頁。
(89) 前掲『矢部貞治日記』銀杏の巻、三四〇頁。
(90) 今井武夫『支那事変の回想』(みすず書房、一九六四年)一四五頁。
(91) 野村乙二朗「昭和十五年七月政変に於ける阿南惟幾の役割」(『政治経済史学』第四八二号、二〇〇六年)六〜十二頁。
(92) 前掲『支那事変の回想』一四八頁。
(93) 「土橋少将本趣旨ヲ伝達ス(半公式ニテ)」(前掲『支那事変の回想』附録)三七四頁。
(94) 前掲『翼賛国民運動史』八三頁。
(95) 同前、八六頁。
(96) 岡義武『近衛文麿―「運命」の政治家―』(岩波書店、一九七二年)一三一〜一三三頁、前掲『近衛新体制と大政翼賛会』一四九〜一五〇頁。
(97) 富田健治『敗戦日本の内側―近衛公の思い出―』(古今書院、一九六二年)八〇〜八三頁。なお、この新体制準備会成立以降、武藤ら陸軍省軍務局は大政翼賛会の精動化を避けるため地方支部長任命問題や大政翼賛壮年団創設問題で挽回を目論むが、いずれも内務省の抵抗を前に挫折することになる。これについては、山口浩志「近衛新体制と陸海軍・企画院」(『年報・日本現代史』第六号、二〇〇〇年)二九七〜二九九頁を参照。
(98) 前掲『翼賛国民運動史』一三八頁。
(99) これについては、中村隆英・原朗「経済新体制」(日本政治学会編『年報政治学一九七二「近衛新体制」の研究』岩波書店、一九七二年)九六〜一〇七頁、前掲『近衛新体制』一八〇〜一八四頁、ゴードン・M・バーガー(坂野潤治訳)『大政翼賛会―国民動員をめぐる相剋―』山川出版社、二〇〇〇年)四五五〜四六二頁を参照。
(100) 前掲『木戸幸一日記』下巻、八二七頁。
(101) 斎藤内閣後半期、政党内閣復帰を目的にして政民連携運動が開始されるが、鈴木内閣樹立を目指す政友会総裁派とそれに反発する政友会非総裁派の対立から挫折に至ったことは本書第二章で述べたとおりである。そして、昭和第二の中間内閣として岡田内閣が成立すると、党内では強硬に新内閣との絶縁を主張している(「政友会新幹事長安藤正純君」、『政治経済時論』第十一巻第七号、一九三六年、六四頁)。
(102) 安藤正純「九州民情の視察」(『政友』第三九八号、一九三三年)十六〜二〇頁。
(103) 安藤正純「臨時議会の三大理由」(『政友』第四〇八号、一九三五年)十一頁。
(104) 手塚雄太『近現代における政党支持基盤の形成と変容―「憲政常道」から「五十五年体制」へ―』(ミネルヴァ書房、二〇一七年)第二章。
(105) 「政党信任論」(国立国会図書館憲政資料室所蔵「安藤正純文書」R6‐30)。
(106) 国体明徴運動と立憲制の危機については、増田知子『天皇制と国家―近代日本の立憲君主制―』(青木書店、一九九九年)を参照。
(107) 安藤正純「蹶然奮起すべし」(『政友』第四三八号、一九三七年)四二頁。
(108) 安藤正純「憲政を護る」(報知新聞社編輯局編『国民に訴ふ―各党派演説集―』河出書房、一九三七年)十八頁。
(109) 安藤正純『日本の行く道』(望鴨閣、一九三八年)二〇八〜二〇九頁。
(110) 同前、二一一頁。
(111) 同前、二三八〜二四〇頁。

(112) 同前、二四一頁。
(113) 小川正亮「日中戦争拡大過程と社会保障立法」(磯野誠一・松本三之介・田中浩編『社会変動と法―法学と歴史学の接点―』勁草書房、一九八一年)一〇四～一〇六頁。
(114) 安藤正純「社会事業精神」(『総動員態勢下に於ける社会事業』全日本社会事業連盟、一九四〇年。国立国会図書館憲政資料室所蔵「安藤正純文書」R1-5)三～四頁。
(115) 安藤正純「平沼内閣の施政方針に就て」(『政友』第四六〇号、一九三九年)十二頁。
(116) 福永文夫・下河辺元春編『芦田均日記　一九〇五-一九四五』第四巻(柏書房、二〇一二年)三一八頁。
(117) [一九四〇年]九月二日付・安藤正純宛鳩山一郎書翰(国立国会図書館憲政資料室所蔵「安藤正純文書」R23-571-4)。
(118) 安藤正純『発展日本の原理と新体制』(大東出版社、一九四〇年)三三一～三四頁。
(119) 同前、一〇八～一〇九頁。
(120) 同前、一一〇頁。
(121) 同前、一四七頁。
(122) 同前、一七三頁。
(123) 同前、一七一頁。
(124) 一九四〇年十二月十四日付・徳富蘇峰宛安藤正純書翰(徳富蘇峰記念塩崎財団所蔵)。
(125) 中村勝範「翼賛選挙と旧政党人」(大麻唯男伝記研究会編『大麻唯男―論文篇―』櫻田会、一九九六年)四〇二頁。
(126) 前掲『戦時議会』一二四頁。
(127) 一九四〇年八月二〇日・宇垣一成「新体制問題調査」(国立国会図書館憲政資料室所蔵「宇垣一成関係文書」179)。
(128) 前掲『川崎克伝』二五一～二五二頁。
(129) 川崎克『欽定憲法の真髄と大政翼賛会』(固本盛国社、一九四一年)二〇頁。
(130) 前掲『斎藤隆夫日記』下巻、三九三頁。

(131) 前掲『欽定憲法の真髄と大政翼賛会』二四頁。
(132) 同前、二八～二九頁。
(133) 前掲『翼賛国民運動史』八三頁。
(134) 「新体制準備会第五回総会議事要領」(「有馬頼寧関係文書」R30－109－17)。
(135) 「新体制準備会第六回(最終回)会議要領」(「有馬頼寧関係文書」R30－109－17)。
(136) 前掲『牧達夫氏談話速記録』一〇二頁。
(137) 前掲『欽定憲法の真髄と大政翼賛会』三五頁。
(138) 同前、三六頁。
(139) 同前、三七頁。
(140) 同前、三八頁。
(141) 同前、四〇頁。
(142) 佐々木惣一「新政治体制の日本的軌道」(『中央公論』一九四〇年十月号)、板橋菊松『帝国憲法学会特別資料　上中書(写)』総合時局研究所、一九四〇年一一月八日。国立国会図書館憲政資料室所蔵「真崎甚三郎関係文書」R68－2433)。
(143) 前掲『欽定憲法の真髄と大政翼賛会』四四～四五頁。
(144) 川崎克「戦時の経済立法と国民の覚悟」(『民政』二八九号、一九三七年一一月)三三～三四頁。
(145) 前掲『欽定憲法の真髄と大政翼賛会』四五頁。
(146) 同前、四六頁。
(147) 同前、四八頁。
(148) 前掲「戦時の経済立法と国民の覚悟」三四頁。
(149) 前掲『欽定憲法の真髄と大政翼賛会』五〇頁。
(150) 同前、五六頁。
(151) 茶谷翔「国策研究会論――『国策』と『挙国一致』をめぐって――」(『歴史学研究』第九七四号、二〇一八年)三頁。

(152) 前掲『欽定憲法の真髄と大政翼賛会』五八頁。
(153)『報知新聞』一九四一年一月二六日夕刊。
(154) 前掲『斎藤隆夫日記』下巻、三九四頁。
(155) 一九四一年一月二七日付・徳富猪一郎宛川崎克書翰(徳富蘇峰記念塩崎財団所蔵)。
(156) 吉見義明・横関至編『資料日本現代史』第四巻(大月書店、一九八一年)三〇五頁。
(157) 一九四一年二月二六日付・川崎克宛浅野良三書翰(国立国会図書館憲政資料室所蔵「川崎克関係文書」3)。
(158) 一九四一年二月二〇日付・川崎克宛田原和男書翰(国立国会図書館憲政資料室所蔵「川崎克関係文書」28)。
(159) 前掲『戦時議会』一三五頁。
(160)『東京朝日新聞』一九四一年二月二三日夕刊。
(161)「大政翼賛会ノ法的性格」(国立国会図書館憲政資料室所蔵「川崎克関係文書」55)。
(162) 一九四一年二月四日付・川崎克宛角源泉書翰(国立国会図書館憲政資料室所蔵「川崎克関係文書」10－1)。
(163) 前掲『欽定憲法の真髄と大政翼賛会』七七～七八頁。
(164) 同前、八一～八二頁。
(165) 前掲『木戸幸一日記』下巻、八二七頁。
(166) 前掲『欽定憲法の真髄と大政翼賛会』八三～八四頁。
(167) 一九四二年七月一日・警保局保安課『最近ニ於ケル政治情勢』(国立国会図書館憲政資料室所蔵「内務省マイクロフィルム」R44)一～二頁、正田浩由「近衛新体制から翼賛選挙に至るまでの議会と政党政治家の動向」(『早稲田政治経済学雑誌』第三六九号、二〇〇七年)一六六頁。
(168) 岡田喜久治『議会翼賛体制確立ノ一構想(試案)』(国立国会図書館憲政資料室所蔵「浅沼稲次郎関係文書」R15－296)。
(169) 一九四一年八月二〇日付・徳富猪一郎宛川崎克書翰(徳富蘇峰記念塩崎財団所蔵)。
(170) エドワード・ドレィ「翼賛政治の実相」(三輪公忠編『日本の一九三〇年代―国の内と外から―』彩流社、一九八一年)二五三頁。

(171)『同交会報告書―第七十七・第七十八帝国議会―』(一九四二年。国立国会図書館憲政資料室所蔵「安藤正純文書」R13－273)。

(172)前掲『政界を歩みつつ』三七〇～三七四頁。

(173)奥健太郎「翼賛選挙と翼賛政治体制協議会―その組織と活動―」(寺崎修・玉井清編『戦前日本の政治と市民意識』慶應義塾大学出版会、二〇〇五年)二一八頁。

(174)一九四二年四月十三日付・東條英機宛尾崎行雄「公開質問状」(三重県伊勢市教育委員会所蔵・尾崎咢堂記念館展示)。

(175)前掲『資料日本現代史』第四巻、三〇五～三〇六頁。

(176)警視庁官房主事「各選挙区政治情勢」(一九四二年二月九日。吉見義明・横関至編『資料日本現代史』第四巻、大月書店、一九八一年)三三九頁。

(177)警視庁官房主事「選挙状勢報告に関する件」(一九四二年三月二〇日。前掲『資料日本現代史』第四巻)三五〇頁。

(178)『昭和二十年日誌』(国立国会図書館憲政資料室所蔵「安藤正純文書」R3－10－8)五月一〇日条。

(179)これについては、前掲『昭和期の政治〔続〕』一〇六～一〇七頁を参照。

(180)『昭和十九年日誌』(国立国会図書館憲政資料室所蔵「安藤正純文書」R3－10－4)十一月十五日条、同月十七日条。なお、大日本戦時宗教報国会については、原誠「戦時下の宗教政策―『戦時報国会』と日本基督教団―」(土肥昭夫教授退職記念論文集編集委員会編『キリスト教と歴史』新教出版社、一九九七年)、同「戦時下の諸教会―大日本戦時宗教報国会との関わりで―」(同志社大学『基督教研究』第五八巻第二号、一九九七年)、大澤広嗣「昭和前期の仏教界と連合組織―仏教連合会から大日本戦時宗教報国会まで―」(『武蔵野大学仏教文化研究所紀要』第三一号、二〇一五年)を参照。

(181)『昭和二十年日誌』(国立国会図書館憲政資料室所蔵「安藤正純文書」R3－10－7)二月二四日条、三月十七日条。なお、三月十七日条には当初の補助金予定額を安藤に内報したのは「松尾君」とあり、文部省で宗教局長、図書局長を歴任した松尾長造と推定される。

(182)安藤正純「仏教青年運動の回顧―六十年の歴史を顧みて―」(『青年仏徒』一九五〇年十二月十五日)。

(183)　前掲「戦時期における衆議院議員の活動と支持基盤」六〜七頁。
(184)　井上俊「戦後の宗教団体の電波メディア利用—神社本庁と日本短波放送のかかわり—」(『神道宗教』第二〇八・二〇九合併号、二〇〇八年)一二六〜一二七頁。
(185)　『昭和二十二年丁亥日記』(国立国会図書館憲政資料室所蔵「安藤正純文書」R3-10-15)五月二三日条。
(186)　安藤正純・大野伴睦・鳩山一郎・森幸太郎・石坂豊一・北昤吉・林譲治・植原悦二郎・世耕弘一・星島二郎・芦田均「軍閥政治の回顧—自由党創立の当初—」(『東京だより』一九五四年七月号)四〇頁。
(187)　『昭和二十二年丁亥日記』(国立国会図書館憲政資料室所蔵「安藤正純文書」R3-10-14)四月十七日条には「昭和十九年以来の日記を点検し、自分の翼政会総務当時のことを調べる。総務会には欠席が多く、たまたま出席の時は反対論を強調するか、然らずば馬鹿気て居るとて黙して言はぬ態度を取て居ることが記されて居る」とある。
(188)　前掲『昭和十九年日誌』八月三一日条。
(189)　『帝国議会衆議院疑似速記録』第八〇巻(東京大学出版会、一九八五年)十八頁。
(190)　前掲『斎藤隆夫日記』下巻、五三七頁。
(191)　これについては、前掲『昭和期の政治〔続〕』一〇七〜一一二頁を参照。
(192)　前掲『昭和二十年日誌』二月二日条。
(193)　同前、五月三日条。
(194)　一九四五年五月一九日付・安藤正純宛川崎克書翰(国立国会図書館憲政資料室所蔵「安藤正純関係文書」R21-471-1)。
(195)　植原悦二郎『八十路の憶出』(植原悦二郎回顧録刊行会、一九六三年)一九一頁。
(196)　前掲『昭和戦中期の議会と行政』六四頁。
(197)　伊藤隆氏は川崎が提出した翼賛会修正予算案への賛成議員について、「彼らの中心部分三五名は翌年一一月に同交会を結成し、戦時下の議会内少数派を形成していく」(前掲『近衛新体制』一九九頁)点を重視している。しかし、表9でも示したように、この時の賛成議員のうち、旧政民両党出身者を含む十名が翼賛議員同盟に合流している。そのことも考えると、筆者は伊藤氏が提示する「革新」派の枠組みには疑問を持っている。

終章　総括と展望

はじめに

以上のように、本書は昭和初期における二大政党対立の構図が明確になる浜口内閣期まで遡り、翼賛政治体制に至る近代日本政治の動態がどのようにして規定されていったのか、主要なアクターが現実政治上に占めた位置の変容も含めて検討した。その中でも、衆議院に基礎を置く立憲政友会と立憲民政党という二大政党がいかなる過程を経て、現実の政治外交への影響力を後退させて翼賛政治体制に組み込まれていったのか、重要な局面ごとに内閣や軍部との関係を明らかにした。そこでは軍部などの非選出勢力に対する選出勢力の後退という旧来の二項対立軸的な構図ではなく、政民連携運動に見る既成政党勢力内部の対立を重視した。また、「挙国一致」という用語が時期や勢力に応じて異なる意味で使用されていたことに注目しつつ、近衛新体制挫折に至る政治的展開をたどることに努めたつもりである。

もとより本書ではすべての時期を均一に扱わず、先行研究の成果に従う形で概観するにとどめた部分もある。また、現時点で大きく解釈の分かれる問題については、代表的な見解を紹介するにとどめた部分もある。この点については、読者諸賢のご寛恕を乞う次第である。

昭和戦前期、五・一五事件前後から広く散見するようになる挙国一致内閣論は、革新勢力にとっては既成政党による党利党略を排し、貴族院、軍部、官僚など広範囲の勢力と連合することで、内政の安定と強力な外交政策の樹立を目指すものであった。当然ながら、そこでは元老・西園寺公望が理想とした二大政党制を軸とする「憲政の常道」論では国家的利益の擁護はかなわず、政党による部分利益追求の延長線上に位置するものとして否定されることになる。二・二六事件以降に誕生する林内閣や阿部内閣がその成立時、既成政党勢力との関係に捉われない超然内閣主義を表明したことの背景にあったのも同様の認識であった。しかしながら、明治憲法下の統治構造に鑑みたとき、政党の協力がなければ安定的な議会運営は不可能であり、短命政権に終わらざるを得ないのは明らかであった。近衛新体制は既成政党勢力の大部分を新党として糾合し、行政府を支える国民組織の一つとして位置付けようとした点では「挙国一致」の究極の形を志向するものであった。

しかし、近衛文麿ですら明治立憲制を制度的に改編するまでには至らず、憲法的機関である帝国議会を排除することはできなかった。その結果、明治憲法下の統治構造が多元的であったように、そこから派生した「挙国一致」という概念もまた、諸政治勢力の立場を反映して多義的に使用されることになったのである。大政翼賛会成立後、政党出身政治家の一部は「挙国一致」という用語を使用することで、明治憲法下における自己の存在証明のために活用した。本来、近衛新体制は合議体としての議会の役割を否定し、行政府が国民と直結することで、国家権力の強力な集中と統合を目指すものであった。昭和期日本でそうした意味でのレジームが確立されることはなく、「挙国一致」はシンボルのレベルにとどまったまま、敗戦を迎えることになったのである。

以下、各章で明らかにした内容を概括する。

第一章では二大政党時代が動揺を迎える浜口内閣期から第二次若槻内閣期を取り上げ、この時期の政府・与党間関係の変容が満洲事変期の対外政策に及ぼした影響を検討した。一九二九（昭和四）年の田中政友会内閣総辞職後、浜口民政党内閣が成立時に掲げた「十大政綱」は二大政党制の定着を示す一つのメルクマールであった。金解禁の実施やロンドン海軍軍縮条約批准など、浜口雄幸による一連の政治指導は元老・西園寺公望にとって、政党政治の発展を印象付けるものであった。しかし、浜口のリーダーシップの下で進められた政治主導型の政策決定こそ、統帥部などの諸勢力との間で軋轢を生むことになる。その反動が浜口遭難事件と民政党内における党内求心力の低下であった。

このように第二次若槻内閣の下で政府・与党間関係が不安定化し、外交・財政政策の一本化に苦慮していた状況下において、関東軍による「外からのクーデター」として満洲事変が勃発する。満洲事変期に開始された協力内閣運動は与野党合同で政治指導力の強化を図ろうとするものであり、その後の政民連携運動の端緒に当たるものである。しかし、与野党それぞれが党内対立を抱え、政局の渦中にあった政治家たちがそれぞれの思惑に基づいて行動したことで、協力内閣運動は体制攪乱要因としての性格を帯びていく。そして、最終的には第二次若槻内閣の瓦解と幣原外交の終焉という結果をもたらしたことを明らかにした。

本来、二大政党制は与野党双方に強力なリーダーシップを持つ指導者が存在し、両者が現状の変化に応じた政策と影響力を示すことができてこそ、初めて有効に機能するものである。しかし、昭和初期の日本では政党内部で求心力が働かない場合、非選出勢力への接近により党内の主導権を握り、政治上の影響力拡大を図ろうとする動きをもたらすことになる。政党内閣制の崩壊から翼賛政治体制形成期に至る期間こそ、そうした動きが顕著に現れた時期であった。

第二章からは満洲事変以降の歴史を単純に立憲政治の崩壊過程として捉える見方を排し、特に斎藤・岡田内閣における「非常時」沈静化傾向と政党内閣復帰の可能性を論じた。二・二六事件以前、後継首班奏薦の主導権は西園寺にあり、斎藤・岡田内閣という二つの中間内閣に期待されたのは、「非常時」という用語に象徴される国内の革新熱を緩和するバッファーとしての役割であった。戦後、この二つの内閣が果たした役割は極めて限られたものでしかなかったという見方が通説となっているが、そうした見方では昭和史の本質を理解することはできない。本書では斎藤・岡田内閣の倒閣を目論んだ勢力の意図を明らかにすることで、この二つの中間内閣の意義と役割を強調した次第である。

第二章で述べたように、「非常時」は一九三三（昭和八）年には相当程度に解消しており、斎藤内閣が政党内閣復帰を実現する上で残された課題は政府主導の政民連携運動を軌道に乗せることにあった。しかし、実際には政民両党の動きが斎藤内閣の意図と合致せず、政友会内部における党内派閥対立の激化をもたらし、政民連携運動の破綻にとどまらず、斎藤内閣総辞職という結果をもたらすことになる。

第三章では斎藤内閣と同様、元老である西園寺から中間内閣としての使命を与えられて成立した岡田内閣と、「非常時」継続を望む諸政治勢力との対立を一九三五（昭和十）年の天皇機関説事件を通じて明らかにした。これまで二・二六事件以前における政治的民主化の態様については先行研究でも指摘されてきたが、本書では天皇機関説事件をめぐる岡田内閣・宮中・政党・陸軍・右翼など、それぞれの勢力の動向を一次史料から検討した。当時、「非常時」の継続を望む勢力にとっては、斎藤内閣の延長線上に位置する岡田内閣の目的が内政・外交の安定化を図るものであることは明らかであり、その先には政党内閣復帰があると認識されていた。そこで「現状打破」を目指す勢力は美濃部達吉とその学説を攻撃することで、岡田内閣、宮中、民政党による政党内閣復帰の動きを突破する必要があった。それが一九三五年の天皇機関説事件であった。本書では岡田内閣・宮中の対応が必ずしも排撃運動側に対する妥協や後退の過程ではなく、一九三五年の時点で「合法無血のクーデター」と称するほどの大きな変化は生じていなかったことを明らかにした。

一九三六（昭和十一）年の第十九回総選挙の結果、岡田内閣の準与党であった民政党と昭和会が大幅に議席を獲得し、政党内閣復帰は政治日程化する。ところが、この直後に勃発した二・二六事件によって岡田内閣は総辞職し、政党内閣復帰の可能性は失われる。通常、クーデターは民主制が機能不全段階に陥った段階で発生するが、二・二六事件は政治的民主化の復元段階で突発的に生じたものであるという点にこそ、重要性があるのである。

第四章では二・二六事件後の広田内閣成立から一九三七（昭和十二）年の日中戦争開戦を経て、一九三九（昭和十四）年の第一次近衛内閣総辞職に至るまでの期間、国内における諸政治勢力の布置状況がいかに変化したのかを検討した。広田内閣期における軍部大臣現役武官制復活にあたり、当時の議会内や政党の間でこの問題が大きく議論された形跡はなく、メディアの注目度は低かった。これは二・二六事件後の粛軍の徹底が陸軍当局の責任で進められた以上、政党の側としては陸軍の必要とする制度改革を自明のものとして受け入れたためである。戦後、昭和期の軍部については政治勢力として捉える見方が一般的であったが、特定の問題についての権限と知識を有する官僚組織として捉える姿勢も必要ではないか。そのときこそ、昭和期における軍部の影響力拡大は現代日本の政官関係を捉える上でも有効な参考材料になると考える。また、広田内閣末期には複数の新党構想が生まれるものの、大半は政友会、民政党それぞれの党内派閥関係に基づくものであり、議会政治回復につながる構想に欠けていた。このため、政民両党を横断するほどの新党運動が生まれることはなかったのである。そして、林内閣期における昭和十二年度修正予算成立や第二〇回衆議院議員総選挙はいずれも当時の現実政治における政民両党の影響力後退を明確に示すものであった。こうした状況下で日本は第一次近衛内閣成立、日中戦争開戦を迎えることになったのである。

日中戦争はその初期段階から全面戦争化の様相を呈したわけではなく、いくつかの局面で短期終結の可能性はあった。しかし、近衛文麿と蔣介石の意図に反する偶発的な衝突が重なり、事態は拡大へ向かっていく。南京陥落後、第一次近衛内閣は日本に有利な和平に導くため、事実上の政治主導によって早期解決の道を閉ざしてしまう。国民政府の抗戦意思を軽視し、国内の戦勝機運を政権基盤に求めた結果であった。一方、蔣介石の側でも安易な対日講和交渉は軍閥や共産党の批判を招き、政権基盤を不安定にするという危険があったため、対日抗戦姿勢を強化していく。その後、日本側が第一次近衛声明を撤回せず、代わって東亜新秩序という観念を掲げることで、本来、日中二国間にとどまっていたはずの対立関係は諸外国からも不信を招く結果となってしまう。この第一次近衛内閣、政民両党は外交政策や戦争指導に関与できる立場になく、第七三回帝国議会では電管法成立過程に象徴されるように、利益集約・政策統合機能を部分的に発揮する。そして、一九三八（昭和十三）年後半になると、既成政党勢力に対する近衛の政治的求心力は低下し始め、最終的に内政と外交の分裂を来して第一次近衛内閣は総辞職に至る。そのことで近衛自身は政党に代わる新しい国民組織の確立を求めることになるのである。

第五章では日中戦争の長期化が国内政治と戦争指導の両面で限界を迎える平沼・阿部内閣期を起点にして、一九三〇年代後半期の政治的競合関係や、米内内閣期における近衛新体制運動の背景を整理した。そもそも阿部内閣が後半期に政党との協調関係を模索したのは、政党の存在を排除した議会運営が不可能であるという事実を認識したためであった。したがって、米内内閣が政党や財界との協調関係を早くから表明していたのは、明治憲法下の分権的統治構造を考えれば当然のことであった。

近衛新体制運動は一九四〇年代の急転する世界情勢に対処するため、国務と統帥の一致、強力なる外交政策を可能とする高度の政治指導力確立を目指すものであった。しかし、第二次近衛内閣期になると、大政翼賛会違憲論という形で大きな論争を巻き起こし、政府側も議会や財界との関係で当初の方針を修正せざるを得なくなる。こうした大政翼賛会の公事結社化の方向が色濃くなると、議会では翼賛会批判の動きが顕在化していくことになる。本書では翼賛政治体制に対決した川崎克、安藤正純、尾崎行雄といった政党出身政治家が帝国議会の存在意義を証明するための文脈で「挙国一致」という用語を使用していたことの重要性を明らかにした。彼らは普通選挙により選出された議員から構成される帝国議会こそ唯一の立法機関であり、その帝国議会の存在があって初めて「挙国一致」は成り立つと考えていた。こうして政党内閣崩壊後も議会や政党の正統性を論証する姿勢を堅持し、大東亜戦争期にあっても独自の活動を展開することができたのである。

前述のように、明治憲法の改正は敗戦に至るまで実現されなかった。政党内閣に代わる権力の安定性を期待された挙国一致内閣にあっても、政治的統合は実現されないまま、翼賛政治体制に移行した。中間団体としての政党は大政翼賛会成立時にはすべて解党していたが、帝国議会という憲法上の協賛機関を排除してはいなかった。であれば、翼賛政治体制期の政治史はこれまで考えられていたよりも多元性を含むものとして再検討されるべきであろう。本書では翼賛政治体制に対峙した個々の政治家に焦点を当てることはできたが、東條内閣、小磯内閣、鈴木内閣の政治指導まで具体的に触れることはできなかった。特に東條英機については、大東亜戦争の開戦決定や初期戦争指導方針の確立も含め、重要な役割を果たした指導者であるだけに、いずれ一冊の書籍にまとめたいと思っている。

一　昭和政治史における戦前と戦後

序章で述べたように、二〇世紀の始まりは第一次世界大戦とロシア革命によって特徴付けられ、日本の大正・昭和戦前期もその例外ではなかった。議会政治の危機、世界恐慌、行政国家化現象といった世界的傾向も絡め合わせて理解することが必要である。かような見地から本書では国内環境と国際環境の相互規定性を重視して筆を進めたつもりである。ただし、比較政治の面での分析が浅かったことが悔やまれるところであり、政治学の末席を汚す者として今後の課題としたい。

第一次世界大戦終結後、主要先進諸国は相次いで普通選挙制を導入し、大衆民主主義の時代に入っていく。その中で、わが国における大正・昭和戦前期という時代は、対外的には国際協調、国内的には政治的民主化の流れが定着を見せながらも、やがて世界恐慌や満洲事変を経て、内政と外交の両面にわたって大きな危機に直面していく。この時期、日本を含む主要諸国では資本主義経済や議会政治への批判が高まり、国際政治の面でも新しいイデオロギーや国際秩序観が台頭することになったのは周知の通りである。

戦間期における国際経済構造の変化はグローバリゼーションとの類似性を意識させるものであり、日本は大正期の段階で国際的な市場競争にどう対処するか、国内政治の在り方も含めて問われていた。その中で元老・西園寺公望が志向したのは国際協調外交と二大政党制であった。これに対して、近衛文麿は国内政治の上では行政権力の強化を通じて、既成政党・金融資本が生み出す矛盾や社会内対立を解消しようとしていた。そして、対外的にはワシントン体制に代わる新しい国際地域秩序を東アジアに形成しようとするものであった。その方向性は日中戦争が収拾不能となっていく一九三八年以降に顕著に示されていくことになる。それは同時に、国内政治の面では単なる政党再編という次元を超えて、ナチスやソ連、中国国民党に比類した一党制の確立を志向することで、既存の憲法秩序や諸政治勢力との対抗関係を形成することになる。昭和期日本の国家像は、言い換えると、西園寺公望と近衛文麿という二人の理想の相克として捉えることができる。こうした同時代における二つの異なる価値体系を比較することは、「大正デモクラシー」と形容される時代の二面性、その延長に位置する昭和戦前期の内政と外交の推移を理解することにもつながるものである。

一九四一（昭和十六）年十月十四日、第三次近衛内閣では陸相・東條英機中将と外相・豊田貞次郎が中国大陸からの撤兵問題をめぐって対立し、海相・及川古志郎が「首相一任」論に徹する中で、閣議は完全に行き詰まりを迎える。この日夜、近衛は元岡田内閣鉄相・内田信也の私邸を訪ね、筆で「夢」の一字をしたため、「二千六百年、永い夢でした」と漏らしたという。(1) それから二日後、近衛は内閣総辞職を奏請し、政権の座を去る。昭和戦前期、三度にわたって内閣を組織した近衛にとって、青年期以来の政治生活、そして、対米開戦に向かって傾斜していく日本の姿を「夢」と思うことでしか、やりきれなかったのであろう。それから間もなくして、わが国は三年八カ月に及ぶ大東亜戦争に突入し、多くの人命が国策の犠牲に供され、一九四五（昭和二〇）年の敗戦を迎えることになる。

戦後、日本国憲法は議院内閣制を制度として明文化し、事実上、首相就任資格を衆議院第一党の党首に限定することで政党による政権担当を正当化した。その後、保守合同によって誕生した自由民主党は五五年体制の下、世界的に類例を見ない一党優位政党制を三八年間にわたって維持することになる。その反動により、わが国では平成初期の「政治改革」論議以降、英米をモデルとする政権交代可能な二大政党制が理想とされてきた。しかし、そうした見方も今日では再検討が迫られている。幾度の政界再編成に伴って多党化が進行し、連立政権をめぐる各党間の不一致がしばしば指摘される中、改めて政党政治の意義を考えなくてはならない。

第一章で述べたように、戦前日本の「憲政の常道」は政策の失敗によって内閣が退陣する場合、与党による政権続投を認めず、野党第一党の党首が次期政権を担うことをルールとしていた。その結果、野党勢力が選挙結果に基づく政権交代ではなく、倒閣による政権交代を目指す要因となり、政党内閣制そのものを終わらせる一因になったことは厳粛に受け止めなければならない。「一強多弱国会」と称される今日の政治状況にあって、日本はどのような国になるべきか、そのために私たちは政治と如何に向き合うべきかを考えなくてはならない。その際、戦前日本の政治史は有効なテキストになり得るはずである。特に昭和戦前期は政治過程や連合政治の面で興味深い素材を含んでいるだけに、現代日本政治への応用可能性は高いと思われる。

そして、この政党政治の崩壊と比例する形で表われる現象が軍部、特に陸軍の擡頭である。さきに述べたように、二〇世紀は政治参加の拡大により大衆民主主義が成立し、政府にとってナショナリズムの動向を無視できなくなった時代である。特に近代日本の場合、対外権益保護の上で軍に依拠する論調が強く、そのことが中国ナショナリズムとの衝突を深める結果になる。そして、政党の側にも軍事的手段による権益保護こそ、民意に沿うものであるという意識が早くから存在していた。このため、政府や陸軍に積極的対応を求めることこそ、政策の形成過程に影響力を発揮できる機会として捉えていた。昭和期における軍部抬頭の背景として、こうした国民感情や政党の側の問題点も軽視すべきではない。

第四章では挙国一致内閣期における政党支持基盤の脆弱化を示すものとして、日中戦争開戦前、最後の国政選挙となる第二〇回総選挙を取り上げた。ちなみに一九八〇年代末期、それまで自民党を支えてきた業界団体や個人後援会の集票力が大幅に低下することで、一九八九（平成元）年の参議院選挙で自民党が惨敗する要因となった(2)。戦前と戦後の国政選挙を比較の対象とすることは論理の飛躍と捉える向きもあるだろうが、一九三〇年代後半期における政党の歴史をたどることは、五五年体制の末期に相当する平成初期の日本政治を振り返る際、重要な参考事例になると考えている。挙国一致内閣期における政党と選挙については、地方政治構造を含む分析が不可欠である。現在、著者は横浜における民政党勢力を事例とした研究に少しずつ着手しているところであり、その成果はいずれ世に問うことができればと思っている。

なお、本書の終わりにあたり、第五章で登場した安藤正純を再度取り上げたい。安藤は一九四五年八月十五日、自らの日記に「軍人国を賭して亡国の淵に導き、為政者命を惜しみて軍部の無謀に引摺られ(3)」と綴り、昭和戦前期の歴史を軍部の抬頭とそれを抑止できなかった政治の問題として受け止めている。そして、同月下旬から九月下旬にかけて、安藤は鳩山一郎を党首とする新党結成の準備に奔走し、一一月の日本自由党結成に参画している。同党政調会長に就任した安藤は同年末の座談会で明治憲法改正の必要性を認めた上で、次のように述べている。

私の方では現在の憲法をよく徹底的に研究して大権事項の縮限整理、これは勿論議会が政治の中心となるやう、殊に衆議院が優位にならなければならぬ、さうして国民は自由の立場において政治、経済、社会、総ての生活の擁護とそれからもう一つ大事なことは責任の問題だ、民主政治は無論責任政治だから立憲政治といつても従来責任政治になつてゐない、これは極めて徹底的に責任政治を実行しなければならない、国務大臣が総て責任を持ち、議会に対しても国民に対してもすべて責任を持たなければならぬ、それは新しくしないでこの憲法改正でやつて行きたいと思う。(4)

代議士として昭和の政党政治と戦争の時代を生き抜いた安藤にとって、明治憲法下の政治史は責任政治としての性格に欠ける面があった。だからこそ、制度としての議院内閣制こそ、戦前の「憲政の常道」が到達できなかった民主政治の形態を戦後日本で実現する上で不可欠なシステムと位置付けていたのである。

日本自由党は一九四六（昭和二一）年四月の第二二回衆議院議員総選挙の結果、第一党となるが、翌月に鳩山が公職追放され、前外相・吉田茂を新総裁に迎えて第一次吉田内閣が成立する。そして、安藤もこの年から五年間にわたって公職追放される。翼賛政治会総務という履歴に加え、大日本戦時宗教報国会などの団体に役員として名を連ねていたことが災いしてのものであった。

ただし、のちに安藤自身が「追放という逆縁に依て、私は私の一生中に自己再検討が出来たことを喜ぶ」(5)と述べているように、この時期の講演・執筆活動を通じて、内政と外交への認識を確立していくことになる。当初、安藤はＧＨＱ（連合国軍最高司令官総司令部）による「上からの民主化」に反発しつつ、仏教徒として戦争放棄や平和主義、世界連邦政府の理想を全国各地で説くようになる。一九四六年十一月十二日、静岡県仏教会主催の講演会のために用意したメモでは、日本国憲法を「如此理想の崇高と偉大の憲法は世界になし」と評し、「予の意見、国土防衛にも武力を放棄せよ」とある。その上で「将来の世界情勢」は英米とソ連に分かれ、その中で「仏教家は教祖釈迦の本懐に還元し、世界戦争の根を絶すべし」と記している。(6)

しかし、米ソ対立の構図が欧州やアジアにまで波及し、米国の対日占領政策の性格が変化し始めると、安藤の新憲法や外交・安全保障への認識は大きく変化していくことになる。朝鮮戦争勃発の翌年に当たる一九五一（昭和二六）年刊行の著書『講和を前にして』では、「新憲法の遵守」こそ「日本には未来永劫戦争はないものと信じている」国民の態度は「正直」・「単純」であるとし、今こそ吉田茂首相は「国民に真相を告げんことを勧告する」ように求めている。(7) その上で、「北大西洋防備同盟」が成立し、「太平洋防備同盟」が具体化しつつある中、日本は警察予備隊を拡充し、「国際連合地域的警察隊」の一員にすべきと主張している。(8)

安藤は日本国憲法成立当時と比べて国際情勢が変化していたことから、政府の側が積極的に国民に対して再軍備の必要性を訴えるべきと考えていたのである。そこでは朝鮮戦争が日本にもたらす影響を敏感に感じ取り、日本の国際社会復帰を集団安全保障への参画という文脈で捉えていたことが分かる。執筆時期は不明だが、公職追放期間中の執筆と推定される原稿には、戦闘機のみで編成された空軍を創設して「国連軍或は米軍の最高指揮の下」に置き、合わせて「日本海上保安隊の如き数百の快速艇、木製の巡視艦からなる小艦隊」があれば、「日共のゲリラ隊も攻撃の火の手を上げるチャンスが極めて少なくなる」と記されている。(9) 米軍への依存や、日本共産党の非合法活動に言及していることから、朝鮮戦争勃発から間もない時期に執筆された可能性が高い。安藤は対日講和交渉が外交日程化しつつあった中、日本の安全保障の大部分を米国に依存する形での独立に期待を寄せていたのである。

一九五二（昭和二七）年四月、わが国はサンフランシスコ平和条約調印により国家主権を回復し、占領期は終わりを迎える。この前後から鳩山系が追放解除により徐々に政界に復帰するが、首相である吉田が官僚出身議員を優遇し、鳩山系を冷遇したことが自由党内の火種になる。[10] 一九五三（昭和二八）年の第二六回衆議院議員総選挙で自由党は単独過半数を確保できず、ここから吉田長期政権に陰りが見え始める。同年五月、安藤は第五次吉田内閣に無任所国務大臣として入閣し、吉田と鳩山を仲介して自由党の分裂回避を模索することになる。[11] しかし、吉田と鳩山の溝は深く、一九五四（昭和二九）年十一月、安藤は吉田に退陣を勧告の上で辞表を提出する。安藤の狙いは吉田から鳩山への円滑な政権譲渡を閣内から働きかけることにあったが、その願いは果たせなかった。

一九五四年十一月二四日、自由党鳩山派と改進党の合同により、鳩山を総裁とする日本民主党が結党される。安藤は文相を辞任して日本民主党に参加する前、「近代的に進歩を持つた保守主義党」と「革新政党」がそれぞれ合同し、「二つの政党が対立して互に政権を交互にとつて研磨してゆく事が国家の進歩になる」という希望を語っている。[12] 保革両陣営それぞれが合同し、政治の中心軸を形成する二大政党制こそ、戦後日本政治の基本的な枠組みとして想定していたのである。

以上の内容から察するに、安藤は朝鮮戦争勃発以降、冷戦の枠組みがアジアに波及してくる中、戦後日本が取り組むべき課題を内政と外交の両面から検討していた。そして、政界復帰後は政党の力をいかに結集し、国内政治の安定を確保するかということを念頭に置くようになる。その意味で、安藤は単に現実に埋没して翻弄されるのではなく、主権回復後の日本の安全保障の在り方を見据えた上で、時代の変化に応じた提言を試みていたのである。

一九五四年十二月、第五次吉田内閣が造船疑獄問題の影響で総辞職し、日本民主党を与党とする第一次鳩山内閣が成立すると、安藤は文相として入閣する。一九五五（昭和三〇）年二月、第二七回衆議院議員総選挙で日本民主党が一八五席を確保すると、翌月、鳩山は内閣改組を実施し、合わせて安藤は政権から退くことになる。安藤は第一次鳩山内閣文相を退任後、鳩山に対して、「自由党や民主党の執行部は一日も早く合同実現と焦っています」が、「保守合同」は「じっくり熟慮して人心の統整、機会の到来を待ち断行すべき問題」であることや、「日ソ交渉と憲法調査会とは是非あなたの手でやらなければいけません」と述べている。[13] 安藤は戦前の近衛新党運動のような野合になることを恐れ、一九五〇年代の政局を凝視していたと思われる。

この年十月十三日、それまで右派と左派に分裂していた日本社会党は鳩山の保守主義路線（自主憲法制定・自主軍備・対米自主外交）に対抗するため、再統一を果たす。安藤の逝去はその翌日のことである。十一月、日本民主党と自由党の合同により自由民主党が誕生し、鳩山に託した二つの課題である日ソ国交回復と憲法調査会設置は第三次鳩山内閣で実現される。ただし、自民党を与党とする五五体制は生前の安藤が理想とした二大政党制ではなく、一党優位政党制として展開されることになる。[14]

安藤は戦前以来、鳩山と政治行動を共にし、保守合同の直前に世を去るが、自民党内部で保守本流を形成したのは吉田茂の流れを組む自由党系であった。戦後という時代が七〇年を過ぎ、日本国憲法や日米同盟の在り方が問われている今日、戦後保守政治の理念によって何が達成されたのか、問い直す時期に来ている。その際、戦前にあって議会政治の消長を経験し、占領期を経て、戦後日本政治の設計時代を生きた政治家たちの姿が議論の材料になるのではないか。改めて述べるまでもなく、昭和の戦争に前後する歴史は諸外国との関係性だけでなく、戦後日本の政治外交にも少なからぬ影響を及ぼしている。本書が扱った内容が政治学、歴史学それぞれの面で僅かながらでも寄与するところがあれば、著者として幸いである。

【終章註】

（1）内田信也『風雪五十年』（実業之日本社、一九五一年）二八九頁。なお、第二次近衛内閣期から東條内閣期における政策決定過程と日米関係については、拙稿「昭和十六年対米開戦における政治と権力―東條内閣成立問題と宮中の動きを中心として―」（学習院大学『政治学論集』第二一号、二〇〇八年）を参照。

（2）薬師寺克行『現代日本政治史―政治改革と政権交代―』（有斐閣、二〇一六年）三〇～三一頁。

（3）『昭和二十年日誌』（国立国会図書館憲政資料室所蔵「安藤正純関係文書」R３‐10‐10）八月十五日条。
（4）安藤正純・黒沢西茂・小山倉之助・志賀義雄・水谷長三郎「憲法問題と天皇制」（朝日新聞』一九四五年十二月十二月二四日）。のちに日高六郎編集・解説『戦後日本思想大系』第一巻（筑摩書房、一九六八年）に収録。
（5）安藤正純「追放の白書」（『経済往来』一九五一年一月号）五頁。
（6）「政治と宗教」（国立国会図書館憲政資料室所蔵「安藤正純関係文書」R６‐36）。
（7）安藤正純『講和を前にして』（経済往来社、一九五一年）十頁。
（8）同前、二四～二五頁。
（9）「（再軍備問題）」（国立国会図書館憲政資料室所蔵「安藤正純関係文書」R７‐64）。この表題は国立国会図書館政治史料課が整理のために付けたものである。
（10）松藤昭「鳩山一郎の政治観についての研究―鳩山一郎の政治思想からみた憲法問題に関する一考察―」（国士舘大学『政経論集』第六号、二〇〇三年）八二～八七頁。
（11）「安藤正純・大久保留次郎対談―鳩自復党工作について―」（『国会通信』第一巻第五号、一九五三年）九～十三頁。
（12）『新夕刊』一九五三年十月二七日。
（13）一九五五年八月八日付・鳩山一郎宛安藤正純書翰（国立国会図書館憲政資料室所蔵「安藤正純関係文書」R24‐650）。
（14）これについては、拙稿「公民教育のための戦後日本政治史ノート―憲法と国際関係から見た五五年体制の捉え方―」（『亜細亜大学課程教育研究紀要』第六号、二〇一八年）を参照。

あとがき

本書は二〇一〇（平成二二）年、学習院大学に提出した博士論文『昭和戦前期における政治構造の歴史的研究―挙国一致体制の模索とその展開―』をもとにしたものである。審査委員の先生方からご指摘いただいた点や、学会や研究会などにおける議論も踏まえ、内容を大幅に訂正した。参考までに初出一覧を掲げる。

序章
「昭和戦前期という時代をどう捉えるか―歴史分野と公民分野を架橋する覚書として―」（『亜細亜大学課程教育研究紀要』第五号、二〇一七年）の一部

第一章
「満洲事変期における政界再編成問題と対外政策―第二次若槻内閣期を中心に―」（國學院大学『国史学』第一九四号、二〇〇八年）
「戦前二大政党時代における立憲民政党の支持基盤とその地方的展開―神奈川一区を事例として―」（学習院大学『政治学論集』第二四号、二〇一一年）の一部

第二章

「帝人事件と斎藤内閣の崩壊―昭和戦前期『中間内閣』期研究の一視角として―」（日本政治研究学会『日本政治研究』第四巻第一号、二〇〇七年）

「二・二六事件と中間内閣期の政治構造」（学習院大学『政治学論集』第十九号、二〇〇六年）の一部

第三章

「岡田内閣期における機関説問題処理と政軍関係―第二次国体明徴声明をめぐる攻防を中心に―」（学習院大学『政治学論集』第十八号、二〇〇五年）の一部

前掲「二・二六事件と中間内閣期の政治構造」の一部

「天皇機関説事件展開過程の再検討―岡田内閣・宮中の対応を中心に―」（日本歴史学会『日本歴史』第七二四号、二〇〇七年）

第四章

「第一次近衛内閣期における政界再編成問題と戦争指導―挙国一致体制をめぐる政治的相関関係―」（中央大学『法学新報』第一二〇巻第三・四号、二〇一三年）

「清水澄の憲法学と昭和戦前期の宮中」（日本政治学会『年報政治学二〇〇九‐Ⅰ　民主政治と政治制度』）の一部

「日中戦争期における電力国家管理構想の展開と挫折―昭和十三年電力国家管理法制定過程を中心に―」（『法史学研究会会報』第十二号、二〇〇八年）の一部

第五章

「第二次近衛内閣成立前後における陸軍と政党」（日本法政学会『法政論叢』第四五巻第二号、二〇〇九年）

の一部
「近衛新体制期における政党出身政治家の憲法論―川崎克の大政翼賛会違憲論を中心に―」（『法史学研究会会報』第十七号、二〇一二年）
「政党政治家・安藤正純の戦前と戦後」（日本法政学会『法政論叢』第五四巻第二号、二〇一八年）
終章
前掲「政党政治家・安藤正純の戦前と戦後」の一部

本書執筆の際、全体として新たな史料や先行研究を追加し、文章表現なども改めた結果、発表当時の形をとどめていない。二〇代の頃に物した業績も含めて、読み直す作業は予想以上の手間がかかったが、自分自身の生き方や考え方を辿る意味では有意義であった。

かつて作家・胡桃沢耕史は「男はインクの中に血と涙をまぜて小説を書く」という言葉を残したが、私にとっては修士論文がその始まりであり、それから本書の刊行までに十五年近い歳月を要する形になった。

私が研究の世界に憧れを抱いたのは、一九九九（平成十一）年に立正大学文学部史学科で三上昭美先生のゼミの一員になったことが始まりである。三上先生は専門の幕末維新期にとどまらず、古代の律令制から戦後の占領期に至るまでを鳥瞰する立場から学生を指導された。昭和天皇をテーマにした卒業論文を構想していた当時三年生の私に対して、先生は明治初期の内閣制度創設にまで遡り、近代日本の統治機構を検証することを指示された。政治史とその周縁に位置する憲法・法制史の面白さを教えていただいたことは、大学教員となった現在に至るまで、私の研究生活の土台となっている。

三上先生が大崎校舎に出講する毎週水曜日は何よりも楽しみであり、添削された卒業論文の草稿を受け取る度に味わった興奮は忘れられない。豪快にして、型破りな生き方を貫いた先生の姿は昭和の大スター・小林旭のようであり、私の憧れであった。残念ながら、本書をお届けする日を待たずして、先生は二〇一八（平成三〇）年八月、八七歳の大往生を遂げられた。男が男らしく生きた時代を見せていただいたことに対して、感謝の念に尽きない。博士論文を提出した直後、日野市のご自宅をお訪ねしたのが最後の出会いとなってしまった。生前に頂戴した年賀状には、「歴史を書くことは裁判所の判決文を書くのと似ている。事実関係を正確に把握することが第一義である」と書かれていたが、その精神は私の中に今も生き続けている。ここに先生のご冥福をお祈り申し上げたい。

廣岡守穂中央大学教授には二〇〇一（平成十三）年、中央大学大学院に進学して以来、今日に至るまで言い尽くせないほどの学恩に浴している。大学院の初回授業の際、先生は日本政治史の代表的研究者数名の名前を挙げ、それぞれの研究に対する私の評価を求めた。ある著名な研究者の見解に対して疑義を示した際、先生は子供っぽい笑顔を浮かべながら、「そうなんだよ、みんな最初はそう言うんだよ」とおっしゃったことが昨日のように思い起こされる。

大学院政治思想史特講・政治思想史演習における先生の指導は歴史学的な実証研究と同時に、政治学的なフレーム・ワークの構築を重視された。私への指導は基本用語の概念設定、先行研究に対する独自性の表明、研究目的の明確化、史料解釈の正確さなど、多岐に及んだ。当時、先生は他大学への出講に加え、学外での公職を兼務されるなど、多忙な日々であったが、大学院生への教育を疎かにされることはなかった。その指導法は劇作家・つかこうへいの演劇指導と似ており、常に大学院生それぞれの研究の持ち味をいかに引き出すか、という点に主眼が置かれていた。

先生は大学院の授業終了後、教職員食堂でゼミ参加者と夕食を共にされてから、夜の講義に赴かれていた。食事の席では大学院生それぞれの研究関心や生活上のことを気にかけていた。天皇機関説事件をテーマにした修士論文を執筆していた私に対しては、先行研究や一次史料のことなど、様々なご教示をされた。二〇〇三（平成十五）年十二月、大学院事務室に修士論文を提出後、演習教室に辿り着いた私に対して、先生は、「その位の論文を書いたなら、少しは度胸がついただろ」と破顔一笑されたことをよく覚えている。涙が出るほど嬉しかったというのが正直な思いである。

二〇〇四（平成十六）年、学習院大学大学院政治学研究科博士後期課程に進学してからも、学会発表前には廣岡先生の大学院ゼミで準備報告をさせていただいた。私が大学院在学中に発表した論文のほとんどはその成果であり、廣岡ゼミで過ごした時間は贅沢すぎるものであった。大学院生が研究を進める上で必要な、可能な限りのご支援をいただいたことを深謝する。ちなみに本書の第一章から第三章までは修士論文の内容を発展させたものであり、廣岡ゼミで同席した蜂谷徹氏、杉原志保氏には先輩研究者として現在でもご交誼をいただいている。いつか大学院の授業を担当することになった際は廣岡ゼミのスタイルを取り入れたいと思っている。

井上寿一学習院大学教授は私の博士後期課程在学中、法学部長の任にあり、学内で多忙のかぎりを尽くしていたが、博士論文提出に至るまで、研究指導の面ではこまめに時間を割いてくださった。大学院の日本政治外交史演習、歴史政策論では多くのテキスト講読を通じて議論の発展性を出席者一同で追求する一方、学会発表や論文投稿などに際しては懇切なるご指導をいただいた。また、博士論文審査に加わっていただいた中田喜万教授、坂本孝治郎教授、野中尚人教授、飯田芳弘教授からは大学院在学中に様々な形で激励をいただき、口頭試問の際には改善必要点など、広くご指摘をくださった。当時、政治学研究科委員長であった桂木隆夫教授には学術委員（大学院生の名簿管理・夏季研究合宿を所管）の立場でお世話になり、研究室や研究会の場でご教示を仰ぐ機会があった。

私は博士後期課程在学中、進学塾や通信制高校サポート校の講師、イベント運営会社のＡＤといった仕事をしながら、研究に時間を割いていた。院生研究室に深夜まで残って論文執筆や学会発表の準備に取り組み、明け方に退室する日も幾度かあった。ある夜、東二号館の院生研究室で先輩の一人が何かの拍子に、「研究は旅と同じだ。どこまで続くか分からない道を進む旅なんだ」と口にしたことがあった。政治学研究科で共に過ごした田頭慎一郎、金子元、丸目正広、山本武秀、長尾賢、寺田貴世子、上野絵里子、岡田陽介、馬渡剛、寺山賢照、萩原豪、盛岡多智男の各氏は魅力あふれる面々であり、二〇代後半の時期を学習院大学で過ごせたことは幸せであった。学習院大学の自由にして公正、かつ、平等な研究環境があったからこそ、博士論文提出まで辿り着くことができたと信じている。

ちなみに学習院大学に移った最初の年、幸運にも学業成績給付奨学金を授与される栄誉に浴した。授与式で私たちに訓示を述べたのが第二四代学習院院長・田島義博先生（二〇〇六年逝去）であり、飄々とした姿で目白校地を歩く田島先生の姿は一種の名物だった。私は学習院大学からは多くのものを貰いすぎた。

このほか、加藤陽子東京大学教授には修士論文執筆の過程で、厳しくも適確なお言葉の数々をいただいた。博士後期課程進学後、島善高早稲田大学教授、村上一博明治大学教授には法史学研究会で温かいご指導をいただき、特に島先生には歴史家としての所作や一次史料の扱い、法制史の魅力などをご教示いただいた。所功京都産業大学名誉教授には現在に至るまで、学会活動などの面で御世話になっている。

伊藤之雄京都大学名誉教授には今はなき「二〇世紀と日本」研究会にて有益な助言をいただいた。伊藤先生の正式な指導を受けた大学院生でなければ頂戴できない言葉ばかりであり、思慮の浅い私は先生の言葉を反芻し、半年から一年後になって、その意味が分かったということが何度かあった。「現代の高みから歴史を見るな」という言葉は常に脳裏に置いている。本書刊行に先立ち、土田宏成聖心女子大学教授には『史学雑誌』の「二〇一五年の歴史学界　回顧と展望」の分担執筆にお誘いいただき（昭和戦前期の政治史を担当）、畏敬する研究者の一人である筒井清忠帝京大学教授には『昭和史講義２』（筑摩書房、二〇一六年）で「帝人事件から国体明徴声明まで」の章を執筆する機会を与えていただいた。
最後となったが、木鐸社の坂口節子氏には私の大学院在学中、本書の一部になっている論文二篇の編集をご担当いただき、プロ編集者としての仕事ぶりには敬服してきた。今回、本書の刊行にあたっても、お手を煩わせることになった。この場を借りて、すべての皆様に御礼申し上げる次第である。

令和最初の秋　新宿ゴールデン街にてグラスを傾けつつ

著　者

著者略歴

菅谷幸浩（すがや　ゆきひろ）

1978 年，茨城県出身。学習院大学大学院政治学研究科博士後期課程単位取得退学。

2010 年，博士（政治学／学習院大学）。

現在，亜細亜大学法学部，高崎商科大学商学部，中国学園大学国際教養学部兼任講師。

政治学・日本政治外交史専攻。

共著『日記に読む近代日本 4 昭和前期』（吉川弘文館，2011 年），

『昭和史講義 2―専門研究者が読む戦争への道―』（筑摩書房，2016 年）。

近刊論文に「政党政治家・安藤正純の戦前と戦後」（日本法政学会『法政論叢』第 54 巻第 2 号，2018 年），

「公民教育のための戦後日本政治史ノート―憲法と国際関係から見た 55 年体制の捉え方―」（『亜細亜大学課程教育研究紀要』第 6 号，2018 年）など。

昭和戦前期の政治と国家像　－「挙国一致」をめざして－

2019年11月15日第1版第1刷　印刷発行　©

著者との了解により検印省略		
	著　者	菅　谷　幸　浩
	発行者	坂　口　節　子
	発行所	㈲　木　鐸　社

印　刷　フォーネット+TOP印刷　製　本　高地製本所

〒112－0002　東京都文京区小石川 5-11-15-302

電話 (03) 3814－4195　　FAX (03) 3814－4196

振替 00100-5-126746　http://www.bokutakusha.com/

乱丁・落丁本はお取替致します

ISBN978-4-8332-2535-9 C3021

歴史（日本・西欧）

法制官僚の時代

山室信一著（京都大学人文研）

A5判・460頁・5000円　ISBN978-4-8332-0209-1

■国家の設計と知の歴程

Ⅰ模範国・準拠理論の選択と知の制度化　Ⅱ知識循環のメディアと場　Ⅲ法制官僚の時代――終曲として

法の支配による近代国家形成のプログラムを演出した井上毅の思想と行動を経に，様々な集団と思想の群れを緯に，全体として知と人とが織り成す群舞のドラマを描く。人間の表情を持つ思想史。

近代日本の知と政治

山室信一著

A5判・200頁・2500円（2003年2刷）ISBN978-4-8332-0214-5

■井上毅から大衆演芸まで

Ⅰ近代日本における統治理性と政治倫理

Ⅱ近代日本への眼差し　Ⅲ歴史の中の政治思想史学

近代日本の国民国家形成は如何に進められ，その中で人々はどう生きたのか。この視点からナショナリズムの学や団体・天皇制に光を当て，更に大衆演芸の具体的内容にも触れる。

独逸学協会と明治法制

堅田　剛著（独協大学法学部）

A5判・300頁・4000円（1999年）ISBN978-4-8332-2282-2

明治14年の政変と連動して発足した独逸学協会は，わが国の法制度をドイツ化するに際して決定的な役割を果たした。本書はその設立から明治憲法制定に至るほぼ10年間に照明を当てることで，憲法をはじめとする明治法制とドイツ法学の内在的連関について，独逸学協会に関わった人々を軸に思想史的に叙述する。

日本新左翼の研究

尹景徹著

A5判・390頁・6000円（2001年）ISBN978-4-8332-2310-2

■歴史的総括と現状

本書は，1970年代の日本新左翼運動の歴史的総括である。そしてその闘争過程および闘争理論に関する分析と，日本国民の新左翼運動に対する世論の反応などを考察したものである。最後にこの新左翼運動を鎮静化させた日本的保守主義思想を考察する。

西欧中世初期農村史の革新

森本芳樹著

A5判・392頁・7000円（2007年）ISBN978-4-8332-2388-1 C3022

■最近のヨーロッパ学界から

本書はここ四半世紀間にヨーロッパ学界でみられた西欧初期農村史研究の革新と呼べるほどの変化を追跡したもの。それは歴史学の現在の動向というだけでなく，歴史学による模索の一齣を描写するものとなっている。

歴史社会学の構想と戦略

Theda Skocpol (ed.), Vision and Method in Historical Sociology, 1984

T. スコチポル編著　小田中直樹訳（東北大学経済学部）

A5判・450頁・4500円（OD版2015年2刷）ISBN978-4-8332-9014-2 C3022

70年代以降，歴史社会学ルネサンスの立役者となったスコチポルを中心に歴史社会学構築のために貢献した９人の学者の業績を，若い世代の研究者が取り上げて検討する。最後にスコチポルによる「歴史社会学における研究計画の新生と戦略の回帰」をもって締め括るチャレンジングな書。

歴史学の〈危機〉

Gerard Noiriel, Sur la “crise” de l’histoire, 1996

G. ノワリエル著　小田中直樹訳

A5判・330頁・3500円（1997年）ISBN978-4-8332-2250-1

実証主義歴史学にあっては歴史的真理は実在し，「言語論的転回」論者は歴史はすべて言説・テクストからなり，私達は自ら望むがままに理解する権利を持つとする。この客観主義と主観主義の間に立って，歴史家は如何なる立場を選択すべきかを論じる。かくてマルク・ブロックやハバーマスの営為を批判的に再検討する。

労働者文化と労働運動

小沢弘明・佐伯哲朗・相馬保夫・土屋好古著

A5判・244頁・3000円（1995年）ISBN978-4-8332-2221-1

■ヨーロッパの歴史的経験

序・ヨーロッパの労働者文化と労働運動＝相馬保夫　帝政末期のロシアの労働者と労働者文化＝土屋好古　ヴァイマルベルリンの都市計画・住宅建設と労働者文化＝相馬保夫　ウィーン労働者の住体験と労働者文化＝小沢弘明　第二次大戦後フランスの石炭産業国有化と労働者文化＝佐伯哲朗

雇用関係の生成

森　建資著

A5判・402頁・5000円（1988年）ISBN978-4-8332-2116-0

■イギリス労働政策史序説

１雇用関係　２雇用関係法の成立と構造　３近代イギリスの雇用関係と家族関係　４産業革命期の国家・階層・家族　５奴隷と賃労働者

イギリスの雇用関係法を分析して，近代イギリスにおける雇用関係を単に資本・賃労働の関係でなく，広く社会史的な視野から捉え直す。近代社会についての諸理論を批判する新しい視点を提起。

「新自由主義」労使関係の原像

小笠原浩一著（埼玉大学経済学部）

A5判・276頁・4000円（1995年）ISBN978-4-8332-2201-3

■イギリス労使関係政策史

19世紀末から20世紀初頭のイギリスで制度化された労使関係政策を，労働者の市民的個人主義を基調とする近代化の過程として捉え，そのイギリス的特質を実証的に分析する。労使関係の自律性を柱とするボランタリズムの理論の本格的な再検討と，それを今日的な「新自由主義」労使関係の原像として解釈する新たな見取図を提起。

社会変容と労働

井上雅雄著（立教大学経済学部）

A5判・418頁・5000円（1997年）ISBN978-4-8332-2252-5

■「連合」の成立と大衆社会の成熟

70年代初頭の第一次労働戦線統一運動の挫折を踏まえ，「連合」の成立に帰着する第二次労働戦線統一運動の内的論理を明らかにする。またこれを通じて総評型労働運動の終焉の根拠とその意味を，70年代後半の日本社会の変容の歴史的コンテクストの上に位置づける。